National Economics Foundation
北京当代经济学基金会

当代经济学创新丛书
[全国优秀博士论文]

从全球价值链到国内价值链
价值链增长效应的中国故事

苏丹妮 著

上海三联书店

"当代经济学创新丛书"

由当代经济学基金会(NEF)资助出版

总　序

经济学说史上，曾获得诺贝尔经济学奖，被后人极为推崇的一些经济学大家，其聪慧的初露、才华的表现，往往在其年轻时的博士论文中已频频闪现。例如，保罗·萨缪尔逊（Paul Samuelson）的《经济分析基础》，肯尼斯·阿罗（Kenneth Arrow）的《社会选择与个人价值》，冈纳·缪尔达尔（Gunnar Myrdal）的《价格形成和变化因素》，米尔顿·弗里德曼（Milton Friedman）的《独立职业活动的收入》，加里·贝克尔（Gary Becker）的《歧视经济学》以及约翰·纳什（John Nash）的《非合作博弈》，等等。就是这些当初作为青年学子在博士论文中开启的研究领域或方向，提出的思想观点和分析视角，往往成就了其人生一辈子研究经济学的轨迹，奠定了其在经济学说史上在此方面的首创经济学著作的地位，并为日后经济学术思想的进一步挖掘夯实了基础。

经济学科是如此，其他社会科学领域，包括自然科学也是如此。年轻时的刻苦学习与钻研，往往成为判断日后能否在学术上取得优异成就，能否对人类知识的创新包括经济科学的繁荣作出成就的极为重要的第一步。世界著名哲学家维特根斯坦博士论文《逻辑哲学导论》答辩中，围绕当时世界著名大哲学家罗素、摩尔、魏斯曼的现场答辩趣闻就是极其生动的一例。

世界正处于百年未遇的大变局。2008年霸权国家的金融危机，四十多年的中国增长之谜……传统的经济学遇到了太多太多的挑战。经济学需要反思、需要革命。我预测,在世界经济格局大变化和新科技革命风暴的催生下,今后五十年、一百年正是涌现经济学大师的年代。纵观经济思想史,历史上经济学大师的出现首先是时代的召唤。亚当·斯密、卡尔·马克思、约翰·梅纳德·凯恩斯的出现,正是反映了资本主义早期萌芽、发展中矛盾重重及陷入发展中危机的不同时代。除了时代环境的因素,经济学大师的出现,又有赖于自身学术志向的确立、学术规范的潜移默化、学术创新钻研精神的孜孜不倦,以及周围学术自由和学术争鸣氛围的支撑。

旨在"鼓励理论创新,繁荣经济科学"的当代经济学基金会,就是想为塑造未来经济学大师的涌现起到一点推动作用,为繁荣中国经济科学做点事。围绕推动中国经济学理论创新开展的一系列公益活动中,有一项是设立"当代经济学奖"和"全国经济学优秀博士论文奖"。"当代经济学创新丛书"是基于后者获奖的论文,经作者本人同意,由当代经济学基金会资助,陆续出版。

经济学博士论文作为年轻时学历教育、研究的成果,会存在这样和那样的不足或疏忽。但是,论文毕竟是作者历经了多少个日日夜夜,熬过了多少次灯光下的困意,时酸时辣,时苦时甜,努力拼搏的成果。仔细阅读这些论文,你会发现,不管是在经济学研究中对新问题的提出,新视角的寻找,还是在结合中国四十多年改革开放实践,对已有经济学理论模型的实证分析以及对经济模型假设条件调整、补充后的分析中,均闪现出对经济理论和分析技术的完善与创新。我相信,对其中有些年轻作者来说,博士论文恰恰是其成为未来经济学大师的基石,其路径依赖有可能就此开始。对繁荣中国经济理论而言,这些创新思考,对其他经济学研究者的研究有重要的启发。

年轻时代精力旺盛,想象丰富,是出灵感、搞科研的大好时光。出版这套丛书,我们由衷地希望在校的经济学硕博生互相激励,刻苦钻研;希望志在经济学前沿研究的已毕业经济学硕博生继续努力,勇攀高峰;希望这套丛书能成为经济科学研究领域里的"铺路石"、参考书;同时希望社会上有更多的有识之士一起来关心和爱护年轻经济学者的成长,在"一个需要理论而且一定能够产生理论的时代,在一个需要思想而且一定能够产生思想的时代",让我们共同努力,为在人类经济思想史上多留下点中国人的声音而奋斗。

夏　斌

当代经济学基金会创始理事长

初写于 2017 年 12 月,修改于 2021 年 4 月

目　录

第二篇 全球价值链增长效应研究

图表目录

前　言

　　20 世纪 80 年代以来,伴随着信息通信技术的迅猛发展,贸易成本急剧下降,掀起了一场以"生产的全球解构"和"贸易的全球整合"为鲜明特征的"全球价值链"(Global Value Chain,GVC)革命。自 2001 年末加入世界贸易组织(WTO)之后,中国融入 GVC 的进程不断加快,并逐渐在其中占据一席之地,因此,全面评估中国以往 GVC 参与的增长绩效,既能客观认识中国过去参与全球化的得与失,还能为中国未来提高 GVC 分工地位和全球治理能力未雨绸缪。然而,始于 2008 年金融危机的贸易保护主义和逆全球化思潮,在突发的新冠疫情蔓延下愈演愈烈,全球产业供应链不稳定、不确定性因素激增,迈入新发展阶段的中国主动提出"构建以国内大循环为主体、国内国际双循环相互促进的新发展格局"的双循环战略,而国内价值链(National Value Chain, NVC)和全球价值链循环体系是双循环战略的应有之义。因此,在双循环战略引领下,从中国内部优势全面认识国内价值链的增长绩效及其与全球价值链的互动关系是关系到中国国内与国外两个市场、两种资源统筹的重要理论和政策问题。本书试图在价值链理论的框架下,以经济全球化、区域一体化双轮驱动和国际分工、国内分工协同演进的价值链双循环为背景,较为全面系统地考察了全球价值链、国内价值链及其互动效应对中国增长绩效的影响。具体而言,本书以层层递进的方式对经济增长的三个方面,即整体经济增长(人均 GDP)、全要素生产率和资源配置效率展开研究。

　　本书由十五章构成,主体内容可归为三大篇。其中,前三章是第一篇总纲,为基础性工作,第一章为导论;第二章是文献综述,简要梳理了价值链理论的发展历程以及现有 GVC 与 NVC 的相关研究,为本书主体内容奠定理论分析与实证研究的基础;第三章是 GVC 与 NVC 的概念界定、测度指标体系构建以及对中国事实的描述分析,为本书主体内容提供定量分析框架与事实基础。接下来是本书第二、三和四的三大篇主体内容,第二篇为 GVC 增长效应研究,包括第四至第六章;第三篇为 NVC 增长效应研究,包括第七至第十二章;第四篇为 GVC 与 NVC 增长互动效应专题研究,包括第十三和第十四章。第二和第三篇分别从 GVC 和 NVC 切入,在宏观上对经济增长的三个方面展开研究,且 GVC 注重空间溢出分析,NVC 兼顾水平和空间溢出考察,同时还注重两种分工的穿插式互动探讨。第四篇则在宏观和微观两个层面上对 GVC 与 NVC 的增长互动效应进行专题式探讨,以补充和深化前两篇探讨的内容。本书的主要创新和结论有:

　　(1) GVC 增长效应方面。首次从空间视角解构了 GVC 的增长效应,发现 GVC 参与对中国整体经济增长、全要素生产率和资源配置效率既产生地区内溢出,也产生空间溢出,传统未考虑空间因素的模型低估了 GVC 参与的真实影响。进一步考虑 NVC 后发现,GVC 与 NVC 的空间互动增强了 GVC 的外溢效应;具体至 GVC 不同嵌入模式,虽然功能嵌入相比产品嵌入的地区内溢出效应更强,但在空间溢出上,功能嵌入由于服务链条的相对封闭性、知识构成的复杂性和专用性呈现出本地化溢出特征,空间溢出并不明显,而 NVC 的构建却能够促进 GVC 功能嵌入的空间溢出。

　　(2) NVC 增长效应方面。鉴于目前 NVC 特别是其增长绩效的研究较为匮乏,不仅在地区/产业单边维度,首次引入"微笑曲线"测度框架考察了 NVC 对经济增长的"微笑曲线"式溢出效应,而且在地区间双边维度,以

2

两两配对的方式对 NVC 的地区间经济差距缩减效应进行了全面揭示。首先,在地区/产业单边维度,发现中国各地区——产业 NVC 普遍存在"微笑曲线"的分布特征,也能够通过 NVC"微笑曲线"链式循环对整体经济增长、全要素生产率和资源配置效率产生显著的溢出效应,但市场化转型过程中遗留的"上游环节垄断分割、下游环节竞争开放"的非对称结构使其主要通过后向溢出效应实现,而内部制度改革、外部金融危机冲击和贸易自由化开放倒逼则强化了 NVC 的溢出效应;其次,在地区间双边维度,发现国内价值链贸易缩小了地区间收入差距、技术差距和资源配置效率差距,而在控制国内价值链贸易之后,区际双边贸易则扩大了地区间经济差距,表明国内价值链贸易在区际贸易的地区间经济差距缩减效应中起到了主导作用。在首次以省区官员交流、方言异同和遗传距离为工具变量控制内生性后,结果仍是稳健的。进一步纳入对外贸易依赖和 GVC 参与的全球化因素后发现,国内价值链贸易对全球化参与不平衡造成的地区间经济差距具有纠偏作用,而考虑国内价值链贸易后的区际双边贸易则具有进一步的强化作用。以上双边维度的结果表明,NVC 联结的区际分工网络是保证中国全球化参与过程中区域协调发展的重要力量。

(3) GVC 与 NVC 增长互动效应方面。首次将中国经济增长置于 GVC 与 NVC 的互动框架下,首先在宏观上,发现 GVC 和 NVC 均能显著促进中国经济增长,且两者的促进作用存在互补关系。进一步考虑价值链不同参与方式后发现,NVC 的不同参与方式与 GVC 参与在促进经济增长上的互动关系呈非对称特征,NVC 下游参与是衔接 GVC 与 NVC 有效互动的主要方式;其次在微观上,发现企业 GVC 分工地位的攀升提高了其生产率,但却弱化了表征 NVC 的产业集聚对其生产率的正向溢出。从 GVC 不同嵌入方式来看,上游参与度越高的企业与本地产业集群的空间关联度越弱,而下游参与度越高的企业则越强。深入集聚三种空间外溢渠道后发现,主要通过"人"和"知识",企业不同 GVC 嵌入方式与产业集聚呈现了异质性的生产率互动效应,造就了 GVC 视角下"上游嵌入者—下游嵌入者"与国内价值链生产体系互动的二元分割结构。

总的来说,本书从 GVC 与 NVC 价值链双循环视角为理解中国增长故事提供了新解读,对新时代中国构建双循环新发展格局具有重要的政策含义。中国应坚定反对逆全球化浪潮,鼓励更多地区更高水平地参与 GVC。同时更为重要的是,中国应利用大国内部优势打造基于内生增长能力的 NVC,通过 NVC 与 GVC 的良性对接、区际分工与国际分工的有效结合,由内及外,实现新型开放和区域经济协调发展的有效平衡。

本书是在笔者博士论文的基础上修改、扩充而成,在此要特别感谢我的博导盛斌教授对我博士论文的研究思路、研究方法等给予了大量的启迪、指导和建议。盛斌教授作为国内知名的经济学者,在国际经济理论与政策特别是国际政治经济学领域有很高的造诣。记得我刚入学时,盛老师就与我探讨我感兴趣的研究方向,细致地为我分析每个选题的研究现状,这使我很快找到了我三年博士生期间想要深入研究的话题,让我少走了很多弯路,也让我确立了博士生期间努力的方向与目标。在我第一次拿到盛老师给我修改的论文时,满满的感动涌上心头,红色的修改符号在每一段、每一句,甚至是在每一字、每一个标点符号中闪现,不仅从总体上帮我把握论文的方向,而且在细节上帮我完善论文的不足,从中折射出盛老师严谨的科研思路、渊博的学识、敬业的精神以及对科研工作敏锐的洞察力。在我每一次与盛老师交流我的不成熟想法时,老师总是会鼓励我将其变成可实施的写作方案,并给予我悉心指导,因此我非常珍惜与老师的每一次交流,不仅可以更好地梳理论文写作思路,更为重要的是可以从老师身上学到很多东西,感觉每一次与老师的交流都是我科研素养提升的催化剂。当然,在论文撰写过程中,我也会和老师产生分歧,懵懵懂懂的我很"自以为是"，感觉自己可以把握好整篇论文的写作，对老师提出的一些建设性意见置若罔闻，但老师却以海纳百川的博大胸襟包容了我的"自以为是"，仍以孜孜不倦的育人态度对我谆谆教导。同时，在生活上，盛老师也给予了我很多关怀，总能以过来人的身份为我指点迷津，让我更好地认识自己，认识生活，认识自己的人生路。在此向盛老师致以最崇高的敬意和最诚挚的感谢。

同时还要感谢我的硕导李兰冰教授。记得第一次见到李老师是在我硕士研究生入学面试的时候，当时李老师一头干练的短发令我印象深刻，顿时成为了我心目中的学术"女神"。因此，在选硕导的时候，我毫不犹豫地选择了李老师。在李老师的引领下，我开始慢慢地接触科研，她教会我如何查阅文献、如何收集数据、如何处理数据、如何撰写论文。在转攻博选博导的时候，李老师也给予了我众多鼓励与支持。虽然严格意义上讲，我只师从了李老师一年，但在这一年里，李老师给予我的指导与关怀却是无限的。在此向李老师表示由衷的感谢。这里还要感谢为我授过课的各位老师，特别是高级宏观经济学的李飞跃副教授、李晓峰副教授，高级微观经济学的蒋殿春教授、李俊青教授、张建波教授，高级计量经济学的赵红梅副教授、王健副教授，这些基础课程让我受益匪浅，也为我的专业研究奠定了重要基础。

还要感谢我的先生邵朝对。从大学到硕士到博士，我们一起经历了考研、转攻博两个人生最重要的拐点，我们一起奋斗、相互鼓励、携手共进。他不仅是我最重要的人生伴侣，更是我学术科研道路上的知音，我们一起探讨问题，一起挑灯撰写论文，一起修缮论文，一起投递论文，一起等候论文发表的佳音。从学习到工作到生活，我们惺惺相惜。同时，我也要感谢他对我无私的付出与各方面的包容，求学道路上因为有他我津津乐道，生活中因为有他我无后顾之忧，希望我们今后可以继续陪伴、继续进步，在学习、工作和生活的道路上更上一层楼。

同门的师兄、师姐、师弟、师妹也给予了我众多帮助,在盛老师主持的讨论课上我们一起就某一问题进行热烈探讨,我们相互学习、共同进步;在课下,我们也会一起打羽毛球、畅聊生活,结下了深厚的师门情谊。这里也要对他们表示由衷的感谢。

此外我要特别感谢我的父母、家人和朋友对我的理解支持以及默默奉献,使我能够在他乡安心完成学业、施展职业抱负,给予我继续前进的勇气和力量。

最后,我的博士论文能够顺利出版,要特别感谢"当代经济学博士创新项目"评委会和北京当代经济学基金会对我的博士论文研究成果的肯定,并资助我的博士论文在上海三联书店出版。本书的出版既是对我以往学术成果的总结与肯定,也是我新阶段学术科研旅程的开始。在此,对本书出版给予大量支持与帮助的北京当代经济学基金会创始理事长夏斌教授、副理事长韦森教授、郝娟老师以及上海三联书店的李英女士表示由衷的感谢!

第一篇

总 纲

本书第一篇为总纲,包括第一、第二、第三章。其中,第一章为导论,主要介绍本书的研究背景、目的与意义,研究思路、篇章结构与研究方法,以及主要创新点。第二章是文献综述,简要回顾和梳理价值链理论与实证研究的发展脉络,并重点对以全球价值链和国内价值链测度及其与经济增长关系为主题的文献研究现状进行归纳与评述。第三章是全球价值链和国内价值链的概念界定、指标体系构建与中国事实分析。

　　本篇为基础性工作,为后文三大篇主体内容,即全球价值链增长效应研究、国内价值链增长效应研究以及全球价值链与国内价值链增长互动效应专题研究奠定了背景知识、理论基础和测度框架,贯穿着本书始终,在本书中起到纲领性作用。

第一章　导论

本章为导论,将对本书的选题情况进行说明:第一节是研究背景、目的与意义;第二节是研究思路、篇章结构与研究方法;第三节介绍本书的主要创新点。

第一节　研究背景、目的与意义

一、研究背景

(一)　现实背景

作为一种新型分工模式,价值链的兴起和繁荣深刻改变了全球与区域生产分工模式,本书主要从全球和大国内部两个视角探讨价值链增长效应的中国故事,因此本书研究主要基于以下两个现实背景。

1. 全球价值链的兴起、繁荣与波折

20世纪80年代以来,信息通信技术迅猛发展,贸易成本急剧下降,国际生产活动形成了广泛的环节分离和空间整合,促成了以"生产的全球解构"和"贸易的全球整合"为鲜明特征的全球价值链(Gereffi and Fernandez-Stark, 2011;杨继军和范从来,2015),掀起了一场引人瞩目的"全球价值链革命"。如图1-1所示,1995—2011年全球中间品贸易规模快速扩张,年增长率在10%以上,尽管受2008年全球金融危机的冲击,中间品贸易在2009年出现了明显下降,但其随后又迅速回升。与此同时,中间品贸易占总贸易比重的增速也明显加快,到2011年这一比重达到0.63。上述表明,以中间品贸易为特征的全球价值链在世界范围内迅速铺陈开来,全球价值链分工模式已成为经济全球化与国际分工的新常态(Baldwin and Lopez-Gonzalez, 2013; Mattoo et al., 2013)。

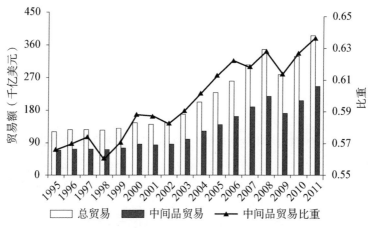

图 1–1　全球总贸易额、中间品贸易额及中间品贸易比重变化趋势

　　全球价值链的快速启动给各价值链参与者带来了空前的发展机遇,尤其是发展中国家,在参与全球价值链的过程中可以通过对国际先进技术与管理经验的学习和模仿,促进自身技术进步、生产效率提升与经济增长(Hummels et al.,2001)。中国作为世界上最大的发展中国家,自改革开放以来,尤其是 2001 年末加入 WTO 之后,抓住全球产业结构调整与梯度转移所带来的历史性机遇,凭借廉价而丰裕的劳动力、庞大的产业集群以及完善的基础设施等优势,积极融入全球价值链生产体系,创造了"出口扩张奇迹"和"经济增长奇迹"。由图 1–2 和 1–3 可知,在中国加入 WTO 之后的几年,无论是总贸易增速还是 GDP增速,均显著高于世界平均水平。然而,这场由全球价值链带来的"饕餮盛宴"并非免费的午餐,同一产品的生产工序在国家间被拆分为多个环节或区段,以中间品需求为表现的产品价值链被延长,外部冲击下中间产品存货调整效应会透过中间品顺次需求关系在整条价值链上被放大[长鞭效应(Bullwhip Effect)],进而加剧多边贸易下各国供需市场的复杂性和全球市场的波动风险(Giovanni and Levchenko,2009)。大量研究表明,2008 年金融危机期间出现的"贸易大崩溃"(Trade Collapse),与全球价值链所固有的"乘数机制"和"长鞭

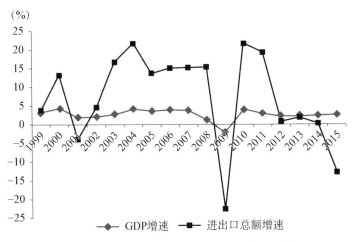

图 1-2　全球 GDP 和总贸易额增速变化趋势

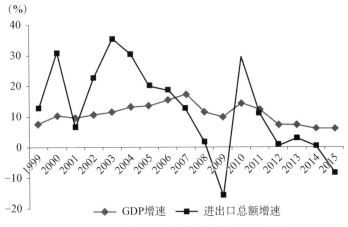

图 1-3　中国 GDP 和总贸易额增速变化趋势

效应"密切相关,这既放大了全球经济体系面临外部冲击时的风险系数和损失函数,还对处于价值链低端位置的发展中国家造成了更为严重的非对称冲击(Bergin et al., 2009; Alessandria et al., 2011; Altomonte et al., 2012;戴晓芳等,2014)。自 2008 年全球金融危机爆发之后,尤其是 2012 年之后,全球贸易以及中国贸易进入了低速增长的"新常态",全球贸易增长率已经连续四年滞后于全球 GDP 增长(WTO, 2016),中国贸易从 2012 年之后一直低于经济增长速度,甚至在 2015 年和 2016 年出现了负增长(图 1-2、图 1-3),全球价值链遭受重挫。伴随着全球贸易的大幅度下滑,贸易保护主义开始抬头。据英国经济政策研究中心发布的《全球贸易预警》显示,2015 年全球采取的贸易保护措施数量同比增长了 50%,贸易限制措施数量是自由贸易措施的 3 倍。孤立主义、保守主义、民粹主义在世界范围高涨,逆全球化思潮蔓延,其中的标志性事件为英国脱欧和美国退出《跨太平洋伙伴关系协定》(TPP)。同时,2018 年逆全球化浪潮再次汹涌袭来,时任美国总统特朗普于 3 月 23 日凌晨正式签署了制裁所谓针对中国"经济侵略行为"的总统备忘录,对总价值 600 亿美元的中国进口产品征收关税,除此之外,备忘录还涉及加大对中国征收范围、限制中资投资以及减少中国签证等内容,意味着中美两国的贸易战正式由美国打响。加之 2019 年末突发的新冠疫情,势必会给原本已经步履蹒跚的全球贸易以及中国贸易增添重重关卡,可以预见的是未来几年甚至更长的时间段内全球贸易和中国贸易仍将维持在低于经济增长的"新常态"(李坤望,2017)。

2. 大国经济:中国的区域优势和区域发展问题

中国作为一个发展中的转轨大国,地域辽阔、资源丰富、人口众多是其基本特征,同时区域经济的差异性与互补性亦是构成其基本特征的重要方面(欧阳峣,2006)。中国的人口规模决定了其国内庞大的市场规模,这种巨大的国内市场规模不仅是中国改革开放四十多年来经济高速持续增长的重要拉力,也是中国经济呈现出内在稳定性的重要支撑。与此同时,由于中国各地区在历史地理、资源禀赋等方面存在着较大的差异,中国区域经济发展差距较大,但这种区域经济差异性也导致了中国区域经济发展过程中不同地区比较优势的互补性。一般而言,区域经济的差异性越大,区域比较优势越易发挥,区域经济互补性越强,从而越有利于资源整合,实现优势互补,促进产业结构升级与经济持续增长,因此,区域经济差异性是中国经济发展的一个重要推动力量(刘有金和胡黎明,2011;欧阳峣等,2012)。中国所具有的这些大国优势为其开展国际专业化分工提供了良好的条件,随着国际分工的不断演进,中国国内区际分工也并行不悖地发展,以区际专业化分工为特征的国内价值链在中国辽阔的国土空间孕育和兴起(刘志彪和张少军,2008;刘志彪,2013)(见图1-4的左半部分)。

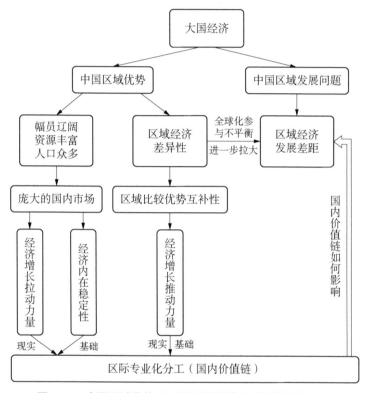

图1-4　中国区域优势、区域发展问题与国内价值链关系图

虽然改革开放以来中国通过积极融入全球价值链生产体系取得了举世瞩目的成就,但另一个不争的事实是中国区域经济发展差距却因全球化参与的区域不平衡而被进一步拉大(Zhang and Zhang,2003;Kanbur and Zhang,2005;万广华等,2005)。根据国家统计局公布的数据,中国省区间人均GDP基尼系数由1990年的0.27快速攀升至2005年的0.37,之后一直处于0.35的高位,其中,1990年人均GDP最高省份是最低省份的7.2倍,这一差距在中国加

入 WTO 之后的 2005 年达到了 12.1 倍,而后一直都在 10 倍以上。愈演愈烈的区域经济发展差距违背了公平与效率兼顾的改革初衷,已经成为中国目前构建双循环新发展格局的重大障碍。在中国无法通过全球价值链参与这种"外部力量"获得区域经济协调发展和经济持续增长动力的背景下,作为一个幅员辽阔、区域禀赋千差万别的大国经济,在坚定反对逆全球化浪潮的同时,更为重要的是要将视野转向立足于国内广阔市场的国内价值链,通过错综交织的区际分工网络将各地区有机地衔接在一起,使各地区经济相互关联、相互渗透、相互补充,将地区差距劣势转化为地区发展优势,将区际分工优势条件转换为中国协调区域经济发展和塑造可持续增长动力的关键"内部力量"(见图 1-4 的右半部分)。

(二) 政策背景

1. GVC 背景下的国际贸易投资新规则

全球价值链推动了全球经贸治理的结构嬗变,加快了国际贸易投资新规则的构建步伐,而在以 WTO 为核心的多边谈判陷入僵局和面临困境的背景下,引领规则体系构建和治理平台搭建的主要途径由多边转向双边、区域或诸边,近年来诸如 CPTPP(《全面与进步跨太平洋伙伴关系协定》)、TTIP(《跨大西洋贸易与投资伙伴关系协定》)、RCEP(《区域全面经济伙伴关系协定》)等巨型 FTAs(自由贸易协定)的兴起都是另辟蹊径的尝试与努力。它们无一例外设定了当前全球价值链和国际生产网络发展特征所需的高标准和高质量的新一代国际贸易投资规则,强调谈判的目的由市场准入导向向规制融合导向转变,这种规制融合主要包括标准水平协调、准入水平协调、竞争水平协调、治理水平协调①;强调执行的方案由边界措施向边界内措施转变。影响全球生产与贸易的

---

① 其中,标准水平协调内容如技术性贸易壁垒和卫生及动植物检疫,准入水平协调内容如商业存在形式的服务贸易、投资、政府采购,竞争水平协调内容如知识产权、竞争政策、国有企业、电子商务、劳工、环境,治理水平协调内容如透明度、反腐败、监管一致性、行政与司法制度。

主要壁垒来自边界内措施的实施,尤其是各种国内规制政策措施的实施,如标准、商业惯例、监管、法律法规等;强调谈判的内容由传统国际生产分工模式下削减关税、配额、贸易许可等传统议题向新型国际生产分工模式下电子商务、知识产权、环境保护和劳动权利等所谓的"21世纪新议题"转变,这也导致了贸易自由化由"向下竞争"向"向上竞争"转变等(表1-1)。这些国际贸易投资新规则是对以"全球生产、全球销售"为特征的全球价值链迅速发展的制度反应,能够在新型国际生产分工模式下更为有效地推进生产—服务—贸易与投资的深层"一体化综合体"。同时,它们也集中反映了发达国家跨国公司及其政府通过制定高标准与高质量的新规则进一步统筹全球价值链、实现价值链供应的无缝对接以降低成本、继续保持领导力和制度话语权的利益诉求,极大压缩了发展中国家国内渐进性改革的政策空间和参与全球经济治理的话语权。

表 1-1 传统规则与新规则的差别

	传统规则	新规则
背景	"国内生产"	"全球生产"
内容	市场准入	规制融合
措施	边界措施	边界内措施
基本原则	互惠与非歧视	协调与统一
国际谈判方式	互惠减让	规制一体化
变化方向	向下竞争	向上竞争
决策	自由化承诺与一揽子协定	意气相投、探路行动
经济学原理	贸易条件与生产再配置外部性	网络外部性与管理成本
签订国际协定的政治经济学	出口与进口利益集团	价值链内部利润分享
谈判与实施范围	WTO	高水平巨型FTAs
国内政策空间保留	大	小
发展中经济体特殊和差别待遇	有	无或很少

资料来源:根据盛斌和高疆(2016)的研究整理。

2. GVC 背景下的中国对外开放新政策

全球价值链兴起、繁荣带来的国际经贸格局重塑对中国而言既是机遇,更是挑战。中国正逐步从过去被动适应迈向主动参与规则制定的角色转变,不断加强顶层设计,贯彻落实十八届三中全会提出的"促进国际国内要素有序自由流动、资源高效配置、市场深度融合,加快培育参与和引领国际经济合作竞争新优势,以开放促改革"的总体要求,对外借助 2016 年 G20 杭州峰会等有效平台倡导"共享、开放、包容、协调的全球价值链"的全球治理理念,特别是帮助中小企业更好地融入全球价值链,以稳固国际贸易和投资增速提升的微观基础;对内加强跨政府部门的立法与决策的协调统一,将全球价值链和可持续发展的新型国际贸易投资规则融入国家整体性的发展战略中,先后提出了《中国制造2025》的整体规划蓝图,旨在通过"三步走"实现中国制造向"中国智造"转变,制定了商务部等 7 部门联合行动的《关于加强国际合作提高我国产业全球价值链地位的指导意见》,旨在通过进口与出口相结合、制造与服务相结合、走出去与引进来相结合、产业链与创新链相结合打造中国占据主动地位、优势互补、互利共赢的全球价值链。总体而言,中国对外开放政策呈现了新时期下国际分工发展的新特征,形成了顶层设计、部门协同、上下联动、区域协调的全方位推进格局。

3. NVC 背景下的区域协调发展新举措

在全球价值链分工不断深化和重塑的背景下,中国政府也非常注重国内经济地理格局的塑造和区际专业化分工的培育,明确提出新时期新阶段区域发展战略的重心由过去西部开发、中部崛起等板块战略向轴带引领和群区耦合战略转变,促进经济要素在更大范围、更高层次和更广空间自由流通与合理配置,充分发挥各地区比较优势,构建以经济带、城市群、经济区为支撑的功能明确、分工合理、协同联动的区域发展新格局。轴带引领战略通过协调空间开发秩序和优化调整空间结构突破了板块战略的局限,横贯东中西、穿越南北方,如长江经济带、京津冀协同发展;群区耦合战略通过以城市群带动经济区、以经济区促进城市群建设不仅能够充分发挥各区域的能动性,加强区域间的经济联系与合作,而且能够发挥中央政府的统筹协调能力,消除区际行政壁垒,促进要素区际流通,缩小区域发展差距,如中国以京津冀、长三角、珠三角等十大城市群为核心,形成了泛渤海、泛长三角、泛珠三角等八大经济区。作为一个幅员辽阔、区域禀赋千差万别的经济大国,中国区际分工优势远不弱于国际分工优势,培育和壮大以区际专业化分工为特征的国内价值链不仅有助于国内各地区分享全球价值链开放红利,促进国内区域发展的效率、公平与均衡,还能释放内需力量和提高产能利用率,为中国在国际分工新形势下构筑内生增长能力提供新动能。

4. GVC 和 NVC 共同塑造的开放新目标

在全球价值链和国内价值链分工体系日益突显的新背景下,中国致力于统筹国内与国外两个市场、两种资源,在 2017 年 10 月召开的第十九次全国代表大会上就明确提出,面对国际分工新形势,更应主动因应,以"一带一路"建设为重要节点,实施更加积极主动的开放战略,对内推动地区互联互通和产业对接,促进产业向中西部梯度转移,东部地区腾笼换鸟实现产业升级,积极培育和打造开放新增长极,形成海陆内外联动、东西双向互济的开放新格局,构筑内生增长能力,助力中国国际分工地位与国际竞争力提升;对外不仅要扩大开放范围、拓展开放领域、加深开放层次,还要创新开放方式、优化开放布局、提升开放质量,坚持引进来和走出去并重,坚持引资和引技、引智并重,审时度势,积极参与国际贸易投资规则制定,努力在国际分工新形势下抢占先机、赢得主动。进一步地,在当今世界正经历百年未有之大变局时,党中央于 2020 年中央政治局常委会会议提出"构建以国内大循环为主体、国内国际双循环相互促进的新发展格局"的双循环战略。这一扩大内需战略不仅是应对疫情冲击的需要,也是维护中国产业供应链安全稳定、经济持续健康发展的需要。这要求中国充分利用自身大国优势(广阔的国内市场和区域比较优势的互补性)大力发展和延伸国内价值链,通过国内价值链与全球价值链的良性对接、区际分工和国际分工的有效结合,由内及外,实现新型开放和区域经济紧密发展、均衡发展的有效平衡。

(三) 理论背景

过去几个世纪里,国际经济与贸易成为普遍现象,尤其是关贸总协定签订之后,贸易自由化取得了跨越式发展。与此同时,国际分工也发生了根本性变化,由产业间分工逐步演变成产业内分工,进一步发展到产品内分工,生产环节被分离至各个不同的国家进行,垂直专业化分工(价值链分工)已成为当前国际分工的主要形式。与传统国家间分工主要发生在最终品层面不同,价值链分工深入到产品生产过程中的不同环节,各生产环节之间存在着紧密的需求—供给溢出关联,这使得传统国际分工理论已不能全面解释新的国际分工现象,新的国际分工理论呼之欲出。桑亚尔和琼斯(Sanyal and Jones,1982)、迪克西特和格罗斯曼(Dixit and Grossman,1982)等开始将价值链序贯生产(Sequential Production)引入传统贸易模型中。随后包含序贯生产的贸易模型得到了学者们的继承与发展,他们主要从贸易成本降低(Grossman and Rossi-Hansberg,2008;Bridgman,2012)、企业外包决策(Baldwin and Venables,2011;Grossman and Rossi-Hansberg,2012)、技术差异(Costinot et al.,2012,2013)等视角对全球价值链的生产结构及其决定因素进行了分析。还有以安特拉斯(Antras)为代表的学者们将契约和贸易相结合,在序贯生产模型框架下考察了企业全球价值链的选择行为或者说全球价值链背景下企业的治理结构(Antras,2003;Antras and Helpman,2004、2008;Antras and Chor,2013;Alfaro et al.,2015)。

总体来看,随着国际分工模式由国家间在最终产品层面上的分工向在同一产品不同生产环节上的垂直分工转变,国际分工理论分析的研究对象也已由过去的最终产品层面进一步向生产过程中的不同生产环节层面渗透。与此同时,国家间、一国内部区域间,甚至企业间投入产出数据可获得性的日益增强也为我们从"碎片化"生产模式视角研究价值链贸易的起因和结果提供了可能性。

二、研究目的及意义

自2001年末加入WTO以来,中国融入全球化的进程不断加快,在目前国际分工体系中发挥着举足轻重的作用。在当前国际政经复杂多变的局面下,全面评估中国以往全球价值链参与的增长绩效,既能客观认识中国过去参与全球化的得与失,还能为中国未来提高全球价值链分工地位和全球治理能力未雨绸缪,更重要的是可以以中国经验对抗目前逆全球化的汹涌浪潮。与此同时,在区域一体化和经济全球化的双重背景下,区际分工和国际分工并行不悖发展,尤其是目前置身于全球贸易增长"新常态"和逆全球化浪潮的新形势下,从大国内部优势全面认识国内价值链的增长绩效及其与全球价值链的互动关系是关系到中国国内与国外两个市场、两种资源统筹以及国内国际双循环相互促进新发展格局构建的重要理论和政策问题。具体而言,本书的研究目的主要包括以下几个方面:

(1) 本书回顾和梳理了价值链分工理论与实证研究的发展脉络,在价值链理论的框架下对全球价值链与国内价值链增长效应的作用机制进行深入分析,不仅包括水平机制,还包括空间机制及互动机制,这既可以为后文的经验研究奠定理论基础,也是对价值链理论的一个有益补充。

(2) 本书统一和创新了全球价值链与国内价值链的指标测度体系,在此基础上利用中国 30 个省区区域间投入产出表以及中国工业企业数据库和海关数据库的微观数据对中国全球价值链和国内价值链的分工现状与特征进行了描绘和总结,为后文的经验研究以及中国统筹区域发展与新型开放提供事实基础。

(3) 在价值链理论的框架下,本书分别构建全球价值链与国内价值链及其互动效应对经济增长各个方面,包括人均 GDP、全要素生产率和资源配置效率影响的计量模型,特别是通过构建静态和动态多种空间权重矩阵设定的空间计量模型,利用中国 30 个省区区域间投入产出表以及中国工业企业数据库和海关数据库的微观数据进行了全方位检验。

(4) 基于理论和实证分析所得的研究结论,本书将有针对性地进行区域协调政策和对外开放政策的新尝试并提供新方向。

本书的研究意义是本书研究背景、研究目的的自然延伸和顺承,因此是较为明显的。首先,从理论意义上讲。(1)价值链理论作为最前沿的国际分工理论,其理论体系与逻辑架构有待学者们进一步扩展与完善。价值链理论主要在国家层面进行探讨,缺乏对一国内部的考察,尤其是对中国这样的转型经济大国有待进一步深入,本书不仅为全球价值链的增长效应提供了来自中国的经验支持,而且从空间维度进一步拓展了现有全球价值链研究的视角。(2)本书还将价值链的研究领域从全球范围延伸至大国经济内部,注重国内价值链及其与全球价值链的互动效应对中国经济增长的理论剖析和机制检验,突破了现有价值链研究侧重全球视角的局限,形成了国内价值链及其与全球价值链互动较为系统的理论体系和实证方法。

其次,从现实意义上讲。(1)本书较为系统地统一和创新了现有全球价值链与国内价值链的指标测度体系,不仅将全球价值链的测度方法运用到国内价值链,对国内价值链的链式循环过程和价值链分布形态进行了较好度量,还通过有效结合宏观和微观全球价值链测度方法,创新性地构建了能够综合反映企业参与全球价值链分工全貌的指标体系,这为今后价值链研究提供了层次更为分明、视角更为丰富、体系更为健全的指标框架。(2)本书全面评估和深入认识了中国这一发展中国家嵌入全球价值链的增长效应,为进一步推进经济全球化提供了事实基础;全面评估和深入认识了中国这一区域禀赋、发展条件千差万别的经济大国、人口大国和地理大国培育国内价值链的增长效应,为进一步推进贯穿南北、承启东西的"一带一路"建设、长江经济带、京津冀协同发展等轴带式区域战略提供了事实基础;全面评估和深入认识了中国在经济全球化、区域一体化双轮驱动和国际分工、国内分工协同演进新形势下全球价值链和国内价值链的增长互动效应,为进一步推进全球价值链与国内价值链良性对接、"内外兼修"的双循环新发展格局提供了事实基础。

第二节　研究思路、篇章结构与研究方法

一、研究思路与篇章结构

本书试图在价值链理论的框架下，以经济全球化、区域一体化双轮驱动和国际分工、国内分工协同演进的价值链双循环为背景，较为全面系统地考察了全球价值链、国内价值链及其互动效应对中国增长绩效的影响。具体而言，本书第一篇首先对价值链理论与实证研究的发展脉络进行回顾和梳理，特别是对以全球价值链和国内价值链测度及其与经济增长关系为主题的文献研究现状进行了归纳与评述；然后就全球价值链与国内价值链的内涵进行简要介绍，总结归纳两者的异同点，同时构造地区/行业、地区间、企业多维度全球价值链与国内价值链的指标测度体系，并对中国的典型事实进行描述性分析；接着是本书的三大篇主体内容，主要围绕经济全球化和区域一体化的大背景展开，前两篇分别从全球价值链和国内价值链切入，探讨全球价值链和国内价值链各自的增长效应，第三篇从国际分工和国内分工协同演进的现实背景出发，探讨全球价值链和国内价值链对经济增长的互动效应；最后得到本书的研究结论和政策启示，并指出进一步的研究方向。图1-5的结构框架图展示了上述研究思路，根据结构框架图，接下来主要从总体架构、篇章间关系和章节具体内容三个方面具体介绍本书的研究工作。

（一）　总体架构

本书由十五章构成，主体内容可归为三大篇。其中，前三章是总纲，为本书第一篇内容，包括导论，文献综述以及概念界定、指标体系构建与中国事实分析；主体内容包括第二、第三、第四三大篇，第二篇为全球价值链增长效应研究，在宏观层面以层层递进的方式对经济增长的三个方面，即整体经济增长（人均GDP）、全要素生产率和资源配置效率进行考察，并对全球价值链与国内价值链的增长互动效应进行了穿插式探讨，分别对应第四至第六章；第三篇为国内价值

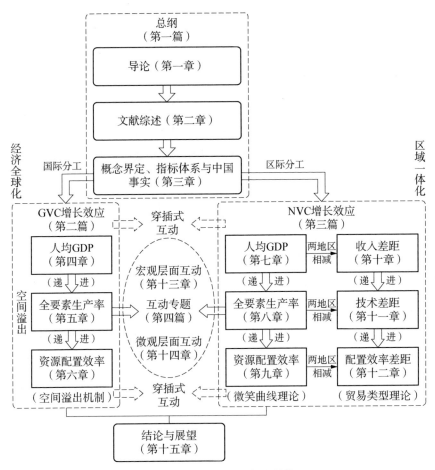

图1‑5 本书的研究框架结构

链增长效应研究,亦在宏观层面对经济增长三个方面进行探讨。但不同的是,国内价值链篇不仅在单个地区/产业维度,还在地区间双边维度进行考察,两者分别对应第七至第九章和第十至第十二章;第四篇为全球价值链与国内价值链增长互动效应专题研究。除了在第一和第二篇对全球价值链与国内价值链的增长互动效应进行穿插式探讨外,本书还从宏观和微观两个层面对其进行专题研究,分别对应第十三和第十四章。第十五章为本书的主要结论与研究展望。

（二） 篇章间关系

本书第一篇为基础性工作，为后文三大篇主体内容奠定了背景知识、理论基础和测度框架，贯穿着本书始终，在本书中起到纲领性作用。

本书的主体内容可归为第二、三、四三大篇，它们之间既有独立性，又紧密联系、互为补充、相互关联，共同构成了本书的研究主题。就独立性而言，三大篇的侧重点不同，第二篇全球价值链增长效应研究主要从空间视角解构中国全球价值链参与的增长效应；第三篇国内价值链增长效应研究不仅在地区/产业单边维度而且在地区间双边维度，从水平和空间双视角对中国国内价值链的增长效应进行考察；第四篇全球价值链与国内价值链增长互动效应专题研究则将全球价值链和国内价值链置于同一分析框架，在宏观和微观两个层面，从国内外两个关系大局探讨了全球价值链与国内价值链在影响经济增长上存在何种互动效应。但三大篇之间又存在着紧密关联，它们都是在经济全球化、区域一体化双轮驱动和国际分工、国内分工协同演进的价值链双循环大背景下展开，而不是将两者割裂开来考察。虽然第二和第三篇各自侧重全球价值链和国内价值链增长效应研究，但存在着大量穿插式互动探讨，如在研究全球价值链增长效应时会扩展分析国内价值链对其增长效应产生何种影响，在研究国内价值链增长效应时会扩展分析其对全球价值链引致的地区经济差距存在何种作用。第四篇互动专题则是对第二和第三篇穿插式互动探讨内容的补充与深化。

不仅三大篇主体内容之间联系紧密，而且各篇内部各章之间亦相互关联。第二和第三篇全球价值链和国内价值链内部研究对象为经济增长的三个方面，即人均 GDP、全要素生产率和资源配置效率呈现层层递进、步步深入的关系；第三篇国内价值链考察层面地区/产业单边维度与地区间双边维度存在相互对应、深化延伸的关系；第四篇互动专题的宏观层面是对第二和第三篇穿插式互动探讨内容的进一步深化，而微观层面则是对宏观证据进一步补充。

最后一章是对本书三大篇研究结论的总结与展望。总体来说，本书的篇章之间既有独立性，又相互关联、层层递进、互为补充。

(三) 章节具体内容

前三章是本书的第一篇内容总纲。第一章是导论。导论主要包括研究背景、目的与意义,研究思路、篇章结构与研究方法,以及主要创新点。

第二章是有关价值链的文献综述。这部分主要围绕四个方面展开:一是从分工视角简要回顾价值链的相关理论研究,二是归纳和梳理全球价值链的相关研究,三是归纳和梳理国内价值链的相关研究,四是对既有文献研究的简要评述。这一章主要为本书主体内容奠定理论分析与实证研究的基础。

第三章是全球价值链与国内价值链的概念界定、测度指标体系构建以及对中国事实的描述分析。这章首先对全球价值链和国内价值链的内涵进行界定,在此基础上比较两者的异同点;然后介绍本书宏观地区/产业、地区间以及微观企业层面全球价值链和国内价值链分工指标的测算方法;最后利用测算结果对中国的典型事实特征进行描述性分析,以期全面呈现中国全球价值链和国内价值链分工的进程与特征,这一章主要为本书主体内容提供定量分析框架与事实基础。

接下来是本书第二、第三、第四三大篇主体内容,其中第二篇为全球价值链增长效应研究,包括第四至第六章;第三篇为国内价值链增长效应研究,包括第七至第十二章;第四篇为全球价值链与国内价值链增长互动效应专题研究,包括第十三和第十四章。第二和第三篇分别从全球价值链和国内价值链切入,在宏观上以层层递进的方式对经济增长的三个方面,即整体经济增长(人均GDP)、全要素生产率和资源配置效率进行研究,首先探讨价值链对整体经济增长的影响;然后根据经济增长理论,即经济增长的最终动力来自全要素生产率的提高(Solow, 1956),深入经济增长内部,考察价值链对全要素生产率的影响;进一步地,通常情况下,地区生产率的进步要么来自企业自身技术水平的提升,要么来自因企业间资源配置效率改善而带来的效率提高(樊纲等,2011)。企业自身技术水平的提升固然重要,但资源能否从低生产率企业向高生产率企业流动也许是更为重要的问题,资源配置效率高低关乎中国经济结构转型的成败(Hsieh and Klenow,2009),因此在全要素生产率的基础上还关注了价值链对资源配置效率的影响。同时,在这两篇的研究中,还注重两种分工的穿插式互动探讨,即在实证检验的扩展分析部分集中考察全球价值链与国内价值链的交互项对经济增长三方面的影响效应;第四篇则在宏观和微观两个层面上对全球价值链与国内价值链的增长互动效应进行专题式探讨,以补充和深化前两篇中穿插式互动探讨的内容。宏观层面选择经济增长作为互动专题篇的研究对象,微观层面则关注全要素生产率,这是因为全要素生产率对于微观企业可能是更为重要的,它决定了企业的生产与出口绩效(Melitz,2003)。

具体而言,第二篇主要从空间溢出视角考察中国参与全球价值链对整体经济增长(第四章)、全要素生产率(第五章)和资源配置效率(第六章)的影响,具体展开为以下几点内容:(1)通过梳理现有研究全球价值链增长绩效的文献,重点指出现有全球价值链研究缺乏空间视角考量的缺陷;(2)基于全球价值链的微观测算方法,在综合考虑了贸易方式、中间贸易代理商等问题后,利用中国海关微观数据对中国各地区的全球价值链参与程度进行了测算,客观指出中国各地区全球价值链嵌入程度存在极大不平衡的事实基础;(3)结合全球价值链将进口和出口有机整合的鲜明特征,有效构建了全球价值链影响经济增长的水平和空间溢出机制;(4)设置静态和动态多种空间权重矩阵下的空间面板模型,实证检验了中国各地区全球价值链参与对经济增长绩效的空间溢出效应;(5)进一步利用中国30个省区区域间投入产出表,从国内和国外两个关系大局的互动视角拓展分析了现有文献忽视的国内价值链以及全球价值链不同嵌入模式的影响。

第三篇的前三章从地区/产业单边维度考察了国内价值链对整体经济增长(第七章)、全要素生产率(第八章)和资源配置效率的溢出效应(第九章);后三章则从地区/产业单边维度延伸至地区间双边维度,探讨了国内价值链对地区间收入差距(第十章)、技术差距(第十一章)和资源配置效率差距的影响(第十二章)。由于目前国内价值链的研究较为匮乏,仅有少数学者涉及对国内价值链参与程度的简单测度,并未涉及国内价值链增长绩效的考察,因此,本篇首先在地区/产业单边维度,将叶明等(Ye et al.,2015)全球价值链"微笑曲线"的测度框架运用到国内价值链,从空间溢出视角考察了国内价值链对经济增长三方面的"微笑曲线"式溢出效应,具体展开为以下几点内容:(1)梳理现有关于国内价值链的研究,重点指出现有国内价值链研究缺乏对国内价值链完整的链式循环过程和价值链分布形态的定量描述,继而无法有效识别、检验和分析国内价值链经济增长溢出机制和特征的缺陷;(2)利用中国30个省区区域间投入产出表测度、描绘和概括了中国各地区—产业国内价值链的"微笑曲线"形态特征,为国内价值链"微笑曲线"式溢出机制的构建和实证研究的展开奠定事实基础;(3)根据"微笑曲线"理论和中国国内价值链分布的事实特征,从静态和动态两个维度全面解构了国内价值"微笑曲线"链式循环过程所产生的溢出机制,包括静态制造前向溢出、制造后向溢出效应和动态制造前后追赶—竞争效应;(4)设置能够有效捕捉国内价值链溢出机制的空间权重矩阵和采用空间计量方法实证检验了国内价值链对中国经济增长绩效的溢出效应;(5)进一步从内部制度改革、外部金融危机冲击、贸易自由化开放倒逼三个视角对国内价值链的溢出效应进行了扩展分析。

其次在地区间双边维度,突破现有价值链贸易研究的全球视角,将省区两两配对对国内价值链与地区间收入差距、技术差距和资源配置效率差距之间的关系进行全方位考察,具体展开为以下几点内容:(1)梳理现有关于国内价值链的研究,重点指出现有国内价值链研究缺乏对测算结果的进一步经验应用,尤其是缺乏对国内价值链与经济增长关系定量分析的缺陷;(2)利用中国30个省区区域间投入产出表测度、描绘和概括了中国各省区间价值链贸易强度的演变趋势和特征,为国内价值链与地区间经济差距实证研究的展开奠定事实基础;(3)结合贸易类型理论考察了不同类型区际贸易对地区间经济差距的影响,突出了国内价值链贸易在区际贸易的地区间经济差距缩减效应中的主导作用;(4)不仅使用地区距离,还抓住中国"央管干部"的制度化特征和中国广阔疆域所拥有的独具特色、种类繁多、源远流长的地域文化特征,尝试构造了地区间是否存在官员(省委书记或省长)交流和是否使用同一种方言、遗传距离的区际贸易的工具变量;(5)从国内外两个关系大局的互动视角进一步探讨了中国地区间经济差距问题。

　　第四篇的前一章在宏观层面上考察了全球价值链、国内价值链与经济增长的互动关系,是对前两篇中穿插式互动探讨内容的延伸与深化;后一章在微观层面上考察了全球价值链分工、产业集聚与企业生产率的互动关系,是对宏观证据的进一步补充。现有不管是全球价值链的研究还是国内价值链的研究,均严重忽略了经济全球化和区域一体化双向推进、国际分工和国内分工协同演进的新形势,只是从单一角度分别考察了分工的特征事实或者增长效应。本篇则将中国经济增长置于全球价值链与国内价值链的统一框架下,着重探讨全球价值链与国内价值链对经济增长的交互效应,究竟两者之间是相互促进还是彼此削弱。首先在宏观层面上,借鉴并改进库普曼等(Koopman et al., 2014)、李跟强和潘文卿(2016)的增加值分解框架,使用中国 30 个省区区域间投入产出表分解计算中国各地区—产业的全球价值链和国内价值参与程度,继而为计量检验奠定基础,具体展开为以下几点内容:(1)详细介绍了地区流出的增加值分解框架,在此基础上对全球价值链参与指标和国内价值链参与指标进行构造与测度;(2)构建了全球价值链、国内价值链与经济增长互动关系的理论框架,并从多方面进行了实证检验;(3)进一步从价值链不同参与方式进行扩展分析,突出了国内价值链下游参与是衔接全球价值链与国内价值链有效互动的主要方式。其次在微观层面上,由于缺乏国内企业间的微观贸易数据,无法在企业层面测度国内价值链参与程度,因此以产业集聚近似替代。这是因为产业集聚意味着本地化生产能力,是国内生产体系重要的组成部分(Maskell and Lorenzen, 2003)。第十四章将表征国内价值链的产业集聚与企业全球价值链分工行为置于本地化生产和国际化生产的统一背景下,首次探讨了企业全球价值链分工行为、产业集聚对企业生产率的交互效应,具体展开为以下几点内容:(1)理论上,根据产业集聚理论、价值链环节与升级理论、企业战略管理理论、价值链"俘获"假说等,构建了企业全球价值链分工、产业集聚与企业生产率的互动机制;(2)指标上,利用中国工企和海关匹配数据以及世界投入产出表尝试测算了能够反映中国企业参与全球价值链分工全貌的指标,包括 GVC 地位指数、上游环节参与度和下游环节参与度;(3)实证上,利用中国工企和海关匹配数据对互动效应进行实证检验,并相应处理了内生性、企业异质性和指标变换检验等问题;(4)进一步基于马歇尔外部性理论,从"人""物""知识"三个空间视角拓展分析了这一互动关系的背后驱动力量。第十五章是结论与展望。本章为最后章节,总结全书,在此基础之上提出相应的政策建议,并进一步对未来拓展方向进行相应展望。

二、研究方法

本书试图在价值链理论的框架下全面系统地评估全球价值链、国内价值链及其互动效应对中国经济增长的影响。在具体研究中,本书将遵循从全球价值链、国内价值链单一视角逐渐向互动视角递进的研究思路,从宏观视角向微观视角延伸的研究层次,从一般计量向空间计量转变的研究工具,力求从多维度、多方法和多层次进行分析,以使本书的研究结论更加具有实质性和可靠性。具体而言,本书采用的研究方法主要有:

(一) 理论分析和经验研究相结合

在梳理现有文献的基础上,本书归纳和总结了价值链理论的相关研究成果,在此框架下通过逻辑推演的方式对全球价值链、国内价值链及其互动效应对经济增长的影响机制进行理论分析,继而采用不同方法、不同数据测算全球价值链和国内价值链分工指标,并进行实证检验,因此做到了理论分析与经验研究相辅相成。

(二) 定性分析和定量分析相结合

在本书的研究中,定性分析主要体现在通过较为系统地测度全球价值链和国内价值链分工指标体系,初步分析中国宏观地区/产业层面和微观企业层面全球价值链和国内价值链分工的现状及其发展趋势。同时还通过二维散点图对国内价值链与地区间收入差距、技术差距、资源配置效率差距之间的关系进行初步考察。定量分析主要体现在采用空间计量法、最小二乘法等多种计量方法估计全球价值链、国内价值链及其互动效应对中国经济增长的影响，进而做到定性分析与定量分析相辅相成。

（三）宏观层面分析和微观层面分析相结合

由于价值链指标测度方法本身可延伸为宏观地区/产业层面测度方法和微观企业层面测度方法，这也决定了本书需结合宏观地区/产业和微观企业两个层面进行研究。本书宏观层面分析和微观层面分析相结合主要体现在全球价值链与国内价值链增长互动效应专题研究篇，在该篇中本书首先从宏观层面对前两篇中的穿插式互动探讨内容进行深化与延伸，然后从微观层面对宏观证据做进一步补充。同时，宏观和微观分析相结合还集中体现在本书对地区全球价值链参与度指标的测度上。在全球价值链增长效应研究篇中，本书不仅使用中国海关微观数据，还采用中国区域间投入产出表测度中国 30 个省区的全球价值链参与度，前者可以较好地处理贸易方式、中间贸易代理商等问题，后者则可以区分全球价值链不同嵌入模式，因此两者形成优势互补。

（四）类比思想的运用

在本书的研究中，类比思想首先体现在国内价值链分工指标的测度上。由于一国区域间投入产出表与世界投入产出表（或国家间投入产出表）具有相似的结构，因此本书在测度国内价值链分工指标时主要借鉴的是库普曼等（Koopman et al.，2014）国家层面的出口增加值分解框架以及叶明等（Ye et al.，2015）全球价值链的"微笑曲线"测度框架。其次体现在研究主题上。本书全球价值链空间溢出效应的研究主题主要借鉴国际经济学领域中对 FDI 和进出口贸易空间溢出效应的研究主题。本书国内价值链"微笑曲线"的研究主题主要借鉴全球价值链"微笑曲线"的研究主题。本书国内价值链对地区间双边层面影响效应的研究主题主要借鉴全球价值链对国家间双边层面影响效应的研究主题。

(五) 综合运用多种计量方法

本书较为科学地运用多种计量方法进行实证分析,首先,利用投入产出法对中国各地区/产业全球价值链和国内价值链分工指标进行测度,这是本书实证研究的基础。其次,除了计量经济学经典的普通最小二乘法(OLS)外,空间计量法是本书研究的一大特色。同时,考虑到潜在的内生性问题,本书还采用空间广义矩法(GMM)和两阶段最小二乘法(2SLS)进行估计。最后,在估计地区生产率时用到了随机前沿分析法(SFA)和数据包络分析法(DEA),在估计企业生产率时用到了奥莱和帕克斯(Olley-Pakes,OP)及莱文索恩和彼得林(Levinsohn-Petrin,LP)半参数估计法。

第三节 主要创新点

在经济全球化、区域一体化双轮驱动和国际分工、国内分工协同演进的价值链双循环背景下,全球价值链与国内价值链相互交织和互为作用,因此如何在统一框架下评估两者给中国带来的增长效应及其互动效应已成为关系到中国双循环新发展格局构建的重要理论和政策问题。相比以往研究,本书的主要创新点包括以下几个方面:

(1) 研究视角的创新。本书立足于国际分工和区际分工双轮推进、双向协同的价值链双循环背景,突破了现有价值链研究侧重全球视角的局限,将价值链的研究领域从全球范围延伸至大国经济内部,注重国内价值链及其与全球价值链的互动效应对中国经济增长的影响。首先,本书首次从空间视角解构了全球价值链的增长效应;其次,不仅从地区/产业单边维度,还从地区间双边维度对国内价值链的增长效应进行全面揭示;更为重要的是从国内外两个关系大局综合考察了全球价值链与国内价值链的增长互动效应,这对中国在经济全球化、区域一体化双轮驱动和国际分工、国内分工协同演进新形势下推进全球价值链与国内价值链良性对接、"内外兼修"的双循环新发展格局具有重要意义。

（2）价值链指标测度的创新。本书较为系统地统一和创新了现有全球价值链与国内价值链的指标测度体系，不仅将全球价值链的测度方法运用到国内价值链，利用中国 30 个省区区域间投入产出表，借鉴库普曼等（Koopman et al.，2014）的增加值分解框架对中国各省区全球价值链参与度、国内价值链参与度以及省区间价值链贸易强度进行较为科学的测算，并借鉴叶明等（Ye et al.，2015）全球价值链"微笑曲线"的测度框架对中国国内价值链的链式循环过程和价值链分布形态进行定量描述，还通过有效结合库普曼等（Koopman et al.，2010、2014）宏观产业层面及鲁吉和邓希炜（Kee and Tang, 2016）微观企业层面的全球价值链测度方法，创新性地构建了能够综合反映企业参与全球价值链分工全貌的指标体系，包括全球价值链地位指数以及上游环节参与度和下游环节参与度，这不仅丰富了现有国内价值链的测度框架和全球价值链的微观测算方法，还为今后认识中国国内价值链的演变特征和企业全球价值链分工行为及其实证展开提供了层次更为分明、视角更为丰富、体系更为健全的指标框架。

（3）理论机制的创新。本书全面构建了全球价值链和国内价值链影响经济增长的理论机制，在全球价值链上注重空间溢出机制的阐述，在国内价值链上兼顾水平溢出和空间溢出机制的解析，在此基础上对全球价值链与国内价值链的增长互动机制进行了全面揭示。具体而言，全球价值链的空间溢出机制主要从全球价值链直接参与地区、邻近地区、直接参与地区与邻近地区之间三个空间关系进行细化，包括全球价值链直接参与地区的"非自愿扩散效应"、邻近地区的"学习模仿效应"以及全球价值链直接参与地区与邻近地区之间的"促竞争效应""要素流动效应"和"产业关联效应"。国内价值链地区/产业维度的溢出机制主要结合管理学中的"微笑曲线"理论和中国国内价值链分布的事实特征进行解构，包括静态制造前阶段的前向溢出、制造后阶段的后向溢出效应和动态制造前后阶段的追赶—竞争效应；地区间双边维度的溢出机制则基于贸易类型理论进行阐述，包括"需求—供给溢出"机制和"资源转移"机制。全球价值链与国内价值链的互动机制主要从价值链分工理论、价值链环节与升级理论、企业战略管理理论等方面进行剖析。总体而言,本书的理论机制可以视为将价值链经济学理论和管理学理论相结合的一种较好的尝试。

（4）研究内容的创新。不仅体现在首次探索全球价值链与国内价值链增长效应的空间效应与互动效应的全新研究主题上,还体现在对经济增长进行了层层递进的多维度探究,包括人均GDP、全要素生产率和资源配置效率。对于全球价值链的增长效应,在廓清全球价值链空间溢出机制的基础上,通过设定静态、动态多种空间权重矩阵和采用空间计量方法进行实证检验,并进一步从国内和国外两个关系大局拓展分析了现有文献忽视的国内价值链以及全球价值链不同嵌入模式的影响;对于国内价值链的增长效应,不仅在地区/产业单边维度,在"微笑曲线"理论的框架下全面解构和检验了国内价值链"微笑曲线"链式循环所产生的静态制造前向溢出、制造后向溢出以及动态制造前后追赶—竞争效应三种溢出机制,并进一步从制度环境、全球金融危机和贸易自由化对国内价值链的溢出效应进行了扩展分析,还在地区间双边维度,将省区两两配对探讨了国内价值链贸易对地区间收入差距、技术差距和资源配置效应差距的影响,并从国内外两个关系大局的互动视角进一步分析了中国地区间经济增长差距问题;对于全球价值链与国内价值链增长互动效应的专题研究,不仅在宏观层面构建和检验了全球价值链、国内价值链与经济增长互动的理论框架,并进一步从价值链不同参与方式视角进行扩展分析,还在微观层面构建和检验了企业全球价值链分工、产业集聚与企业生产率互动的理论框架,并进一步基于马歇尔外部性理论,从"人""物""知识"三个空间视角进一步拓展分析了这一互动关系的背后驱动力量。总的来说,本书的研究内容是对现有价值链研究的一个有益补充。

（5）具体实证方法的创新。本书较为科学地运用多种计量方法进行实证分析,除了经典的OLS外,空间计量法是本书研究的一大创新。使用空间计量法关键在于设置空间权重矩阵,在全球价值链增长效应篇中,本书不仅设定了已有文献常用的邻接、地理距离静态空间权重矩阵，还借鉴引力模型的思路构建了能更好捕捉地区间空间关联结构与本质的劳动力流动、资本流动动态空间权重矩阵；在国内价值链增长效应篇中，本书设置了能够有效捕捉国内价值链静态制造前向溢出、制造后向溢出效应以及动态制造前后追赶—竞争效应三种溢出机制的空间权重矩阵。同时，考虑到潜在的内生性问题，本书在国内价值链增长效应篇中，立足于中国"央管干部"的外生化制度特征和基于中国广阔疆域所拥有的源远流长、独具特色、种类繁多的地域文化特征，尝试构造了省区官员交流以及可以较好代理地域文化差异的方言异同和遗传距离作为国内价值链贸易的工具变量，这为解决学术界公认的贸易与经济系统运行的内生性难题提供了新思路。

第二章　文献综述

本章的文献综述主要围绕以下三个方面展开:一是从分工视角简要回顾价值链理论的缘起、相应价值链分工决定模型的发展演变以及价值链理论在经济学与管理学之间的跨学科研究,为后文三大篇主体内容奠定理论基础;二是归纳和梳理全球价值链的相关研究,包括全球价值链的测度及其决定因素,全球价值链对国家间、国家内部的影响;三是归纳和梳理国内价值链的相关研究,包括国内价值链的测度及其与经济增长关系的定性分析。第二和第三两方面主要为后文三大篇主体内容的理论机制分析和实证研究提供借鉴与指引,最后是对既有文献研究的简要评述。

第一节　价值链理论:分工视角

一、价值链理论的缘起:由产业间、产业内到产品内分工的飞跃

价值链理论既承袭了传统国际分工理论的基本理念,又根据价值链分工特征在此基础上对其进行发展。

(一)　价值链理论:对产业间分工理论的继承与发展

对国际分工理论的研究可以追溯到斯密的绝对优势理论和李嘉图的相对优势理论,他们的基本思想是,国际分工产生的基础在于国家间生产技术(或劳动生产率)的绝对(相对)差异。20世纪30年代,赫克歇尔和俄林又进一步将国家间要素禀赋差异和产业间要素投入比例差异作为国际贸易的基础,继而形成了要素禀赋理论(或H-O理论)。学术界将李嘉图比较优势理论和要素禀赋理论统称为产业间分工理论,该理论在市场完全竞争、规模收益不变、同质产品

和企业的假定下,认为比较优势主要来源于劳动生产率差异或要素禀赋差异,各国基于自身比较优势参与国际分工,这较好地解释了 20 世纪上半叶之前的国际分工模式——产业间分工。

价值链分工理论与产业间分工理论的本质差别主要在于:贸易对象前者以服务产品为主,后者以商品产品为主;分工对象前者为价值链环节(中间产品),后者为制成品(最终产品)。长期以来,产业间分工理论主要用于解释商品贸易,而价值链分工的主体是具有"无形性"特征的服务(Miroudot,2012;Low,2013),因此,价值链的蓬勃发展挑战了以"实物要素"为核心特征的产业间分工理论。但同时,琼斯和基尔兹科夫斯基(Jones and Kierzkowski,1990)认为产业间分工理论仍是全球价值链分工的基础,比较优势是获取全球价值链分工利益的主要源泉之一。卢锋(2004)、曹明福和李树民(2006)也持类似观点,他们指出不同生产工序的要素禀赋差异形成了比较优势和贸易收益,进而促进了价值链分工的产生。因此,产业间分工贸易理论中的比较优势基本概念有助于深化对价值链分工的解释,但值得注意的是,其内涵发生了较大变化。产业间分工理论的研究对象是所有生产环节均在一国内部完成的最终产品,这说明一国比较优势包含了其最终产品生产过程中所有生产环节的比较优势,也即"最终产品整体优势";而价值链分工理论的研究对象是某一产品生产过程中的某一生产环节,因此一国比较优势取决于该国在价值链中所从事的特定生产环节,也即"价值链环节优势"。总的来说,产业间分工理论仍适用于对价值链分工进行解释,但不同的是,比较优势的内涵发生了变化,由产业间分工理论的"最终产品整体优势"扩展为价值链分工理论的"价值链环节优势"。

(二) 价值链理论:对产业内分工理论的继承与发展

产业间分工理论在 20 世纪上半叶之前一直处于主导地位,但进入 20 世纪 60 年代之后,随着要素禀赋相似的发达国家之间以及同类产品之间的贸易量大幅增加,国际贸易更多地发生在同一产业内部。很显然,产业间分工理论已无法合理解释这一现象。与此同时,在 20 世纪 70 年代末,迪克西特和斯蒂格利茨(Dixit and Stiglitz,1977)创新性地构建了一个垄断竞争模型,即 D-S 模型,该模型能够较好解决竞争均衡框架与规模报酬递增相结合的市场结构问题。在上述现实和理论背景下,以克鲁格曼为代表的产业内分工理论兴起。该理论在垄断竞争市场、差异化产品和规模报酬递增的假定下,论证了即使两国间生产技术(或劳动生产率)和资源禀赋相似,规模经济也能引导其进行产业内分工并开展贸易,这较好地解释了战后国际分工新格局——产业内分工。

那么,以规模经济为核心特征的产业内分工理论是否适用于对全球价值链分工的解释? 从内涵和外延两个层面来看,产业内分工理论仍有助于理解价值链分工,但不同的是,价值链分工理论对规模经济的内涵和外延作了进一步扩展。首先,在内涵上,产业间分工理论针对的是所有生产环节均在一国内部完成的最终产品,产品的整体生产规模是根据某一关键生产环节的有效规模来设定,其他生产环节的有效规模无法得到有效发挥,这使得最终产品无法实现"整体规模效应";而价值链分工要求各国专注于自身具有比较优势的生产环节,充分利用国内资源,选择最优规模进行生产,因此从理论上来说,各国均实现了"环节规模效应",在此基础上,跨国公司通过整合这些"环节规模效应"来设定整体生产规模,进而真正做到"整体规模效应"和全球最优化生产(谭人友,2017)。其次,在外延上,以克鲁格曼为代表的产业间分工理论主要考察的是企业内部规模经济,而价值链分工理论还将规模经济延伸至外部规模经济。价值链分工要求各国基于自身要素禀赋在价值链中某一环节进行生产,这使得国内使用相似生产要素从事相似生产环节的不同行业易于集聚在一起形成产业集聚,进而促进外部规模经济的产生(胡昭玲,2007a,2007b)。总的来说,价值链分工理论对产业内分工理论的核心特征——规模经济的内涵和外延进行了扩展。

(三) 价值链理论:对产品内分工理论的继承与发展

20 世纪 90 年代以来,随着贸易成本的下降和信息通信技术的发展,国际分工发生了深刻变化,出现了以产品内分工为特征的国际分工新格局,因此产品内分工理论兴起。产品内分工理论(或企业边界理论)主要探讨的是企业在权衡生产成本和交易成本后决定是否将产品的部分生产环节外包,以及采用何种方式组织生产。但格罗斯曼和罗西-汉斯伯格(Grossman and Rossi-Hansberg,2008)、安特拉斯和楚(Antras and Chor,2013)指出,该理论仅是对单一的生产环节进行描述,忽视了价值链是由一系列具有"需求—供给"溢出关联、前后序贯相连的生产环节所构成的事实。

安特拉斯和楚(Antras and Chor,2013)首次在异质性企业理论框架下,结合产权理论和序贯生产模型,将全球生产视为由一系列顺序生产阶段构成,建立了企业生产组织模式选择模型。其模型与其他模型最大的区别在于,产品生产是按照特定顺序进行的,只有上游环节所有中间品和零部件都已交付,下一环节的生产才开始,直至整个最终产品的完成。该模型主要用于解释在契约不完全的情况下,生产的顺序性对生产商与其不同供应商之间契约关系的形成产生何种影响,以及如何在价值链上分配契约权利以引导供应商最大化其努力程度,进而使供应商获得最优效果。其核心结论是,企业生产组织模式的选择取决于生产环节是序贯互补还是序贯替代的,当生产环节是序贯互补的,则对相对上游环节的最优化策略是外包,对相对下游环节则实行一体化生产。这是因为当生产环节是序贯互补时,会对相对下游环节供应商产生正向溢出效应,此时企业应放弃对其相对上游环节供应商的控制,以激励相对上游环节供应商的努力程度。总的来说,价值链分工理论将产品内分工理论的单一生产环节扩展为由一系列前后序贯相连生产环节构成的生产链条。

二、价值链分工决定的理论模型

随着贸易成本的降低和信息通信技术的发展,价值链分工已成为当前国际分工新形式。与传统国家间分工主要发生在最终品层面不同,价值链分工深入到产品生产过程中的不同环节,各生产环节之间存在着紧密的需求—供给溢出关联,这使得基于最终品贸易设定的传统贸易模型已不再适用新的国际分工形式。在此背景下,桑亚尔和琼斯(Sanyal and Jones,1982)、迪克西特和格罗斯曼(Dixit and Grossman，1982)等开始将序贯生产引入到传统贸易模型中，将各国在最终品层面上的分工扩展至在同一产品不同生产环节上的垂直分工，以更好地反映当前全球价值链以"任务贸易"(Task Trade)模式运转的特征。随后包含序贯生产的贸易模型得到了学者的继承与发展，他们的研究大致可以分为三个方向：一是从贸易成本视角考察贸易成本降低如何影响国际贸易，包括贸易规模、贸易结构、贸易利得等；二是从比较优势、企业外包决策、生产技术差异等视角对全球价值链分工的生产结构及其决定因素进行探讨；三是将契约和贸易相结合考察全球价值链对企业全球生产组织模式的影响。

（一） 贸易成本降低对国际贸易的影响

在此类研究中，伊基姆(Yi，2003)首次通过构建包含两国的李嘉图动态贸易模型考察了关税降低对贸易规模的影响，他认为在国家间往返的中间品贸易会放大关税降低的影响，这使得关税下降的幅度与贸易增加的幅度之间呈现非线性关系；伊基姆(Yi，2010)则将视角转向"本国偏好"，并指出中间品贸易会放大贸易成本，进而引致国内贸易的增加。格罗斯曼和罗西-汉斯伯格(Grossman and Rossi-Hansberg，2008)进一步将产品生产过程细分为若干由不同生产要素完成的"任务"，这些任务可以外包给国外进行，但离岸外包会产生额外成本，如冰山贸易成本、沟通成本、监管成本等，因此，外包是否有利需在收益与成本之间权衡。约翰逊和莫克尼斯(Johnson and Moxnes，2012)将国家间贸易数据与包含序贯生产的贸易模型相结合，分析了国际贸易的距离弹性、贸易成本如何影响贸易流量与工资，以及一国技术进步如何影响各价值链参与国。布里奇曼(Bridgman，2012)则通过构建包含原材料、中间品和最终品贸易的三阶段序贯生产贸易模型来考察贸易成本对贸易结构的影响，发现贸易成本较高时原材料贸易占主导，但随着贸易成本的下降，制造业贸易和价值链贸易开始增长。

（二） GVC 分工结构及其决定因素

根据李嘉图比价优势和要素禀赋等经典贸易理论，国家间贸易主要源于国家间比较优势差异,因此各国比较优势决定了国际贸易格局,然而传统贸易理论关注的是各国在最终品上的分工,在价值链分工模式下,一国的比较优势主要体现在价值链上的某一生产环节。桑亚尔和琼斯(Sanyal and Jones,1982)、迪克西特和格罗斯曼(Dixit and Grossman,1982)在李嘉图模型基础上引入了序贯生产的概念,进而将李嘉图模型从在最终品上的分工扩展至在不同生产环节上的垂直分工,并指出各国要素禀赋差异决定了各国在价值链上的分工格局。

鲍德温和维纳布尔斯(Baldwin and Venables,2011)则基于企业外包决策分析了全球价值链的生产结构,他们将产品生产结构分为"蛛形"(某一生产环节位于核心,其他生产环节都与之相联系)和"蛇形"(上游环节到下游环节的序贯生产模式)两种,并指出最终的分工格局不仅取决于国家间要素禀赋的差异,还与产品生产结构相关的各生产环节之间的协调成本有关;格罗斯曼和罗西-汉斯伯格(Grossman and Rossi-Hansberg,2012)也区分了不同生产环节的外包成本,并进一步纳入了规模经济效应,用来解释生产技术水平和要素禀赋结构相似国家之间的生产分工格局,发现较高产出和工资的国家往往专业化生产外包成本较高的生产环节。

科斯蒂诺特等(Costinot et al.,2013)从生产技术差异视角考察了价值链分工的决定因素,并关注了技术变化如何影响跨国收入不平等。该模型用各国在生产中的出错概率来表述生产技术差异,并假设某一产品的生产过程包含若干个前后序贯相连的环节,每个生产环节均有可能发生错误,一旦发生错误,就无法继续下一环节的生产。该模型的核心结论是由于在后面的生产环节犯错的代价比较高,因此生产率越高的国家越在价值链的下游环节生产。同时,该模型还指出,生产环节的增加会扩大国家间的收入差距,而全球性技术进步则有利于缩小跨国收入不平等;科斯蒂诺特等(Costinot et al.,2012)则进一步将该模型扩展至多要素的情形,考察了全球价值链对一国内部收入差距的影响。他们认为全球价值链分工使得高生产率国家集中在生产的后面环节,从而缓解了其高技能工人的收入差距,但加剧了其低技能工人的收入差距;对低生产率国家来说则相反。

(三) GVC 对企业全球生产组织模式的影响

关于全球价值链如何影响企业全球生产组织模式的文献主要以安特拉斯为代表,其将契约和贸易相结合,研究了企业全球价值链的选择行为或者说全球价值链背景下企业的治理结构,重在理论探索。安特拉斯(Antras,2003)创新性地把格罗斯曼、哈特和莫尔(Grossman-Hart-Moore)关于公司的观点以及赫尔普曼和克鲁格曼(Helpman-Krugman)关于国际贸易的观点结合起来,构建了一个不完全契约、公司边界的产权模型,然后将不完全竞争和差异化产品引入到该模型中。安特拉斯和赫尔普曼(Antras and Helpman,2004)基于异质性企业理论构建了最终品生产商控制总部服务供应,中间品供应商控制中间品供应的模型,由于合约的不完全性,最终品生产商需在北方低固定成本和南方低可变成本之间进行权衡。安特拉斯和赫尔普曼(Antras and Helpman,2008)则发现,总部服务的契约化度提高会促使企业外包增加,而中间品的契约化度提高则促使企业一体化。

安特拉斯和楚(Antras and Chor,2013)在安特拉斯(Antras,2003)的基础上,首次结合产权理论和序贯生产模型,将全球生产视为由一系列顺序生产阶段构成,建立了企业生产组织模式选择模型。该模型与其他模型的最大区别在于,产品生产是按照特定顺序进行的,只有上游环节所有中间品和零部件都已交付,下一环节的生产才开始,直至整个最终产品的完成。该模型的核心结论是,企业生产组织模式的选择取决于生产环节是序贯互补还是序贯替代,当生产环节是序贯互补,则对相对上游环节的最优化策略是外包,对相对下游环节则实行一体化生产。阿尔佛罗等(Alfaro et al.,2015)进一步在安特拉斯和楚(Antras and Chor,2013)的基础上构建了一个产权模型,在该模型中,企业生产组织方式取决于生产的环节以及在价值链中所处的位置。

三、价值链理论的跨学科研究:从管理学到经济学

经济学中的价值链分工理论可追溯到管理学中的价值链理论,该理论所包含的"工序""附加值"等概念为之后经济学中的价值链分工理论研究奠定了重要基础。波特(Porter)在其著作《竞争优势》中首先提出企业价值链的概念,并将其定义为"每一个企业都是一种涵盖了设计、生产、销售、配送以及辅助活动等生产活动的集合体,这些功能不同却又相互关联的生产活动构成了一条能够创造价值的生产链"。对经济学中价值链分工理论的形成具有关键作用的是科佳(Kogut,1985)从价值增值视角提出的价值链概念,他将价值链定义为"原材料投入、劳动力、技术等的有效组合,企业的竞争优势主要集中在价值链的某一生产环节"。与波特(Porter,1985)强调单个企业竞争优势不同,该理论强调全球生产网络中各生产环节在企业间的最优化配置,反映了价值链的垂直专业化分工特征。

随着价值链概念的提出,"微笑曲线"理论应运而生。"微笑曲线"理论最早由宏碁集团董事长施振荣于 1992 年提出,用来描述某一产品价值链从研发到制造再到营销的整个链式循环和价值增值过程,具体如图 2-1 所示,若以横轴表示企业在产品价值链中的位置,纵轴表示企业的增加值率(或利润率)绘制曲线图,则可以得到一条"微笑"状的曲线。此后,"微笑曲线"经学者不断扩充和发展,成为了价值链管理中的经典理论(Everatt et al.,1999;Mudambi,2007)。进一步地,穆达比(Mudambi,2008)、鲍德温等(Baldwin et al.,2014)指出,"微笑曲线"理论不仅仅是对价值链链式循环过程和分布形态的简单描述,更是蕴含着知识、技术和信息要素在链条上流动进而带动各参与企业联动的深刻理论机制,通过价值链两端企业前后向知识技术溢出以及价值链中端企业对两端企业的追赶,价值链中的分工不断细化,整条价值链不断向高级化发展,此时价值链"微笑曲线"也会不断向两端延伸,并变得更加弯曲。

叶明等(Ye et al.,2015)首次将管理学中的"微笑曲线"理论运用到经济学中的价值链分析中,通过构建价值链"微笑曲线"测度框架对全球价值链的链式

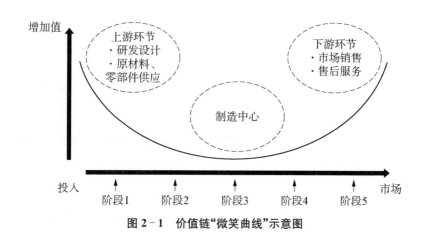

图 2-1　价值链"微笑曲线"示意图

循环过程和分布形态进行定量刻画。由于"微笑曲线"理论最早是基于企业—产品层面提出的,因此用"微笑曲线"理论描绘和分析全球价值链链式循环过程和分布形态的难点在于能否将其推广至国家—产业维度。叶明等(Ye et al.,2015)通过融合价值链位置和强度指标,在增加值的核算框架下构建了国家—产业维度的价值链"微笑曲线"测度框架。此后,"微笑曲线"理论在经济学价值链分析中得到了愈来愈多的关注(黎峰,2016b;倪红福,2016)。

四、简要评述

　　总的来看,价值链理论为本书价值链增长效应研究的展开奠定了重要的理论基础,而价值链理论研究的跨学科性质丰富了本书价值链增长效应研究的理论框架,特别是"微笑曲线"理论为本书分析国内价值链增长效应提供了重要理论指引。

第二节　全球价值链的相关研究

　　伴随着国际分工格局和贸易模式的迅速变革,全球价值链研究迅速升温,并接连取得突破性进展,已经成为国际贸易领域中的热点研究话题,本节主要从以下几个视角对当前全球价值链的研究成果进行归纳。

一、全球价值链的测度及其影响因素

关于全球价值链的测度，国内外学者主要从三个方面展开（如图 2-2 所示）：一是强度或程度指标，用于度量全球价值链参与度；二是位置指标，用于衡量在全球价值链中所处的位置；三是结合强度和位置指标的形态分布指标，用于刻画全球价值链的链式循环过程和分布形态。在指标测度的基础上，国内外学者也对全球价值链参与度的影响因素进行了颇多有益的探讨。

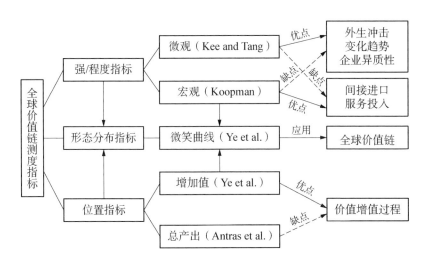

图 2-2　现有全球价值链测度研究

（一） GVC 参与度指标

关于全球价值链参与度，现有文献主要从宏观产业和微观企业两个层面对一国参与垂直专业化分工程度（VS）或出口中包含的国内附加值（DVA）[①]进行了较为完善的测度：

宏观产业层面。宏观产业层面的测度方法利用非竞争性投入—产出表进

————————
[①]　根据库普曼等（Koopman et al., 2010）的理论推导可得 VSS＋DVAR＝1。其中，VSS＝VS/出口，DVAR＝DVA/出口。

行估算。其中的经典文献是胡梅尔斯等（Hummels et al.，2001）的研究，其首次提出垂直专业化分工程度的测算方法，即用一国出口中进口中间品所占的比例来表示；考虑到中国存在加工贸易和一般贸易二元结构的典型事实，库普曼等（Koopman et al.，2012）改进了 HIY 的方法，利用二次规划法将投入—产出表分解为加工贸易与一般贸易两类投入—产出表，然后测算了 1992、1997 和2002 年中国各行业出口中包含的国内附加值（DVA）与国内附加值率（DVAR）（DVA 占出口的比重），发现是否考虑加工贸易对中国 DVA 或 DVAR 的测度具有较大影响，因此 HIY 方法会严重高估存在大量加工贸易发展中国家的DVA 或 DVAR 水平；马弘等（Ma et al.，2015）结合中国微观企业数据和宏观投入产出表，采用 KWW 方法进一步区分了企业贸易方式与所有制，并对中国出口的 DVA 和国民收入进行了测算。

然而，上述基于单国投入—产出模型的测度方法在研究全球价值链时存在较多缺陷，如无法获知进口中间品价值的来源、出口产品价值的去向等，因此愈来愈多的学者开始采用多国或国际投入—产出模型来研究全球价值链。其中较为典型的是库普曼等（Koopman et al.，2010、2014）提出的一国总出口的分解方法，他们将出口分解为被国外吸收的增加值、返回国内的增加值、国外增加值和纯重复计算四部分，在此基础上，根据出口产品价值的最终去向进一步细分为九个部分。库普曼等（Koopman et al.，2010）在分解的基础上进一步提出了全球价值链参与度（GVC_paticipation）和地位指数（GVC_position）的测算方法，其中，参与度又包括前向参与度（或上游参与度）和后向参与度（或下游参与度），前者用一国出口中的间接增加值出口比例来度量，后者用一国出口中所含的国外增加值比例来测算，两者的差值即为地位指数；王直等（Wang et al.，2013）对库普曼等（Koopman et al.，2010、2014）的方法进行了扩展，提出了包括国家/部门、双边、双边/部门多个层面的总出口分解方法，建立了一套完整的贸易增加值核算法则。

微观企业层面。微观企业层面的测算方法利用中国工业企业数据库和中国海关数据库的匹配数据进行估算。中国微观企业数据的可得为学者们直接从微观企业层面测算企业的出口 DVAR 提供了可能。阿普沃德等(Upward et al.，2013)利用 2000—2006 年中国工企和海关匹配数据,在区分了加工贸易和一般贸易的基础上采用 KWW 方法中的计算公式对中国企业的出口 DVAR 进行了测度;鲁吉和邓希炜(Kee and Tang，2016)则进一步识别了企业间的间接贸易和进口中间品问题,利用相同的数据测算了中国加工贸易企业的出口DVAR;考虑到中国中间贸易代理商的存在以及企业的进口资本设备在生产过程中也可能会有部分价值转移到企业的出口产品中,张杰等(2013)在鲁吉和邓希炜(Kee and Tang，2016)的基础上进一步处理了中间贸易代理商问题和进口资本品问题,同样采用 2000—2006 年中国工企和海关匹配数据对中国企业的出口 DVAR 进行了测算。

宏微观测度方法的优缺点。全球价值链参与度指标的宏微观测算方法各有优缺点,且相互补充。基于投入—产出表的宏观测算方法能够识别上下游产业关联所引致的间接进口等问题,而这些信息无法从微观数据中获得;同时投入—产出表不仅包含货物贸易数据,还包含服务贸易信息,因此可以进一步识别进口中间投入中的服务投入部分,进而区分全球价值链的不同嵌入模式,而中国工业企业数据库和海关数据库均只包含了货物贸易数据。但投入—产出表的投入产出系数固定,这使得基于投入—产出表的宏观测算方法难以捕捉价格变化等外生冲击对企业决策的影响;而且投入—产出表每 5 年报告一次,这限制了对全球价值链参与度时间变化趋势的定量分析;同时投入—产出表将同一产业内的企业视为同质,因而无法分析企业异质性问题。基于中国工业企业数据库和海关数据库匹配数据的微观测算方法则较好地弥补了基于投入—产出表的宏观测算方法的这些缺陷。

(二) GVC 位置指标

关于在全球价值链中所处的位置,现有文献主要基于一国投入产出表或世界投入产出表对价值链长度或价值链定位进行测度。迪岑巴赫尔等

（Dietzenbacher et al.，2005）、迪岑巴赫尔和罗梅罗（Dietzenbacher and Romero，2007）提出了平均延伸长度（Average Propagation Length，APL）概念，用来测度整条价值链中生产阶段的数目；安特拉斯（Antras et al.，2012）在法利（Fally，2011、2012）的基础上构建了上游度（Upstreamness）指标，即产品到达最终需求之前所需经历的生产阶段数目，来刻画各产业在价值链上所处的位置；邓等（Tang et al.，2014）扩展了安特拉斯等（Antras et al.，2012）产业层面的上游度指标，将其运用于对企业上游度的测算；米勒和特穆尔绍夫（Miller and Temurshoev，2013）则提出了产出上游度（Output Upstreamness）和投入下游度（Input Downstreamness）两个指标，对各个国家和产业在全球产出供给链和全球投入需求链中的相对位置进行了量化；同时，陈全润（Chen，2014）在APL 基础上构建了更为一般的指标 group-wise APL，并证明了 APL 和 Upstreamness 均是 group-wise APL 的特例。

然而，这些指标均从总产出出发，并未将价值链运行过程中的价值增值和价值分配过程考虑在内。叶明等（Ye et al.，2015）则弥补了这一缺陷，从增加值传播视角，利用世界投入产出表构建了基于前向增加值联系的增加值传递长度（Value-added Propagation Length，VPL）指标，用于测度某一特定全球价值链参与国家或产业到最终消费者之间的距离，因此，可以识别该国家或产业在全球价值链中所处的位置（上游或下游）。

（三） GVC 形态分布指标

对全球价值链分布形态进行测度主要涉及两类指标：各参与国家—产业在全球价值链中所处的位置以及其从全球价值链中获取的增加值收益。叶明等（Ye et al.，2015）首次将管理学中的"微笑曲线"理论引入对全球价值链链式循环过程和分布形态的分析中，通过融合全球价值链位置和强度指标，在增加值的核算框架下提出了国家—产业维度全球价值"微笑曲线"的测度框架，并运用测度结果对中国机电设备出口价值链、墨西哥机电设备出口价值链、日本汽车出口价值链和德国汽车出口价值链四条典型全球价值链的链式循环过程和分布形态及其动态演变过程进行了描述性分析。

对于全球价值链位置指标，叶明等（Ye et al.，2015）基于全球价值链的前向增加值联系构建了增加值传递长度（VPL）指标，用于测度某一特定全球价值链参与国家或产业到最终消费者之间的距离，因此，可以识别该国家或产业在全球价值链中所处的位置（上游或下游）；关于全球价值链强度指标，他们基于全球价值链的后向增加值联系测度了全球价值链各参与国家或产业在全球价值链中获得的增加值收益，用于衡量各参与国家或产业为全球价值链创造的价值。为了清晰展现某一国家—产业全球价值链的链式循环过程和分布形态，除明确上述两类指标外，叶明等（Ye et al.，2015）指出还需理解全球价值链的价值增值过程，因为全球价值链的链式循环本质上是一个价值增值的过程。对于某一国家—产业的全球价值链链条，他们将其生产阶段分为制造前阶段和制造后阶段。前者参与主体包括所有为该条全球价值链最终产品生产提供直接和间接中间产品或服务的国家—产业；后者参与主体包括在分销该条全球价值链最终产品过程中涉及的所有国家—产业。在此基础上，根据后向增加值联系程度的定义，可以计算出该条全球价值链制造前阶段和制造后阶段所有参与国家—产业创造的增加值，最终展现出整条全球价值链的价值增值过程。

（四） GVC 参与度影响因素

对于全球价值链影响因素，现有文献主要集中于对全球价值链参与度影响因素的考察。在产业层面，约翰逊和诺格拉（Johnson and Noguera，2012）从非政策贸易壁垒和政策贸易壁垒两个视角考察了 1970—2009 年 42 个国家增加值贸易的影响因素，发现对邻近国家和同一区域贸易协定内国家出口中包含的本国增加值率相对较低；戴翔（2016）以制造业服务化为切入点，对 1995—2011 年中国制造业出口内涵的服务增加值总量、国内服务增加值以及国外服务增加值的决定因素进行了探讨，研究表明制造业垂直专业化程度、制造业资本有机构成、制造业创新能力、服务贸易开放度、国内服务业发展水平、经济发展水平对制造业出口中包含的服务增加值具有一定的影响。

在企业层面,鲁吉和邓希炜(Kee and Tang, 2016)、张杰等(2015)、余淼杰和崔晓敏(2017)考察了影响中国企业出口国内附加值率的影响因素,认为外商直接投资、中间品关税减免和人民币汇率升值是驱动中国企业出口国内附加值率变动的重要因素;唐东波(2013)、吕越等(2015)、李胜旗和毛其淋(2017)则分别探讨了市场规模和交易成本对中国企业垂直专业化水平的影响、生产效率和融资约束对中国企业全球价值链参与度的影响以及制造业上游垄断对中国企业出口国内附加值率的影响。唐东波(2013)发现市场规模的扩大有助于提高企业的垂直专业化程度,同时,交易成本的降低提高了企业进口中间品的比例,继而促进了企业垂直专业化程度的提高。吕越等(2015)发现生产效率越高的企业越倾向于融入全球价值链,而融资约束则形成了阻碍作用。李胜旗和毛其淋(2017)发现制造业上游垄断抑制了中国企业出口国内附加值率的提升。

二、全球价值链对国家间的影响

在全球价值链分工的背景下,国际分工边界缩小至产品生产过程中的生产环节层面,生产环节分离并分散至全球,中间品贸易超过最终品贸易,这一系列的变化使得各国间的经济联系和利益分配发生了重大变化,改变了原有的国际分工和利益分配格局。现有国内外文献主要从经济周期、收入差距、技术差距、环境等方面分析了全球价值链如何影响国家间的经济联系和利益分配。

在经济周期方面,较多学者从理论上考察了全球价值链在宏观经济冲击传导中发挥的作用,他们指出同一产品的生产工序在国家间被拆分为多个环节或区段,以中间品需求为表现的产品价值链被延长,外部冲击下中间产品存货调整效应会透过中间品顺次需求关系在整条价值链上被放大,进而加剧多边贸易下各国供需市场的复杂性和全球市场的波动风险,并将这一作用称为全球价值链的“长鞭效应”(Di Giovanni and Levchenko, 2009; Eacaith et al., 2010; Eaton et al., 2010; Bems et al., 2010、2011; Johnson, 2012)。实证上,大多数学者在经典双边国际贸易 FR 效应[①]的框架下,考察了全球价值链贸易如何影响世界经济的联动性,他们采用国家间价值链贸易强度来衡量双边全球价值链贸易。总结来说,主要有两种鲜明的观点:第一,认为价值链贸易改变了传统双边国际贸易 FR 效应的作用,指出价值链贸易能够显著促进两国经济周期的联动性,但在控制了价值链贸易之后,传统的双边贸易对各国产出协同性的影响变得不显著甚至为负(Burstein et al., 2008; Ng, 2010; Duval et al., 2016);第二,认为价值链贸易不但不会改变传统双边国际贸易 FR 效应的有效发挥,而且对 FR 效应还具有"放大"作用(Di Giovanni and Levchenko, 2010;潘文卿等,2015)。上述研究表明贸易类型在国际贸易影响世界经济周期协同性上具有重要作用。伯斯坦等(Burstein et al., 2008)指出,价值链贸易,即垂直一体化产品贸易体现的是互补品贸易,因此通过"需求—供给溢出"渠道将增强双边产出的同向联动性;而在控制了价值链贸易之后,总贸易的剩余部分则主要反映以水平贸易为主的替代品贸易,所以通过"资源转移"渠道会减弱双边产出的同向联动性。

在收入差距方面,现有研究较多考察国际贸易与国家间收入差距的问题。这类文献主要是理论探讨,通常将该问题与经济增长联系在一起,主要通过考察国际贸易对物质资本、人力资本和全要素生产率三种新古典增长因素的影响进而探讨国际贸易对国家间收入差距的影响[②],但得出的结论并不一致。部分学者认为国际贸易通过强化比较优势使高收入国家积累更多的资本和高技能劳动力,低收入国家资本外流,低技能劳动力积聚,从而加剧了跨国收入的不平

---

① 国际贸易与世界经济联动性的关系一直是国际经济领域的经典话题。弗兰克尔和罗斯 (Frankel and Rose, 1998)最早对国际贸易与世界经济周期的协同性问题进行了实证分析,发现两国的双边贸易量与它们 GDP 间的相关系数具有显著的正相关,这被人们称为双边贸易的 FR 效应。

② 这可能是由于通常情况下,地区间收入差距问题可以从新古典增长模型中的收敛性问题引申出来。众多学者在考察影响地区间收入差距各因素的相对重要性时,均是从人均收入决定方程出发(Zhang and Zhang, 2003;万广华等,2005),而根据新古典增长理论,物质资本、人力资本和全要素生产率是决定人均收入的关键因素。

等(Myrdal, 1956; Nurkse, 1959; Lewis, 1977; Xu, 2001; Gancia, 2003);同时,杨·埃尔维恩(Young, 1991)指出,在"干中学"效应的作用下,国际贸易也会使高收入国家经历更快的技术进步,由此拉大了国家间的收入差距。另一部分学者则认为国际贸易通过扩散效应、竞争效应引致低收入国家获得更快的物质资本、人力资本积累和全要素生产率增长,进而缩小了跨国收入差距(Grossman and Helpman, 1991; Coe et al., 1997; Waugh, 2010)。近年来,随着全球价值链的兴起,学者们也开始在理论上探讨全球价值链对跨国收入差距的影响。科斯蒂诺特等(Costinot et al., 2013)通过构建具有多个国家和多个生产环节的模型阐述了全球价值链对国家间收入差距的影响机制,他们用各国在生产中的出错概率来表述生产技术差异,并假设某一产品的生产过程包含若干个前后序贯相连的环节,每个生产环节均有可能发生错误,一旦发生错误,就无法继续下一环节的生产。他们发现全球价值链复杂度的提高,即生产环节的增加会扩大国家间的收入差距,而全球性技术进步则有利于缩小跨国收入不平等。另一部分学者通过构建连续统模型认为全球价值链使得低收入国家出现技能偏向性技术变迁。由于高收入国家转移到低收入国家的生产阶段的技能劳动密集度比低收入国家原先要高,这使得低收入国家对高技能劳动力的需求增加,从而缩小了与高收入国家的高技能劳动力差距(Feenstra and Hanson, 1995、1996; Grossman and Rossi-Hansberg, 2008、2012)。

在技术差距方面,与收入差距类似,学者们主要关注国际贸易与跨国技术差距之间的关系,也得出了不一致的结论,如卢卡斯(Lucas, 1988)、杨·埃尔维恩(Young, 1991)通过构建"干中学"驱动的内生增长模型指出,从高技术产品中获取的"干中学"效应要高于低技术产品,而国际贸易使发达国家专业化生产高技术产品,使发展中国家专业化生产低技术产品,这使得发展中国家以"干中学"为动力的技术进步慢于发达国家,从而加剧了国家间的技术差距;朱廷珺和林薛栋(2014)依据新经济地理学中的自由资本(FC)模型,论证了初始资源禀赋不同的国家间开展贸易会通过强化资本集聚效应使各国技术差距进一步扩大；而一些学者基于南北技术扩散模型论则认为，作为具有后发优势的发展中国家，通过与掌握前沿技术的发达国家开展贸易能够以较低的学习和模仿成本实现技术溢出和技术进步，进而技术差距收敛（Coe and Helpman，1995；Keller，2001、2004、2009；Crespo et al.，2002；Fagerberg and Srholec，2005；MacGarvie，2006；Jakob，2007）。但在全球价值链与跨国技术差距方面却得出了较为一致的结论，普遍认为作为一种互补品贸易，全球价值链贸易可以通过"需求—供给溢出"链接效应对发展中国家的技术产生带动作用和溢出效应，继而缩小跨国技术差距（Rodriguez-Clare，1996；Castellani and Zanfei，2006；Saliola and Zanfei，2007；Basco and Mestieri，2014）。

在环境方面，生产的国际分割使得自然资源和环境污染在国家间转移成为可能。较多学者已经注意到了生产行为的再分布对各国环境污染的影响存在较大差异，他们发现生产国际分割促使发达国家将高污染产业转移至发展中国家，这使得发达国家环境质量得到提升，而发展中国家环境污染进一步加剧（Ahmad and Wyckoff，2003；Nakano et al.，2009）。同时，中国环境与发展国际合作委员会在 2016 年年会专题政策研究报告《中国在全球绿色价值链中的作用》中指出，随着国际生产、贸易与投资愈来愈多地在全球价值链中组织开展，全球价值链中的原材料获取可能会造成原材料供地国或地区土地、森林、水、海洋资源等的枯竭，同时近四分之一的全球温室气体排放来自国际生产分割活动，并呼吁在"气候变化南南合作基金"的框架下共建"全球绿色价值链南南合作平台"。

三、全球价值链对国家内部的影响

全球价值链的基本思想是某一产品不再由一个国家或地区制造和销售，而是由多个国家或地区分工协作完成，这意味着一国或地区需要从别国或地区进口中间产品进行生产加工，再以中间产品或最终产品的形式出口。因此，从理论上讲，一国或地区参与全球价值链可以通过出口渠道、进口渠道和纯知识技术溢出渠道获得技术进步，进而促进生产率提高（王俊，2013）。通过出口，全球价值链参与地区不仅可以扩大市场规模,实现规模经济,而且进入竞争更为激烈的国际市场,可以倒逼自身改进生产工艺与升级设备(Feder, 1983; Humphrey and Schmitz, 2002);通过进口,全球价值链参与地区还可以获得高质量的中间产品,并以较低的成本学习和模仿国际先进技术(Sharma and Mishra, 2015);最后,通过跨国公司的劳动力培训、技术指导、派发研发人员等方式,全球价值链参与地区可以获得跨国公司的纯知识技术溢出(Ivarsson and Alvstam, 2010)。同时,全球价值链参与地区也可通过"以资金换技术"的方式主动加强与跨国公司的技术交流和研发合作来获取纯知识技术溢出或转移(Pradhan and Singh, 2009)。

在经验研究上,现有文献主要从产业和企业两个层次验证了全球价值链参与对技术进步和生产率的作用。从产业层面来看,阿米蒂和魏(Amiti and Wei, 2006、2009)使用1992—2000年美国制造业数据发现,全球性纵向分工使美国制造业生产率水平至少提高10个百分点;埃格·哈特穆特和埃格·彼得(Egger and Egger, 2006)亦发现国际分工对欧盟制造业的劳动生产率具有积极影响。在中国产业层面的经验研究上,王玉燕等(2014)在利用投入产出表与索洛残差法分别测算工业行业全球价值链嵌入程度与全要素生产率的基础上,对1999—2012年中国23个工业行业实证检验得出,全球价值链嵌入程度与全要素生产率呈现倒U型关系;刘维林等(2014)利用2001—2010年中国27个制造业部门数据发现,中国制造业参与全球价值链提升了其出口技术复杂度;此外,陶锋和李诗田(2008)以东莞电子信息制造业为研究对象发现,在全球价值链代工过程中存在知识溢出效应和学习效应,这促进了东莞电子信息制造业技术创新与生产效率提升。从企业层面来看,鲍德温和严(Baldwin and Yan, 2014)将参与全球价值链的企业界定为既有出口又有进口的企业,采用倾向得分匹配法(PSM)控制内生性问题后发现,加拿大制造业企业参与全球价值链后生产率得到明显改善;唐东波(2014)则改进了鲍德温和严(Baldwin and Yan, 2014)较为宽泛的企业全球价值嵌入指标,结合2000—2006年中国海关数据和工业企业数据测度了企业垂直专业化指数，结果显示国际分工显著提升了企业劳动生产率。但唐东波（2014）忽略了中国存在加工贸易和一般贸易的二元结构事实，吕越和吕云龙（2016）借鉴阿普沃德等的（Upward et al., 2013）方法处理了贸易方式问题，进一步完善了企业全球价值链参与度指标，仍发现中国企业参与全球价值链对生产率具有显著的正向效应。

在案例研究方面，现有文献主要对全球价值链背景下地方产业集群的升级问题进行了探讨。路易莎和利兹贝丝（Luiza and Lizbeth，2001）、文嫮和曾刚（2005）、刘奕和夏杰长（2009）分别以巴西斯诺斯鞋业集群、上海浦东集成电路产业、北京深圳创意产业集聚区为例，发现地方产业集群嵌入全球价值链的不同模式或所处全球价值链的不同价值环节决定了该集群能否成功实现升级。然而，这些案例均以整个产业作为切入点探讨集群整体参与全球价值的影响效应，并未深入集群内部对异质性企业进行更为细致的分析。王益民和宋琰纹（2007）则与之不同，以企业为考察对象，通过对大陆台商笔记本电脑产业集群的案例研究后发现，全球生产网络中战略隔绝机制的存在，使得集群内单一企业甚至核心企业的升级，并不一定带来当地集群的整体升级，从而导致当地集群的"升级悖论"。

四、简要评述

通过对全球价值链相关研究的梳理，可以发现目前关于全球价值链增长效应的理论研究已经较为成熟，如"微笑曲线"理论、贸易类型理论、溢出机制等，同时实证研究也硕果累累，这为本书主题研究提供了坚实的理论和经验基础，但也存在一些不足。首先，指标测度上，虽然国内外学者从微观企业层面对企业垂直专业化程度（VS）或出口中包含的国内附加值（DVA）进行了较为完善的测度，但 VS 和 DVA 均只能从一个方向即 GVC 下游环节参与度反映融入国际分工体系的程度，而无法从另一个方向即 GVC 上游环节参与度进行衡量，进而不能全面揭示企业在 GVC 分工中的真实地位。其次，理论与经验研究上，虽然现有关于全球价值链增长效应的理论和经验研究众多，涉的层次也较为丰富,但主要在国家层面进行探讨,缺乏对一国内部各方面的考察,尤其是对中国这样的转型经济大国有待进一步深入;同时,就与本书研究视角一致的国家内部来说,多以技术进步和生产率为研究对象,忽略了整体经济增长以及资源配置效率;最为重要的是,不管是在何种层面,均将全球价值链参与地区与其他地区孤立开来,忽略了全球价值链作用的空间维度,更未涉及对全球价值链的空间溢出机制和特征进行系统分析。安瑟林(Anselin,1998)指出,几乎所有的空间数据都具有空间依赖性或空间自相关特征。国与国之间,尤其是一国内部地区之间总是存在着千丝万缕的空间关联与空间互动,全球价值链的作用不会因为地理或行政边界而只停留在全球价值链参与地区(Bazo et al.,2004),因此忽略全球价值链的空间溢出效应,可能难以全面评估全球价值链的真实影响。

第三节　国内价值链的相关研究

素有"世界工厂"美誉的中国在融入全球分工体系的同时,国内价值链也逐步孕育和迅速发展,特别是在新时代双循环战略的引领下,国内价值链愈发重要。目前关于国内价值链的研究较少,它们主要集中在对国内价值链的测度上,也有少部分学者对国内价值链与经济增长的关系进行了定性分析。

一、国内价值链的测度

关于国内价值链的测度,现有文献主要借鉴全球价值链的测度方法对国内价值链进行了定量核算。苏庆义(2016)在全球价值链的基础上考虑了国内价值链,首次构建了一国内部地区出口增加值的分解框架,并采用 2007 年中国区域间投入产出表对中国省级出口的增加值进行分解;黎峰(2016a)在借鉴全球价值链研究思路及方法基础上,构建了国内价值链的理论分解框架,通过对区域间投入产出表模型的改进以及区域间投入产出表的分解,进一步构建了国内价值链参与度、国内价值链定位以及国内价值链分工收益等指标,利用 1997年、2002 年和 2007 年中国八大地区区域间投入产出表对中国国内价值链分工进行定量分析;黎峰(2016b)基于区域间投入产出模型进行区域增加值分解,通过构建国内价值链广度、国内价值链深度、国内价值链匹配度等指标,使用相同数据定量分析了中国国内价值链是如何形成的;李跟强和潘文卿(2016)从增加值流转的视角,通过拓展库普曼等(Koopman et al.,2014)和王直等(Wang et al.,2013)的模型,首次将国内价值链和全球价值链整合到一个统一的逻辑框架下,利用1997年、2002年和2007年三年中国八大地区区域间投入产出表,从垂直专业化生产、增加值供给偏好和区域再流出三个维度考察了中国各区域对全球价值链的嵌入模式。

二、国内价值链与经济增长关系的定性分析

除指标测度外,目前关于国内价值链的研究主要以定性分析为主,其中代表性文献有刘志彪和张少军(2008)、刘志彪(2013)。刘志彪和张少军(2008)指出,东部地区率先加入全球价值链,且在全球价值链中的低端定位是中国地区间经济发展差距进一步扩大的重要原因之一。首先,东部地区可以在参与全球价值链的过程中接触到国际先进技术和管理经验,进而通过学习、模仿和吸收促进自身技术进步和经济增长;其次,东部地区在全球价值链中的低端定位将中西部地区压制在原材料、廉价劳动力等要素的供应上,这阻碍了中西部地区比较优势的发挥,进而拉大了与东部地区之间的经济发展差距。因此,为了促使东部地区实现全球价值链攀升以及中国区域经济协调发展,中国应大力发展和着力延伸国内价值链,通过东部地区的产业梯度转移,促进中西部地区的发展,同时东部地区腾笼换鸟实现产业升级;刘志彪(2013)在研究中国区域经济协调发展中,分析了国际贸易、全球价值链和国内价值链在形成地区间经济发展差距中的作用,并指出在新一轮经济全球化浪潮中,中国区域经济协调发展的基本路径是从全球价值链逐步走向国内价值链。从中不难看出,刘志彪和张少军(2008)、刘志彪(2013)均认为国内价值链有助于缩小地区间经济发展差距和促进区域经济协调发展。

三、简要评述

虽然目前关于国内价值链的测度研究主要以中国八大地区区域间投入产出表为主,但它们借鉴全球价值链的测度框架对国内价值链进行测度的方法,为本书使用中国 30 个省区区域间投入产出表测度国内价值链提供了重要的方法论指导。同时,目前关于国内价值链与经济增长的定性分析也为本书国内价值链增长效应研究指明了重要的研究方向,特别是本书关于国内价值链与地区间经济增长三方面(人均 GDP、全要素生产率和资源再配置效率)差距的经验研究进一步佐证了这些定性分析。但仍存在一些不足:首先,指标测度上,现有国内价值链测度文献均强调国内价值链的参与程度,并未对国内价值链完整的链式循环过程和价值链分布形态进行测度;其次,经验研究上,目前关于国内价值链的经验研究总体上还较为匮乏,既未涉及增长效应,也未触及空间视角,更未对国内价值链增长效应的作用机制进行识别、检验和分析。

第四节 总结性评述:对现有文献的继承、发展与突破

图 2-3 绘制了本书研究对现有文献的继承、发展和突破情况。总的来看,随着国际分工模式向生产环节转变,国际分工理论分析的研究对象也进一步渗透到不同环节,价值链理论应运而生,这为本书价值链增长效应研究的展开奠定了重要的理论基础。

从全球价值链的相关研究来看,现有关于全球价值链增长效应的理论和实证研究较为丰硕,这为本书主题研究提供了坚实的理论和经验基础。首先,在指标测度上,本书对中国各地区全球价值链参与度的测算继承和发展了现有全球价值链的宏观测算方法和微观测算方法,主要体现在借鉴宏观测算方法利用中国 30 个省区区域间投入产出表、借鉴微观测算法利用中国海关数据库对中国各地区全球价值链参与度进行测度,这主要位于全球价值链增长效应篇和全球价值链与国内价值链增长互动效应专题篇;本书对中国企业全球价值链分工

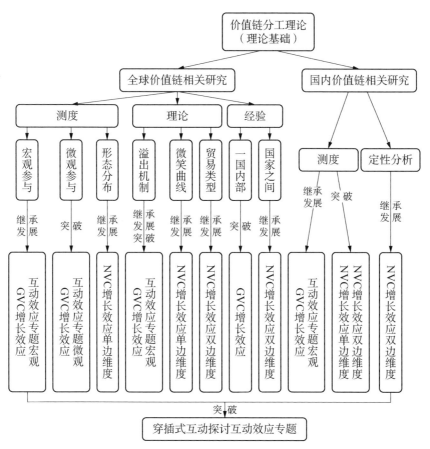

图 2－3　本书研究对现有文献的继承、发展与突破

指标的测度则突破了现有全球价值链的微观测算方法,在综合考虑了间接进口、返回增加值、间接增加值出口等细节问题后,利用中国工企和海关匹配数据以及世界投入产出表首次尝试从微观层面测算了能够反映企业参与全球价值链分工全貌的指标体系,包括全球价值链地位指数、上游环节参与度和下游环节参与度,以全面揭示企业嵌入全球价值链的深度和广度,这主要位于全球价值链与国内价值链增长互动效应专题篇的微观层面分析;本书对中国国内价值

链分布形态的测度继承和发展了叶明等(Ye et al.，2015)全球价值链"微笑曲线"的测度框架,这主要位于国内价值链增长效应篇的地区/产业单边维度分析。

其次,在理论研究上,本书对中国各地区全球价值链参与对经济增长三方面(包括人均GDP、全要素生产率和资源配置效应)水平溢出机制的分析继承和发展了现有全球价值链研究的溢出机制理论,这主要位于全球价值链增长效应篇和全球价值链与国内价值链增长互动效应专题篇的宏观层面分析。同时,本书对全球价值链空间溢出机制的梳理则突破了溢出机制理论缺乏空间互动的缺陷,从全球价值链直接参与地区、邻近地区、全球价值链直接参与地区与邻近地区之间三个空间关系进行细化,这主要位于全球价值链增长效应篇;本书对国内价值链对经济增长三方面"微笑曲线"式溢出机制的分析继承和发展了现有全球价值链研究的"微笑曲线"理论,这主要位于国内价值链增长效应篇的地区/产业单边维度分析;本书对不同类型区际贸易对地区间经济增长三方面差距的异质性作用机制的分析继承和发展了现有全球价值链研究的贸易类型理论,这主要位于国内价值链增长效应篇的双边地区间维度分析。

最后,在经验研究上,本书对中国各地区全球价值链参与对经济增长三方面的空间溢出效应的分析则突破了现有全球价值链参与对一国内部影响的研究,弥补了它们忽略全球价值链作用的空间维度的缺陷,这主要位于全球价值链增长效应篇;本书对国内价值链对地区间经济增长三方面差距影响的分析继承和发展了现有全球价值链参与对国家间影响的研究,突破了它们对价值链研究的全球视角,这主要位于国内价值链增长效应篇的双边地区间维度分析。

从国内价值链的相关研究来看,现有关于国内价值链的测度研究和定性分析为本书主题研究提供了重要的方法论指导和研究方向。首先,在指标测度上,本书利用中国30个省区区域间投入产出表对中国各地区国内价值链参与度进行测度的方法,继承和发展了现有国内价值链基于中国八大地区区域间投入产出表的测度研究,这主要位于全球价值链增长效应篇的穿插式互动探讨和全球价值与国内价值链增长互动效应专题篇的宏观层面分析；本书借鉴叶明等（Ye et al.，2015）全球价值链"微笑曲线"测度框架对中国地区—产业维度国内价值链的链式循环过程和价值链分布形态进行测度，突破了现有国内价值链主要集中于参与度的测度研究，这主要位于国内价值链增长效应篇的地区/产业单边维度分析；本书利用中国 30 个省区区域间投入产出表对地区间价值链贸易强度进行测度，突破了现有国内价值链在地区/产业单边维度的测度研究，这主要位于国内价值链增长效应篇的地区间双边维度分析。其次，在定性分析上，本书对国内价值链对地区间经济增长三方面差距影响的分析继承和发展了现有国内价值链与经济增长关系的定性研究，通过构建计量模型将省区两两配对对这些定性研究进行了实证检验，这主要位于国内价值链增长效应篇的地区间双边维度分析。

综合现有价值链的相关研究来看，现有不管是全球价值的研究还是国内价值链的研究，均忽略了经济全球化和区域经济一体化双向推进、国际分工和国内分工协同演进的新形势，只是从单一角度分别考察了价值链分工的特征事实或者增长效应，尚未从国内外两个关系大局出发探讨全球价值链与国内价值链的增长互动效应。本书则弥补了这一缺陷，将中国经济增长置于全球价值链与国内价值链的统一框架下，采用穿插式探讨和专题式探讨两种方式着重考察了全球价值链与国内价值链对经济增长的交互效应，这主要位于全球价值链增长效应篇的穿插式互动探讨、国内价值链增长效应篇地区间双边维度的穿插式互动探讨，以及全球价值链与国内价值链增长互动效应专题篇。从互动视角将全球价值链与国内价值链纳入统一分析框架无疑对中国推进全球价值链与国内价值链良性对接和塑造"内外兼修"双循环新发展格局具有重要意义。

第三章　概念界定、指标体系与中国事实

第一节　概念界定

一、全球价值链的内涵界定

"分工"与"合作"是经济发展的永恒主题,"价值链"的概念就是伴随着"分工"与"合作"而产生,"分工"与"合作"的本质在于经济体中每个个体均能专注于自身擅长或具有比较优势的工作,这优化了社会资源的配置与整合,进而极大地提升了生产率。随着社会生产方式的不断进步与革新,"价值链"的概念也经历着从企业内部到企业间再到地区间直至国家间覆盖全球的转变,在广度上不断延伸。

波特在其著作《竞争优势》中首次提出了单个企业内部的"价值链"概念,将其定义为"每一个企业都是一种涵盖了设计、生产、销售、配送以及辅助活动等生产活动的集合体,这些功能不同却又相互关联的生产活动构成了一条能够创造价值的生产链"。其后,随着企业间的沟通交流与分工协作日益频繁,波特(Porter,1985)对原有单个企业内部的"价值链"定义进行了扩充,提出了供应商—生产商—分销商的"价值链系统"概念,从而将企业内部"价值链"概念延伸至企业间。这类关于企业纵向分工协作的研究较早出现在管理学,也被称作"供应链管理"。而随着专业化分工的日益加深,以及贸易成本的快速下降和信息通信技术的迅猛发展,在供应、生产和销售上的分工协作已不再局限于个别企业间,跨地区,甚至跨国的分工协作成为可能,此时,"价值链"的概念也随之扩展。格里菲和科尔泽涅维奇(Gereffi and Korzeniewicz,1994)首次提出了

"全球商品链"(Global Commodity Chain)的概念,并将其定义为"来自世界各地的各类企业或机构在供应、生产和销售上分工协作而形成的一条能够创造价值的商品链"。相似的概念还包括博勒斯等(Borrus et al., 2000)提出的"跨境生产网络"(Cross-border Production Network)、汉森等(Hanson et al., 2005)提出的"全球垂直生产网络"(Global Vertical Production Network)、科斯蒂诺特等(Costinot et al., 2012、2013)提出的"国际供应链"(International Supply Chain)等。这些概念名称上虽然与"全球价值链"(GVC)有所区别,但本质上两者并无较大差异,由于在经济学研究中更强调产品生产过程中的价值增值和价值创造过程,因此更为常用"全球价值链"这一名称,并将其定义为"为实现商品或服务价值而连接供应、生产、销售等产品生产过程中各生产环节的全球性跨国企业组织,涉及从供应到生产到销售整个过程的组织及其价值创造和利润分配"(联合国工业发展组织,2002)。

二、国内价值链的内涵界定

在经济全球化和区域经济一体化双向推进、国际分工和国内分工协同演进的背景下,国内价值链(NVC)也在中国辽阔的国土空间孕育和兴起,与全球价值链并行不悖地发展。"国内价值链"是一个与"全球价值链"相对应的概念,它们本质上均是一种序列分工模式,即将产品生产过程细分为若干个前后序贯相连的生产环节,每个生产环节被分散至生产成本最低的地区,只不过国内价值链的分工协作是在一个主权国家内部完成的。国内学者从不同视角对国内价值链的内涵进行了界定,刘志彪和张少军(2008)根据格里菲等(Gereffi et al., 2005)提出的全球价值链理论,从推动国内产业价值链升级的视角将国内价值链定义为"由本土企业主导和治理的、立足于国内市场并采用外包方式,学习和赶超全球价值链的网络经营模式";黎峰(2016a, 2016b)则从国内区际分工合作、资源整合的视角对国内价值链进行了定义,即"由国内企业主导和治理,立足国内市场需求,充分整合利用国内原材料供应、零部件生产、成品组装、物流配送、市场销售等环节而形成的地域分工生产体系"。但不管从何种视角界定国内价值链的内涵,它们在本质上并无太大差异,均指主权国内内部区际分工协作的"体内"循环。

三、全球价值链与国内价值链特征的比较

(一) 相同点

第一,从本质上说,两者均是一种序列分工模式,即将产品生产过程细分为若干个前后序贯相连的生产环节,每个生产环节被分散至生产成本最低的国家(或地区)。

第二,从环节上看,两者均基于生产工序的分离和整合将进口(或流入)和出口(或流出)环节有机地结合在一起形成完整的价值链条,与一般意义上的进口(或流入)和出口(或流出)存在激烈的竞争不同,两者的进口(或流入)和出口(或流出)均是为整条价值链服务的,任何一个环节的断裂均会影响到整条价值链运行,因此两者链条的完整性和流畅性关系到整条价值链的绩效甚至更替升级。

第三,从身处环境来看,两者处于国际分工与区际分工双轮驱动、协同演进的背景下,因此存在交互影响,这也决定了本书将会采用穿插式探讨和专题式探讨两种方式来考察全球价值链与国内价值链的增长互动效应,以弥补现有研究的不足。

第四,从测度方法来看,两者均是基于经济体间投入产出表(国家间或者区域间)进行测度,具有较为一致的相似性,因此全球价值链指标的测度方法可以较好地指导国内价值指标的测度。

第五,从所用测度数据的总体结构上来看,两者使用的国家间投入产出表和一国内部区域间投入产出表的总体结构较为一致,均由中间使用、最终使用、中间投入、要素投入等部分组成,且均关注经济主体间的增加值流动。

(二) 不同点

第一,最为重要的不同是,主体地位不同。全球价值链涉及一系列独立的主权国家,而各主权国家之间的国情、利益、政策等均不同;国内价值链是在一

个统一主权国家内部开展的，受中央统一政策的影响，尤其诸如中国这样的单一制国家，中央始终拥有着大政方针的制定权，始终保持着影响各级政府经济决策及区域间政策协调的权力。

第二，主体地位的不同决定了全球价值链与国内价值链的关注焦点不同。由于全球价值链涉及不同的主权国家，更应关注的是一国特别是发展中国家参与全球价值链是否有利于该国经济增长，这也决定了本书第一篇全球价值链增长效应所用的指标主要是中国各地区的全球价值链参与度指标，以及从空间视角补充了全球价值链的这种增长效应；而国内价值链服务于一国整体，中央政府可以通过合理的区域政策、产业政策、转移支付等方式来平衡国内价值链的分工收益，因此更应该关注的是国内价值链的空间分布形态是否合理、当前空间分布形态所产生的经济效应如何以及国内价值链对区域经济协调发展的影响。

第三，立足市场和服务对象不同。全球价值链立足于整个全球市场，生产的产品主要面向世界各地的消费者；而国内价值链立足于国内市场，其主要服务于一国内部消费者。

第四，主导企业和利益分配模式不同。全球价值链由掌握核心技术的跨国公司所主导，体现的是跨国公司的全球化战略意图，因此其占据利益分配的主导地位，没有超国家主权的国际组织平衡这种利益；国内价值链则由国内企业主导和治理，但要受到中央统一政策的影响，因此中央政府可以通过合理的区域政策、产业政策、转移支付等方式来平衡国内价值链的利益分配。

第五，国内外环境影响力度不同。全球价值链受国际冲击（如全球金融危机）、各国经济政策行为等国际经济环境影响较大；而国内价值链涉及国内、国外两个关系大局的统筹问题，不仅与国际经济环境有关，更主要的是受各地区在天然形成的共同货币区内紧密的分工协作内部因素的影响。

第六，所用测度数据的具体结构上不同。相比于全球价值链测度所用的世界投入产出表，测度国内价值链的区域间投入产出表增加了国内各地区各产业对其他国家的进口和出口两项,这使得本书可以利用区域间投入产出表同时对中国各地区/产业的国内价值链与全球价值链分工进行测度。

第二节 本书的指标测度体系

一、全球价值链测度的两个主体维度:省区和企业

(一) 全球价值链测度的省区维度:中国各省区的 GVC 参与度

本书主要采用两种方法对中国各省区的全球价值链参与度进行测度,一是利用 2002 年、2007 年和 2010 年中国 30 个省区区域间投入产出表,借鉴库普曼等(Koopman et al., 2014)国家层面出口增加值的分解框架对中国各省区的出口增加值进行分解,继而对中国各省区的全球价值链参与度进行测度。由于区域间投入产出表不仅包含了货物流动,还包含了服务流动,因此可以进一步对中国各省区全球价值链的产品嵌入方式和功能嵌入方式进行度量。但区域间投入产出表无法处理贸易方式、中间贸易代理商等问题,以及该数据可得年份的不连续性使得其较难有效分析中国各省区参与全球价值链的演变趋势,因此,本书还利用 2000—2013 年中国海关数据库,借鉴阿普沃德等(Upward et al., 2013)、张杰等(2013)、鲁吉和邓希炜(Kee and Tang, 2016)微观层面的测算方法对中国各省区的全球价值链参与度进行计算。但由于海关数据库仅记录了货物贸易,无法区分全球价值链的不同嵌入方式,因此上述两种方法各有优劣,且相互补充,本书将综合使用这两种方法测度中国各省区的全球价值链参与度。

1. 区域间投入产出表测算法

假设一个国家有 G 个地区 N 个产业,区域间非竞争型投入产出表可以表示为表 3-1 的形式。对比库普曼等(Koopman et al., 2014)分析所用的世界投入产出表,区域间投入产出表增加了国内各地区各产业对其他国家的进口和出口两项。对于进口,又区分为两部分:进口的真正国外增加值部分(纯进口)

和通过进口中间产品回流的国内增加值(回流)。由表 3 - 1 可知,地区总投入包括国内各地区所有产业的中间投入、纯进口、回流增加值和本地增加值四部分,所以,某一地区生产的产品价值只可能来自本地区、国内其他地区、本地区纯进口、国内其他地区纯进口、本地区回流增加值以及国内其他地区回流增加值。由于一国区域间非竞争型投入产出表只记录了进口中间产品这一项,并未将进口中间产品区分为纯进口和回流增加值,因此,参照苏庆义(2016)的做法,借助世界投入产出表将两者进行分离①。在表 3 - 1 中,$X_{ij}(i, j = 1, 2, \cdots, G)$ 表示中间品需求矩阵,其元素表示地区 i 各产业被地区 j 各产业作为中间品使用的数额;X_i、F_{ij} 和 E_i 分别是产出、国内最终需求和出口向量,其元素依次表示地区 i 各产业的总产出、地区 i 各产业被地区 j 作为最终需求的数额和地区 i 各产业对其他国家的总出口额;X_i' 为 X_i 的转置矩阵;M_j、R_j 和 VA_j 分别是纯进口、回流增加值和直接增加值向量,其元素依次表示地区 j 各产业生产过程中投入的来自其他国家的纯进口额、来自其他国家的回流增加值和来自本地区的直接增加值。

---

① 具体做法为:首先采用 2016 年发布的世界投入产出表使用王直等(Wang et al., 2013)提供的分解方法分别计算出 2002 年、2007 年和 2010 年中国各产业从不同国家进口中间产品中回流的国内增加值,然后根据中国从这些国家进口中间产品占总进口中间产品的比重计算出中国各产业整体进口中间产品中蕴含的回流增加值,最后再根据各地区—产业进口中间产品比重进行加权平均得到各地区—产业回流增加值份额,从而获得各地区—产业进口中间产品中包含的纯进口部分。在这一过程中,由于世界投入产出表中的产业分类(19 个制造业部门)和本书所使用的中国区域间投入产出表的产业分类(15 个制造业部门)并不统一,会出现中国区域间投入产出表中产业对应多于 1 种世界投入产出表中产业的情况,此时,根据产业进口中间产品比重进行加权平均获得回流增加值份额。

表 3 - 1　改进后的区域间非竞争型投入产出表

		中间使用				最终需求				总产出
	地区	1	2	…	G	1	2	…	G	出口
地区	产业	$1,\cdots,N$	$1,\cdots,N$	…	$1,\cdots,N$	1	1	…	1	
中间投入	1　$1,\cdots,N$	X_{11}	X_{12}	…	X_{1G}	F_{11}	F_{12}	…	F_{1G}	E_1　X_1
	2　$1,\cdots,N$	X_{21}	X_{22}	…	X_{2G}	F_{21}	F_{22}	…	F_{2G}	E_2　X_2
	…　　…	…	…	…	…	…	…	…	…	…　…
	G　$1,\cdots,N$	X_{G1}	X_{G2}	…	X_{GG}	F_{G1}	F_{G2}	…	F_{GG}	E_G　X_G
	纯进口	M_1	M_2	…	M_G					
	回流	R_1	R_2	…	R_G					
	增加值	VA_1	VA_2	…	VA_G					
	总投入	$(X_1)'$	$(X_2)'$	…	$(X_G)'$					

由表 3 - 1 可知,区域间投入产出表的各行之和为地区总产出,被使用为各地区所有产业的中间产品、各地区的最终产品以及对外出口三部分;区域间投入产出表的各列之和为地区总投入,包括各地区所有产业的中间投入、进口中间投入以及本地增加值三部分。基于表 3 - 1 的横向关联,可以得到如下用矩阵表示的恒等式:

$$
\begin{bmatrix} X_1 \\ X_2 \\ \vdots \\ X_G \end{bmatrix} = \begin{bmatrix} A_{11} & A_{12} & \cdots & A_{1G} \\ A_{21} & A_{22} & \cdots & A_{2G} \\ \vdots & \vdots & \vdots & \vdots \\ A_{G1} & A_{G2} & \cdots & A_{GG} \end{bmatrix} \begin{bmatrix} X_1 \\ X_2 \\ \vdots \\ X_G \end{bmatrix} + \begin{bmatrix} F_{11}+F_{12}+\cdots+F_{1G}+E_1 \\ F_{21}+F_{22}+\cdots+F_{2G}+E_2 \\ \vdots \\ F_{G1}+F_{G2}+\cdots+F_{GG}+E_G \end{bmatrix}
$$

$$(3-1)$$

其中,$A_{ij}=X_{ij}(X'_j)^{-1}$ 表示与 X_{ij} 相对应的投入—产出系数矩阵。(3 - 1)式可进一步转换为:

$$
\begin{bmatrix} X_1 \\ X_2 \\ \vdots \\ X_G \end{bmatrix} = \begin{bmatrix} I-A_{11} & -A_{12} & \cdots & -A_{1G} \\ -A_{21} & I-A_{22} & \cdots & -A_{2G} \\ \vdots & \vdots & \vdots & \vdots \\ -A_{G1} & -A_{G2} & \cdots & I-A_{GG} \end{bmatrix}^{-1} \begin{bmatrix} F_{11}+F_{12}+\cdots+F_{1G}+E_1 \\ F_{21}+F_{22}+\cdots+F_{2G}+E_2 \\ \vdots \\ F_{G1}+F_{G2}+\cdots+F_{GG}+E_G \end{bmatrix}
$$

$$= \begin{bmatrix} L_{11} & L_{12} & \cdots & L_{1G} \\ L_{21} & L_{22} & \cdots & L_{2G} \\ \vdots & \vdots & \vdots & \vdots \\ L_{G1} & L_{G2} & \cdots & L_{GG} \end{bmatrix} \begin{bmatrix} F_{11} + F_{12} + \cdots + F_{1G} + E_1 \\ F_{21} + F_{22} + \cdots + F_{2G} + E_2 \\ \vdots \\ F_{G1} + F_{G2} + \cdots + F_{GG} + E_G \end{bmatrix} \quad (3-2)$$

其中,I 为单位矩阵;L_{ij} 为里昂惕夫逆矩阵,即完全消耗系数矩阵。该矩阵的每个元素衡量了生产一单位价值的最终产品所需直接和间接投入的中间产品数额,其来自这样一个事实:国内其他地区的中间产品在投入某地区最终产品生产前,一般会经历国内地区生产的几个阶段或部门。首先,定义各地区直接进口系数矩阵 M:

$$M = \begin{bmatrix} \tilde{M}_1 & 0 & \cdots & 0 \\ 0 & \tilde{M}_2 & \cdots & 0 \\ \vdots & \vdots & \vdots & \vdots \\ 0 & 0 & \cdots & \tilde{M}_G \end{bmatrix} \quad (3-3)$$

其中,元素 $\tilde{M}_i$ 表示地区 i 直接进口所占的比重,即 $\tilde{M}_i = M(X_i')^{-1}$。

其次,定义国内各地区对国外的出口矩阵 E:

$$E = \begin{bmatrix} E_1 & 0 & \cdots & 0 \\ 0 & E_2 & \cdots & 0 \\ \vdots & \vdots & \vdots & \vdots \\ 0 & 0 & \cdots & E_G \end{bmatrix} \quad (3-4)$$

然后,将直接进口系数矩阵 M 乘以里昂惕夫逆矩阵 L,可得国外增加值份额矩阵 ML:

$$ML = \begin{bmatrix} \tilde{M}_1 & 0 & \cdots & 0 \\ 0 & \tilde{M}_2 & \cdots & 0 \\ \vdots & \vdots & \vdots & \vdots \\ 0 & 0 & \cdots & \tilde{M}_G \end{bmatrix} \begin{bmatrix} L_{11} & L_{12} & \cdots & L_{1G} \\ L_{21} & L_{22} & \cdots & L_{2G} \\ \vdots & \vdots & \vdots & \vdots \\ L_{G1} & L_{G2} & \cdots & L_{GG} \end{bmatrix}$$

$$= \begin{bmatrix} \tilde{M}_1 L_{11} & \tilde{M}_1 L_{12} & \cdots & \tilde{M}_1 L_{1G} \\ \tilde{M}_2 L_{21} & \tilde{M}_2 L_{22} & \cdots & \tilde{M}_2 L_{2G} \\ \vdots & \vdots & \vdots & \vdots \\ \tilde{M}_G L_{G1} & \tilde{M}_G L_{G2} & \cdots & \tilde{M}_G L_{GG} \end{bmatrix} \quad (3-5)$$

其中,对角元素 $\tilde{M}_i L_{ii}$ 表示地区 i 生产的产品中来自本地区进口的增加值比重,非对角元素 $\tilde{M}_j L_{ji}$ 则表示地区 i 生产的产品中来自国内其他地区进口的增加值比重。

最后,根据矩阵 ML 和出口矩阵 E 可以对国内各地区出口中的国外增加值部分进行分解:

$$MLE = \begin{bmatrix} \tilde{M}_1 L_{11} E_1 & \tilde{M}_1 L_{12} E_2 & \cdots & \tilde{M}_1 L_{1G} E_G \\ \tilde{M}_2 L_{21} E_1 & \tilde{M}_2 L_{22} E_2 & \cdots & \tilde{M}_2 L_{2G} E_G \\ \vdots & \vdots & \vdots & \vdots \\ \tilde{M}_G L_{G1} E_1 & \tilde{M}_G L_{G2} E_2 & \cdots & \tilde{M}_G L_{GG} E_G \end{bmatrix} \quad (3-6)$$

其中,对角元素 $\tilde{M}_i L_{ii} E_i$ 表示地区 i 出口中蕴含的来自本地区进口的增加值,非对角元素 $\tilde{M}_j L_{ji} E_i$ 表示地区 i 出口中蕴含的来自国内其他地区进口的增加值。因此,矩阵 MLE 各列元素加总则表示地区 i 出口中来自国外的增加值:

$$FV_i = \sum_j \tilde{M}_j L_{ji} E_i \quad (3-7)$$

进一步地,借鉴胡梅尔斯等(Hummels et al., 2001)对全球价值链参与度

的定义,本书将地区 i 出口中蕴含的进口增加值占其出口的比重记为该地区全球价值链的参与度:

$$gvc_i = \left(\sum_j \tilde{M}_j L_{ji} E_i \right) / E_i \qquad (3-8)$$

同时,根据进口增加值来源于产品部门还是服务部门,还可以对各地区全球价值链的产品嵌入度和功能嵌入度进行测算:

$$gvc\_p_i = \left(\sum_j \sum_{h \in P} \tilde{M}_j^h L_{ji}^h E_i^h \right) / E_i \qquad (3-9)$$

$$gvc\_s_i = \left(\sum_j \sum_{h \in S} \tilde{M}_j^h L_{ji}^h E_i^h \right) / E_i \qquad (3-10)$$

其中,h 表示产业;P 表示产品部门的集合;S 表示服务部门的集合。(3-9)式为地区 i 全球价值链的产品嵌入度;(3-10)式为地区 i 全球价值链的功能嵌入度。

2. 海关微观数据测算法

海关数据库详细记录了通关企业的每一条进出口交易信息,为了测算中国各地区的全球价值链参与度,必须将每一笔进出口贸易与其生产省区或消费省区进行匹配。首先,依次采用消费地(进口)或生产地(出口)、企业地址、邮编三个字段对每一笔进出口贸易的生产省区或消费省区进行识别;其次,对于未识别出的进出口贸易记录,根据企业名称采用百度搜索方式对其生产省区或消费省区进行再次识别;最后,将仍未识别出的交易记录予以剔除[1]。

在将每一笔进出口贸易与其生产省区或消费省区进行匹配之后,需识别每个地区的进口中间产品。对于加工贸易,所有进口产品按规定需全部用于加工出口品的生产,因此进口品均为中间产品;对于一般贸易,进口中间产品需借助

---

[1] 2000—2007 年每年删除记录比例依次为 0.013%、0.002%、0.007%、0.001%、0.010%、0.002%、0.001%、0.04%。

联合国制定的广义经济分类标准(Classification by Broad Economic Categories, BEC)与 HS 海关编码的对照表进行识别[1],并与阿普沃德等(Upward et al., 2013)一致,假设进口的中间产品同比例地应用在国内销售与一般贸易出口中。

由于中间贸易代理商的存在,各省区可能表现出过度进口(进口中间产品大于中间投入)或过度出口(进口中间产品偏低)(张杰等,2013),因此还需进一步识别各省区自身实际的进口与出口活动[2]。借鉴张杰等(2013)的方法,根据不同贸易方式使用海关微观数据统计得到的中间贸易代理商中间产品进口占总中间产品进口的比重,以及中间贸易代理商出口占总出口的比重,分别替代各省区从中间贸易代理商处进口的中间产品比例,以及通过中间贸易代理商出口的产品比例[3],然后将所有中间贸易代理商予以剔除[4]。

在综合考虑了贸易方式、中间贸易代理商等问题后,本书构造的地区全球价值链参与度可表示为:

$$gvc_{it} = \frac{M_{itp}^{total}\mid_{BEC} + [E_{ito}^{total}/(Y_{it} - E_{itp}^{total})]M_{ito}^{total}\mid_{BEC}}{E_{itp}^{total} + E_{ito}^{total}} \qquad (3-11)$$

其中,下标 p 和 o 分别表示加工贸易和一般贸易。$M_{itn}^{total}\mid_{BEC}(n = p, o)$ 表示考虑了从中间贸易代理商处间接进口后地区 i 实际中间产品进口额,n 表示贸易方式;$E_{itn}^{total}(n = p, o)$ 表示考虑了通过中间贸易代理商出口后地区 i 实际

---

[1] 先将 2000 年、2001 年的产品编码 HS96 转换成 HS02,2007 年的产品编码 HS07 转换成 HS02,再将统一后的 HS02 与 BEC 进行对照。其中,BEC 与 HS 海关编码转换表详见联合国网站 http://unstats.un.org/unsd/cr/registry/regdnld.asp。

[2] 由于中国 2004 年前存在企业进出口经营权的限制,企业的进出口存在依靠专门从事进出口业务的中间贸易代理商的普遍现象,因此,具体至企业所处的各省区,其真实的进出口活动还必须考虑通过中间贸易代理商发生的部分。我们将海关数据库中企业名称包含"进出口""经贸""贸易""科贸"或"外经"的企业识别为中间贸易代理商。

[3] 具体计算过程请参见本书附录 A。

[4] 至此,我们将根据海关微观数据计算所得的中国各省区进出口贸易额与统计年鉴中记录的各省区实际进出口贸易额进行对比,发现无论是数值大小还是时间走势,两者均很接近,呈现出高度相关,其中省际出口相关系数为 0.9995,省际进口相关系数为 0.9989。上述表明,本书在计算中国各省区全球价值链参与度之前对海关数据的相关处理是科学合理的。

出口额；Y_{it} 表示地区 i 总产出，用各地区实际 GDP 代替。

(二) 全球价值链测度的企业维度：中国企业的 GVC 分工全貌

通过前文的文献梳理可以发现，现有企业层面全球价值链的核算仅停留于对企业全球价值链下游环节参与度，即企业出口中 VS 或 DVA 的比例的衡量，缺乏对企业全球价值链上游环节参与度的考察，进而不能全面揭示企业在全球价值链分工中的真实地位。本书则借鉴库普曼等(Koopman et al.，2010)产业层面这三个指标的构建思路，在综合考虑了间接进口、返回增加值、间接增加值出口等细节问题后，利用 2000—2007 年中国工业企业数据库与海关数据库的匹配数据以及世界投入产出数据库(WIOD)首次尝试从微观层面测算了企业参与全球价值链分工的这三个指标，以全面揭示企业嵌入全球价值链的深度和广度。

在道丁等(Daudin et al.，2009)的基础上，库普曼等(Koopman et al.，2010)提出了衡量一国某产业全球价值链分工地位的指标——GVC 地位指数。该指标将一国某产业为其他国家出口提供的中间品与该产业出口使用的他国中间品进行比较，即：

$$GVC\_position_{jr} = \ln\left(1 + \frac{IV_{jr}}{E_{jr}}\right) - \ln\left(1 + \frac{FV_{jr}}{E_{jr}}\right) \qquad (3-12)$$

其中，下标 r、j 分别表示国家和产业；$GVC\_position_{jr}$ 表示 r 国 j 产业 GVC 地位指数；E_{jr} 表示 r 国 j 产业的总出口额；IV_{jr} 表示 r 国 j 产业中间品出口中经一国加工后再次出口给第三国所包含的本国附加值，即 r 国 j 产业的间接增加值出口额，其与总出口额的比例 IV_{jr}/E_{jr} 表示全球价值链上游环节参与度；FV_{jr} 表示 r 国 j 产业出口产品中所包含的国外附加值，其与总出口额的比例 IV_{jr}/E_{jr} 表示全球价值链下游环节参与度[①]。

---

① 经济合作与发展组织和世界贸易组织(OECD and WTO, 2012)将全球价值链上游环节参与度称为 Forward Participation，联合国贸易和发展会议(UNCTAD, 2013)则称其为 Downstream Component；经济合作与发展组织和世界贸易组织(OECD and WTO, 2012)将全球价值链下游环节参与度称为 Backward Participation，联合国贸易 （转下页）

本书借鉴库普曼等(Koopman et al.，2010)构造产业 GVC 地位指数的思路，尝试从微观层面构造可以衡量企业全球价值链分工地位的指标。首先要对企业参与全球价值链的两种方式进行测度。与现有文献相一致，采用企业用于出口的进口中间品中包含的国外增加值占其总出口的比例来衡量企业全球价值链下游环节参与度(Downstream)。由于企业从国内购买的中间品中可能含有进口成分，因此这部分间接进口应计入 Downstream。同时，企业从国外进口的中间品中也可能包含本国的增加值，而这部分返回的国内增加值不应计入 Downstream。然而，这些信息无法从微观数据中获得，因此，采用王直等(Wang et al.，2013)对出口增加值的分解方法，利用世界投入产出数据库测算出中国行业层面的间接进口比例和返回增加值比例，然后用行业层面的测度结果近似替代企业层面这两个指标[①]。在此基础上，又综合考虑了鲁吉和邓希炜(Kee and Tang，2016)、张杰等(2013)提出的贸易方式、中间贸易代理商与资本品进口问题[②]。最终，本书构造的企业全球价值链下游环节参与度可表示为：

$$Downstream_{ijtp} = \frac{IMP_{ijtp}^{total} \mid_{BEC} + D_{ijtp} \mid_{BEC} + (\theta_j^1 - \theta_j^2) \times EXP_{ijtp}^{total}}{EXP_{ijtp}^{total}}$$

$$(3-13)$$

$$Downstream_{ijto} = \frac{(IMP_{ijto}^{total} \mid_{BEC} / Y_{ijt}) \times EXP_{ijto}^{total} + D_{ijto} \mid_{BEC} + (\theta_j^1 - \theta_j^2) \times EXP_{ijto}^{total}}{EXP_{ijto}^{total}}$$

$$(3-14)$$

(接上页)和发展会议(UNCTAD, 2013)则称其为 Upstream Component。本书对企业全球价值链不同参与方式的定义参照樊茂清和黄薇(2014)，分别称之为企业全球价值链上游环节参与度(Upstream)和企业全球价值链下游环节参与度(Downstream)。

① 王直等(Wang et al.，2013)对出口增加值的分解过程进行了详细说明，在此不再赘述。虽然张杰等(2013)也考虑了企业中间品间接进口造成的偏误问题，但他们主要采用预先设定的方式，假定所有企业国内中间投入中均含有5%的国外产品。相比而言，本书处理间接进口的方法可能更加客观合理，偏差相对较小。当然，下文会通过文献比较来验证本书方法的合理性。

② 中间贸易代理商与资本品问题的详细处理过程请参见本书附录 B。

$$Downstream_{ijtm} = \omega_p \times \frac{IMP_{ijtp}^{total} \mid_{BEC} + D_{ijtp} \mid_{BEC} + (\theta_j^1 - \theta_j^2) \times EXP_{ijtp}^{total}}{EXP_{ijtp}^{total}} + \omega_o \times$$

$$\frac{[IMP_{ijto}^{total} \mid_{BEC}/(Y_{ijt} - EXP_{ijtp}^{total})] \times EXP_{ijto}^{total} + D_{ijto} \mid_{BEC} + (\theta_j^1 - \theta_j^2) \times EXP_{ijto}^{total}}{EXP_{ijto}^{total}}$$

$$(3-15)$$

(3-13)、(3-14)、(3-15)式依次为加工贸易、一般贸易、混合贸易三类企业的全球价值链下游环节参与度。其中,下标 i、j、t、p、o、m 分别表示企业、产业、时间、加工贸易、一般贸易和混合贸易;BEC 为联合国(UNSD, 2013)制定的广义经济分类标准,用于识别进口产品是否为中间品或资本品;$IMP_{ijtn}^{total} \mid_{BEC}(n=p,o)$ 表示考虑了从中间贸易代理商处间接进口后企业总的中间产品进口额,n 表示贸易方式。由于加工贸易进口的中间产品全部用于加工贸易出口,因此 $IMP_{ijtp}^{total} \mid_{BEC}$ 也表示加工贸易企业用于出口的实际中间产品进口额,而一般贸易进口的中间产品同比例用于国内销售与一般贸易出口,因此一般贸易企业用于出口的实际中间产品进口额为 $(IMP_{ijto}^{total} \mid_{BEC}/Y_{ijt}) \times EXP_{ijto}^{total}$(Upward et al., 2013)[①];Y_{ijt} 表示企业的销售额,等于国内销售额和出口交货值之和;$EXP_{ijtn}^{total}(n=p,o)$ 表示企业的总出口额,用企业出口交货值表示;$D_{ijtn} \mid_{BEC}(n=p,o)$ 表示企业资本折旧累积额;θ_j^1 和 θ_j^2 分别表示企业所在行业间接进口比例和返回增加值比例;ω_p 和 ω_o 分别表示混合贸易企业加工贸易出口份额和一般贸易出口份额。

关于企业全球价值链上游环节参与度的测算,现有文献几乎没有涉及,本书将结合产业层面的测算方法尝试进行构造。我们用间接增加值出口份额来表示企业全球价值链上游环节参与度,即企业中间品出口中经一国加工后再次

① 值得注意的是,由于混合贸易企业的总销售额中包含了加工贸易出口额,在计算混合贸易企业用于一般贸易出口的中间产品进口额时,应将其加工贸易出口额从总销售额中剔除,此时混合贸易企业用于一般贸易出口的中间产品进口额为 $[IMP_{ijto}^{total} \mid_{BEC}/(Y_{ijt} - EXP_{ijtp}^{total})] \times EXP_{ijto}^{total}$。

出口给第三国所包含的本国增加值占该企业总出口的比例。由于缺乏企业间接增加值出口的相关数据,与"间接进口"和"返回增加值"处理方式相同,用相关产业层面的间接增加值出口份额对企业层面该指标进行近似替代。因此本书构造的企业全球价值链上游环节参与度可表示为:

$$Upstream_{ijtp} =$$

$$\frac{EXP_{ijtp}^{total} \mid_{BEC} \times \left[1 - \dfrac{IMP_{ijtp}^{total} \mid_{BEC} + D_{ijtp} \mid_{BEC} + (\theta_j^1 - \theta_j^2) \times EXP_{ijtp}^{total}}{EXP_{ijtp}^{total}} \right] \times \theta_j^3}{EXP_{ijtp}^{total}}$$

$$(3 - 16)$$

$$Upstream_{ijto} =$$

$$\frac{EXP_{ijto}^{total} \mid_{BEC} \times \left[1 - \dfrac{(IMP_{ijto}^{total} \mid_{BEC} / Y_{ijt}) \times EXP_{ijto}^{total} + D_{ijto} \mid_{BEC} + (\theta_j^1 - \theta_j^2) \times EXP_{ijto}^{total}}{EXP_{ijto}^{total}} \right] \times \theta_j^3}{EXP_{ijto}^{total}}$$

$$(3 - 17)$$

$$Upstream_{ijtm} =$$

$$\omega_p \times \frac{EXP_{ijtp}^{total} \mid_{BEC} \times \left[1 - \dfrac{IMP_{ijtp}^{total} \mid_{BEC} + D_{ijtp} \mid_{BEC} + (\theta_j^1 - \theta_j^2) \times EXP_{ijtp}^{total}}{EXP_{ijtp}^{total}} \right] \times \theta_j^3}{EXP_{ijtp}^{total}}$$

$$+ \omega_o \times \frac{EXP_{ijto}^{total} \mid_{BEC} \times \left\{ 1 - \dfrac{[IMP_{ijto}^{total} \mid_{BEC} / (Y_{ijt} - EXP_{ijtp}^{total})] \times EXP_{ijto}^{total} + D_{ijto} \mid BEC + (\theta_j^1 - \theta_j^2) \times EXP_{ijto}^{total}}{EXP_{ijto}^{total}} \right\} \times \theta_j^3}{EXP_{ijto}^{total}}$$

$$(3 - 18)$$

(3-16)、(3-17)、(3-18)式依次为加工贸易、一般贸易、混合贸易三类企业的全球价值链上游环节参与度。其中,$EXP_{ijtn}^{total} \mid_{BEC} (n = p, o)$ 表示考虑了通过中间贸易代理商出口中间产品后企业的实际中间产品出口额,n 表示贸易方式;θ_j^3 表示企业所在行业出口的中间产品中被直接进口国利用并再次出口到第三国的比例,即企业中间产品的间接出口比例。

在计算了企业参与全球价值链下游环节和上游环节的程度之后,根据库普曼等(Koopman et al.，2010)的方法，可以进一步构造出综合反映企业全球价值链分工地位的指标，即：

$$GVC\_position_{ijtn} = \ln(1+Upstream_{ijtn}) - \ln(1+Downstream_{ijtn}); n = p, o, m$$

$$(3-19)$$

二、国内价值链测度的三个主体维度：省区/产业、省区间和企业

(一) 国内价值链测度的省区/产业维度：NVC "微笑曲线"测度框架

通常而言，"微笑曲线"理论是对某一产品价值链从研发到制造再到营销整个链式循环和价值增值过程的较好描述(Shih，1996；Everatt et al.，1999；Mudambi，2007)，因此本书采用"微笑曲线"理论对中国国内价值链的链式循环过程和空间分布形态进行刻画。由于"微笑曲线"理论最早是基于企业—产品层面提出的，因此用"微笑曲线"理论描绘和分析国内价值链链式循环过程和价值链分布形态的难点在于能否将其推广至一国内部地区—产业维度。叶明等(Ye et al.，2015)通过融合现有衡量全球价值链位置和强度的指标，在增加值的核算框架下从国家—产业维度对全球价值链的"微笑曲线"分布特征进行了较为恰当的描述，这为本书提供了重要的借鉴意义。

根据"微笑曲线"的定义，从地区—产业维度绘制国内价值链的"微笑曲线"主要涉及两类指标：各参与地区—产业从 NVC 中获取的增加值收益以及其在 NVC 中所处的位置。叶明等(Ye et al.，2015)则从增加值传播视角，利用世界投入产出表构建了基于前向增加值联系的增加值传递长度(VPL)指标，用于测度各国—产业在 GVC 中所处的位置，同时构建了基于后向增加值联系的增加值收益指标，用于衡量各国—产业对 GVC 的增加值贡献，从而将绘制"微笑曲线"所需的两个指标较好地统一于增加值的核算框架之下。本书将这一测算框架首次运用到一国内部地区—产业层面，利用 2002 年、2007 年和 2010 年中国30 个省区区域间投入产出表对中国各地区—产业 NVC 的链式循环过程和价值链分布形态进行定量描述。

基于一国非竞争型区域间投入产出表(表3-1)的横向关联,可以得到如下用矩阵表示的恒等式:

$$X = AX + F \qquad (3-20)$$

其中,X 为 $n \times 1$ 的总产出向量;F 为 $n \times 1$ 的最终需求向量;A 为 $n \times n$ 直接消耗系数矩阵。对(3-20)式进行矩阵运算可得:

$$X = (I-A)^{-1}F = LF \qquad (3-21)$$

其中,L 为 $n \times n$ 的里昂惕夫逆矩阵,即完全消耗系数矩阵。接着,定义 V 为 $1 \times n$ 的直接增加值率系数向量:

$$V = \begin{bmatrix} v_1 & v_2 & \cdots & v_n \end{bmatrix} \qquad (3-22)$$

其中,$v_j = va_j / x_j$,va_j 为地区—产业 j 的直接增加值[1]。根据上述定义,可以计算出增加值流动核算系数矩阵,即:

$$
\begin{aligned}
\hat{V}L\hat{F} &= \begin{bmatrix} v_1 & 0 & \cdots & 0 \\ 0 & v_2 & \cdots & 0 \\ \vdots & \vdots & \vdots & \vdots \\ 0 & 0 & \cdots & v_n \end{bmatrix} \begin{bmatrix} l_{11} & l_{12} & \cdots & l_{1n} \\ l_{21} & l_{22} & \cdots & l_{2n} \\ \vdots & \vdots & \vdots & \vdots \\ l_{n1} & l_{n2} & \cdots & l_{nn} \end{bmatrix} \begin{bmatrix} f_1 & 0 & \cdots & 0 \\ 0 & f_2 & \cdots & 0 \\ \vdots & \vdots & \vdots & \vdots \\ 0 & 0 & \cdots & f_n \end{bmatrix} \\
&= \begin{bmatrix} v_1 l_{11} f_1 & v_1 l_{12} f_2 & \cdots & v_1 l_{1n} f_n \\ v_2 l_{21} f_1 & v_2 l_{22} f_2 & \cdots & v_2 l_{2n} f_n \\ \vdots & \vdots & \vdots & \vdots \\ v_n l_{n1} f_1 & v_n l_{n2} f_2 & \cdots & v_n l_{nn} f_n \end{bmatrix} \qquad (3-23)
\end{aligned}
$$

增加值流动核算矩阵 $\hat{V}L\hat{F}$ 描绘了在最终产品生产过程中各地区—产业的增加值贡献。其元素 $v_i l_{ij} f_j$ 表示地区—产业 j 生产的最终产品价值中来自地区—产业 i 的增加值,因此该矩阵的行表示某一地区—产业创造的增加值在所

---

① 本部分的下标小写字母 i 和 j 代表国内价值链的某一参与主体,即地区—产业双重维度。

有地区—产业间的分配。将该矩阵 i 行的所有元素相加,可得地区—产业 i 创造的总增加值,即地区—产业 i 的 GDP:

$$v_i(l_{i1}f_1 + l_{i2}f_2 + \cdots + l_{in}f_n) = va_i = GDP_i \qquad (3-24)$$

该矩阵的列则表示所有地区—产业对某一地区—产业生产的最终产品价值的增加值贡献。也就是说,矩阵 $\hat{V}L\hat{F}$ 的行元素从供给者角度追溯了某一地区—产业与其所有下游地区—产业之间的前向增加值联系程度,而矩阵 $\hat{V}L\hat{F}$ 的列元素则从使用者角度追溯了某一地区—产业与其所有上游地区—产业之间的后向增加值联系程度。

为了从增加值传播视角构建可以衡量某一地区—产业在 NVC 中所处位置的指标,将(3-24)式转化为:

$$\frac{v_i}{va_i}(l_{i1}f_1 + l_{i2}f_2 + \cdots + l_{in}f_n) = 1 \qquad (3-25)$$

(3-25)式可以表示成如下的向量形式:

$$\hat{V}LF/VA = \hat{V}(I + A + A^2 + A^3 + \cdots)F/VA = u \qquad (3-26)$$

其中, u 为单位向量; VA 为增加值向量。(3-26)式右边乘出后的第一项 $\hat{V}IF/VA$ 表示基于前向增加值联系经由 0 阶段传递到最终需求者的增加值份额;第二项 VAF/VA 表示基于前向增加值联系经由 1 阶段传递到最终需求者的增加值份额,依次类推。因此,经由 NVC 生产网络体系,各地区—产业传递 1 单位增加值到最终需求者所经历的平均阶段数可表示为如下形式的向量:

$$U = \hat{V}(0I + 1A + 2A^2 + 3A^3 + \cdots)F/VA + u \qquad (3-27)$$
$$= \hat{V}(L^2 - L)F/VA + u = \hat{V}L^2F/VA$$

U 即为叶明等(Ye et al., 2015)基于前向增加值联系定义的增加值传递长度(VPL)指标。其值越大,表示传递 1 单位增加值在到达最终需求者之前所经历的下游生产阶段数越多,则越位于价值链的上游环节;反之亦然。值得注意的是,U 表示各地区—产业增加值到所有最终需求者的平均传递长度。为了绘制某一地区—产业 NVC 的"微笑曲线"分布形态,需定义各地区—产业增加值到该地区—产业最终需求者而非所有最终需求者的平均传递长度。假定对地区—产业 j 的最终需求引致地区—产业 i 创造的增加值为 $V_i LF_j$,其中,$V_i = [\begin{matrix} 0 & 0 & \cdots & v_i & \cdots & 0 \end{matrix}]$ 表示地区—产业 i 的增加值份额;$F_j = [\begin{matrix} 0 & 0 & \cdots & f_j & \cdots & 0 \end{matrix}]^T$ 表示对地区—产业 j 的最终需求。定义等式 $v_i l_{ij} f_j = va_{ij}$,则有 $v_i l_{ij} f_j / va_{ij} = 1$。因此,对于所有为地区—产业 j 最终需求生产贡献增加值的地区—产业,以下矩阵等式恒成立:

$$\hat{V} LF_j / VA_j = \hat{V}(I + A + A^2 + A^3 + \cdots)F_j / VA_j = u \qquad (3-28)$$

其中,$VA_j = [\begin{matrix} va_{1j} & va_{2j} & \cdots & va_{Nj} \end{matrix}]^T$,$va_{ij} = v_i l_{ij} f_j$。再根据 U 的定义,可将地区—产业 i 到地区—产业 j 最终需求的平均增加值传递长度(U_{ij})表示为:

$$U_{ij} = V_i(1I + 2A + 3A^2 + 4A^3 + \cdots)F_j / va_{ij} = V_i L^2 F_j / va_{ij} \qquad (3-29)$$

对于所有地区—产业,(3-29)式的向量形式为:

$$U_{*j} = \hat{V}(1I + 2A + 3A^2 + 4A^3 + \cdots)F_j / VA_j = \hat{V} L^2 F_j / VA_j \qquad (3-30)$$

为了清晰展现某一地区—产业 NVC 的链式循环过程是否存在"微笑曲线"分布特征,除需构建绘制"微笑曲线"所需的两类指标外,还需理解 NVC 的价值增值过程,因为 NVC 的链式循环本质上是一个价值增值的过程。对于某一地区—产业的 NVC 链条,可将其生产阶段分为制造前阶段和制造后阶段[1]。前者参与主体包括国内所有为该条 NVC 最终产品生产提供直接和间接中间产品或服务的地区—产业;后者参与主体包括在分销该条 NVC 最终产品过程中涉及的所有地区—产业。同时,根据前文后向增加值联系程度的定义,可以计算出该条 NVC 制造前阶段和制造后阶段所有参与地区—产业创造的增加值,最

---

[1]　有的学者又称之为上游生产阶段和下游生产阶段,因此,本书将交互使用这些概念。

终展现出整条 NVC 的价值增值过程。

（二） 国内价值链测度的省区间维度：地区间价值链贸易强度

价值链贸易的基本思想是某一国家或地区不再提供全部产品，而仅仅负责其中的一个或部分生产环节，其出口或流出①价值包含来自其他国家或地区的中间品价值。通常在研究全球价值链时，学者普遍采用胡梅尔斯等（Hummels et al.，2001）提出的方法来界定全球价值链贸易，即当一国出口产品价值中包含了来自其他国家创造的价值时，就称该国参与了全球价值链贸易（潘文卿等，2015）。本书也采用类似的方法界定中国地区间价值链贸易，即将国内地区 i 总流出中包含的地区 j 的增加值部分和地区 j 总流出中包含的地区 i 的增加值部分统称为地区 i 和地区 j 之间的价值链贸易。因此，要测度地区间价值链贸易需先对各地区流出增加值的国内来源②进行分解。本书将借鉴库普曼等（Koopman et al.，2014）国家层面出口价值来源的分解方法，将一个主权国家内部各地区视作国内价值链的参与主体，此时可利用一国非竞争型区域间投入产出表（表 3 - 1）对各地区流出增加值的国内来源进行分解。

首先，定义直接增加值系数矩阵 V 为如下形式：

$$V = \begin{bmatrix} \tilde{V}_1 & 0 & \cdots & 0 \\ 0 & \tilde{V}_2 & \cdots & 0 \\ \vdots & \vdots & \vdots & \vdots \\ 0 & 0 & \cdots & \tilde{V}_G \end{bmatrix} \tag{3-31}$$

---

① 本书在 NVC 框架下对各地区的流出增加值进行分解，而本书定义的 NVC 立足于国内市场，是由内需驱动形成的，因此，本书的"流出"均指对国内其他地区的流出，不包括属于外需的出口。

② 需要指出的是，各地区的流出增加值中还包括从国外进口的中间品价值，但由于本书关注的是 NVC，而 NVC 是一种"体内"价值增值的地域分工生产模式，因此，与黎峰（2016a）类似，并未考虑地区流出增加值中来自国外增加值的部分。

其中,元素 $\tilde{V}_i$ 为地区 i 直接增加值所占的比重,即 $\tilde{V}_i = VA_i(X'_i)^{-1}$。再将

矩阵 V 乘以里昂惕夫逆矩阵 L,可得国内地区增加值份额矩阵 VL:

$$
VL = \begin{bmatrix} \tilde{V}_1 & 0 & \cdots & 0 \\ 0 & \tilde{V}_2 & \cdots & 0 \\ \vdots & \vdots & \vdots & \vdots \\ 0 & 0 & \cdots & \tilde{V}_G \end{bmatrix} \begin{bmatrix} L_{11} & L_{12} & \cdots & L_{1G} \\ L_{21} & L_{22} & \cdots & L_{2G} \\ \vdots & \vdots & \vdots & \vdots \\ L_{G1} & L_{G2} & \cdots & L_{GG} \end{bmatrix} = \begin{bmatrix} \tilde{V}_1 L_{11} & \tilde{V}_1 L_{12} & \cdots & \tilde{V}_1 L_{1G} \\ \tilde{V}_2 L_{21} & \tilde{V}_2 L_{22} & \cdots & \tilde{V}_2 L_{2G} \\ \vdots & \vdots & \vdots & \vdots \\ \tilde{V}_G L_{G1} & \tilde{V}_G L_{G2} & \cdots & \tilde{V}_G L_{GG} \end{bmatrix}
$$

$$(3-32)$$

其中,元素 $\tilde{V}_i L_{ii}$ 表示地区 i 生产的产品中来自本地区的增加值比重,元素

$\tilde{V}_j L_{ji}$ 则表示来自国内其他地区的增加值比重。

以 Z_{i*} 表示地区 i 对国内其他地区的总流出,包括中间品流出和最终品流

出两部分,即 $Z_{i*} = \sum_{j \neq i} Z_{ij} = \sum_{j \neq i} (A_{ij} X_j + F_{ij})$。与构造直接增加值系数

矩阵 V 类似,将各地区对国内其他地区的总流出矩阵 Z 表示成如下形式:

$$
Z = \begin{bmatrix} Z_{1*} & 0 & \cdots & 0 \\ 0 & Z_{2*} & \cdots & 0 \\ \vdots & \vdots & \vdots & \vdots \\ 0 & 0 & \cdots & Z_{G*} \end{bmatrix}
$$

$$(3-33)$$

根据矩阵 VL 和矩阵 Z,可以基于国内价值链分工对各地区总流出中的国

内增加值来源进行分解:

$$
VLZ = \begin{bmatrix} \tilde{V}_1 L_{11} Z_{1*} & \tilde{V}_1 L_{12} Z_{2*} & \cdots & \tilde{V}_1 L_{1G} Z_{G*} \\ \tilde{V}_2 L_{21} Z_{1*} & \tilde{V}_2 L_{22} Z_{2*} & \cdots & \tilde{V}_2 L_{2G} Z_{G*} \\ \vdots & \vdots & \vdots & \vdots \\ \tilde{V}_G L_{G1} Z_{1*} & \tilde{V}_G L_{G2} Z_{2}* & \cdots & \tilde{V}_G L_{GG} Z_{G*} \end{bmatrix}
$$

$$(3-34)$$

(3-34)式对地区 i 流出增加值中的国内部分进行了分解,分解为本地区的增加值 $\tilde{V}_i L_{ii} Z_{i*}$,用 OV_{ii} 表示,和国内其他地区的增加值 $\tilde{V}_j L_{ji} Z_{i*}$,用 OV_{ji} 表示。

进一步地,将矩阵 VLZ 各列非对角元素加总,可得地区 i 总流出中包含的来自国内其他地区的增加值,根据黎峰(2016a)的定义,其占地区 i 总流出的比重即地区 i 参与国内价值链的程度:

$$nvc_i = \left(\sum_{j \neq i} OV_{ji} \right)/Z_{i*} = \left(\sum_{j \neq i} \tilde{V}_j L_{ji} Z_{i*} \right)/Z_{i*} \qquad (3-35)$$

在对各地区流出增加值的国内来源进行分解获得地区间价值链贸易量之后,借鉴吴力(Ng, 2010)、潘文卿等(2015)对双边全球价值链贸易强度的定义方式,将地区间价值链贸易强度指标表示为:

$$T_{ij,t}^{NVC} = \frac{OV_{ji,t} + OV_{ij,t}}{GDP_{i,t} + GDP_{j,t}} \qquad (3-36)$$

其中,$OV_{ji,t} + OV_{ij,t}$ 表示第 t 年地区 i 总流出中含有地区 j 的增加值和地区 j 总流出中含有地区 i 的增加值之和,即两地区之间的价值链贸易量;$GDP_{i,t} + GDP_{j,t}$ 表示第 t 年地区 i 与地区 j 的 GDP 之和。(3-36)式采用 GDP 对地区间价值链贸易进行标准化处理。

(三) 国内价值测度的企业维度:产业集聚替代指标

由于缺乏国内企业间的微观贸易数据,因此,无法在企业层面测度国内价值链参与程度,本书将以产业集聚(Industry Agglomeration)近似替代企业参与国内价值链程度的指标,这种替代主要出于以下几点考虑:产业集聚意味着本地化生产能力,是国内生产体系重要的组成部分(Maskell and Lorenzen, 2003);产业集聚通过劳动力蓄水池(Labor Pool)、中间投入共享(Input Share)、知识技术溢出(Knowledge Spillover)促进企业专业化分工,尤其是孕育而成的庞大中间品市场极大地提高了企业本地外包化程度(Marshall, 1920; Holmes and Stevens,

75

2002；Li and Lu，2009）；产业集聚加速信息流动，减弱信息不对称和降低交易成本，有助于企业的区域分工协作。因此，产业集聚越高的地区，企业参与区际分工的程度也会越高，最终融入国内价值链生产体系的程度相应提高。

关于产业集聚的测度，由于区位熵可以消除区域规模的差异因素，能真实反映地理要素的空间分布，因此与国内外众多学者一致，本书采用区位熵衡量产业集聚水平（Donoghue and Gleave，2004；Rosenthal and Strange，2004；范剑勇等，2014），具体公式如下：

$$agg_{ijkt} = \frac{(E_{jkt} - E_{ijkt}/E_{kt})}{E_{jt}/E_t} \qquad (3-37)$$

其中，E_{ijkt} 为 t 年 k 地区 j 产业企业 i 的就业人数，E_{jkt} 为 t 年 k 地区 j 产业的就业人数，E_{kt} 为 t 年 k 地区制造业就业人数，E_{jt} 为 t 年全国 j 产业的就业人数，E_t 表示 t 年全国制造业就业人数。这些数据来自中国工业企业数据库。由于本书主要探讨企业参与全球价值链与本地产业集群内其他企业集聚对企业生产率的互动效应，因此，借鉴霍姆斯（Holmes，1999）、李奔和陆毅（Li and Lu，2009）、范剑勇等（2014）的构建方法，在计算区位熵时剔除了企业自身的就业人数。同时，由于产业集聚概念本身就意味着小地理范围的产业构成特征，越细化的区域层次越能捕捉产业集聚的客观事实（邵朝对等，2016），因此，本书选择在中国县级三分位行业层面上构造本书的产业集聚指标。

三、全球价值链与国内价值链指标测度体系的构建

表3-2总结了本书构建的全球价值链与国内价值链指标的测度体系。由于本书全球价值链与国内价值链研究的侧重点不同，前者侧重于全球价值链参与地区对邻近地区的空间溢出，后者则侧重于链条上各参与主体之间的联动，因此本书构建的全球价值链和国内价值链测度指标存在一定差异。具体而言，首先是全球价值链测度指标，其主要在省区和企业两个层面进行测度；省区层面使用的数据为 2002 年、2007 年和 2010 年中国 30 个省区区域间投入产出表

和 2000—2013 年中国海关数据库,企业层面为 2000—2007 年中国工业企业数据库与海关数据库的匹配数据和世界投入产出表;省区层面涉及的篇章为全球价值链增长效应篇、国内价值链增长效应篇的穿插式互动探讨、全球价值链与国内价值链增长互动效应专题篇的宏观层面分析①,企业层面为全球价值链与国内价值链增长互动效应专题篇的微观层面分析;省区层面的考察重点为中国各省区参与全球价值链的程度,企业层面为中国企业在全球价值链中的分工地

表 3-2　本书全球价值链与国内价值链指标的测度体系

维度	全球价值链测度指标		国内价值链测度指标		
	省区	企业	省区/产业	省区间	企业
数据	2002 年、2007 年和 2010 年中国 30 个省区区域间投入产出表;2000—2013 年中国海关数据库	2000—2007 年中国工业企业数据库与海关数据库的匹配数据;世界投入产出表	2002 年、2007 年和 2010 年中国 30 个省区区域间投入产出表	2002 年、2007 年和 2010 年中国 30 个省区区域间投入产出表	2000—2007 年中国工业企业数据库
涉及篇章	全球价值链增长效应篇;国内价值链增长效应篇的穿插式互动探讨;全球价值链与国内价值链增长互动效应专题篇的宏观层面分析	全球价值链与国内价值链增长互动效应专题篇的微观层面分析	国内价值链增长效应篇的地区/产业单边维度分析	国内价值链增长效应篇的地区间双边维度分析	全球价值链与国内价值链增长互动效应专题篇的微观层面分析
考察重点	各省区全球价值链参与程度	企业全球价值链分工地位、上游参与度和下游参与度	国内价值链的分布形态	地区间价值链贸易强度	产业集聚表征的国内价值链生产体系
指标贡献	继承与发展、突破	突破	突破	突破	囿于数据可得性,近似替代

① 由于全球价值链与国内价值链增长互动效应宏观层面的分析涉及不同价值链参与方式,因此会对地区流出增加值来源做进一步细分,具体参见本书第十三章。

位、上游环节参与度和下游环节参与度;省区层面的贡献主要体现在用微观测算方法对中国各地区全球价值链参与度进行测算,企业层面主要体现在不仅在现有企业全球价值链下游参与度测算方法的基础上进一步处理了间接进口和返回增加值问题,更为重要的是首次对企业全球价值链上游参与度和地位指数进行了测度分析。

其次是国内价值链测度指标,其主要在省区/产业、省区间和企业三个层面进行测度,且企业层面国内价值链参与程度用其所处产业集群的集聚水平进行替代;省区/产业和省区间层面使用的数据为 2002 年、2007 年和 2010 年中国 30个省区区域间投入产出表,企业层面为 2000—2007 年中国工业企业数据库;省区/产业层面涉的篇章为国内价值链增长效应篇的地区/产业单边维度分析,省区间层面为国内价值链增长效应篇的地区间双边维度分析[①],企业层面为全球价值链与国内价值链增长互动效应专题篇的微观层面分析;省区/产业层面的考察重点为国内价值链的分布形态,省区间层面为地区间价值链贸易强度,企业层面为产业集聚表征的国内价值链生产体系。省区/产业层面的贡献主要体现在首次对国内价值链的链式循环过程和价值链分布形态进行测算,省区间层面主要体现在首次对中国地区间价值链贸易强度进行测算,企业层面主要体现在囿于数据的可得性,创新性地使用产业集聚作为企业国内价值链参与度的替代指标。

第三节　中国的典型事实

一、全球价值链典型事实:省区和企业

(一)　省区维度:GVC 参与程度

图 3-1 和图 3-2 分别使用 2000—2013 年中国海关数据库和 2000 年、

---

① 在地区间双边维度分析部分,根据研究需要,会对地区流出增加值来源作进一步细分。

2007 年、2010 年中国 30 个省区区域间投入产出表,基于(3－8)和(3－11)式对中国 30 个省区的全球价值参与程度进行了描绘。从中可知,采用两套数据对中国 30 个省区全球价值链参与度的测算结果较为接近,这也从侧面佐证了本书两种测度方法的准确性与科学性。具体来说,广东、上海、北京、江苏、天津、浙江等东部省区全球价值链参与程度较高,而陕西、新疆、宁夏、内蒙古、甘肃等中西部省区全球价值链参与程度较低,反映出中国中西部省区由于地理、历史、政策等原因嵌入全球价值链的程度远落后于东部省区,进而难以直接分享新一轮国际分工带来的发展红利。同时,两张图还显示,一些地理上邻近的省区其

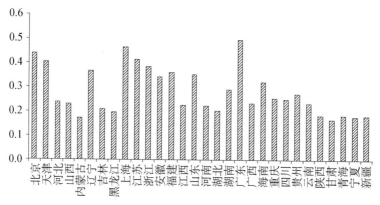

图 3－1 中国 30 个省区 GVC 参与程度(海关数据库)

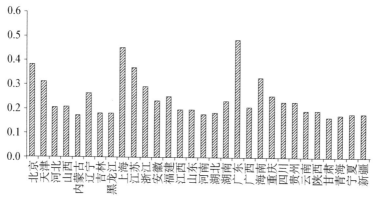

图 3－2 中国 30 个省区 GVC 参与程度(区域间投入产出表)

全球价值参与程度亦存在较大差异,如河北与天津、北京,辽宁与吉林、黑龙江。因此,在中国全球价值链参与程度存在较大区域不平衡的背景下,研究全球价值链是否存在空间溢出具有重要的现实意义和政策指导。

(二) 企业维度:GVC 分工地位、上游环节参与度、下游环节参与度

根据上一节构建的企业全球价值链地位指数(3 - 19)式、上游环节参与度(3 - 16)—(3 - 18)式和下游环节参与度(3 - 13)—(3 - 15)式这三个指标,利用2000—2007 年中国工业企业数据库与海关数据库的匹配数据以及世界投入产出表,本部分将从整体、贸易方式和所有制类型三个方面详细考察中国制造业企业参与全球价值链分工的演变趋势与事实特征。

第一,图 3 - 3 显示了中国企业 GVC 地位指数、上游环节参与度、下游环节参与度的总体变动趋势。图 3 - 3(a)显示,中国企业 GVC 地位指数从 2000 年的-0.32 逐步上升到 2007 年的-0.21,增长幅度为 34.4%,表明从总体上来看,虽然中国企业 GVC 地位指数仍为负,处于竞争劣势,但这种状况在不断地改善。深入全球价值链的不同参与方式,图 3 - 3(b)和图 3 - 3(c)进一步表明,中国企业国际分工地位的提升是企业 GVC 上游环节参与度不断上升和下游环节参与度不断下降共同造就的。其中,上游环节参与度 8 年间增长了 11.0%,而下游环节参与度下降了 22.0%,这说明中国企业全球价值链的嵌入方式正逐渐由下游生产者向上游供应者转变。

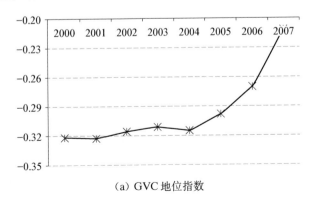

(a) GVC 地位指数

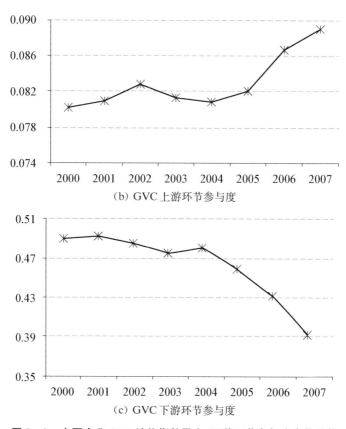

（b）GVC上游环节参与度

（c）GVC下游环节参与度

图3-3 中国企业 GVC 地位指数及上、下游环节参与度变化趋势

张杰等(2013)对企业全球价值链下游环节参与度已进行了较为完善的测度,而本书在其基础上考虑了间接进口和返回增加值等微观数据难以处理的问题,通过将本书的测算结果与库普曼等(Koopman et al.，2012)利用产业层面数据测算的结果进行对比,发现两者较为接近①。本书在全球价值链分工指标

① 库普曼等(Koopman et al.，2012)的测度结果表明,中国 2002—2007 年的国外附加值率,即本书定义的全球价值链下游环节参与度从 46.1%下降至 39.4%。本书的测算结果显示,中国企业的 *Downstream* 从 2002 年的 47.8%下降至 2007 年的 39.2%。

测度上最大的创新可能是尝试估算了企业全球价值链上游环节参与度,而验证我们的测算方法和测算结果是否合理的一个办法是与测度技术较为成熟的产业层面测度结果进行比较。樊茂清和黄薇(2014)基于库普曼等(Koopman et al.,2010)的方法利用世界投入产出表对中国出口的各个组成部分进行了测算,发现中国间接增加值出口份额,即本书定义的全球价值链上游环节参与度从 2000 年的 8.1% 上升到 2007 年的 9.1%,这与本书的测度结果较为一致[①]。综上可以证明本书的测算方法较为科学、测算结果较为可靠。

第二,本书进一步对不同贸易方式企业的 GVC 地位指数、上游环节参与度、下游环节参与度的演变趋势进行了测算。结果显示,一般贸易企业的 GVC 地位指数为正且出现较强的上升趋势,在样本期内共增长了 144.7%,这说明中国一般贸易企业处于相对有利的竞争地位并具有不断向上攀升的强劲动力;而加工贸易和混合贸易企业的地位指数为负,且上升较为微弱,8 年间增幅分别仅为 10.3% 和 6.6%。显然,推动中国企业国际分工地位不断提升的主要力量是一般贸易企业。深入不同贸易方式企业的 GVC 参与方式发现,一般贸易企业主要从价值链上游环节嵌入全球分工体系,且这种势头逐年显著增强,而下游环节参与度则相对较低,并呈现下降态势,这表明相较而言,中国一般贸易企业在 GVC 中更多扮演产品设计、品牌创新和关键零部件生产等供应者角色;与一般贸易企业明显不同,加工贸易企业和混合贸易企业主要从下游环节嵌入 GVC,虽然 2000—2007 年间它们的下游环节参与度出现了相应的下落,但参与水平依旧很高,同时这两类企业的 GVC 上游环节参与度相对较低,也未显现出明显的上升特征,因此它们在国际分工中的地位并没有取得显著的改善,长期"锁定"或"俘获"于低附加值、微利化的价值创造活动。这也反映了中国代工企

---

① 本书在构造 GVC 上游环节参与度指标时与樊茂清和黄薇(2014)并不完全相同。樊茂清和黄薇(2014)在计算该指标时包含了被直接进口国吸收的部分,而本书依据库普曼等(Koopman et al.,2010)的定义并未将此部分计入,因此本书的测度结果相比于樊茂清和黄薇(2014)的研究结果是较为合理的。

业高度依附于作为 GVC 组织者和主导者的跨国公司,后者利用技术创新势力、品牌优势以及对全球营销网络的掌控能力,牢牢控制着 GVC 中的贸易利益分配格局,对主要从价值链下游环节嵌入企业的增加值和利润进行"纵向压榨"(Humphrey and Schmitz,2004)。

第三,本书还度量了不同所有制企业[①]的 GVC 地位指数、上游环节参与度、下游环节参与度的演变趋势。从中可知,外资企业的 GVC 分工地位虽然最低但上升最为迅速,2000—2007 年间获得了 41.7%的增长;私营企业次之,8 年间增幅也达到了较高的 25.1%;而国有企业在样本期内上下波动,趋势特征并不明显,这可能是由于国有企业受政策保护,并不过分在意或过多参与基于优胜劣汰机制的全球价值链上下游环节的激烈争夺,国有企业的全球价值链上游环节参与度和下游环节参与度的变动轨迹可以进一步佐证上述观点。同时,横向对比可知,外资企业 GVC 上游环节参与度低于其他两类企业,而下游环节参与度却高于它们,这表明相比而言,中国外资企业在 GVC 中更多扮演利用进口零部件进行生产制造、加工组装的生产者角色。但进一步从趋势上看,外资企业 GVC 上游环节参与度的上升幅度却最大,下游环节参与度的下降幅度也最大,这可能是由于大量从事产品设计、关键零部件生产供应等价值链上游环节活动的外资企业的引入改变了中国外资企业嵌入 GVC 的方式[②],从而推动了中国外资企业国际分工地位的快速提升。

---

① 本书通过企业实收资本成分将企业划分为国有企业、私营企业和外资企业,其中国有企业为国有资本或集体资本占实收资本 50%及其以上企业,外资企业为港澳台或非港澳台外资资本占实收资本 50%及其以上企业,剩余的为私营企业。瓜里格里亚等(Guariglia et al.,2011)、张杰等(2013)指出按照企业实收资本成分划分所有制类型的方法比单纯根据企业登记注册类型划分更可靠。

② 2001 年末加入 WTO 以来,随着中国国内市场的进一步开放和本土企业实力的不断增强,跨国公司对中国技术转移的模式由原先将大量加工组装环节转移到中国逐步向将一些关键零部件生产环节转移到中国转变(张杰等,2013),典型的例子如家电制造领域的日本松下、荷兰飞利浦,计算机制造领域的美国 IBM,汽车制造领域的日本本田,这在一定程度上使得 21 世纪以来在中国生产关键零部件的外资企业大量增加。

二、国内价值链典型事实：省区/产业、省区间和企业

（一）省区/产业维度：NVC 分布形态

根据上一节"微笑曲线"的测度框架,本部分利用 2007 年和 2010 年中国 30 个省区区域间投入产出表①对上海通信设备、计算机及其他电子设备制造业（9_19）（技术密集型）,山东交通运输设备制造业（15_17）（资本密集型）和江苏纺织业（10_7）（劳动密集型）三条较为典型的 NVC 进行分析②。参照叶明等（Ye et al.，2015）的做法,如图 3 - 4 所示,X 轴表示各参与地区—产业到某一条价值链（如上海通信设备、计算机及其他电子设备制造业 NVC)最终需求者的增加值传递长度;Y 轴表示各参与—地区产业的增加值率,即生产一单位产出所创造的增加值;气泡大小代表各参与地区—产业从该条价值链中所获得的增加值收益;平滑曲线由多项式回归模拟得到;阴影部分表示平滑曲线 95% 的置信区间。

---

① 由于 2002 年中国 30 个省区区域间投入产出表只包含 21 个产业,为了对国内价值链上各参与主体进行更为细致的分析,本部分描述性分析使用包含 30 个产业的 2007 年和 2010 年两张区域间投入产出表。

② 括号中第一个数字表示地区代码,第二个数字表示产业代码。各代码所对应的地区分别为:1-北京,2-天津,3-河北,4-山西,5-内蒙古,6-辽宁,7-吉林,8-黑龙江,9-上海,10-江苏,11-浙江,12-安徽,13-福建,14-江西,15-山东,16-河南,17-湖北,18-湖南,19-广东,20-广西,21-海南,22-重庆,23-四川,24-贵州,25-云南,26-陕西,27-甘肃,28-青海,29-宁夏,30-新疆。产业分别为:1-农林牧渔业,2-煤炭开采和洗选业,3-石油和天然气开采业,4-金属矿采选业,5-非金属矿及其他矿采选业,6-食品制造及烟草加工业,7-纺织业,8-纺织服装鞋帽皮革羽绒及其制品业,9-木材加工及家具制造业,10-造纸印刷及文教体育用品制造业,11-石油加工、炼焦及核燃料加工业,12-化学工业,13-非金属矿物制品业,14-金属冶炼及压延加工业,15-金属制品业,16-通用、专用设备制造业,17-交通运输设备制造业,18-电气机械及器材制造业,19-通信设备、计算机及其他电子设备制造业,20-仪器仪表及文化办公用机械制造业,21-其他制造业,22-电力、热力的生产和供应业,23-燃气及水的生产与供应业,24-建筑业,25-交通运输及仓储业,26-批发零售业,27-住宿餐饮业,28-租赁和商业服务业,29-研究与试验发展业,30-其他服务业。同时,本书也对其他地区—产业的 NVC 进行了类似分析,限于篇幅,未能一一展示。

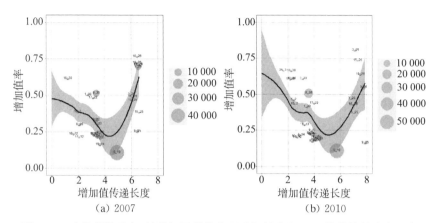

（a）2007　　　　　　　　　　　（b）2010

图 3 - 4　上海通信设备、计算机及其他电子设备制造业 NVC 的价值链分布形态

图 3 - 4 展现了 2007 年和 2010 年上海通信设备、计算机及其他电子设备制造业（9_19）NVC 的价值链分布形态[①]，总体来看，2007 年和 2010 年上海通信设备、计算机及其他电子设备制造业 NVC 存在较为明显的"微笑曲线"分布特征。具体而言，该条价值链呈现出以下几个特征：第一，无论是 2007 年还是 2010 年，上海通信设备、计算机及其他电子设备制造业均是该条价值链中增加值获益最大的参与主体，表明通过价值链关联，上海通信设备、计算机及其他电子设备制造业是受自身最终产品生产影响最大的价值链主体。同时，由于产业内贸易的广泛存在，其他地区的通信设备、计算机及其他电子设备制造业，如广东（19）、江苏（10）也创造了较大的增加值份额。第二，制造前阶段和后阶段的区际分工特征存在较大差异。制造前阶段增加值获益较大的参与主体主要是本市内的其他一些产业，反映出上海通信设备、计算机及其他电子设备制造业 NVC 所需的中间投入大都来自本地市场，价值链上游环节省内分工较为明显，呈现出区域分割特征；而制造后阶段，除本市外，河北（3）、山东（15）、河南（16）、

[①]　为了能够更清晰地展现各地区—产业 NVC 的主要增加值贡献者，与叶明等（Ye et al.，2015）的处理方法类似，本书选取增加值贡献率不低于 0.35% 的参与地区—产业进行了标注。

江苏(10)、广东(19)、浙江(11)、陕西(26)、内蒙古(5)等地区也获得了较大的增加值收益,这说明上海通信设备、计算机及其他电子设备制造业 NVC 的产品销售市场遍布全国,价值链下游环节区际分工较为明显,呈现出区域开放特征。第三,从产业分布来看,制造前阶段主要是服务业(30)、原材料产业[如煤炭开采和洗选业(2)]和生产基础零部件行业[如化学工业(12)],而制造后阶段主要是从事物流配送和市场营销的交通运输及仓储业(25)、批发零售业(26),表明上海通信设备、计算机及其他电子设备制造业 NVC 已经形成了从研发设计、原材料和零部件供应、生产制造、物流配送到市场销售比较完整的"微笑曲线"链式循环过程。第四,从地区分布来看,参与价值链两端高附加值环节的主要为经济相对发达地区,符合基于比较优势的区际分工特征。第五,从演变趋势来看,2010 年相较 2007 年不仅制造前阶段增加值获益较大的省外参与主体明显增多,而且"微笑曲线"的长度也变得更长,意味着 2008 年全球金融危机爆发之后,上海通信设备、计算机及其他电子设备制造业 NVC 不断向国内其他地区延伸,区际分工协作逐渐加深,链条生产工序得到了进一步细化。

与上海通信设备、计算机及其他电子设备制造业 NVC 的价值链分布形态较为相似,山东交通运输设备制造业(15_17)NVC 在 2007 和 2010 年亦形成了比较完整的"微笑曲线"链式循环过程,并呈现出制造前阶段省内分工占主导、制造后阶段区际分工占主导的非对称特征(图 3-5)。同时,图 3-5 还显示,2010 年该条价值链的"微笑曲线"相比于 2007 年,不仅制造前阶段省外参与主体增多、链条长度变长,而且存在下移趋势。下移意味着一单位产出的初始投入减少,中间投入增多,这也可说明山东交通运输设备制造业的生产分割程度日益深化。虽然该条价值链的大多数参与地区—产业的增加值率在下降,但它们获取的增加值收益却在变大[①],表明专业化分工的深化能够使各参与地区—产业普遍获益。

---

① 相比于 2007 年,2010 年的气泡数值明显变大。

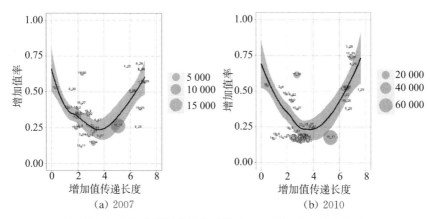

图 3 - 5　山东交通运输设备制造业 NVC 的价值链分布形态

然而,并不是所有地区—产业的 NVC 均存在严格的"微笑曲线"分布特征。图 3 - 6 绘制的江苏纺织业(10_7)NVC 的价值链分布形态表明,在 2007 年和 2010 年该条价值链均呈现出微 W 形,但仍存在一些与前两条价值链相似的特征:首先,在制造前阶段,本省内的产业是增加值获益较大的参与主体,省内分工较为明显,而在制造后阶段,其他地区的产业亦获得了较大份额的增加值收益,区际分工较为明显;其次,2008 年全球金融危机之后,制造前阶段的省外参与主体增多,同时,整条价值链的长度变得更长、弧度变得更深,反映出在金融危机之后,江苏纺织业的区际专业化分工程度日益加深。

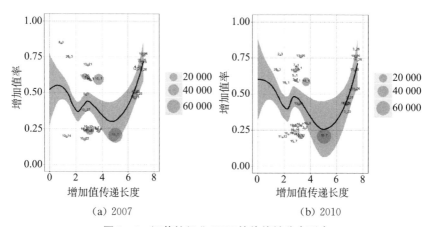

图 3 - 6　江苏纺织业 NVC 的价值链分布形态

表3-3进一步对2007年和2010年中国所有地区—产业层面NVC的价值链分布特征进行了汇总。从中可知:第一,无论在2007年还是在2010年,存在"微笑曲线"的NVC比例均在70%以上,表明中国各地区—产业NVC普遍存在"微笑曲线"的分布特征;第二,制造前阶段增加值贡献较大的省内参与主体比例在2007年高达76%,但在2010年这一比例出现大幅下降,为43%,反映出2007年中国各地区—产业NVC的制造前阶段存在省内分工的普遍现象,但2008年全球金融危机之后区际分工愈发明显,而制造后阶段增加值贡献较大的省内参与主体比例在2007年和2010年均低于20%,表明制造后阶段形成了良好的区际分工;第三,有87%的NVC链条长度在2010年变得更长,这说明2008年全球金融危机之后,中国各地区—产业之间的专业化分工协作程度日渐深化;第四,在各条NVC增加值贡献较大的参与主体中出现频率最高的前三大地区是位于京津冀的河北、长三角的江苏和珠三角的广东,意味着这三大地区是衔接中国国内价值链生产分工网络的核心地带。

表3-3　中国各地区—产业NVC的价值链分布特征汇总

年份	存在"微笑曲线"的NVC比例	制造前阶段增加值贡献较大的省内参与主体比例	制造后阶段增加值贡献较大的省内参与主体比例	2010年相比于2007年链条变长的NVC比例	出现频率最高的前三大增加值贡献较大的地区
2007	71%	76%	18%	—	江苏、河北、广东
2010	78%	43%	15%	87%	河北、江苏、广东

注:本书对各地区—产业NVC是否存在"微笑曲线"分布特征的判断是较为严格的,不包括诸如江苏纺织业那种呈现出波浪形的微弱W形。

(二) 省区间维度:地区间价值链贸易强度

为给出中国地区间价值链贸易演变特征的直观认识,本书利用2002年、2007年和2010年中国30个省区区域间投入产出表,根据(3-36)式测算了30个省区之间的价值链贸易强度,测算结果如表3-4所示。从中可知:

表 3 - 4 中国 30 个省区间价值链贸易强度

reg	prov	2002					2007					2010				
		v_1	v_2	v_3	v_4	v_5	v_1	v_2	v_3	v_4	v_5	v_1	v_2	v_3	v_4	v_5
东部	北京	0.0043	0.0069	0.0023	56	河北	0.0029	0.0038	0.0017	45	河北	0.0031	0.0041	0.0018	45	河北
	天津	0.0037	0.0066	0.0014	70	河北	0.0044	0.0053	0.0032	36	河北	0.0053	0.0060	0.0042	46	河北
	河北	0.0056	0.0083	0.0034	60	山西	0.0061	0.0073	0.0048	50	山西	0.0082	0.0098	0.0067	50	山西
	辽宁	0.0036	0.0045	0.0029	63	吉林	0.0031	0.0031	0.0029	57	吉林	0.0043	0.0044	0.0039	50	吉林
	上海	0.0049	0.0094	0.0018	80	浙江	0.0040	0.0050	0.0028	64	浙江	0.0038	0.0051	0.0025	64	河北
	江苏	0.0041	0.0075	0.0015	70	上海	0.0035	0.0047	0.0022	58	河北	0.0040	0.0054	0.0025	58	河北
	浙江	0.0041	0.0082	0.0012	78	上海	0.0036	0.0048	0.0023	60	河北	0.0035	0.0049	0.0021	50	河北
	福建	0.0020	0.0039	0.0008	67	浙江	0.0015	0.0022	0.0009	58	广东	0.0015	0.0021	0.0009	58	广东
	山东	0.0040	0.0067	0.0019	73	吉林	0.0021	0.0029	0.0010	46	河北	0.0025	0.0037	0.0012	46	河北
	广东	0.0046	0.0072	0.0025	50	浙江	0.0035	0.0037	0.0027	38	浙江	0.0036	0.0039	0.0028	36	浙江
	海南	0.0003	0.0005	0.0002	57	广东	0.0005	0.0005	0.0003	40	广东	0.0003	0.0004	0.0002	56	广东
	东部	0.0037	0.0063	0.0017			0.0032	0.0039	0.0022			0.0037	0.0045	0.0026		
中西部	山西	0.0021	0.0038	0.0011	50	河北	0.0029	0.0049	0.0018	44	河北	0.0031	0.0053	0.0018	33	河北
	吉林	0.0048	0.0080	0.0029	33	黑龙江	0.0037	0.0047	0.0031	50	黑龙江	0.0049	0.0061	0.0042	43	黑龙江
	黑龙江	0.0028	0.0034	0.0024	50	吉林	0.0030	0.0041	0.0024	50	吉林	0.0042	0.0056	0.0034	43	吉林
	安徽	0.0027	0.0051	0.0013	13	山东	0.0039	0.0052	0.0030	45	河北	0.0038	0.0052	0.0030	50	河北
	江西	0.0013	0.0019	0.0009	55	浙江	0.0019	0.0024	0.0016	43	广东	0.0014	0.0017	0.0012	33	广东
	河南	0.0024	0.0024	0.0025	60	湖北	0.0031	0.0040	0.0026	36	河北	0.0040	0.0053	0.0032	40	河北
	湖北	0.0021	0.0030	0.0016	42	河南	0.0014	0.0016	0.0012	71	河北	0.0014	0.0014	0.0013	62	上海

续表

reg	prov	2002 v₁	v₂	v₃	v₄	v₅	2007 v₁	v₂	v₃	v₄	v₅	2010 v₁	v₂	v₃	v₄	v₅
	湖南	0.0015	0.0023	0.0010	50	广东	0.0018	0.0021	0.0017	60	广东	0.0020	0.0022	0.0018	62	广东
	内蒙古	0.0026	0.0035	0.0021	56	河北	0.0037	0.0053	0.0027	45	河北	0.0042	0.0058	0.0033	42	河北
	广西	0.0018	0.0024	0.0015	50	广东	0.0019	0.0022	0.0017	54	广东	0.0022	0.0024	0.0020	54	广东
	重庆	0.0014	0.0017	0.0013	50	四川	0.0021	0.0023	0.0020	58	云南	0.0024	0.0024	0.0023	55	四川
	四川	0.0017	0.0016	0.0017	69	重庆	0.0016	0.0016	0.0016	50	陕西	0.0016	0.0016	0.0016	42	重庆
	贵州	0.0008	0.0007	0.0009	63	广西	0.0016	0.0016	0.0016	64	云南	0.0019	0.0018	0.0020	62	广东
	云南	0.0009	0.0009	0.0009	56	广西	0.0016	0.0017	0.0015	55	广东	0.0021	0.0022	0.0021	58	广东
	陕西	0.0019	0.0015	0.0021	71	甘肃	0.0042	0.0052	0.0035	40	河北	0.0048	0.0058	0.0041	42	上海
	甘肃	0.0026	0.0011	0.0036	100	新疆	0.0027	0.0013	0.0036	100	新疆	0.0030	0.0014	0.0040	100	新疆
	青海	0.0007	0.0002	0.0010	100	甘肃	0.0013	0.0006	0.0017	80	甘肃	0.0010	0.0005	0.0012	100	甘肃
	宁夏	0.0008	0.0005	0.0009	63	甘肃	0.0008	0.0007	0.0009	71	甘肃	0.0010	0.0009	0.0011	63	甘肃
	新疆	0.0021	0.0012	0.0027	80	甘肃	0.0025	0.0023	0.0026	40	甘肃	0.0037	0.0031	0.0041	40	甘肃
中西部		0.0020	0.0024	0.0017			0.0024	0.0028	0.0022			0.0028	0.0032	0.0026		
整体		0.0026	0.0043	0.0017			0.0027	0.0034	0.0022			0.0031	0.0038	0.0026		

注：reg 表示区域，prov 表示省区，v_1 表示各省区与国内其他省区间的平均价值链贸易强度，v_2 表示各省区与区域内省区间的平均价值链贸易强度，v_3 表示各省区间的平均价值链贸易强度，v_4 表示各省区与省区价值链贸易强度超过均值强度的区域内省区比重（%），v_5 表示与各省区价值链贸易强度最大的省区。

首先,总体而言,2002 年中国省区间的价值链贸易强度均值(v_1)为 0.002 6,2007 年略微上升至 0.002 7,2010 年该值为 0.003 1,5 年间涨幅达 19.2%。这说明中国省区间的生产分割程度日益深化,尤其是 2008 年全球金融危机爆发之后,中国国内价值链贸易愈发重要;东部和中西部①的分区域结果显示,东部整体的价值链贸易强度均值由 2002 年的 0.003 7 下降至 2007 年的 0.003 2,到 2010 年回升至 0.003 7,具体至各省区,除天津、河北和海南外,其余省区在 2002—2007 年均出现下降,而在 2007—2010 年,除上海、浙江和海南出现略微下降外,其余省区均出现上升。与东部不同,中西部整体的价值链贸易强度均值在 2002—2010 年间稳步上升,由 2002 年的 0.002 0 上升至 2007 年的 0.002 4 再至 2010 年的 0.002 8,大部分中西部省区基本呈现与整体相似的情况。上述现象表明,2002—2007 年中国整体价值链贸易强度均值仅增长 3.8%,主要是由东部省区与国内其他省区之间的价值链贸易强度出现下滑所致,而中西部省区与国内其他省区之间的价值链贸易强度在此期间表现出上升趋势;但 2008 年全球金融危机爆发之后,东部省区与国内其他省区之间的价值链贸易强度出现好转,与中西部省区共同成为促进 2007—2010 年中国整体价值链贸易强度均值增长 14.8%的动力。其中的原因可能在于,自 2001 年末加入 WTO 以来,东部省区凭借区位优势融入全球生产体系的步伐不断加快,进而与国内其他省区之间的分工协作、价值链联系有所减弱;而 2008 年全球金融危机爆发之后,面对不断恶化的外部环境,国内各地区,尤其是对外开放度较高的东部省区,会通过加强与国内其他省区紧密的价值链联系"抱团取暖",共同抵御外部危机。

其次,从价值链的区域内和区域外嵌入来看。总体而言,区域内部省区之间的价值链贸易强度均值(v_2)2002 年为 0.004 3,2007 年出现较大幅度的下

①　由于中部和西部无论在地理、历史条件上,还是在资源禀赋方面差异均较小,因此,本书将这两大地区作为一个整体进行考察。

滑,降至 0.003 4,而 2010 年则上升为 0.003 8,这主要是由东部内部省区之间的价值链贸易强度在 2002—2010 年间出现较大波动使然,而中西部内部省区之间的价值链贸易强度在 2002—2010 年间则稳步上升。表 3-4 显示,东部内部省区之间整体的价值链贸易强度均值由 2002 年的 0.006 3 跌至 2007 年的 0.003 9,降幅达 38.1%,其中除海南前后保持一致外,其余省区均出现了较大的下滑,而 2010 年则上升至 0.004 5,其中除福建和海南略微下降外,其余省区均出现了不同程度的提高;中西部内部省区之间整体的价值链贸易强度均值由 2002 年的 0.002 4 稳步上升至 2010 年的 0.003 2,大部分细分省区也呈现了类似的变动特征。以上现象意味着经济发展水平和经济发展条件的差异塑造了中国不同区域省区在对外开放进程中不同的 NVC 空间嵌入模式。东部省区经济较为发达,经济发展条件较为相似,对外开放在促进其经济高速增长的同时也加剧了彼此之间的竞争;深居内陆的中西部省区经济较为落后,其价值链贸易受对外开放的影响相对较小。而 2008 年金融危机爆发之后,国内市场变得更为重要,此时无论是东部省区还是中西部省区,其与区域内省区之间的价值链贸易强度均出现提升。与区域内部不同,区域间各省区之间的价值链贸易强度均值(v_3)在 2002—2010 年间表现出强劲的增长势头,由 2002 年的 0.001 7 上升至 2010 年的 0.002 6,5 年间涨幅达 52.9%,表明东部和中西部省区之间发展禀赋条件的较高异质性为专业化分工协作和差别化竞争优势塑造提供了充足的空间,因而价值链贸易与日俱增(黎峰,2016a)。这也可以从大部分省区 2010 年价值链贸易强度超过均值的区域内省区比重(v_4)相比于 2002 年出现下降得到进一步佐证。但比较两种空间嵌入的数值大小后发现,区域间各省区之间的价值链贸易强度在 2002—2010 年间一直低于区域内部,这反映出虽然中国东部和中西部省区之间具有开展专业化分工的巨大潜力,但目前区域内部分工仍占主导,区域之间专业化分工协作程度较低,尚未形成东部和中西部的良性价值链对接,区域分割现象依旧存在。

最后,从与各省区价值链贸易强度最大的省区(v_5)来看,各省区最大价值链贸易的地区往往为其邻近省区,这与引力模型的预测相一致。一方面地理上的邻近性可以节约运输成本,另一方面邻近地区往往在传统习俗、语言习惯、文化归属等方面较为相似,因此交易成本和交易风险也相对较低。

(三) 企业维度：产业集聚替代指标

与现有文献做法一致,本书用区位熵来测度产业集聚水平。根据区位熵计算公式(3-37)式,本部分利用2000—2007年中国工业企业数据库对中国县级三位数行业的集聚水平进行了测算。根据区位熵的定义,如果区位熵的数值大于1,则表示某县某一产业相对于该产业在全国的分布来说是集聚的,因此区位熵的值越高,表示集聚水平越高。图3-7绘制了2000—2007年中国产业集聚整体变化趋势,从中可知,总体而言,中国产业集聚水平随时间的推移不断提高。图3-7进一步给出了2000—2007年中国区位熵大于1的县级三位数产业个数比例,图3-7显示,中国区位熵大于1的县级三位数产业个数在2000—2007年均超过一半,且这一比例随时间的增加而上升。上述反映出中国企业的经济活动在空间上日益集聚,融入国内价值链生产体系的程度越来越高。

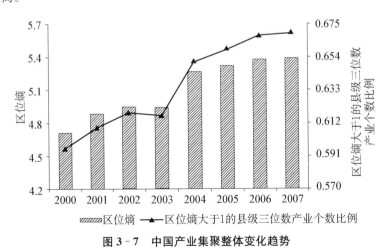

图3-7 中国产业集聚整体变化趋势

第四节 本章小结:概念、指标与事实的梳理

本章首先对本书研究的基本概念全球价值和国价值链的内涵进行了界定,并对它们的异同点进行了比较;接着详细介绍了本书研究所构建的全球价值链和国内价值链的指标测度体系,其中全球价值链从省区和企业两个主体维度进行测度,国内价值链从省区/产业、省区间和企业三个主体维度进行测度;最后在测度的基础上,对中国的典型事实进行了描述性分析,从中可以发现:(1)中国全球价值链参与存在着较大的区域不平衡性,呈现由东部向中西部梯度递减的明显特征;(2)中国企业全球价值链地位指数仍为负,处于竞争劣势,但这种状况在不断地改善,深入全球价值链的不同参与方式,这主要是由企业全球价值链上游参与度不断上升和下游参与度不断下降共同带来的;(3)中国各地区—产业国内价值链普遍存在"微笑曲线"的分布特征。其中,在制造前阶段,本省省内的很多产业是增加值获益较大的参与主体,省内分工较为明显,而在制造后阶段,其他省区的产业亦获得了较大份额的增加值收益,区际分工较为明显。但是2008年全球金融危机爆发之后,制造前阶段的省外参与主体明显增多,同时,整条价值链的长度明显变长、增加值收益显著提升;(4)中国省区间的价值链贸易强度在2002—2010年间呈上升趋势,特别是2008年全球金融危机之后,上升速度明显加快,中国国内价值链贸易愈发重要。但同时,各省区与区域间省区之间的价值链贸易强度在2002—2010年间一直低于区域内部,目前区域内部分工仍占主导,区域之间专业化分工协作程度较低;(5)中国企业的经济活动在空间上日益集聚,融入国内价值链生产体系的程度越来越高。这些事实特征为本书三大篇主体内容奠定了重要的现实基础。

第二篇

全球价值链增长效应研究

本书第二篇讨论了全球价值链的增长效应,包括第四、第五、第六章。虽然目前关于全球价值链增长效应的理论和实证研究硕果累累,但主要在国家层面进行探讨,缺乏对一国内部各方面的考察,尤其是对中国这样的转型经济大国有待进一步深入;更为重要的是,均将全球价值链参与地区与其他地区孤立开来,忽略了全球价值链作用的空间维度,更未涉及对全球价值链的空间溢出机制和特征进行系统分析。本篇首次从空间视角解构了全球价值链的增长效应,并进一步从国内和国外两个关系大局的互动视角拓展分析了国内价值链以及全球价值链不同嵌入模式的影响。总体而言,本篇的研究深化了对发展中国家全球价值链嵌入增长效应的认识,有效反击了目前逆全球化的汹涌浪潮,有助于中国在全球价值链与国内价值链分工体系日益突显的新背景下构筑"内外兼修"的双循环新发展格局。

第四章 全球价值链、区域经济增长与空间溢出效应

第一节 引言

全球价值链(GVC)的兴起和繁荣是近年来经济全球化快速发展的最重要特征之一。作为一种组织和治理力量,GVC 通过空间生产网络将各国牢牢虹吸至"世界进程"之中,给广大发展中国家带来了空前的发展机遇。联合国贸易和发展会议(UNCTAD, 2013)指出,全球价值链贸易对发展中国家 GDP 的平均贡献率接近 30%,远高于发达国家的 18%[①]。那么,作为世界上最大的发展中国家,中国参与全球价值链分工对国内区域经济增长的影响又如何呢? 遗憾的是,GVC 参与对一国区域经济增长的影响少有人关注。

阅读所及,现有文献主要阐述了 GVC 参与的技术进步效应,并未直接考察 GVC 参与和经济增长的关系,但这为本章探讨 GVC 参与通过影响技术进步进而影响一国区域经济增长奠定了重要的理论基础。同时,现有文献还忽略了 GVC 作用的空间维度。由于一国内部各区域之间存在着紧密的空间关联与空间互动,GVC 参与对区域经济增长的影响不会因为地理或行政边界而只停留在 GVC 参与地区(Krugman, 1991; Bazo et al., 2004),忽略 GVC 参与的空间溢出效应,可能难以全面评估 GVC 参与的真实影响[②]。鉴于此,本书在探讨 GVC 参与对本地区经济增长影响的同时,着重关注 GVC 参与的空间溢出效

---

① 这里的贡献率是指一国的增加值贸易与其经济规模之比。
② 具体参见本书第二章第二节关于全球价值链对国家内部影响的文献综述部分。

应。具体到中国,由于各地区资源禀赋、历史地理条件和发展路径等方面的差异,GVC嵌入程度表现出较大的区域不平衡特征。在此背景下,研究GVC参与对区域经济增长的空间溢出对中国区域协调发展具有重要的理论和现实意义。如果存在GVC参与的空间溢出,那么GVC参与地区可以通过空间溢出效应对其他地区的经济增长产生影响,使这些地区间接分享GVC发展红利。

与本章研究主题较为相近的一支文献是有关贸易开放与区域经济增长空间差异的文献。由于理论假设、样本选择、方法数据各异,当前关于贸易开放与区域经济增长空间差异的理论和实证研究并未得出一致的结论(Kanbur and Venables,2005;Brulhart,2011)。在中国的经验研究上,大部分学者认为贸易开放对中国区域经济增长的影响存在较大的空间差异,是影响地区经济差距的重要原因(Fujita and Hu,2001;Kanbur and Zhang,2005;万广华等,2005;李斌和陈开军,2007)。但有学者对此提出了质疑,他们认为上述研究只是笼统地分析了贸易开放对本区域经济增长的影响,并不涉及贸易开放引致的区域之间的相互作用,当把贸易开放的空间溢出效应考虑在内后,贸易开放并不是区域收入差距扩大的原因(陈柳和江静,2008;熊灵等,2012;姚鹏和孙久文,2015)。本章关于GVC参与对中国区域经济增长及其空间溢出效应的研究不同于上述贸易开放的研究。虽然GVC也涉及进出口环节,但与一般意义上的进出口贸易存在激烈的国际竞争不同,GVC中的进出口贸易服务于整条价值链,各国或地区之间虽有竞争,但更重要的是分工协作、优势互补,而不是各自为战、此消彼长,因此,GVC的进出口贸易与一般意义上的进出口贸易在与国外市场和跨国公司的联结方式和关系、信息反馈和技术学习的路径和效果等方面存在较大差异(王俊,2013)。同时,GVC的嵌入方式多种多样,GVC的产品架构与功能架构使得中国参与GVC带有显著的产品与功能双重嵌入特征(刘维林等,2014)。上述决定了GVC参与对中国区域经济的增长效应及其空间溢出机制会更加复杂,而不是进出口贸易的简单重复。

本章首次从空间视角解构了GVC参与对中国区域经济增长的影响。与以往研究相比,本章的贡献可能在于以下几个方面。第一,拓展研究视角。突破现有 GVC 研究的产业和企业维度,将 GVC 研究视角拓展至空间维度,不仅考虑了 GVC 参与对经济增长的直接影响,还考虑了 GVC 参与引致的区域间经济互动所带来的空间溢出,发现 GVC 参与对中国区域经济增长不仅存在地区内溢出效应,而且存在空间溢出效应。虽然 GVC 参与使一部分地区率先发展,但这并不妨碍区域平衡发展,相反 GVC 参与的空间溢出效应可以在一定程度上弥补区域经济增长差异,这为中国实现新型开放和区域经济均衡发展的有效平衡提供了一个新的现实路径。第二,改进研究方法。一方面,在指标测度上,在综合考虑贸易方式、中间贸易代理商等问题后,采用 2000—2013 年中国海关微观数据对中国 30 个省区的 GVC 参与度进行了测算,同时还利用该数据从时空视角深入探讨了全球价值链参与对中国区域经济增长的影响在 2008 年全球金融危机前后的演化路径以及 OECD 和非 OECD 国家的异质性特征;另一方面,在实证方法上,由于传统计量经济学忽视了空间因素的影响而无法考虑区域之间的空间相关关系[①],本书则结合探索性空间数据分析方法,不仅设定已有文献常用的邻接、地理距离的静态空间权重矩阵,还借鉴引力模型的思路构建能更好捕捉地区间空间关联结构与本质的动态空间权重矩阵,采用空间面板模型进行全方位考察。第三,深化研究内容。利用最新的 2002 年、2007 年和 2010 年三年中国 30 个省区区域间投入产出表进一步探讨了 GVC 产品嵌入与功能嵌入两种不同的嵌入方式对区域经济增长的影响,发现虽然 GVC 功能嵌入相比产品嵌入对区域经济增长的地区内溢出效应更强,但在空间溢出上,功能嵌入由于服务链条的相对封闭性、知识构成的复杂性和专用性,空间溢出并不明显,产品嵌入则对区域经济增长具有显著的空间溢出。

本章余下部分安排为:第二节为核心指标测度和典型事实描述,第三节介绍基本模型、研究方法与数据来源,第四节报告实证结果,第五节从 GVC 的不

---

① 安瑟林(Anselin, 1998)指出,几乎所有的空间数据都具有空间依赖性或空间自相关特征。

同嵌入方式对基准模型进行扩展分析,第六节为本章小结。

第二节　典型事实描述:指标测度与初步分析

本节将着重介绍地区 GVC 参与度的测度方法,并对地区 GVC 参与度与区域经济增长的关系进行典型事实描述,继而为下一部分的实证研究提供基础。

一、地区 GVC 参与度

本章利用 2000—2013 年中国海关微观数据[①]对中国 30 个省区的 GVC 参与度进行测算,即先将每一笔进出口贸易与其生产省区或消费省区进行匹配,然后在胡梅尔斯等(Hummels et al., 2001)测算方法的基础上,借鉴阿普沃德等(Upward et al., 2013)、张杰等(2013)的方法进一步处理了贸易方式、中间贸易代理商等问题,进而测算出中国 30 个省区的 GVC 参与度,最终的计算公式可表示为:

$$gvc_{it} = \frac{M_{itp}^{total}\mid_{BEC} + [E_{ito}^{total}/(Y_{it} - E_{itp}^{total})]M_{ito}^{total}\mid_{BEC}}{E_{itp}^{total} + E_{ito}^{total}} \qquad (4-1)$$

其中,下标 p 和 o 分别表示加工贸易和一般贸易。$M_{itn}^{total}\mid_{BEC}(n = p, o)$ 表示考虑了从中间贸易代理商处间接进口后地区 i 实际中间产品进口额,n 表示贸易方式;$E_{itn}^{total}(n = p, o)$ 表示考虑了通过中间贸易代理商出口后地区 i 实际出口额;Y_{it} 表示地区 i 总产出,用各地区实际 GDP 代替。详细的测算过程参见第三章第二节。

[①]　由于最新的 2014 年中国海关微观数据缺失消费地(进口)或生产地(出口)、企业地址、邮编等关键变量信息,无法测算地区 GVC 参与度,因此本书将样本区间选为 2000—2013 年。

二、地区 GVC 参与度与区域经济增长的特征事实

与现有文献相一致(熊灵等,2012;姚鹏和孙久文,2015),采用经过地区生产总值指数平减的人均实际 GDP 的对数值($\ln pgdp$)表示区域经济增长,相关数据来源于 2001—2014 年《中国统计年鉴》。为直观描述中国各地区人均实际 GDP 与 GVC 参与度的空间分布特征,本书利用探索性空间数据分析方法绘制了 2013 年 30 个省区 $\ln pgdp$ 和 $\ln gvc$ 的四分位表,并将结果呈现于表 4 - 1。如表 4 - 1 所示,人均实际 GDP 和 GVC 参与度均表现出较大的区域不平衡性,而且两者的高值区域具有较大的相似性,即 GVC 参与度较高的地区,人均实际 GDP 也较高。但对比 $\ln pgdp$ 和 $\ln gvc$ 的结果可以观察到,在人均实际 GDP 高值区域内部,各省区之间的 GVC 参与度存在一定差异,如人均实际 GDP 在 75%～100%分位上的北京和天津,GVC 参与度分别位于 50%～75%和 75%～100%分位上,这说明各省区的人均实际 GDP 可能与邻近省区的 GVC 参与度有关。

表 4 - 1　中国省区人均实际 GDP 与 GVC 参与度的四分位表

省份	$\ln pgdp$	省份	$\ln gvc$	省份	$\ln pgdp$	省份	$\ln gvc$
北京	75%～100%	上海	75%～100%	山东	50%～75%	辽宁	50%～75%
上海	75%～100%	广东	75%～100%	吉林	50%～75%	北京	50%～75%
浙江	75%～100%	江苏	75%～100%	新疆	50%～75%	四川	50%～75%
天津	75%～100%	天津	75%～100%	内蒙古	50%～75%	广西	50%～75%
江苏	75%～100%	山东	75%～100%	湖北	50%～75%	河北	50%～75%
辽宁	75%～100%	浙江	75%～100%	河北	50%～75%	陕西	50%～75%
广东	75%～100%	江西	75%～100%	黑龙江	50%～75%	海南	50%～75%
福建	75%～100%	福建	75%～100%	宁夏	50%～75%	安徽	50%～75%
						重庆	50%～75%
陕西	25%～50%	湖北	25%～50%	四川	0%～25%	贵州	0%～25%
海南	25%～50%	黑龙江	25%～50%	广西	0%～25%	内蒙古	0%～25%
山西	25%～50%	云南	25%～50%	云南	0%～25%	青海	0%～25%

省份	ln pgdp	省份	ln gvc	省份	ln pgdp	省份	ln gvc
重庆	25%～50%	湖南	25%～50%	甘肃	0%～25%	山西	0%～25%
湖南	25%～50%	河南	25%～50%	贵州	0%～25%	西藏	样本未覆盖
河南	25%～50%	宁夏	25%～50%	西藏	样本未覆盖	香港	样本未覆盖
青海	25%～50%	新疆	25%～50%	香港	样本未覆盖	澳门	样本未覆盖
安徽	25%～50%	吉林	25%～50%	澳门	样本未覆盖	台湾	样本未覆盖
江西	25%～50%	甘肃	25%～50%	台湾	样本未覆盖		

进一步地,通过计算各地区 ln pgdp 和 ln gvc 的双变量局域空间相关系数 (Local Indicators of Spatial Association, LISA)集聚 Moran's I 指数[①]可知, LISA 集聚 Moran's I 指数显著为正,表明中国各省区人均实际 GDP 与邻近省 区 GVC 参与度具有明显的正向空间相关关系。当然,这些只是初步的经验证 据,GVC 参与对区域经济增长是否存在地区内溢出效应? 邻近地区之间是否 存在经济增长互动? 这一互动是否是由于 GVC 经济增长效应外溢到邻近地区 造成的? 这些还有待于进一步的计量检验。

第三节　基本模型、研究方法与数据来源

一、基本模型

本章借鉴贝佐等(Bazo et al., 2004)的做法,在新增长理论和空间经济学 框架下构建了包含 GVC 参与的区域经济增长模型,以考察 GVC 参与对区域 经济增长的影响。假定各地区经济增长取决于劳动、物质资本投入以及技术进 步,生产函数为:

$$Y_{it} = A_{it}F(K_{it}, L_{it}) \qquad (4-2)$$

[①]　双变量 LISA 集聚 Moran's I 指数可以表示某一地区特定变量与其邻近地区另一变量均 值之间的空间相关模式。

其中,下标 i 和 t 分别表示地区和时间,Y_{it} 表示地区 i 消除物价因素后的实际 GDP,K_{it} 表示地区 i 物质资本投入量,L_{it} 表示地区 i 劳动力投入量,A_{it} 表示希克斯中性技术进步的效率函数。理论上,某一地区参与 GVC 会影响当地技术水平(Grossman and Helpman,1993;Gereffi and Lee,2012;王俊,2013)。据此,生产函数可表示为:

$$Y_{it} = A_{it}(gvc_{it})F(K_{it}, L_{it}) \qquad (4-3)$$

其中,gvc_{it} 表示地区 i GVC 参与度。同时,由于生产要素的流动以及经济增长的聚集效应、示范效应等因素的影响,不同地区之间的经济增长存在着空间依赖性,因此,本章将在纳入地区间经济增长互动的情形下考察 GVC 参与对区域经济增长的影响,生产函数变为:

$$Y_{it} = A_{it}(gvc_{it})F(Y_{-it}, K_{it}, L_{it}) \qquad (4-4)$$

其中,下标 $-i$ 表示除 i 以外的其他地区,Y_{-it} 表示除 i 以外其他地区的实际 GDP。进一步由本章第二节特征事实描述性分析可知,区域经济增长还可能受其他地区 GVC 参与的影响,因此,将生产函数拓展为:

$$Y_{it} = A_{it}(gvc_{it}, gvc_{-it})F(Y_{-it}, K_{it}, L_{it}) \qquad (4-5)$$

其中,gvc_{-it} 表示除 i 以外其他地区的 GVC 参与度。

将(4-4)式和(4-5)式表示为人均形式可得:

$$y_{it} = A_{it}(gvc_{it})f(y_{-it}, k_{it}) \qquad (4-6)$$

$$y_{it} = A_{it}(gvc_{it}, gvc_{-it})F(y_{-it}, k_{it}) \qquad (4-7)$$

由于区域经济增长可能是多维要素协同作用的结果,因此,我们还考虑了其他因素的影响,构建了一个多维要素协同作用下 GVC 参与影响区域经济增长的模型。此时,(4-6)式和(4-7)式变为:

$$y_{it} = A_{it}(gvc_{it})f(y_{-it}, k_{it}, C_{it}) \qquad (4-8)$$

$$y_{it} = A_{it}(gvc_{it}, gvc_{-it})F(y_{-it}, k_{it}, C_{it}) \tag{4-9}$$

其中,C_{it} 表示其他影响经济增长的各类要素,根据现有文献,主要包括:人均资本(k),用物质资本存量除以年末总人口表示;政府支出规模(gov),用扣除科教文卫这类公共性支出之后的地方政府支出占 GDP 的比重来度量;人力资本(hc),用地区平均受教育年限来衡量;产业结构($struc$),用第二、三产业产值占总产值的比重来表示;城市化水平($urban$),用非农人口占总人口的比重来衡量;交通运输能力($road$),用公路密度,即各地区公路总里程除以国土面积来表示;对外开放水平($trade$),用地区进出口总额占 GDP 的比重来度量;实际使用外资(fdi),用地区实际使用外商直接投资额占 GDP 的比重来测度。

二、研究方法

由于本章的目的在于检验 GVC 参与与区域经济增长的空间相互关系,因此,我们将采用空间计量方法进行实证分析。根据空间交互设定的不同,空间计量模型主要包括空间自回归模型(SAR)、空间误差模型(SEM)、空间杜宾模型(SDM)和空间自相关模型(SAC)[1]。空间计量模型是研究空间溢出的有效工具,其将经典计量经济学中忽略的空间因素纳入模型之中,考虑空间数据的非均质性,从而可以避免 OLS 法假定区域之间相互独立而导致的严重偏误(Anselin, 1988)。同时,空间计量模型还能够测算出由于空间相互依赖而产生的直接效应和间接效应(或空间溢出效应)[2](LeSage and Pace, 2009),这为本章检验 GVC 参与是否存在空间溢出奠定了基础。

在进行空间计量建模之前,需要建立相关的空间权重矩阵。空间权重矩阵表征空间单元之间相互依赖与相互关联的程度,正确合理地选用空间权重矩阵

---

[1] 空间计量模型存在三种不同的交互效应,即因变量之间的内生交互效应、自变量之间的外生交互效应和误差项之间的交互效应。SAR 模型包含了内生交互效应,SEM 模型包含了误差项之间的交互效应,而 SDM 模型和 SAC 模型分别引入了内生交互效应和外生交互效应以及内生交互效应和误差项交互效应。

[2] 在空间计量模型中,"直接效应"与"地区内溢出效应"是等同的,"间接效应"与"地区间溢出效应"或"空间溢出效应"是等同的,本书将交互使用这些概念。

对于价值链活动的空间计量分析至关重要。一般选择各地区某些特有的空间禀赋条件作为权重设置，如地理区位是否接近（Keller，2002a；Ertur and Koch，2007；钟昌标，2010；熊灵等，2012；姚鹏和孙久文，2015）。但空间禀赋条件接近与否，只能反映地区间作为一种现象事实的静态空间特征，并不足以揭示空间关联产生的内在原因与机制。因此，本章在设定静态空间权重矩阵的同时，从要素区际流动这一动态化空间视角构建了相应的动态空间权重矩阵，以更全面地捕捉 GVC 对地区生产率的空间溢出效应。

（一）　静态空间权重矩阵

根据现有研究，主要包括二进制 $0-1$ 空间权重矩阵（W_{cont}）和地理距离空间权重矩阵（W_{dist}）。其中，W_{cont} 的对角元素为 0，非对角元素可表示为：

$$w_{ij} = \begin{cases} 1 & i\ 和\ j\ 相邻 \\ 0 & i\ 和\ j\ 不相邻 \end{cases} \quad (i \neq j) \qquad (4-10)$$

如果两地区相邻，则对应权重元素值为 1；如果两地区不相邻，则对应权重元素值为 0。为了能够将来自近邻的观测值构成一个线性组合，进一步将 W_{cont} 标准化，使其各行元素之和为 1。

空间邻接标准认为地区之间的空间关联仅取决于两者是否相邻，而且只要不同地区相邻，那么它们之间就具有相同的影响程度，显然，这不符合客观事实[①]。因此，又以地理距离标准构造空间权重矩阵。地理距离标准可以考虑更远地区之间的空间互动，且认为与距离较近的地区总比与距离较远的地区联系更为紧密。本章选用距离平方的倒数建立地理距离权重矩阵 W_{dist}，其元素满足：

$$w_{ij} = \begin{cases} 1/D_{ij}^2 & i \neq j \\ 0 & i = j \end{cases} \qquad (4-11)$$

---

① 例如，虽然上海只与浙江和江苏两省邻接，但既不能认为上海只与这两省存在空间互动而与其他省份没有联结关系，也不能认为上海和与之在地理区位上相近的福建以及与之较远的新疆之间的相互影响是等同的。

其中，D_{ij} 为地区 i 和地区 j 之间的距离。同样将各行元素之和标准化为 1。

(二) 动态空间权重矩阵

本章中的动态空间关联主要指地区间由于劳动力、物质资本等要素流动而产生的空间相互作用。参照齐普夫（Zipf，1946）、白俊红和蒋伏心（2015）的做法，本章采用引力模型对区际要素流动引起的空间关联进行度量。劳动力的空间关联度可表示为：

$$TL_{ij} = KL_i L_j / D_{ij} \qquad (4-12)$$

其中，TL_{ij} 表示地区 i 和地区 j 之间劳动力的空间关联度；K 为常数，其值取 1；L_i 和 L_j 分别表示地区 i 和地区 j 的就业人数。基于此，劳动力流动空间权重矩阵（W_{lab}）的元素可设置为：

$$w_{ij} = \begin{cases} TL_{ij} & i \neq j \\ 0 & i = j \end{cases} \qquad (4-13)$$

同理，物质资本的空间关联度与物质资本流动空间权重矩阵 W_{cap} 可参照 $(4-12)$ 式和 $(4-13)$ 式来设置，其中，各地区物质资本存量采用张军等（2004）提出的永续盘存法进行估算：

$$K_{it} = K_{it-1}(1-d) + I_{it} \qquad (4-14)$$

其中，K_{it} 和 K_{it-1} 分别表示 t 和 $t-1$ 期地区 i 的实际资本存量；I_{it} 表示经过固定资产投资价格指数调整的实际固定资产投资；d 表示经济折旧率，取 9.6%。初始资本存量用各地区期初（即 1997 年）固定资产投资除以 10% 表示[①]。同时，将两种动态空间权重矩阵也进行标准化处理。

[①] 由于1997年重庆市正式成为直辖市，为保证前后截面单元的统一，以1997年为初始年份。

三、数据来源

本章的样本期间为 2000—2013 年,考察对象为中国 30 个省区,剔除了数据缺失的西藏、港澳台地区。分析所用主要涉及了两类数据:产品层面的贸易数据,来自中国海关微观数据库,用于测算地区 GVC 参与度;地区层面的生产与人口数据,来自历年《中国统计年鉴》《中国人口和就业统计年鉴》以及各省区统计年鉴,用于构建空间权重矩阵和其余变量。各地区之间的地理距离根据国家地理信息系统网站提供的 1∶400 万电子地图用 Geoda 软件测量得到。

第四节　实证结果及分析

一、空间自相关检验

在估计空间计量模型之前,首先需要对中国各地区经济增长的空间自相关性进行检验。通常来说,如果一个地区某种经济地理现象或某一属性值与邻近地区同一现象或属性值是相关的,则认为这种现象或属性具有空间自相关性或空间依赖性。目前,检验空间自相关性应用最广泛的方法是 Moran's I 指数,它检验的是观测值与其空间滞后项之间的线性相关程度。Moran's I 指数的数值介于−1 到 1,等于 0 表示不存在空间自相关性,大于 0 表示存在正的空间自相关性,小于 0 则表示存在负的空间自相关性。结果显示(表 4 - 2),2000—2013 年中国各省区人均实际 GDP 的 Moran's I 指数非常显著,在 1% 水平上拒绝了不存在空间自相关性的原假设,而且 Moran's I 指数均为正,反映出我国各省区经济增长存在较强的正向空间自相关,因此,应采用空间计量模型进行估计。

表 4‐2 Moran's I 检验结果：地区人均实际 GDP

年份	Moran's I	Z 统计量
2000	0.314	3.456
2001	0.307	3.376
2002	0.317	3.456
2003	0.331	3.550
2004	0.344	3.690
2005	0.297	3.240
2006	0.297	3.324
2007	0.293	3.197
2008	0.289	3.163
2009	0.271	3.002
2010	0.305	3.237
2011	0.312	3.290
2012	0.306	3.234
2013	0.300	3.181

二、GVC 参与是否存在经济增长效应：静态和动态空间权重矩阵

为了考察在地区间经济增长存在空间互动时 GVC 参与对区域经济增长的影响，根据上一部分理论模型(4‐8)式，本章设定了如下形式的面板 SAR 模型：

$$\ln y_{it} = \rho W \ln y_{it} + \beta_1 \ln gvc_{it} + \beta_2 \ln k_{it} + \beta_3 \ln gov_{it} + \beta_4 \ln hc_{it} + \beta_5 \ln struc_{it}$$
$$+ \beta_6 \ln urban_{it} + \beta_7 \ln road_{it} + \beta_8 \ln trade_{it} + \beta_9 \ln fdi_{it} + v_i + v_t + \varepsilon_{it}$$

$$(4-15)$$

其中，被解释变量 $\ln y$ 表示区域经济增长，用各地区人均实际 GDP 的对数值($\ln pgdp$)度量；W 为空间权重矩阵；$W\ln y$ 为被解释变量 $\ln y$ 的空间滞后项，用来分析区域经济增长的空间滞后效应，ρ 为空间滞后项回归系数，反映了样本观测值之间的空间依赖作用，即其他地区的经济增长对本地区经济增长的影响方向和程度；v_i 和 v_t 分别表示地区固定效应和年份固定效应；ε 表示随机

扰动项。由于空间计量模型从全域计算空间相关性,因而回归模型中可能存在内生性问题。此时,如果仍采用 OLS 法进行估计,则会产生有偏和非一致的估计结果。在此情形下,安瑟林(Anselin,1988)建议采用极大似然法进行估计。因此,本章将采用埃尔霍斯特(Elhorst,2003)提出的空间面板极大似然法对相关模型进行估计。

(一) 静态空间权重矩阵的回归结果

依据 Hausman 检验结果,本章选择面板 SAR 固定效应模型的估计结果作为最终报告结果。表 4-3 中的第(1)和(2)列显示了二进制 W_{cont} 和地理距离 W_{dist} 两种静态空间权重矩阵设定下面板 SAR 模型的估计结果。从中可知,空间滞后项系数 ρ 均为正,且在 1%水平上通过了显著性检验,表明中国各地区经济增长存在显著的空间依赖性,在示范效应、带动效应和模仿效应的作用下,邻近地区的经济增长会影响本地区经济增长,邻近地区的经济增长越快,本地区的经济增长也会越快。因此,若仍采用传统不考虑空间因素的模型进行估计,会产生系数估计值的有偏或无效。本章重点关注 GVC 参与与区域经济增长之间的关系。如第(1)和(2)列所示,ln gvc 的估计系数显著为正,反映出 GVC 参与对中国区域经济增长存在着显著的正向效应,某地区 GVC 参与度的提高能够促进本地区经济增长。在出口和进口的有机整合过程中,GVC 参与地区既可以通过出口扩大市场规模,实现规模经济,并在激烈的国际竞争中改进工艺与升级设备,还可以通过进口高质量的中间产品获得、消化、吸收国际先进技术与管理经验,同时,也能在接受跨国公司劳动力培训、技术指导、派发研发人员等交流过程中提升生产技术和创新能力,从而促进经济增长。

表 4－3 面板 SAR 模型回归结果

| | 静态空间权重矩阵 | | 动态空间权重矩阵 | |
| | 二进制 W_{cont} | 地理距离 W_{dist} | 劳动力流动 W_{lab} | 物质资本流动 W_{cap} |
	(1)	(2)	(3)	(4)
ρ	0.467***	0.552***	0.644***	0.651***
	(9.98)	(9.75)	(5.88)	(6.18)
$\ln gvc$	0.014***	0.013**	0.017***	0.017***
	(2.63)	(2.39)	(2.85)	(2.83)
控制变量	是	是	是	是
地区	是	是	是	是
年份	是	是	是	是
R^2	0.889	0.890	0.878	0.879
N	420	420	420	420

注:圆括号内为采用稳健标准差时的 z 检验值。*、**、***分别表示在10%、5%、1%水平上显著。

(二) 动态空间权重矩阵的回归结果

基于二进制和地理距离建立的静态空间权重矩阵最大的问题是仅考虑了地区间空间禀赋条件接近与否的现象事实,并不能完全揭示空间关联产生的内在原因与机制。因此,本章对(4-15)式又采用劳动力流动 W_{lab} 和物质资本流动 W_{cap} 两种动态空间权重矩阵进行估计,相应估计结果见表 4-3 中的第(3)和(4)列。GVC 参与对本地区经济增长仍产生显著正向效应。同时,与静态空间权重矩阵结果比较可以发现,空间滞后项系数 ρ 的数值变大,表明劳动力和资本等生产要素的区际流动也会影响地区间的经济互动,而且相比于空间邻接和地理距离等形成的静态空间关联,由劳动力和资本等生产要素动态流动所产生的地理上联结关系使得地区间经济增长的空间溢出效应更强,因而仅仅采用地区间空间禀赋条件接近与否表征空间相关特征可能无法全面揭示经济增长空间关联产生的内在原因、机制与溢出强度。

三、GVC 参与的经济增长效应是否外溢到了其他地区

以上回归结果显示,地区参与 GVC 对本地区经济增长具有显著的正向效

应，那么，这种经济增长效应是否会随着地区间的空间互动外溢到其他地区？如果存在 GVC 参与的空间溢出，国内其他地区就可以通过与 GVC 参与地区的空间互动间接分享 GVC 发展红利，进而能够在一定程度上弥补区域经济增长的差异。为了检验 GVC 参与的空间溢出效应，根据理论模型(4-9)式，本章将计量模型设定为如下形式的面板 SDM 模型：

$$\ln y_{it} = \rho W \ln y_{it} + \beta_1 \ln gvc_{it} + \theta W \ln gvc_{it} + \beta_2 \ln k_{it} + \beta_3 \ln gov_{it} + \beta_4 \ln hc_{it} +$$

$$\beta_5 \ln struc_{it} + \beta_6 \ln urban_{it} + \beta_7 \ln road_{it} + \beta_8 \ln trade_{it} + \beta_9 \ln fdi_{it} + v_i + v_t + \varepsilon_{it}$$

$$(4-16)$$

其中，$W \ln gvc$ 为解释变量 $\ln gvc$ 的空间滞后项，用来分析地区参与 GVC 的空间溢出效应。

对于 SDM 模型，由于包含了地区间解释变量与被解释变量的空间互动，因此，解释变量对应的估计系数不能单纯地涵盖变量间的边际效应。一般形式的 SDM 模型可表示为：

$$Y = \rho WY + X\beta + WX\theta + \varepsilon \qquad (4-17)$$

解释变量 X 的边际外溢效应为：

$$\frac{\partial Y}{\partial X} = (I - \rho W)^{-1}(I\beta + W\theta) \qquad (4-18)$$

其中，I 为单位矩阵。由(4-18)式可知，边际外溢效应可以分为两种：局部外溢和全局外溢(Lesage and Pace，2009；Lesage and Fischer，2012)。局部外溢效应指某地区 Y 仅受本地区 X 的影响，在这种情况下，将出现经济行为的不平衡空间分布及区域经济增长的趋异(发散)，全局外溢效应主要通过空间里昂惕夫逆矩阵 $(I-\rho W)^{-1}$ 进行捕获，将其展开为：

$$(I - \rho W)^{-1} = I + \rho W + \rho^2 W^2 + \rho^3 W^3 + \cdots \qquad (4-19)$$

该矩阵的经济含义是某地区 Y 不仅受本地区 X 的影响，还受相邻地区 X

的影响(ρW),相邻的相邻地区的影响($\rho^2 W^2$),以此类推。同时,由于$\rho<1$,这种空间逐次传递效应将随着空间相关性的减弱而消失。全局外溢效应意味着一个地区X的变化将对所有地区Y产生影响,具有区域经济增长趋同特征(收敛)。根据以上分析,莱萨基和佩斯(Lesage and Pace, 2009)对边际外溢效应进行了相应分解,分解为直接效应和间接效应(或空间溢出效应),并指出应使用解释变量估计的间接效应,而不是内生交互效应WY的系数ρ或外生交互效应WX的系数θ,来检验空间溢出效应是否存在的假设。

表4-4报告了依据二进制、地理距离、劳动力流动和物质资本流动四种空间权重矩阵建立的面板SDM模型地区时间双固定效应的估计结果。由表4-4可知,虽然在四种空间权重矩阵设定下,地区GVC参与度($\ln gvc$)的估计系数均显著为正,但地区GVC参与度空间滞后变量($W\ln gvc$)的估计系数大都未通过显著性检验。然而,正如上文所述,在SDM模型中,地区参与GVC对经济增长的空间溢出效应不能简单地用$W\ln gvc$的估计系数进行解释,而需采用莱萨基和佩斯(Lesage and Pace, 2009)提出的间接效应进行刻画,否则将得出错误结论。表4-4下半部分报告了地区参与GVC对经济增长影响的直接效应和间接效应。结果显示,$\ln gvc$的直接效应均显著为正,表明当考虑空间溢出效应后,GVC参与对本地区经济增长仍产生显著的正向作用。同时,与$W\ln gvc$的估计系数大都不显著不同,$\ln gvc$的间接效应均为正且统计上显著,意味着GVC参与对区域经济增长具有显著的空间溢出效应,某地区参与GVC不仅对本地区经济增长产生直接效应,还会对其他地区经济增长产生间接效应,因此,传统未考虑空间因素的模型低估了GVC参与的真实影响。GVC参与对区域经济增长的空间溢出机制可以从GVC直接参与地区、邻近地区、直接参与地区与邻近地区之间三个空间关系进行细化(苏丹妮和邵朝对,2017)。

表 4 - 4　面板 SDM 模型估计结果

	静态空间权重矩阵		动态空间权重矩阵	
	二进制 W_{cont}	地理距离 W_{dist}	劳动力流动 W_{lab}	物质资本流动 W_{cap}
	(1)	(2)	(3)	(4)
ρ	0.445***	0.528***	0.543***	0.546***
	(9.18)	(9.04)	(4.94)	(5.14)
ln gvc	0.015***	0.013**	0.018***	0.018***
	(2.67)	(2.26)	(2.96)	(3.01)
Wln gvc	0.016	0.046**	0.086	0.122
	(1.61)	(2.22)	(1.11)	(1.58)
直接效应	0.018***	0.018***	0.024***	0.026***
	(3.54)	(3.35)	(3.14)	(3.33)
间接效应	0.044**	0.112**	0.283*	0.332*
	(2.32)	(2.21)	(1.67)	(1.90)
控制变量	是	是	是	是
地区	是	是	是	是
年份	是	是	是	是
R^2	0.891	0.892	0.878	0.879
N	420	420	420	420

注:同表 4 - 3。

第一,通过 GVC 参与地区的"非自愿扩散效应"产生空间溢出。GVC 参与地区在获取直接效应的同时,也会以非自愿和非自觉扩散、传播、转移等途径对周边地区产生外部性。

第二,通过邻近地区的"学习模仿效应"产生空间溢出。随着 GVC 嵌入对区域经济增长促进作用的显现,邻近地区会主动学习和模仿 GVC 参与地区的先进技术与管理经验,来提高自身技术和生产力水平。以中国东部沿海地区和中西部内陆地区为例,东部沿海地区利用自身区位和政策等优势率先加入GVC,创造了"增长奇迹",这给中西部内陆地区提供了巨大的示范效应与竞相学习的标杆,加快了中西部内陆地区引进、学习、模仿和吸收东部地区先进技术与管理经验的步伐,从而间接带动中西部地区的经济增长,在一定程度上弥补了地区差距。

第三,通过 GVC 参与地区与邻近地区之间的"促竞争效应""要素流动效应"和"产业关联效应"产生空间溢出。在中国财政分权制度下,GVC 参与产生的经济增长效应使得国内地区之间面临更加激烈的为经济增长而竞争的格局,这将激励邻近地区进行技术改进与创新;同时,改革开放的深化加快了劳动力和资本等生产要素在地区间的动态流动,而劳动力和资本等生产要素本身蕴含了大量有关技术与创新的信息,因此,要素的区际流动有利于 GVC 参与地区的先进技术与创新知识向其他地区扩散与传播。表 4－4 显示,由劳动力、资本等生产要素流动而形成的动态空间关联确实能使 GVC 产生空间溢出,而且这种空间溢出相比于静态空间关联更强;在 GVC 参与地区不断将产业链条向国内其他地区延伸时,其他地区还可以通过投入产出关联效应获取 GVC 参与地区的垂直溢出。随着国家区域发展战略的重心逐渐从过去西部大开发、东北振兴等板块式发展战略向长江经济带、"一带一路"等贯穿南北、承东启西的轴带式发展战略转变,中国各地区之间的产业前后向联系与分工协作程度日益增强,这有利于促使 GVC 正向空间溢出效应的产生。

四、稳健性检验

（一）内生性问题：空间 GMM 估计

由于本章所关注的核心解释变量——地区 GVC 参与度可能与地区经济增长存在着双向因果关系。此外,遗漏某些随时间变化而又共同影响地区 GVC 参与度和地区经济增长的非观测因素也可能导致内生性问题。因此,为降低内生问题对本章基准回归结果造成的偏误,本章将采用另一种能够较为有效解决内生性问题的估计方法——空间 GMM 方法进行实证结果的再检验。李隆飞(Lee,2001)指出,在有限样本下,空间 GMM 与极大似然估计一样渐进有效。表 4－5 报告了空间 GMM 的估计结果。

表 4 - 5　面板 SDM 模型空间 GMM 估计结果

	静态空间权重矩阵		动态空间权重矩阵	
	二进制 W_{cont}	地理距离 W_{dist}	劳动力流动 W_{lab}	物质资本流动 W_{cap}
	(1)	(2)	(3)	(4)
直接效应	0.025***	0.025***	0.047***	0.041***
	(4.96)	(4.68)	(3.68)	(4.33)
间接效应	0.049***	0.127***	0.746**	0.544**
	(3.20)	(2.84)	(2.06)	(2.14)
控制变量	是	是	是	是
地区	是	是	是	是
年份	是	是	是	是
AR(1)	[0.071]	[0.076]	[0.059]	[0.057]
AR(2)	[0.133]	[0.146]	[0.186]	[0.114]
Hansen	[0.235]	[0.231]	[0.302]	[0.311]
R^2	0.868	0.871	0.868	0.866
N	420	420	420	420

注:方括号内的数值为相应检验统计量 p 值,其他同表 4 - 3。

表 4 - 5 显示,在各个回归模型中,AR(1) 和 AR(2) 检验均通过了误差项一阶序列相关、二阶序列不相关的原假设,Hansen 检验也在 10% 的显著性水平上不能拒绝工具变量有效的原假设,这说明本书设定的模型以及选取的工具变量是合适的。进一步从空间 GMM 估计结果来看,无论采用何种空间权重矩阵设置,ln gvc 对地区经济增长的直接效应和间接效应均为正,且呈现高度显著性,表明在使用空间 GMM 估计方法控制可能存在的内生性问题后,GVC 参与对中国区域经济增长仍具有明显的地区内溢出效应和空间溢出效应,本章的核心结论较为稳健。

（二） 分时段：金融危机前后

20 世纪 80 年代以来掀起的"全球价值链革命"在助推经济全球化加深的同时,也带来了世界经济的快速发展。然而,2008 年席卷全球的金融危机爆发之后,世界经济陷入了空前的萧条,各国贸易量锐减,全球价值链的延伸广度和深度出现明显下降(Wang et al., 2017)。而且,近年来,随着孤立主义、保守主义等势力在全球范围内兴起,全球化浪潮遇挫,反全球化呼声高涨①,全球价值链的发展遇到前所未有的挑战(盛斌和王璐瑶,2017)。因此,以 2008 年全球金融危机为界,全球价值链的地位和作用正逐步发生着改变。那么,具体到中国,2008 年全球金融危机前后,全球价值链对中国区域经济增长的影响又会表现出何种演化路径? 为定量考察这一问题,本章将样本期划分为 2000—2007 年和 2008—2013 年两个时间段,并分别用相应时间段的相关数据对各变量进行重新测度。具体估计结果见表 4-6。

表 4-6　金融危机前后面板 SDM 模型估计结果

	二进制 W_{cont}	地理距离 W_{dist}	劳动力流动 W_{lab}	物质资本流动 W_{cap}
	金融危机前			
	(1)	(2)	(3)	(4)
直接效应	0.017***	0.017***	0.021***	0.021***
	(3.65)	(3.55)	(3.86)	(3.95)
间接效应	0.050***	0.118***	0.300**	0.398***
	(3.55)	(3.73)	(2.22)	(3.26)
控制变量	是	是	是	是
地区	是	是	是	是
年份	是	是	是	是
R^2	0.844	0.848	0.848	0.849
N	240	240	240	240
	金融危机后			
	(5)	(6)	(7)	(8)
直接效应	0.007	0.008	0.010*	0.010
	(1.32)	(1.44)	(1.69)	(1.59)
间接效应	0.030	0.059*	0.109	0.127*
	(1.42)	(1.83)	(1.56)	(1.89)

---

① 反全球化浪潮突出表现为英国脱欧、欧洲右翼政治抬头、美国特朗普当选总统等。反全球化势力均将矛头对准自由贸易与经济开放,这不利于中国深化全球价值链的参与和外向型经济的发展。

	二进制 W_{cont}	地理距离 W_{dist}	劳动力流动 W_{lab}	物质资本流动 W_{cap}
	金融危机后			
	（5）	（6）	（7）	（8）
控制变量	是	是	是	是
地区	是	是	是	是
年份	是	是	是	是
R^2	0.850	0.846	0.840	0.840
N	180	180	180	180

注:同表4-3。

由表4-6可知,总体而言,2008年全球金融危机前后GVC参与对中国区域经济增长的地区内溢出效应和地区间溢出效应均存在,表明本章的核心结论并未受金融危机的影响而发生实质性改变。但是,进一步从金融危机前后 $\ln gvc$ 直接效应和间接效应估计系数的显著性和数值大小来看,金融危机前GVC参与对中国区域经济增长的直接效应和间接效应均显著为正,而金融危机后两者的显著性明显降低,且影响大小也大幅减弱,反映出受2008年全球金融危机的冲击,中国各地区从直接参与GVC和间接参与GVC中获得的经济增长效应出现下降,GVC参与对中国区域经济增长的影响有所弱化。

（三）分国家:OECD和非OECD

由于OECD国家和非OECD国家之间的生产技术水平与价值链分工类型存在较大差异,这可能会影响到与不同国家联结的GVC对中国区域经济增长的作用,因此,本章又利用海关微观数据将中国参与的GVC进一步分为与OECD国家联结的GVC和与非OECD国家联结的GVC两部分,地区GVC参与度分别用 $\ln gvco$ 和 $\ln gvcn$ 表示,采用(4-16)式的扩展模型进行实证检验。表4-7汇报了相应的估计结果。

表 4 - 7　与不同国家联结的 GVC 面板 SDM 模型估计结果

	静态空间权重矩阵		动态空间权重矩阵	
	二进制 W_{cont}	地理距离 W_{dist}	劳动力流动 W_{lab}	物质资本流动 W_{cap}
	(1)	(2)	(3)	(4)
ln $gvco$	0.010*	0.010*	0.015**	0.013**
直接效应	(1.85)	(1.83)	(2.29)	(2.07)
ln $gvcn$	0.015***	0.015***	0.030***	0.030***
直接效应	(3.14)	(3.02)	(3.60)	(3.83)
ln $gvco$	0.039**	0.071*	0.161	0.083
间接效应	(2.03)	(1.78)	(1.06)	(0.59)
ln $gvcn$	0.042***	0.085**	0.442**	0.441**
间接效应	(2.58)	(2.30)	(2.22)	(2.47)
控制变量	是	是	是	是
地区	是	是	是	是
年份	是	是	是	是
R^2	0.892	0.894	0.882	0.885
N	420	420	420	420

注:同表 4 - 3。

如表 4 - 7 所示,区分与不同国家联结的 GVC 后,GVC 参与对中国区域经济增长影响的直接效应和间接效应均为正,且大都通过了至少 10% 的显著性检验,表明无论是与 OECD 国家联结的 GVC,还是与非 OECD 国家联结的 GVC,均对本地区和其他地区的经济增长具有正向溢出效应,本章的核心结论仍然成立。然而,表 4 - 7 还显示,与 OECD 国家联结的 GVC 对中国区域经济增长不管是直接效应还是间接效应均小于与非 OECD 国家的 GVC。与 OECD 国家联结的 GVC 多为发达国家跨国公司主导,国内的生产活动通常是跨国公司全球布局的一部分,而这些活动往往是低附加值的劳动密集型加工环节,对跨国公司的技术依赖较强(刘维林等,2014)。虽然国内 GVC 参与地区能够通过跨国公司的劳动力培训、技术指导和管理咨询以及就产品参数、品牌设计和工艺流程交流等方式提升生产技术和创新能力,从而带来一定的经济增长,但在这种层级型价值链治理结构下,GVC 参与地区的技术学习与技术赶超的空间相对有限,很难形成完整的价值链升级,因而对本地区经济增长的促进作用较小。同时,依托跨国公司战略意图形成的层级型价值链具有很强的内在封闭性,与价值链外部的知识信息共享、人才技术交流较少(王益民和宋琰纹,2007),因此对其他地区的空间溢出较弱。而在与非 OECD 国家联结的 GVC 中,国内的生产活动更多地基于相对于其他发展中国家的资金优势或技术优势,利用国外的原材料、初级产品进行整合、制造、再出口,这对国内 GVC 参与地区自身创新能力的依赖度较高,有利于激励地区自主创新与研发设计,提升技术水平,从而对经济增长的促进作用较强。而且在这种模式下,GVC 参与地区为提高自主创新能力,会通过加强与国内其他地区交流协作、信息共享与空间协调来整合国内优质资源,有利于促进地区间的空间关联与经济联系,这使 GVC 的空间溢出效应更强。

第五节 GVC 产品嵌入与功能嵌入的进一步讨论

前文分析已表明,GVC 参与度的提升有利于促进本地区和其他地区经济增长。然而,GVC 嵌入对区域经济增长的影响可能不仅体现在嵌入程度,还与嵌入方式有关。产品架构与功能架构共同构成了 GVC 的两个维度,前者反映的是供应链条上产品制造上下游之间的关系,后者反映的是功能链条上制造环节与两端服务环节的关系,任何一个 GVC 参与地区都处在产品架构与功能架构的双重嵌入当中(刘维林等,2014)。地区 GVC 产品嵌入度越高,表明该地区出口的价值增值更多来源于国外的关键零部件和中间产品等制成品,而地区 GVC 功能嵌入度越高,表明该地区出口的价值增值更多来源于国外的研发、设计和物流等服务。不同的 GVC 嵌入方式具有形态迥异的价值增值来源,进而可能会对区域经济增长产生异质性影响。因此,本部分利用中国区域间投入产出表①和世界投入产出表进一步区分了 GVC 产品嵌入方式和功能嵌入方式，以更加细致和纵深地理解 GVC 参与对区域经济增长的空间溢出效应。

一、地区 GVC 产品嵌入度与功能嵌入度

本部分利用 2002 年、2007 年和 2010 年中国 30 个省区区域间投入产出表对中国 30 个省区的 GVC 产品嵌入度和功能嵌入度进行测算，即先借鉴苏庆义（2016）的做法，借助世界投入产出表将区域间投入产出表中的进口中间产品项区分为纯进口和回流增加值，在剔除回流增加值之后，运用库普曼等（Koopman et al.，2014）国家层面出口增加值来源的分解框架对中国各地区出口增加值的国外来源进行分解，再根据纯进口增加值来自产品部门还是服务部门进一步构造地区 GVC 产品嵌入度和功能嵌入度两个指标，最终的计算公式可表示为：

$$gvc\_p_i = \left(\sum_j \sum_{h \in P} \tilde{M}_j^h L_{ji}^h E_i^h \right) / E_i \qquad (4-20)$$

$$gvc\_s_i = \left(\sum_j \sum_{h \in S} \tilde{M}_j^h L_{ji}^h E_i^h \right) / E_i \qquad (4-21)$$

其中，（4-20）式为地区 i 全球价值链的产品嵌入度，（4-21）式为地区 i 全球价值链的功能嵌入度。详细的测算过程参见第三章第二节。

二、GVC 不同嵌入模式与区域经济增长的计量结果

表 4-8 给出了 GVC 不同嵌入模式与区域经济增长的估计结果②，从中可知，除地理距离空间权重矩阵下 GVC 产品嵌入的直接效应未通过 10% 的显著性检验外，其余矩阵设置下 GVC 产品嵌入和功能嵌入对区域经济增长的直接效应均显著为正，但功能嵌入的直接效应高于产品嵌入，意味着功能嵌入比产品嵌入对区域经济增长的促进作用更强。其中的原因可能在于，相对于产品进

---

① 中国 30 个省区的区域间投入产出表详细记录了各省区货物和服务的进出口，因此可以测算各省区的 GVC 功能嵌入度。

② 考虑到控制地区时间固定效应后估计模型的自由度大量减少，本书还使用无固定效应的面板 SDM 模型进行估计，发现无论是系数大小还是显著性水平，均与地区时间双固定效应的面板 SDM 模型估计结果较为接近。

口,服务进口体现的知识、信息和技术更为高级,尤其是作为中间投入品的生产性服务业把其内含的各种无形的隐性知识、技术和信息等高级要素以飞轮的形式导入到生产过程中,能够有效降低生产成本,促进技术进步和经济增长(戴翔,2016)。刘维林(2014)在研究 GVC 嵌入对出口技术复杂度影响时也发现,服务嵌入比产品嵌入对技术复杂度的贡献更大。

表 4-8 不同 GVC 嵌入方式面板 SDM 模型估计结果

	静态空间权重矩阵		动态空间权重矩阵	
	二进制 W_{cont}	地理距离 W_{dist}	劳动力流动 W_{lab}	物质资本流动 W_{cap}
	(1)	(2)	(3)	(4)
ln $pgvc$ 直接效应	0.030* (1.67)	0.0026 (1.55)	0.028* (1.76)	0.024 (1.50)
ln $sgvc$ 直接效应	0.033** (2.15)	0.033** (2.18)	0.035** (2.42)	0.034** (2.38)
ln $pgvc$ 间接效应	0.146* (1.72)	0.266*** (2.71)	0.452*** (3.25)	0.380*** (3.03)
ln $sgvc$ 间接效应	0.047 (0.94)	0.058 (0.97)	0.121 (1.13)	0.108 (1.05)
控制变量	是	是	是	是
地区	是	是	是	是
年份	是	是	是	是
R^2	0.903	0.904	0.910	0.912
N	90	90	90	90

注:同表 4-3。

但在比较两种嵌入方式的空间溢出效应时发现,四种空间权重矩阵下,GVC 功能嵌入对区域经济增长的间接效应均不显著,而产品嵌入均显著为正,表明 GVC 功能嵌入对区域经济增长的影响更多是本地化的,并没有外溢到其他地区,而产品嵌入对其他地区经济增长具有显著的正向溢出。本书将从价值链条的组织开放性(Hamel, 1991)、产品(服务)的知识构成复杂度(Caniels and Verspagen, 2001)和制度环境(Wathne et al., 1996)三个方面解释产品嵌入和功能嵌入在空间溢出效果上的差异。第一,服务功能位于研发设计、品牌营销等具有高附加值的价值链环节,通常掌握在少数跨国公司、国际大买家等价值链领导厂商手中,出于对核心技术和研发创新诀窍等竞争优势的保护,领导厂商主导的服务链条具有内在的隔绝机制,服务内含的知识、技术、信息不易在价值链条外扩散、传播与应用,而产品链条的附加值和技术含量相对较低,内在隔绝机制较弱,因此链条开放度较高;第二,服务作为具有较强专用性和异质性特征的高端非实物形态产品,相关的技术和知识构成甚为复杂,流通与转移更为迟缓,而制成品作为通用化和模块化程度较高的产品,相关的技术和知识构成复杂度较低,较易被其他地区引进、学习和模仿;第三,服务的专用性和复杂性特征更需要良好的市场体制、完备的法律法规等社会制度的支撑。高质量的社会制度可以增强服务链条的开放性,有助于隐含在服务中的专用性和复杂性知识、技术在地区间的顺畅流动。但目前中国各方面社会制度还不够完善,未能有效支撑 GVC 服务嵌入的空间溢出。因此,GVC 参与对中国区域经济增长的空间溢出效应主要是 GVC 产品嵌入方式带来的,功能嵌入方式的作用并不明显。

第六节　本章小结:GVC 经济增长的空间溢出

本章在多维要素协同作用下构建了 GVC 参与影响区域经济增长的模型,在此基础上利用 2000—2013 年中国海关微观数据及 2002 年、2007 年和 2010 年三年中国 30 个省区区域间投入产出表,并结合探索性空间数据分析方法和静态、动态多种空间权重矩阵设定的空间面板模型实证检验了 GVC 参与对中国区域经济增长的影响。本章的研究结论主要包括以下三个方面:

第一,GVC 参与对区域经济增长存在显著的地区内溢出效应,地区 GVC 参与度的提升能够提高当地人均实际 GDP;同时,更为重要的是,GVC 参与度的提升对区域经济增长还具有显著的空间溢出效应,通过"非自愿扩散效应"

"学习模仿效应""竞争效应""要素流动效应""产业关联效应"等水平和垂直空间传导机制,GVC参与地区会对其他地区的经济增长产生影响,使其间接分享GVC发展红利,这可以在一定程度上弥补中国区域经济增长的差异,因此,如果在模型中不考虑空间因素,则会低估GVC参与的真实影响。

第二,由于受2008年全球金融危机的影响,GVC在全球范围内的伸展广度和深度出现下降,从而使得GVC参与对中国区域经济增长的地区内溢出效应和空间溢出效应呈现弱化趋势。具体到与不同国家联结的GVC,由于与OECD国家联结的GVC表现出层级型价值链结构,且具有很强的内在封闭性,因此,无论是地区内溢出效应还是空间溢出效应,与OECD国家联结的GVC对区域经济增长的影响均小于与非OECD国家联结的GVC。

第三,进一步深入GVC的不同嵌入方式后发现,虽然GVC功能嵌入相比产品嵌入对区域经济增长的地区内溢出效应更强,但在空间溢出上,功能嵌入由于服务链条的相对封闭性、知识构成的复杂性和专用性,空间溢出并不明显,产品嵌入则对区域经济增长具有显著的空间溢出。

第五章　全球价值链、全要素生产率与空间溢出效应

第一节　引言

20 世纪 80 年代以来,伴随着贸易成本的快速下降和信息通信技术的飞速发展,国际生产活动形成了广泛的环节分离和空间整合,由发达国家跨国公司积极推动的价值链生产体系在全球范围内铺陈开来,掀起了一场"全球价值链革命"。全球价值链(GVC)的快速启动给发展中国家带来了空前的发展机遇,在参与 GVC 的过程中发展中国家可以通过对国际先进技术与管理经验的学习、模仿,促进自身技术进步与生产效率提升(Hummels et al.,2001)。中国作为世界上最大的发展中国家,凭借廉价而丰裕的劳动力、庞大的产业集群以及完善的基础设施迅速融入全球价值链生产体系中。根据 WTO(2015)发布的世界贸易报告,截至 2011 年,中国在 GVC 中的参与度已接近 50%。

众所周知,近年来有关 GVC 影响生产绩效的研究已经成为国际贸易领域中的热点话题。虽然已有文献从行业或企业层面对 GVC 嵌入的生产率效应提供了颇多重要的洞察,如阿米蒂和魏(Amiti and Wei,2009)、王玉燕等(2014)、鲍德温和严(Baldwin and Yan,2014)、唐东波(2014)、吕越和吕云龙(2016)等(关于行业和企业层面 GVC 参与生产率效应的文献综述参见本书第二章第二节),但尚缺乏对这一问题的空间视角考量。中国幅员辽阔,各地区之间历史地理、资源禀赋等条件千差万别,这决定了中国各地区的 GVC 嵌入程度存在较大的不平衡。在此背景下,研究中国地区 GVC 参与是否存在空间溢出,能否将GVC 发展红利扩散至国内各地区,对于中国统筹区域协调发展和构筑新型开

放体系具有重要意义。与此同时，随着中国各地区融入全球价值链的不断深化，国内价值链（NVC）也在辽阔的国土空间孕育和兴起。为培育和壮大国内价值链，中国政府明确提出要将区域发展战略的重心逐渐从过去西部开发、中部崛起等板块式发展战略向长江经济带、"一带一路"等贯穿南北、承东启西的轴带式发展战略转变，充分发挥国内各地区比较优势，加强东中西互动合作。那么，与全球价值链共同演进的国内价值链对全球价值链的空间溢出效应会产生何种影响？不同 GVC 嵌入模式在 NVC 视角下又会呈现出何种空间溢出特征？现有 GVC 生产率效应的研究均未涉及上述问题，本章将在 GVC 空间溢出的统一框架下对此进行拓展分析。

当前在国际经济领域研究空间溢出主要针对的是 FDI 或进出口贸易，尚未有对 GVC 空间溢出的讨论，GVC 空间溢出的研究不仅仅在研究对象，更为重要的是在空间溢出具体机制、实现环节与 FDI 和进出口贸易存在明显区别。FDI 的空间溢出围绕国际投资角度展开分析，强调外商投资的直接进入对本地区和其他地区生产率、增长绩效等的溢出效应（Madariaga and Poncet，2007；钟昌标，2010），并未涉及进出口环节。关于进出口贸易的空间溢出现有文献大都仅从进口或出口单一侧进行研究，比如郭峰等（2013）、叶明确和方莹（2013）分别从进口侧和出口侧考察了中国各省区进口或出口与全要素生产率的关系。虽然 GVC 也存在进口环节和出口环节，具有进口溢出渠道和出口溢出渠道，但 GVC 基于生产工序的分离和整合将进出口环节有机地结合在一起，其嵌入路径复杂多样，并不像一般意义上的进出口贸易把进口和出口机械分割或相加，这使得 GVC 的进出口贸易与一般意义上的进出口贸易在与国外市场和跨国公司的联结方式和关系、信息反馈和技术学习的路径等方面存在较大差异[①]。GVC 业务环节、组织模式的特殊性决定了 GVC 生产率效应及其空间溢出机制

[①] 比如与一般意义上的进出口存在激烈的国际竞争不同，GVC 中的进出口是服务于整条价值链的，因此各国之间虽有竞争，但更重要的是分工协作、优势互补，而不是各自为战、此消彼长。

会更加复杂,而不是 FDI 或进出口贸易的简单重复或两者的叠加。同时,现有不管是关于 FDI 还是一般意义上进出口贸易的研究,主要是对是否存在空间溢出命题的简单检验,缺乏对空间溢出机制的深入分析,本章则从三种空间关系细化了 GVC 的空间溢出机制,为日后空间溢出研究提供了一个可供参考的范式。

阅读所及,本章可能是首篇从空间视角解构 GVC 生产率效应的文献,与以往研究相比,力图在下述几个方面作出拓展:第一,在研究视角上,在廓清 GVC 空间溢出机制的基础上将现有关于 GVC 影响生产率的研究拓展至空间维度,发现 GVC 参与对地区生产率具有显著的空间溢出,而传统未考虑空间因素的模型低估了 GVC 参与的真实影响。第二,在经验研究上,在综合考虑贸易方式、中间贸易代理商等问题后,采用 2000—2007 年中国海关微观数据对中国 30 个省区的 GVC 参与度进行了测算。同时,不仅设定了已有文献常用的静态空间权重矩阵,还借鉴引力模型的思路构建了能更好捕捉地区间空间关联结构与本质的动态空间权重矩阵。第三,采用梅利茨和波拉内克(Melitz and Polanec,2015)方法分解出资源再配置效应,发现 GVC 对地区生产率的空间溢出很大程度上是通过改善邻近地区资源再配置结构实现的。第四,利用最新的 2002 年、2007 年和 2010 年三年中国 30 个省区区域间投入产出表,从国内和国外两个关系大局拓展分析了现有文献忽视的 NVC 以及 GVC 不同嵌入模式的影响,发现 NVC 增强了 GVC 对地区生产率的空间溢出,GVC 产品嵌入对地区生产率存在显著的空间溢出,而功能嵌入由于服务链条的相对封闭性、知识构成的复杂性和专用性呈现出本地化溢出,空间溢出并不明显,但 NVC 的构建却能够促进 GVC 功能嵌入对地区生产率的空间溢出。总体而言,本章的研究深化了对发展中国家 GVC 嵌入生产率效应的认识,有助于中国在 GVC 与 NVC 分工体系日益突显的新背景下构筑新型开放格局。

本章余下内容安排如下:第二节为理论框架与研究假说,第三节介绍计量模型设定、变量选取和数据来源,第四节报告实证结果,第五节从国内价值链视角扩展分析了全球价值链及其不同嵌入模式与国内价值链的空间互动效应,第六节是本章小结。

第二节　理论框架与研究假说

一、基准理论框架:GVC 对地区生产率的空间溢出

在分析 GVC 对地区生产率的空间溢出机制之前,必须先厘清 GVC 通过哪些途径直接作用于地区生产率,空间溢出渠道很大程度上是直接效应的延伸。在以"生产的全球解构"和"贸易的全球整合"为鲜明特征的全球价值链分工体系下,同一产品的生产工序在国家间被拆分为多个环节或区段,并通过频繁的进出口贸易将这些价值链环节有机地整合在一起(Gereffi and Fernandez-Stark,2011)。GVC 组织模式的特殊性决定了中国各地区参与 GVC 能够通过多种渠道对生产率产生直接溢出效应:(1)出口渠道。出口不仅扩大了 GVC 参与地区的市场规模,使其能够充分挖掘市场潜力,实现规模经济(Feder,1983),而且使 GVC 参与地区进入竞争更为激烈的国际市场,倒逼其改进生产工艺、升级设备(Humphrey and Schmitz,2002)。(2)进口渠道。GVC 中的进口以中间产品为主,中间产品是技术扩散的重要载体(Frankel and Romer,1999)。从发达国家进口高质量的中间产品,GVC 参与地区不仅可以直接通过投入产出效应,还可以以较低成本学习和模仿发达国家先进技术,实现技术进步(Sharma and Mishra,2015)。(3)纯知识技术溢出渠道。一方面,为使 GVC 参与地区产品质量和性能达到国际市场要求,跨国公司会通过劳动力培训、技术指导、派发研发人员等交流方式帮助 GVC 参与地区获取纯知识技术溢出(Ivarsson and Alvstam,2010);另一方面,GVC 参与地区也可通过"以资金换技术"的方式主动加强与跨国公司的技术交流和研发合作来获取纯知识技术溢出或转移(Pradhan and Singh,2009)。

然而,克鲁格曼(Krugman,1991)和贝佐等(Bazo et al.,2004)认为没有理由可以断言溢出效应会因为地理或行政边界只停留在初始溢出地。在嵌入 GVC

过程中可能并不仅仅对本地生产率产生影响,还会外溢到其他地区,忽略 GVC 对其他地区生产率的空间溢出,将不利于准确评估一国参与 GVC 的真实影响。

一般而言,GVC 不像 FDI 或进出口贸易通过单一路径发生空间溢出,而是多条空间溢出路径共同起作用的。具体来说,可以从 GVC 直接参与地区、邻近地区、直接参与地区与邻近地区之间三个空间关系细化 GVC 对地区生产率空间溢出的实现机制,通过 GVC 直接参与地区的"非自愿扩散效应"、邻近地区的"学习模仿效应"以及 GVC 直接参与地区与邻近地区之间的"促竞争效应""要素流动效应"和"产业关联效应"对地区生产率产生空间溢出。(1)如前所述,GVC 直接参与地区在将进口和出口环节进行有机整合时,通过出口渠道、进口渠道和纯知识溢出渠道获得 GVC 直接溢出的同时,也会以非自愿和非自觉扩散、传播、转移等途径对周边地区产生外部性(Kokko,1994)。(2)邻近地区会主动学习和模仿 GVC 参与地区获取的国际先进技术与管理经验,推动自身技术进步(Das,1987)。(3)GVC 直接参与地区与邻近地区之间的"促竞争效应""要素流动效应"和"产业关联效应"在 GVC 空间溢出过程中发挥了重要作用。因地区参与 GVC 而产生的生产率提升使得国内地区之间在中国式分权框架下面临更加激烈的为经济增长而竞争的格局,这将激励邻近地区进行技术改进与创新;GVC 直接参与地区通过整合国内优质资源促进了劳动力和资本等生产要素在地区间动态流动(黎峰,2016),而劳动力和资本等生产要素蕴含了大量有关技术与研发创新的信息,因此,要素的区际流动构筑了 GVC 直接参与地区的先进技术与创新知识向其他地区扩散与传播的通道;GVC 直接参与地区沿着产业链条在投入产出关联机制作用下将国际先进技术与管理经验向其他地区转移,进而对其产生垂直溢出(刘志彪和张少军,2008)。上述讨论表明,GVC 对地区生产率的空间溢出是由"非自愿扩散效应""学习模仿效应""促竞争效应""要素流动效应"等水平空间溢出机制和通过"产业关联效应"发生的垂直空间溢出机制等多条路径相互交织、共同作用而实现的。基于此,本书提出以下待检验的基准假说。

基准假说 5.1：GVC 参与对地区生产率既产生地区内溢出效应，也会产生空间溢出效应。

二、理论框架扩展一：NVC 对 GVC 空间溢出效应的影响

素有"世界工厂"美誉的中国在不断融入全球价值链生产体系的同时，国内价值链也在辽阔的国土空间孕育和兴起。NVC 是一个与 GVC 相对应的概念，即基于国内各地区比较优势形成的专业化分工生产体系，通过任务分工 NVC 将一国内部各地区虹吸至相互依赖、相互渗透的发展进程中，形成了与 GVC 共同演进的空间格局。那么，GVC 与 NVC 对地区生产率会产生何种空间互动关系？作为国内各地区之间空间关联的重要纽带，NVC 能否强化 GVC 的空间溢出效应？从理论上讲，NVC 可以通过以下途径强化 GVC 空间溢出机制的有效发挥，进而增强 GVC 对地区生产率的空间溢出效应：(1)从 NVC 生产模式来看，NVC 将国内各地区置于紧密的专业化分工网络和一体化经济中，这既铺设了地区间通过示范模仿、交流协作与空间协调的知识技术溢出通道，也搭建了地区间通过生产要素流动而共享知识、信息与人才的知识技术溢出平台，从而增强了 GVC 参与地区与其他地区之间的互动交流；(2)从社会制度来看，GVC 空间溢出机制的有效发挥依赖于良好的市场机制与社会信用体系、完备的法律法规、高效的政府运行和法律执行力等社会制度的支撑（Kaplinsky and Morris, 2001）。但目前中国各方面的社会制度还不够完善，而 NVC 作为一种有序化、规范化、稳定化的地区间分工网络，可以降低 GVC 参与地区与其他地区之间的交易风险和交易成本，增强彼此之间的信任关系，从而弥补国内社会制度不完善的缺陷，有效支撑 GVC 空间溢出效应的产生。由此可引申出本书的扩展假说 5.1。

扩展假说 5.1：GVC 与 NVC 的空间互动增强了 GVC 对地区生产率的空间溢出效应。

三、理论框架扩展二：NVC 视角下 GVC 不同嵌入模式的空间溢出效应分析

进一步地，产品架构与功能架构共同构成了 GVC 的两个维度，中国参与

GVC 不仅呈现出与 NVC 协同演进特征,而且自身带有显著的产品与功能双重嵌入特征(刘维林,2015)。由于不同的 GVC 嵌入模式具有形态迥异的价值增值来源,进而可能会对地区生产率产生异质性的空间溢出特征。地区 GVC 产品嵌入度越高,表明该地区出口的价值增值更多来源于国外的关键零部件和中间产品等制成品。而制成品通常是通用化和模块化程度较高的产品,其相关的技术和知识构成复杂度较低,较易被其他地区引进、学习和模仿(赵郁文,1998),这有利于 GVC 空间溢出效应的产生。地区 GVC 功能嵌入度越高,表明该地区出口的价值增值更多来源于国外的研发、设计和物流等服务。而服务功能位于 GVC 具有高附加值的两端,通常掌握在少数跨国公司、国际大买家等价值链领导厂商手中,出于对利润和核心竞争力的保护,领导厂商主导的服务链条具有内在的隔绝机制(Isolating Mechanism),开放程度相对较低,服务内含的知识、技术、信息不易在价值链条外扩散、传播与应用(Hamel,1991)。同时,服务作为具有较强专用性和异质性特征的高端非实物形态产品,其技术和知识构成甚为复杂,这不仅决定了服务技术和知识的流通与转移更为迟缓(Mudambi, 2008),而且还表明在这个传播过程中更依赖于良好的社会制度支撑。GVC 功能嵌入由于服务链条的相对封闭性、知识构成的复杂性和专用性,空间溢出效应并不明显。此时,国内价值链联结的分工网络不仅可以破除区域行政性壁垒和地方保护主义,增强地区间知识、信息、人才等方面的互动交流,从而有助于破解包裹于 GVC 服务链条专用复杂的知识技术,促进服务内含的知识、技术、信息的扩散、传播与应用(Fallah and Ibrahim,2004),而且还能在一定程度上弥补国内社会制度不完善的缺陷,增强地区间良好的信任关系,提高 GVC 服务链条在国内的开放性,使知识技术在地区间更有效地分享或溢出(Kaplinsky and Morris, 2001)。由此可引申出本书的扩展假说 5.2。

扩展假说 5.2:GVC 产品嵌入对地区生产率存在空间溢出效应,而 GVC 功能嵌入由于服务链条的相对封闭性、知识构成的复杂性和专用性空间溢出效应并不明显,但 NVC 的构建能够促进 GVC 功能嵌入对地区生产率的空间溢出。

第三节 实证设定、变量选取和数据说明

一、空间计量模型设定

(一) 基准模型设定及说明

空间计量模型是研究空间溢出的有效工具,其将经典计量经济学中忽略的空间因素纳入模型之中,考虑空间数据的非均质性(Anselin, 1988; LeSage and Pace, 2009)。根据空间交互设定的不同,空间计量模型主要包括空间自回归模型(SAR)、空间误差模型(SEM)、空间杜宾模型(SDM)和空间自相关模型(SAC)。莱萨基和佩斯(LeSage and Pace, 2009)比较了上述四种模型,他们假设原始数据分别满足 SAR、SEM、SDM、SAC 数据生成过程,对可能模型误设造成的估计结果进行了分析,发现 SDM 模型是唯一能够得到无偏估计的模型。因此,根据研究目的及本章第二节的理论框架,本章设定了如下形式的空间杜宾面板模型:

$$\ln TFP_{it} = \rho W\ln TFP_{it} + \beta\ln gvc_{it} + \theta W\ln gvc_{it} + \gamma\ln \vec{X}_{it} + v_i + v_t + \varepsilon_{it}$$

$$(5-1)$$

其中,下标 i 表示地区, t 表示年份。被解释变量 $\ln TFP$ 表示地区生产率; W 为空间权重矩阵; $W\ln TFP$ 表示被解释变量 $\ln TFP$ 的空间滞后项,代表内生交互效应, ρ 则为空间自相关回归系数,度量了邻近地区生产率对本地区生产率的影响; $\ln gvc$ 表示地区全球价值链参与度; $W\ln gvc$ 为解释变量 $\ln gvc$ 的空间滞后项,代表外生交互效应; $\ln \vec{X}$ 表示控制变量的集合; v_i 和 v_t 分别表示地区固定效应和年份固定效应; ε 表示随机扰动项。本章将采用空间面板极大似然法对相关空间计量模型进行估计(Elhorst, 2003)。同时,综合 Hausman

的检验结果,本章相关模型均为固定效应模型[①]。

空间计量模型的一个重要贡献是能够测算出由于空间相互依赖而产生的直接效应和间接效应(或空间溢出效应)。由于空间计量模型中包含了相邻区域的影响,因此,对其系数的解释将变得较为复杂(Anselin and Gallo, 2006)。到目前为止,很少研究能够准确地解释空间计量模型的系数值,大多数研究使用空间计量模型设定的点估计来判断是否存在空间溢出效应。莱萨基和佩斯(LeSage and Pace, 2009)对此进行了批评,认为这种方法可能会导致错误的结论。他们指出,当空间计量模型中未引入空间自相关项时,解释变量对被解释变量的影响可以用相应解释变量的估计系数表示,但引入空间自相关项后,则不能只看解释变量的估计系数,此时需要综合考虑空间自相关项的估计结果[②]。接下来将借鉴莱萨基和佩斯(LeSage and Pace, 2009)的处理方法,对本章设定的 SDM 模型的估计系数进行合理的解释。

将(5-1)式的 SDM 模型重新写成如下形式:

$$\ln TFP_{it} = (1-\rho W)^{-1}(\beta \ln gvc_{it} + \theta W \ln gvc_{it} + \gamma \ln \vec{X}_{it}) + (1-\rho W)^{-1}(v_i + v_t + \varepsilon_{it})$$

$$(5-2)$$

对于从地区 1 到地区 G 的解释变量 $\ln gvc$,其对应的被解释变量 $\ln TFP$ 的期望值的偏导数矩阵可以写成:

$$\left[\frac{\partial E(\ln TFP)}{\partial \ln gvc_1} \cdots \frac{\partial E(\ln TFP)}{\partial \ln gvc_G}\right] = \begin{bmatrix} \dfrac{\partial E(\ln TFP_1)}{\partial \ln gvc_1} & \cdots & \dfrac{\partial E(\ln TFP_1)}{\partial \ln gvc_G} \\ \vdots & \vdots & \vdots \\ \dfrac{\partial E(\ln TFP_G)}{\partial \ln gvc_1} & \cdots & \dfrac{\partial E(\ln TFP_G)}{\partial \ln gvc_G} \end{bmatrix}$$

[①] 事实上,当样本随机取自总体时,选择随机效应模型较为恰当,而当回归分析局限于一些特定个体时,则应选择固定效应模型(Baltagi, 2009)。对于中国省区样本,固定效应模型显然是更好的选择。

[②] 莱萨基和佩斯(LeSage and Pace, 2009)给出了一个 SDM 模型的例子,它的解释变量空间滞后项系数是负的且不显著,但是该解释变量的空间溢出效应却显著为正。

$$=(1-\rho W)^{-1}\begin{bmatrix} \beta & w_{12}\theta & \cdots & w_{1G}\theta \\ w_{21}\theta & \beta & \cdots & w_{2G}\theta \\ \vdots & \vdots & \vdots & \vdots \\ w_{G1}\theta & w_{G2}\theta & \cdots & \beta \end{bmatrix} \tag{5-3}$$

其中,w_{ij} 为空间权重矩阵 W 的第(i, j)个元素。莱萨基和佩斯(LeSage and Pace,2009)将直接效应界定为(5-3)式右边矩阵对角元素的均值,即一个地区特定解释变量的变化对该地区自身被解释变量的平均影响;将间接效应界定为这个矩阵非对角元素的行和或列和的均值,即一个地区特定解释变量的变化对其他地区被解释变量的平均影响[1]。他们指出需使用解释变量估计的直接效应,而不是其系数 β 来检验地区内溢出效应是否存在的假设;需使用间接效应,而不是内生交互效应的系数 ρ 或外生交互效应的系数 θ,来检验空间溢出效应是否存在的假设,即第二部分理论模型中推出的 GVC 对生产率的地区内溢出弹性 δ 和地区间溢出弹性 γ 对应的是 $\ln gvc$ 对 $\ln TFP$ 的直接效应和间接效应,而不是 $\ln gvc$ 和 $W\ln gvc$ 的系数 β 和 θ。

(二) 空间权重矩阵设定:静态和动态

为了综合测度 GVC 生产率效应的空间溢出,与第四章类似,本章在构建空间权重矩阵时既考虑诸如地理区位、地理距离等静态区域特征,又考虑诸如劳动力流动、物质资本流动等动态区域特征。由于数据限制,现有文献在构建空间权重矩阵时大都只考虑静态区域特征,但事实上,动态区域特征亦会对 GVC 生产率效应的空间溢出产生重要影响,因此本章还从动态区域特征视角构造空

---

[1] 平均的行效应代表所有地区某一外生变量的变化对一个特定地区被解释变量的影响,而平均的列效应代表某一地区一个外生变量的变化对其他地区被解释变量的影响。然而,由于间接效应的这两种计算方法的数值是相同的,因此使用哪种计算方法并不重要。一般来说,间接效应被解释为某一地区一个外生变量的变化对其他地区被解释变量的影响,其对应的是平均的列效应。(LeSage and Pace,2009)

间权重矩阵,以更为准确地把握地区参与 GVC 的空间外溢效应。其中,静态空间权重矩阵包括二进制 0−1 或空间邻接空间权重矩阵(W_{cont})和地理距离空间权重矩阵(W_{dist}),即 W_{cont} 的对角元素为 0,非对角元素如果两地区相邻取 1,否则取 0;W_{dist} 的对角元素为 0,非对角元素为两地区间地理距离平方的倒数。动态空间权重矩阵包括劳动力流动空间权重矩阵(W_{lab})和物质资本流动空间权重矩阵(W_{cap}),即 W_{lab} 的对角元素为 0,非对角元素为两地区间劳动力的空间关联度;W_{cap} 的对角元素为 0,非对角元素为两地区间物质资本的空间关联度。劳动力和物质资本空间关联度的测算主要借鉴齐普夫(Zipf,1946)的做法,采用引力模型对区际要素流动引起的空间关联进行衡量。静态和动态空间权重矩阵的详细设置过程参见第四章第三节。

二、变量选取和说明

(一) 被解释变量:地区生产率

与毛其淋和许家云(2015)、邵朝对和苏丹妮(2017)的做法类似,本章地区生产率是由地区内企业的全要素生产率加权平均得到,即:

$$TFP_{it} = \sum\nolimits_{f \in \Omega_i} \theta_{ft} \times TFP_{ft} \qquad (5-4)$$

其中,f 表示企业,Ω_i 表示地区 i 的企业集合;TFP_{ft} 表示企业 f 在时期 t 的全要素生产率;θ_{ft} 为权重,表示资源在企业间的配置情况,用企业增加值份额来衡量。关于企业全要素生产率的测算,为了缓解传统 OLS 方法估计中存在的同步偏差和选择性偏差问题,采用 OP 半参数方法进行估计,其主要特点是使用企业投资作为不可观察的生产率冲击的代理变量。

与一般数据包络分析方法(DEA)测算得到的地区 Malmquist 生产率指数相比,微观企业加权的地区生产率指标的优势在于,能够对地区生产率进行动态分解,为解析第六章全球价值链、资源配置效率与空间溢出效应奠定基础。同时,本书也会选用地区 Malmquist 生产率指数作稳健性检验。

（二） 核心解释变量：地区 GVC 参与度

本章利用 2000—2007 年①中国海关微观数据对中国 30 个省区的 GVC 参与度进行测算，测算方法同第四章，详细的测算过程参见第三章第二节。

（三） 其余控制变量

根据现有关于生产率的研究成果，本章还添加了如下控制变量以减轻遗漏变量可能带来的内生性偏误：(1)经济发展水平(eco)，用经 GDP 平减指数折算的地区人均 GDP 来表示；(2)政府支出规模(gov)，用扣除科教文卫这类公共性支出之后的地方政府支出占 GDP 的比重来度量，以控制地方政府对经济活动的干预程度；(3)国有化程度(soe)，用地区国有企业的比重来表示；(4)人力资本(edu)，用地区平均受教育年限来衡量；(5)研发投入(rnd)，用地区研究与实验发展经费支出占 GDP 的比重来测度；(6)产业结构($struc$)，用第三产业产值占总产值的比重来表示；(7)城市化水平($urban$)，用非农人口占总人口的比重来衡量；(8)对外开放水平($trade$)，用地区进出口总额占 GDP 的比重来度量；(9)实际使用外资(fdi)，用地区实际使用外商直接投资额占 GDP 的比重来测度。

三、数据来源及处理

本章的样本期间为 2000—2007 年，考察对象为中国 30 个省区，剔除了数据缺失的西藏、港澳台地区。分析主要涉及了三类数据：企业层面的生产数据，用于计算地区生产率；产品层面的贸易数据，用于测算地区 GVC 参与度；地区层面的生产与人口数据，用于构建空间权重矩阵及相关控制变量。

企业层面的生产数据来自中国工业企业数据库，该数据包括了工业增加

---

① 2008 年及之后的工业企业数据由于统计口径变化以及企业法人代码、法人代表、工业增加值、中间投入等关键变量缺失，无法进行跨年度有效匹配和测算本章重要指标地区生产率，因此，当前研究中广泛使用的是 1998—2007 年中国工业企业数据。而海关数据的起始年份为 2000 年，因此本章对 2000—2007 年中国 30 个省区的 GVC 参与度进行测算。

值、中间投入、固定资产原值、就业人数等本书测算企业生产率继而获得地区生产率的基础指标。在测度企业生产率时,我们根据勃兰特等(Brandt et al.,2011)提供的详细命令和数据计算了企业真实资本存量以及对工业增加值等名义变量进行调整。

产品层面的贸易数据来自中国海关数据库,其详细记录了 2000—2007 年通关企业的每一条进出口交易信息,主要包括商品名称、商品 8 位 HS 编码、进出口价值、进出口数量、企业代码、企业名称、邮编、地址、消费地(进口)或生产地(出口)、贸易方式等变量,为本书测算地区 GVC 参与度指标提供了强有力的微观数据支持。

地区层面的生产与人口数据主要来源于 2001—2008 年《中国统计年鉴》《中国科技统计年鉴》《中国人口和就业统计年鉴》以及各省区统计年鉴。各地区之间的地理距离根据国家地理信息系统网站提供的 1∶400 万电子地图用 Geoda 软件测量得到。

第四节　实证结果及分析

一、基准回归

与第四章类似,在估计空间计量模型之前,首先采用 Moran's I 指数对中国地区生产率的空间自相关性进行检验。Moran's I 指数的数值介于 −1 到 1,等于 0 表示不存在空间相关性,大于 0 表示存在正的空间相关性,小于 0 则表示存在负的空间相关性。结果显示(表 5 - 1),2000—2007 年中国地区生产率的 Moran's I 指数均显著为正,表明我国各地区生产率存在着较强的正向空间自相关,因此应采用空间计量模型进行估计。

表 5 - 1　Moran's I 检验结果:地区生产率

年份	Moran's I	Z 统计值
2000	0.183	2.154
2001	0.264	2.830
2002	0.301	3.158
2003	0.300	3.148
2004	0.250	2.595
2005	0.228	2.904
2006	0.216	2.350
2007	0.231	2.531

表 5 - 2 报告了依据二进制或空间邻接 W_{cont}、地理距离 W_{dist}、劳动力流动 W_{lab} 和物质资本流动 W_{cap} 四种空间权重矩阵建立的 GVC 与地区生产率的空间杜宾面板模型的估计结果。由表 5 - 2 可知,虽然在四种空间权重矩阵设定下,地区 GVC 参与度($\ln gvc$)的估计系数均为正,且大多通过了 10% 的显著性检验,但地区 GVC 参与度的空间滞后变量($W\ln gvc$)则均未通过显著性检验。然而,正如前一部分所述,在空间计量模型中 GVC 对生产率的地区内溢出效应和地区间溢出效应不能简单地用这些点估计结果进行解释,而需采用勒萨奇和佩斯(LeSage and Pace, 2009)提出的直接效应和间接效应进行刻画,否则将得出错误结论。

表 5 - 2　GVC 对地区生产率空间溢出的计量结果

	静态空间权重矩阵		动态空间权重矩阵	
	二进制 W_{cont}	地理距离 W_{dist}	劳动力流动 W_{lab}	物质资本流动 W_{cap}
	(1)	(2)	(3)	(4)
$\ln gvc$	0.043*	0.030	0.037*	0.036*
	(1.92)	(1.46)	(1.85)	(1.80)
$W\ln gvc$	0.059	0.060	0.079	0.069
	(1.50)	(1.30)	(0.95)	(0.74)
直接效应	0.055**	0.042**	0.050*	0.047
	(2.56)	(2.02)	(1.86)	(1.63)
间接效应	0.138	0.197*	0.489**	0.436**
	(1.59)	(1.91)	(2.33)	(1.98)

	静态空间权重矩阵		动态空间权重矩阵	
	二进制 W_{cont}	地理距离 W_{dist}	劳动力流动 W_{lab}	物质资本流动 W_{cap}
	(1)	(2)	(3)	(4)
控制变量	是	是	是	是
地区	是	是	是	是
年份	是	是	是	是
R^2	0.914	0.907	0.899	0.899
N	240	240	240	240

注:圆括号内为 z 检验值。 * 、 * * 、 * * * 分别表示在10%、5%、1%水平上显著。

表5-2下半部分列示了地区参与 GVC 对生产率影响的直接效应和间接效应。结果显示,除物质资本流动空间权重矩阵外,其余三种空间权重矩阵设定得到的 ln gvc 的直接效应均为正且统计上显著,表明总体而言,GVC 嵌入程度的提高会促进所在地区的生产率水平,即 GVC 存在明显的地区内溢出效应。在出口和进口的有机整合过程中,GVC 参与地区既可以通过进口高质量的中间产品获得、消化、吸收"软件"和"硬件"技术的扩散,也能在接受跨国公司劳动力培训、技术指导和管理咨询以及就产品参数、品牌设计和工艺流程交流过程中提升生产技术和创新能力,还会在向海外延伸市场中实现规模经济以及在国际激烈竞争中促进技术进步与生产绩效提升;与 Wln gvc 的估计系数不显著不同,ln gvc 的间接效应大都显著为正,表明地区 GVC 参与度的提高亦会对其他地区生产率产生显著的正向作用,换言之,GVC 对地区生产率具有明显的空间溢出效应,传统未考虑空间因素的模型低估了 GVC 参与的真实影响。在 GVC 直接参与地区的"非自愿扩散效应"、邻近地区的"学习模仿效应"以及 GVC 直接参与地区与邻近地区之间的"促竞争效应""要素流动效应"和"产业关联效应"等水平和垂直空间溢出机制作用下,某地区参与 GVC 的生产率效应会辐射到周边地区乃至距离更远的地区。至此,本章的基准假说5.1得到了较好的验证。同时值得注意的是,相比于空间邻接和地理距离等形成的静态空间关联,由劳动力和资本

等生产要素动态流动所产生的地理上联结关系使得 GVC 参与具有更强更显著的空间溢出效应。这说明要素区际流动形成的动态空间权重矩阵能更有效地捕捉地区间的空间联系，因而仅仅采用地区间空间禀赋条件接近与否表征空间相关特征可能无法全面揭示 GVC 空间关联产生的内在原因、机制与溢出强度。

二、稳健性检验

（一）空间 GMM 估计方法检验

由于本章所关注的核心解释变量——地区 GVC 参与度可能与地区生产率存在着双向因果关系。此外，尽管本章在基准回归中控制了较多能够影响地区生产率的变量，但仍可能遗漏一些重要解释变量。通常来说，反向因果和遗漏变量是造成内生性问题的重要原因。因此，为了进一步验证本章估计结果的稳定性，此处将采用另一种能够较为有效解决内生性问题的估计方法——空间 GMM 方法。在有限样本下，空间 GMM 估计与极大似然估计一样渐近有效（Lee，2001）。具体估计结果见表 5-3。

表 5-3　稳健性检验：空间 GMM 估计

	静态空间权重矩阵		动态空间权重矩阵	
	二进制 W_{cont}	地理距离 W_{dist}	劳动力流动 W_{lab}	物质资本流动 W_{cap}
	(1)	(2)	(3)	(4)
直接效应	0.058*	0.052	0.084**	0.074**
	(1.71)	(1.53)	(2.47)	(2.18)
间接效应	0.159**	0.150*	0.392**	0.547**
	(2.27)	(1.88)	(1.96)	(2.19)
控制变量	是	是	是	是
地区	是	是	是	是
年份	是	是	是	是
AR(1)	[0.032]	[0.057]	[0.014]	[0.018]
AR(2)	[0.329]	[0.314]	[0.346]	[0.382]
Hansen	[0.725]	[0.764]	[0.784]	[0.790]
R^2	0.956	0.957	0.949	0.953
N	240	240	240	240

注：方括号内的数值为相应检验统计量 p 值，其他同表 5-2。

首先,为增强回归结果的可靠性,对模型设定的合理性和工具变量的有效性进行相应的检验(见表 5 - 3 下半部分):在四种空间权重矩阵估计模型中,AR(1)和 AR(2)检验均通过了误差项一阶序列相关、二阶序列不相关的原假设;Hansen 检验表明在 10% 的显著性水平上不能拒绝工具变量有效的原假设。综上而言,本章设定的模型以及选取的工具变量是较为合理。其次,从各模型的估计结果来看(见表 5 - 3 上半部分),除地理距离空间权重矩阵设定下 ln gvc 对生产率的直接效应未通过 10% 的显著性检验外,其余模型 ln gvc 对生产率的直接效应和间接效应均显著为正,这说明在使用空间 GMM 估计方法控制可能存在的内生性问题后,GVC 参与对生产率仍具有明显的地区内溢出效应和地区间溢出效应,本章的基准理论假说仍然成立。

(二) 指标变换检验

已有研究中另一种较为常见测算地区生产率的方法是以数据包络分析(Data Envelope Analysis, DEA)为基础的非参数估计法——Malmquist 指数。其优势在于,测算生产率过程中不依赖于具体的生产函数形式,能够有效避免因生产函数设定的随意性而导致的测算偏差。在使用 DEAP2.1 软件测算 Malmquist 生产率指数时,本章以地区产出值作为产出变量,以资本存量和劳动投入作为投入变量。其中,产出值用经过 GDP 平减指数调整的地区实际 GDP 表示;历年资本存量采用永续盘存法计算得到;劳动投入最理想的衡量指标是劳动时间,但鉴于数据的可得性,本章采用全社会年底从业人员数作为替代指标。当然,本章还采用测算企业生产率的另一种常见方法——LP 法来验证估计结果的稳健性。如表 5 - 4 中的第(1)—(8)列所示,无论采用 Malmquist 指数法还是 LP 法测算地区生产率,ln gvc 对生产率的直接效应和间接效应仍为正且绝大部分通过了显著性检验,表明 GVC 对生产率存在地区内溢出效应和地区间溢出效应。最后,在第(9)—(12)列中,以进口中间产品和出口之和为权重加权企业 GVC 参与度至地区层面进行稳健性检验①,结果显示,除了地理距离权重矩阵外其余模型的直接效应和间接效应均显著为正。总体而言,本章的核心命题不会因地区生产率和地区 GVC 参与度测度方法的不同而发生实质性改变。

表 5‑4 稳健性检验:指标变换

	静态空间权重矩阵		动态空间权重矩阵	
	W_{cont}	W_{dist}	W_{lab}	W_{cap}
	地区生产率:Malmquist 指数法			
	(1)	(2)	(3)	(4)
直接效应	0.017**	0.023**	0.016*	0.021**
	(2.07)	(2.40)	(1.76)	(2.12)
间接效应	0.160**	0.176*	0.199	0.324*
	(2.01)	(1.73)	(1.24)	(1.71)
控制变量	是	是	是	是
地区	是	是	是	是
年份	是	是	是	是
R^2	0.904	0.853	0.717	0.744
N	240	240	240	240
	地区生产率:LP 法企业层面加总			
	(5)	(6)	(7)	(8)
直接效应	0.052**	0.035	0.040*	0.042*
	(2.40)	(1.63)	(1.70)	(1.68)
间接效应	0.080	0.170**	0.399**	0.551**
	(1.27)	(2.07)	(2.19)	(2.46)
控制变量	是	是	是	是
地区	是	是	是	是
年份	是	是	是	是
R^2	0.872	0.856	0.826	0.821
N	240	240	240	240

---

① 有关企业 GVC 参与度的测算,本章主要参照阿普沃德等(Upward et al., 2013)、鲁吉和邓希炜(Kee and Tang, 2016)、张杰等(2013)的做法,考虑了贸易方式、中间贸易代理商等问题,限于篇幅不再赘述。同时,GVC 具有将进口和出口有机结合的鲜明特征,因此选择进口中间产品额和出口总额之和为权数。

	静态空间权重矩阵		动态空间权重矩阵	
	W_{cont}	W_{dist}	W_{lab}	W_{cap}
	地区 GVC 参与度:企业层面加总			
	(9)	(10)	(11)	(12)
直接效应	0.041**	0.031	0.045*	0.045*
	(2.05)	(1.63)	(1.80)	(1.76)
间接效应	0.152**	0.139	0.558***	0.496**
	(2.17)	(1.55)	(2.79)	(2.36)
控制变量	是	是	是	是
地区	是	是	是	是
年份	是	是	是	是
R^2	0.914	0.910	0.893	0.894
N	240	240	240	240

注:同表 5-2。

第五节　扩展分析:NVC 视角下的 GVC 及其嵌入模式

前文研究发现 GVC 参与对地区生产率具有显著的空间溢出效应,那么,作为国内各地区之间空间关联的重要纽带,NVC 能否通过强化"非自愿扩散效应""学习模仿效应""促竞争效应""要素流动效应""产业关联效应"等 GVC 空间溢出机制而对 GVC 参与对地区生产率的空间外溢产生影响? 与此同时,产品架构与功能架构共同构成了 GVC 的两个维度,中国参与 GVC 不仅呈现出与 NVC 协同演进特征,而且自身带有显著的产品与功能双重嵌入特征,因此,不同的 GVC 嵌入模式对地区生产率的空间溢出是否存在差异,NVC 又能否对两者的空间溢出产生影响? 本部分将利用中国区域间投入产出表①和世界投入产出表扩展前文的理论分析,进一步探讨 NVC 视角下 GVC 及

---

① 中国 30 个省区的区域间投入产出表,不仅可以用于较为准确地测度地区 GVC 参与度和 NVC 参与度,还可以测算各省区的 GVC 产品嵌入度和功能嵌入度。

其嵌入模式的空间溢出,即在 GVC 空间溢出的统一框架下对扩展假说 5.1 和扩展假说 5.2 进行检验,以更加细致和纵深地理解 GVC 对地区生产率的空间溢出。

一、地区 NVC 参与度和 GVC 产品与功能嵌入度

本部分利用 2002 年、2007 年和 2010 年中国 30 个省区区域间投入产出表对中国 30 个省区的 NVC 参与度以及 GVC 产品和功能嵌入度进行测算,即先借鉴苏庆义(2016)的做法,借助世界投入产出表将区域间投入产出表中的进口中间产品项区分为纯进口和回流增加值,在剔除回流增加值之后,运用库普曼等(Koopman et al., 2014)国家层面出口增加值来源的分解框架对中国各地区出口增加值的国内来源进行分解,进而构造各地区 NVC 参与度指标;进一步对国外来源进行分解,再根据纯进口增加值来自产品部门还是服务部门构造地区 GVC 产品嵌入度和功能嵌入度两个指标。各地区 NVC 参与度指标以及 GVC 产品嵌入度和功能嵌入度指标的最终计算公式可表示为:

$$nvc_i = \left(\sum_{j \neq i} \widetilde{V}_j L_{ji} Z_{i*} \right) / Z_{i*} \qquad (5-5)$$

$$gvc\_p_i = \left(\sum_j \sum_{h \in P} \widetilde{M}_j^h L_{ji}^h E_i^h \right) / E_i \qquad (5-6)$$

$$gvc\_s_i = \left(\sum_j \sum_{h \in S} \widetilde{M}_j^h L_{ji}^h E_i^h \right) / E_i \qquad (5-7)$$

其中,(5-5)式表示地区 i 国内价值链参与度,(5-6)式表示地区 i 全球价值链的产品嵌入度,(5-7)式为地区 i 全球价值链的功能嵌入度。详细的测算过程参见第三章第二节。

二、GVC 与 NVC 的空间互动效应

在利用区域间投入产出表测度出中国各地区 GVC 参与度与 NVC 参与度之后,本部分对基准模型进行扩展,以考察 GVC 与 NVC 在影响地区生产率上有何空间互动关系,具体模型为:

$$\ln TFP_{it} = \rho \ln WTFP_{it} + \beta_1 \ln gvc_{it} + \beta_2 \ln nvc_{it} + \beta_3 \ln gvc_{it} \times \ln nvc_{it} + \theta_1 W \ln gvc_{it}$$

$$+ \theta_2 W \ln gvc_{it} \times nvc_{it} + \gamma \ln \vec{X}_{it} + v_i + v_t + \varepsilon_{it} \qquad (5-8)$$

其中，$\ln TFP$ 表示地区生产率，囿于数据的可得性，本部分采用 Malmquist 指数法来测度[①]，$\ln gvc \times \ln nvc$ 为地区 GVC 参与度与 NVC 参与度的交叉项，$W \ln gvc \times \ln nvc$ 为交叉项的空间滞后变量，用于捕捉 GVC 与 NVC 对地区生产率的空间互动效应，是本节关注的核心变量。其余变量的含义同基本回归模型。

表 5-5 汇报了根据四种空间权重矩阵建立的 GVC、NVC 与地区生产率的空间计量估计结果。由表 5-5 可知，在加入了 $\ln gvc$ 与 $\ln nvc$ 的交叉项及其空间滞后变量后，$\ln gvc$ 的直接效应和间接效应仍为正，且大都通过了显著性检验，总体而言，地区参与 GVC 对生产率存在明显的地区内溢出效应和地区间溢出效应。交叉项 $\ln gvc \times \ln nvc$ 的直接效应除劳动力流动权重矩阵外均显著为正，反映出中国各地区在融入全球价值链生产体系的同时，不断提高自身的国内价值链参与水平，对 GVC 对生产率的地区内溢出效应具有显著的"放大"作用；同时，交叉项 $\ln gvc \times \ln nvc$ 的间接效应除邻接空间权重矩阵外亦均显著为正，这说明在 NVC 融入程度更深的地区，相同的 GVC 参与度变动对其他地区生产率的空间溢出效应更大，意味着 GVC 与 NVC 的空间互动增强了 GVC 对地区生产率的空间外溢。NVC 将国内各地区置于紧密的专业化分工网络和一体化经济中，不仅有利于 GVC 参与地区与其他地区之间突破行政性壁垒互通有无、交流协作与信息共享，而且可以降低 GVC 参与地区与其他地区之间的交易风险和交易成本，提升彼此之间的信任关系，有利于地区间更有效地分享知

---

① 由于能够有效测度企业全要素生产率的工企数据年份为 1998—2007 年，而计算地区 NVC 参与度所用的区域间投入产出表可得年份为 2002 年、2007 年和 2010 年三年，因此，为了尽可能捕捉国内价值链的动态变化和保证足够多的样本量，此处使用 Malmquist 指数法来测度地区生产率。正如前文所述，本章的核心结论并不会因地区生产率测算方法的不同而发生较大改变。

识技术,最终强化了 GVC 参与对地区生产率的空间溢出效应,这验证了本章的扩展假说5.1。

表 5-5   扩展分析:GVC 与 NVC 对地区生产率的空间互动

	静态空间权重矩阵		动态空间权重矩阵	
	二进制 W_{cont}	地理距离 W_{dist}	劳动力流动 W_{lab}	物质资本流动 W_{cap}
	(1)	(2)	(3)	(4)
ln gvc 直接效应	0.054	0.045**	0.032*	0.038**
	(1.52)	(2.31)	(1.94)	(2.18)
ln gvc×ln nvc 直接效应	0.033*	0.025*	0.019	0.023**
	(1.78)	(1.71)	(1.63)	(2.08)
ln gvc 间接效应	0.104	0.271**	0.670***	0.513**
	(0.99)	(2.05)	(3.43)	(2.54)
ln gvc×ln nvc 间接效应	0.083	0.076*	0.196**	0.158*
	(1.38)	(1.69)	(2.45)	(1.80)
控制变量	是	是	是	是
地区	是	是	是	是
年份	是	是	是	是
R^2	0.912	0.938	0.962	0.953
N	90	90	90	90

注:同表 5-2。

三、NVC 视角下 GVC 不同嵌入模式空间溢出的进一步考察

进一步地,正如前文第二节理论框架所述,不同的 GVC 嵌入模式具有形态迥异的价值增值来源,进而可能会对地区生产率产生异质性的空间溢出特征。同时,NVC 作为有效联结国内各地区空间关联的重要生产网络,在 GVC 产品嵌入和功能嵌入的空间溢出中扮演了重要角色。为检验本章的扩展假说5.2,此处扩展了计量模型(5-1)式和(5-8)式,具体估计结果见表5-6。

表 5-6 扩展分析:NVC 视角下 GVC 不同嵌入模式的生产率空间溢出

	静态空间权重矩阵		动态空间权重矩阵	
	W_{cont}	W_{dist}	W_{lab}	W_{cap}
	GVC 不同嵌入模式			
	(1)	(2)	(3)	(4)
ln gvc_p 直接效应	0.017 (1.55)	0.022** (2.29)	0.028** (2.43)	0.026** (2.36)
ln gvc_p 间接效应	0.059 (0.87)	0.186* (1.88)	0.563*** (2.83)	0.368* (1.94)
ln gvc_s 直接效应	0.007 (1.19)	0.010* (1.67)	0.027** (2.25)	0.018* (1.90)
ln gvc_s 间接效应	0.026 (0.55)	0.117 (1.30)	0.343 (1.27)	0.319 (1.23)
控制变量	是	是	是	是
地区	是	是	是	是
年份	是	是	是	是
R^2	0.934	0.935	0.814	0.936
N	90	90	90	90
	NVC 的作用			
	(5)	(6)	(7)	(8)
ln gvc_p 直接效应	0.014 (1.12)	0.015 (1.16)	0.026* (1.87)	0.030* (1.68)
lngvc_p×ln nvc 直接效应	0.015* (1.76)	0.012 (1.35)	0.017* (1.89)	0.023** (2.30)
ln gvc_p 间接效应	0.085 (0.83)	0.097 (0.75)	0.471** (2.09)	0.402* (1.87)
ln gvc_p×ln nvc 间接效应	0.145** (2.01)	0.137* (1.76)	0.351*** (2.72)	0.276* (1.94)
ln gvc_s 直接效应	0.014 (1.08)	0.013 (1.10)	0.030** (2.36)	0.028** (2.19)
ln gvc_s×ln nvc 直接效应	0.008 (1.07)	0.011 (1.58)	0.022** (2.56)	0.019** (2.24)
ln gvc_s 间接效应	0.070 (0.64)	0.095 (0.73)	0.302 (1.32)	0.161 (0.74)
ln gvc_s×ln nvc 间接效应	0.053 (1.63)	0.084** (2.15)	0.232** (2.53)	0.187** (2.20)
控制变量	是	是	是	是

	静态空间权重矩阵		动态空间权重矩阵	
	W_{cont}	W_{dist}	W_{lab}	W_{cap}
	NVC 的作用			
	（5）	（6）	（7）	（8）
地区	是	是	是	是
年份	是	是	是	是
R^2	0.929	0.950	0.960	0.962
N	90	90	90	90

注：同表 5-2。

表 5-6 展示了 NVC 视角下 GVC 产品嵌入与功能嵌入两种模式对地区生产率空间溢出的回归结果。由表 5-6 第（1）—（4）列可知，在静态和动态空间权重矩阵设置下 GVC 产品嵌入对地区生产率的直接效应和间接效应绝大部分显著为正，表明地区 GVC 产品嵌入不仅提升了本地生产率，而且对其他地区生产率具有正向溢出；GVC 功能嵌入对地区生产率的直接效应为正，且大都通过了显著性检验，但对地区生产率的间接效应均不显著，反映出 GVC 功能嵌入对生产率的影响更多是本地化的（Localized），并没有外溢到邻近地区。两种GVC 嵌入模式空间溢出的差异可以从链条组织的开放性、产品（服务）的知识构成复杂度、社会制度发展现状三方面进行理解。（1）产品链条的附加值和技术含量较低，内在隔绝机制较弱，因此在国内开放度较高，而跨国公司、国际大买家等价值链领导厂商主导的具有高附加值的服务链条存在较强的内在隔绝机制，在国内开放程度相对较低；（2）制成品相关的技术和知识构成复杂度较低，较易被其他地区引进、学习和模仿，而服务相关的技术和知识构成甚为复杂，因此，服务内含的知识、技术、信息不易扩散、传播与应用；（3）服务的专用性和复杂性特征更需要良好的市场体制、完备的法律法规、高效的政府运行和法律执行力等社会制度的支撑。高质量的社会制度可以增强服务链条的开放性，有助于隐含在服务中的专用性和复杂性知识、技术在地区间的顺畅流动

(Kaplinsky and Morris, 2001)。但目前中国各方面社会制度还不够完善(Allen et al., 2005; Ayyagar et al., 2010),未能有效支撑 GVC 服务嵌入的空间溢出。综上可知,中国各地区参与 GVC 对生产率的空间溢出主要是 GVC 产品嵌入模式促就的,GVC 服务嵌入模式的作用并不明显。

为将 GVC 不同嵌入模式置于国内分工和国际分工协同演进的新背景下,本书将进一步考察 NVC 如何影响 GVC 不同嵌入模式的空间溢出效应,突出 NVC 在 GVC 不同嵌入模式空间溢出中的重要性。为此,表 5-6 模型第(5)—(8)列纳入了 GVC 两种嵌入模式与 NVC 的交叉项,有趣的是,此时 GVC 服务嵌入模式与 NVC 交叉项 $\ln gvc\_s \times \ln nvc$ 的间接效应大都显著为正,表明国内价值链联结的分工网络可以有效破解包裹于 GVC 服务链条专用复杂的知识技术,还能在一定程度上弥补国内制度不完备的缺陷,提高了 GVC 服务链条在国内的开放性,进而促进 GVC 服务嵌入对地区生产率的空间溢出。同时,GVC 产品嵌入模式与 NVC 交叉项 $\ln gvc\_p \times \ln nvc$ 的间接效应也为正,且均通过了至少 10% 的显著性检验,这说明 NVC 同样强化了 GVC 产品嵌入对地区生产率的空间溢出效应。至此,本章提出的扩展假说 5.2 得到了验证。因此,在全球价值链日益突显的新背景下,中国更应着力发展和延伸国内价值链,形成与全球价值链共同演进的新型开放格局,这有利于国内各地区分享全球价值链发展红利,促进国内区域发展的效率、公平与均衡。

第六节　本章小结:GVC 生产率效应的空间溢出

本章针对全球价值链将进口和出口有机整合的鲜明特点,首次将现有关于 GVC 影响生产率的研究拓展至空间维度,从 GVC 直接参与地区、邻近地区以及 GVC 直接参与地区与邻近地区之间三个空间关系细化了 GVC 对地区生产率的空间外溢机制,并结合中国海关微观数据和中国 30 个省区区域间投入产出表,采用静态和动态多种空间权重矩阵设定的空间杜宾面板模型实证检验了中国地区

GVC 参与对生产率的空间溢出效应。本章的研究结论主要包括以下两个方面：

第一，GVC 对生产率既产生地区内溢出，也产生地区间溢出，表明某一地区参与 GVC 不仅通过出口渠道、进口渠道和纯知识技术溢出渠道提升本地区生产绩效，更会通过"非自愿扩散效应""学习模仿效应""竞争效应""要素流动效应""产业关联效应"等水平和垂直空间溢出机制间接带动其他地区生产率的改进，而且动态空间权重矩阵能更有效地揭示 GVC 空间关联产生的内在原因、机制与溢出强度。

第二，深入国内分工和国际分工的综合视角，NVC 作为国内各地区之间的联结纽带，在与 GVC 的互动过程中增强了 GVC 对地区生产率的空间外溢；具体至 GVC 不同嵌入模式，GVC 产品嵌入对地区生产率存在显著的空间溢出，而功能嵌入由于服务链条的相对封闭性、知识构成的复杂性和专用性呈现出本地化溢出特征，空间溢出并不明显，但 NVC 的有效构建能够提高 GVC 服务链条在国内的开放性，进而促进 GVC 服务嵌入对地区生产率的空间溢出。

第六章　全球价值链、资源配置效率与空间溢出效应

第一节　引言

自谢和克莱诺(Hsieh and Klenow，2009)的研究问世以来，资源配置效率受到了愈来愈多的关注。尤其是近年来中国经济逐步迈入"新常态"阶段，在经济增长速度下滑的同时还伴随着产能过剩、经济结构转型升级等重大经济问题(陈诗一和陈登科，2017)。现有研究表明，资源如何在经济体间配置，是影响全要素生产率进而影响经济增长的关键因素(Alfaro et al.，2008；Restuccia and Rogerson，2008；Hsieh and Klenow，2009)。与此同时，20世纪80年代以来，由发达国家跨国公司积极推动的价值链生产体系在全球范围内铺陈开来，全球价值链(GVC)兴起。全球价值链的快速启动给发展中国家带来了空前的发展机遇，作为世界上最大的发展中国家，中国凭借"人口红利"等低成本优势，积极融入发达国家主导的全球价值链，那么中国参与全球价值链分工对国内区域资源配置效率会产生何种影响？遗憾的是，现有文献在GVC参与如何影响一国区域资源配置效率方面的研究几乎处于空白，更未涉及对这一问题从空间视角进行考察。

现有文献主要从两方面探讨资源配置效应问题：一是直接分析资源的配置效率及其演变趋势，代表性文献有奥莱和帕克斯(Olley and Pakes，1996)、贝塔斯曼等(Bartelsman et al.，2013)、梅利茨和波拉内克(Melitz and Polanec，2015)等；二是考察资源配置效率的影响因素，如施密茨(Schmitz，2001)、雷斯图西亚和罗杰森(Restuccia and Rogerson，2008)从政策扭曲角度，班纳吉和莫

尔(Banerjee and Moll,2010)从融资约束角度,邦德等(Bond et al.,2013)从关税角度等对资源配置效率低下的成因进行了分析。虽然现有关于资源配置效率的文献众多,但尚未考察全球价值链参与如何影响一国区域资源配置效率的问题。作为一种新型国际分工模式,全球价值链的兴起深刻改变了国际贸易模式和分工格局,这也必将对置身于全球价值链网络的各参与主体的资源配置效率产生重要影响,尤其是对中国这样的处于转轨中的发展中大国。本章旨在弥补现有文献的缺陷,首次探讨了中国全球价值链参与对区域资源配置效率的影响效应,同时考虑到地区间紧密的空间关联和空间互动,本章还将全球价值链这一效应拓展至空间维度。

与以往研究相比,本章的贡献可能在于以下几个方面。第一,在研究视角上,首次探讨了中国全球价值链参与对资源配置效率的影响,发现全球价值链参与对资源配置效率既产生地区内溢出,也产生空间溢出,因此传统未考虑空间因素的模型低估了全球价值链参与的真实影响。第二,在经验研究上,首先在综合考虑贸易方式、中间贸易代理商等问题后,采用2000—2007年中国海关微观数据对中国30个省区的 GVC 参与度进行测算;其次采用2000—2007年中国工业企业数据,借鉴梅利茨和波拉内克(Melitz and Polanec,2015)的方法对中国30个省区的资源配置效率进行度量;最后,不仅设定了已有文献常用的静态空间权重矩阵,还借鉴引力模型的思路构建了能更好捕捉地区间空间关联结构与本质的动态空间权重矩阵。第三,本章还参照余泳泽等(2016)的做法进一步讨论了全球价值链对资源配置效率空间溢出效应的区域边界,发现全球价值链对资源配置效率的空间溢出效应存在明显的距离衰减特征,即随着地理距离的增加,全球价值链对资源配置效率的空间溢出效应出现衰减,在2 000公里的地理阈值上全球价值链对资源配置效率的空间溢出效应不再显著。总体而言,本章的研究深化了对发展中国家全球价值链嵌入资源配置效率效应的认识,为处于调整资源配置效应"供给侧"改革关键阶段的中国提供了新的实践路径。

本章余下内容安排如下:第二节介绍核心指标的测度,在此基础上对中国的典型事实进行初步分析;第三节介绍计量模型设定和数据来源;第四节报告实证结果;第五节进一步讨论了全球价值链对资源配置效率空间溢出效应的区域边界;第六节是本章小结。

第二节　核心指标测度

本节将着重介绍地区 GVC 参与度和资源配置效率的测度方法,继而为下一部分的实证研究提供基础。

一、地区 GVC 参与度

本章利用 2000—2007 年中国海关微观数据对中国 30 个省区的 GVC 参与度进行测算,测算方法同第四章和第五章。详细的测算过程参见第三章第二节。

二、地区资源配置效率

本章采用目前较为前沿的梅利茨和波拉内克(Melitz and Polanec,2015)方法对地区生产率进行动态分解,该方法将地区整体生产率的增长分解为企业内效应、企业间效应、进入效应和退出效应四项。首先将地区生产率写成如下形式:

$$TFP_{it} = \sum_{f \in \Omega_i} \theta_{ft} \times TFP_{ft} \qquad (6-1)$$

其中,f 表示企业,Ω_i 表示地区 i 的企业集合;TFP_{ft} 表示企业 f 在时期 t 的全要素生产率;θ_{ft} 为权重,表示资源在企业间的配置情况,用企业增加值份额来衡量。接着,借鉴梅利茨和波拉内克(Melitz and Polanec,2015)的方法,构建如下地区生产率的动态分解恒等式:

$$\Delta TFP = (TFP_{S2} - TFP_{S1}) + \theta_{E2}(TFP_{E2} - TFP_{S2}) + \theta_{X1}(TFP_{S1} - TFP_{X1})$$

$$= \underbrace{\Delta \overline{TFP}_S}_{\text{企业内效应}} + \underbrace{\Delta \text{cov}_S}_{\text{企业间效应}} + \underbrace{\theta_{E2}(TFP_{E2} - TFP_{S2})}_{\text{进入效应}} + \underbrace{\theta_{X1}(TFP_{S1} - TFP_{X1})}_{\text{退出效应}}$$

$$(6-2)$$

其中,ΔTFP 表示从 1 期到 2 期地区整体生产率的变化,即地区技术进步程度;S、E 和 X 分别表示存活企业、新进入企业和退出企业的集合;$\Delta \overline{TFP}_S = \overline{TFP}_{S2} - \overline{TFP}_{S1}$,$\overline{TFP}_{St} = \dfrac{1}{n_{St}} \sum_{f \in S} TFP_{ft}$,$TFP_{ft}$ 为企业 f 在 t 期的生产率;$\Delta \text{cov}_S = \text{cov}_{S2} - \text{cov}_{S1}$,$\text{cov}_{St} = \sum_{i \in S} (\theta_{ft} - \bar{\theta}_{St})(TFP_{ft} - \overline{TFP}_{St})$,$\theta_{ft}$ 为权重,用企业 f 在 t 期的就业人数占地区总就业人数的比例来衡量,表示资源在企业间的配置情况,$\bar{\theta}_{St} = \dfrac{1}{n_{St}} \sum_{f \in S} \theta_{ft}$;$\theta_{E2} \sum_{f \in E} \theta_{f2}$,$TFP_{E2} = \sum_{f \in E} \dfrac{\theta_{f2}}{\theta_{E2}} TFP_{f2}$,$TFP_{S2} = \sum_{f \in S} \dfrac{\theta_{f2}}{\theta_{S2}} TFP_{f2}$;$\theta_{x2} = \sum_{f \in X} \theta_{f1}$,$TFP_{X1} = \sum_{f \in X} \dfrac{\theta_{f1}}{\theta_{X1}} TFP_{f1}$,$TFP_{S1} = \sum_{f \in S} \dfrac{\theta_{f1}}{\theta_{S1}} TFP_{f1}$。

在 MP 分解式中,第一项为企业内效应,表示给定存活企业的市场份额在前后两个时期保持不变,由存活企业自身生产率变化引致的总体生产率变动;第二项为企业间效应,表示给定存活企业的生产率在前后两个时期保持不变,由存活企业市场份额变化引致的总体生产率变动,该项为正且越大,表明生产率较高的企业获得了较多的市场份额,资源在存活企业之间的配置效率越高;第三项为进入效应,表示由企业进入引致的总体生产率变动,当新进入企业的加权平均生产率高于存活企业时该项为正,说明新进入企业能够提高总体生产率;第四项为退出效应,表示由企业退出引致的总体生产率变动,当退出企业的加权平均生产率低于存活企业时该项为正,说明低生产率企业有效退出,将其资源转移至高生产率企业,整体生产率得以提升。总体而言,企业间效应、进入效应和退出效应是衡量资源配置效率的三大维度(Griliches and Regev, 1995;邵朝对和苏丹妮,2017)。

第三节　计量模型设定与数据说明

一、空间计量模型设定

(一)　基准模型设定及说明

空间计量模型是研究空间溢出的有效工具。根据研究目的,本章设定了如下形式的空间杜宾面板模型:

$$\ln ra_{it} = \rho W \ln ra_{it} + \beta \ln gvc_{it} + \theta W \ln gvc_{it} + \gamma \ln \vec{X}_{it} + v_i + v_t + \varepsilon_{it} \qquad (6-3)$$

其中,下标 i 表示地区,t 表示年份。被解释变量 $\ln ra$ 表示地区资源配置效率。W 为空间权重矩阵。$W \ln ra$ 表示被解释变量 $\ln ra$ 的空间滞后项,代表内生交互效应,ρ 则为空间自相关回归系数,度量了邻近地区资源配置效率对本地区资源配置效率的影响。$\ln gvc$ 表示地区全球价值链参与度。$W \ln gvc$ 为解释变量 $\ln gvc$ 的空间滞后项,代表外生交互效应。$\ln \vec{X}$ 表示控制变量的集合,包括经济发展水平(eco),用经 GDP 平减指数折算的地区人均 GDP 来表示;政府支出规模(gov),用扣除科教文卫这类公共性支出之后的地方政府支出占 GDP 的比重来度量;国有化程度(soe),用地区国有企业的比重来表示;人力资本(edu),用地区平均受教育年限来衡量;研发投入(rnd),用地区研究与实验发展经费支出占 GDP 的比重来测度;产业结构($struc$),用第三产业产值占总产值的比重来表示;城市化水平($urban$),用非农人口占总人口的比重来衡量;对外开放水平($trade$),用地区进出口总额占 GDP 的比重来度量;实际使用外资(fdi),用地区实际使用外商直接投资额占 GDP 的比重来测度。v_i 和 v_t 分别表示个体固定效应和时间固定效应。ε 表示随机扰动项。

值得注意的是,由于空间计量模型中包含了相邻区域的影响,因此,对其系数的解释将变得较为复杂(Anselin and Gallo, 2006)。莱萨基和佩斯(LeSage and Pace, 2009)指出,当空间计量模型中未引入空间自相关项时,解释变量对被解释变量的影响可以用相应解释变量的估计系数表示，但引入空间自相关项后，则不能只看解释变量的估计系数，此时需使用解释变量估计的直接效应，而不是其系数 β 来检验地区内溢出效应是否存在；需使用间接效应，而不是内生交互效应的系数 ρ 或外生交互效应的系数 θ，来检验空间溢出效应是否存在。

（二）　空间权重矩阵设定：静态和动态

为了综合测度 GVC 资源配置效应的空间溢出，与第四章和第五章类似，本章亦构建了可以反映地理区位、地理距离等静态区域特征静态空间权重矩阵以及能够捕捉劳动力流动、物质资本流动等动态区域特征的动态空间权重矩阵。其中，静态空间权重矩阵包括二进制 0—1 或空间邻接空间权重矩阵（W_{cont}）和地理距离空间权重矩阵（W_{dist}），动态空间权重矩阵包括劳动力流动空间权重矩阵（W_{lab}）和物质资本流动空间权重矩阵（W_{cap}）。静态和动态空间权重矩阵的详细设置过程参见第四章第三节。

二、数据来源及处理

本章的样本期间为 2000—2007 年，考察对象为中国 30 个省区，剔除了数据缺失的西藏、港澳台地区。分析主要涉及了三类数据：企业层面的生产数据，用于计算地区资源配置效率；产品层面的贸易数据，用于测算地区 GVC 参与度；地区层面的生产与人口数据，用于构建空间权重矩阵及相关控制变量。具体数据处理方式同第五章，详见第五章第二节。

第四节　实证结果及分析

一、空间自相关检验

在估计空间计量模型之前，首先需要对中国各地区资源配置效率的空间自相关性进行检验。与第四章和第五章类似，采用检验空间自相关性应用最广泛的 Moran's I 指数进行分析。表 6-1 显示，2000—2007 年中国各省区资源配置效率的 Moran's I 指数均显著,拒绝了不存在空间自相关性的原假设,而且 Moran's I 指数均为正,反映出中国各省区资源配置效率存在着较强的正向空间自相关,因此,应采用空间计量模型进行估计。

表 6 - 1　Moran's I 检验结果:地区资源配置效率

年份	Moran's I	Z 统计量
2000	0.298	1.773
2001	0.290	1.952
2002	0.217	3.265
2003	0.292	3.418
2004	0.206	3.234
2005	0.263	3.162
2006	0.291	3.320
2007	0.317	3.208

二、全球价值链、资源配置效率与空间溢出

表 6 - 2 报告了依据二进制或空间邻接 W_{cont}、地理距离 W_{dist}、劳动力流动 W_{lab} 和物质资本流动 W_{cap} 四种空间权重矩阵建立的全球价值链与地区资源配置效率的空间杜宾面板模型的估计结果。由表 6 - 2 可知,虽然在四种空间权重矩阵设定下,地区 GVC 参与度(ln gvc)的估计系数均显著为正,且地区 GVC 参与度的空间滞后变量(Wln gvc)也都通过了显著性检验,但正如前文所述,在空间计量模型中全球价值链对资源配置效率的地区内溢出效应和空间溢出效应不能简单地用这些估计结果来解释,而需采用莱萨基和佩斯(LeSage and Pace,2009)提出的直接效应和间接效应进行刻画,否则将得出错误结论。表 6 - 2 下半部分列示了地区全球价值链参与对资源配置效率影响的直接效应和间接效应。从中可知,在四种空间权重矩阵设定下,ln gvc 对资源配置效率的直接效应均显著为正,表明全球价值链参与程度的提高会促进自身资源配置效率的提高,即全球价值链存在明显的地区内溢出效应。同时,ln gvc 对资源配置效率的间接效应亦显著为正,反映出地区 GVC 参与度的提高也会显著提升邻近

地区的资源配置效率,换言之,全球价值链对地区资源配置效率具有明显的空间溢出效应,传统未考虑空间因素的模型低估了全球价值链参与的真实影响。同时,表 6-2 还显示,在劳动力流动和资本流动的动态空间权重矩阵下,全球价值链对资源配置效率的空间溢出效应较静态空间权重矩阵更强,对此可能的解释是,劳动力、资本等生产要素的动态流动可以改善区域资源的规模水平,优化区域资源的配置效率(蒋伏心和白俊红,2015)。结合前文第五章的研究结果,此处还可以得出,全球价值链参与对地区生产率的空间溢出效应很大程度上是通过改善邻近地区资源配置结构实现的,这对于"新常态"下中国经济结构的转型升级无疑具有重大意义。

表 6-2　GVC、资源配置效率与空间溢出的计量结果

	静态空间权重矩阵		动态空间权重矩阵	
	二进制 W_{cont}	地理距离 W_{dist}	劳动力流动 W_{lab}	物质资本流动 W_{cap}
	(1)	(2)	(3)	(4)
ln gvc	0.040**	0.041**	0.039**	0.039**
	(2.27)	(2.27)	(2.20)	(2.20)
W ln gvc	0.075**	0.087*	0.186**	0.209**
	(2.40)	(1.77)	(2.03)	(2.04)
直接效应	0.042***	0.042***	0.038**	0.038**
	(2.76)	(2.74)	(2.54)	(2.53)
间接效应	0.076***	0.088**	0.220**	0.247**
	(2.64)	(1.99)	(2.20)	(2.19)
控制变量	是	是	是	是
地区	是	是	是	是
年份	是	是	是	是
R^2	0.290	0.294	0.309	0.303
N	240	240	240	240

注:圆括号内为 z 检验值。*、**、*** 分别表示在 10%、5%、1% 水平上显著。

为了进一步细化全球价值链空间溢出的资源配置效应,表 6-3 和表 6-4 对资源配置效应进一步分解为存活企业间资源再配置效应(Ⅰ)、进入企业生产

率效应（Ⅱ）和退出企业生产率效应（Ⅲ）。结果表明，ln gvc 对存活企业间资源再配置效应和进入企业生产率效应的间接效应均显著为正，但对退出企业生产率效应的间接效应并未通过显著性检验，这意味着全球价值链主要通过影响存活企业间资源再配置效应和进入企业生产率效应产生资源配置效率的空间溢出。全球价值链通过"学习模仿效应""促竞争效应""要素流动效应"等空间溢出机制有助于邻近地区对全球价值链空间溢出吸收能力较强的高效率企业的市场规模扩张，从而引起邻近地区在位企业资源由低生产率企业向高生产率企业流动和对新进入企业的"高标准"筛选。而全球价值链对退出企业生产率效应的空间溢出不显著可能与中国当前不完善的退出机制有关。同时，从直接效应来看，ln gvc 仅对存活企业间资源再配置效应通过了显著性检验，表明资源从低生产率企业向高生产率企业转移是地区参与全球价值链提高自身资源配置效率的重要途径。

表 6-3　GVC 资源配置效率空间溢出的分解：静态空间权重矩阵

	二进制或邻接空间权重矩阵			地理距离空间权重矩阵		
	（Ⅰ）	（Ⅱ）	（Ⅲ）	（Ⅰ）	（Ⅱ）	（Ⅲ）
	(1)	(2)	(3)	(4)	(5)	(6)
直接效应	0.035***	0.007	−0.000	0.038***	0.007	−0.003
	(2.92)	(1.18)	(−0.01)	(3.10)	(1.12)	(−0.32)
间接效应	0.044*	0.033***	0.004	0.082**	0.032*	−0.018
	(1.84)	(2.82)	(0.27)	(2.25)	(1.83)	(−0.82)
控制变量	是	是	是	是	是	是
地区	是	是	是	是	是	是
年份	是	是	是	是	是	是
R^2	0.197	0.105	0.112	0.205	0.093	0.118
N	240	240	240	240	240	240

注：同表 6-2。

表 6-4 GVC 资源配置效率空间溢出的分解:动态空间权重矩阵

	劳动力流动空间权重矩阵			物质资本流动空间权重矩阵		
	(Ⅰ)	(Ⅱ)	(Ⅲ)	(Ⅰ)	(Ⅱ)	(Ⅲ)
	(1)	(2)	(3)	(4)	(5)	(6)
直接效应	0.034***	0.005	−0.000	0.034***	0.005	−0.000
	(2.84)	(0.77)	(−0.01)	(2.83)	(0.75)	(−0.01)
间接效应	0.143*	0.063**	0.006	0.183**	0.052*	0.007
	(1.79)	(2.26)	(0.10)	(2.00)	(1.78)	(0.11)
控制变量	是	是	是	是	是	是
地区	是	是	是	是	是	是
年份	是	是	是	是	是	是
R^2	0.208	0.083	0.129	0.209	0.081	0.122
N	240	240	240	240	240	240

注:同表 6-2。

三、稳健性检验

(一) 考虑地区资源配置效率的累积效应

有关增长和外溢的文献指出,连续生产累积效应和"干中学"是至关重要的(Islam,1995),因此前期资源配置效率可能对当期资源配置效应产生重要影响。同时,尽管本章在基准回归中控制了较多能够影响地区资源配置效率的变量,但仍可能遗漏一些重要解释变量。因此,我们在控制变量中纳入被解释变量的一阶滞后项 $l. \ln ra$,通过建立动态空间面板模型来进一步控制动态时滞和减弱遗漏变量对地区资源配置效率的影响。

表 6-5 展示了考虑地区资源配置效率累积效应后的动态空间面板模型的估计结果。结果显示,无论采用何种空间权重矩阵,地区生产率滞后一期项的估计系数均显著为正,表明中国地区资源配置效率存在累积效应,前期的资源配置效率会对当前的资源配置效率产生影响,验证了增长理论中的"干中学"假说。同时除空间邻接矩阵下全球价值链参与对资源配置效率的直接效应不显著外,其余各列全球价值链参与对地区资源配置效率的直接效应和间接效应均

显著为正,这说明在考虑了地区资源配置效率的累积效应后,地区参与全球价值链对资源配置效率仍具有明显的地区内溢出效应和空间溢出效应。上述结论表明在采用动态空间面板模型控制动态时滞和遗漏变量以后,本章的核心结论依然成立。

表 6‑5　稳健性检验:考虑地区资源配置效率累积效应

	静态空间权重矩阵		动态空间权重矩阵	
	二进制 W_{cont}	地理距离 W_{dist}	劳动力流动 W_{lab}	物质资本流动 W_{cap}
	(1)	(2)	(3)	(4)
l. ln ra	0.132**	0.118*	0.137**	0.130**
	(2.06)	(1.84)	(2.14)	(2.04)
直接效应	0.034	0.042*	0.033*	0.034*
	(1.60)	(1.94)	(1.67)	(1.75)
间接效应	0.074**	0.092**	0.250*	0.277*
	(2.36)	(2.26)	(1.92)	(1.72)
控制变量	是	是	是	是
地区	是	是	是	是
年份	是	是	是	是
R^2	0.107	0.075	0.092	0.092
N	210	210	210	210

注:同表 6‑2。

（二）　空间 GMM 估计方法检验

由于反向因果和遗漏变量可能导致内生性问题,为了进一步验证本章估计结果的稳定性,此处将采用空间 GMM 方法进行估计。具体估计结果如表 6‑6所示。

表 6 - 6　稳健性检验:空间 GMM 估计

	静态空间权重矩阵		动态空间权重矩阵	
	二进制 W_{cont}	地理距离 W_{dist}	劳动力流动 W_{lab}	物质资本流动 W_{cap}
	(1)	(2)	(3)	(4)
直接效应	0.058**	0.049**	0.068***	0.068***
	(2.25)	(2.01)	(2.62)	(2.59)
间接效应	0.093**	0.112**	0.358**	0.367**
	(2.38)	(2.11)	(2.14)	(2.10)
控制变量	是	是	是	是
地区	是	是	是	是
年份	是	是	是	是
AR(1)	[0.026]	[0.025]	[0.036]	[0.036]
AR(2)	[0.259]	[0.220]	[0.275]	[0.263]
Hansen	[0.778]	[0.771]	[0.761]	[0.755]
R^2	0.256	0.217	0.249	0.265
N	240	240	240	240

注:方括号内的数值为相应检验统计量 p 值,其他同表 6 - 2。

首先,为增强回归结果的可靠性,对模型设定的合理性和工具变量的有效性进行相应的检验(见表 6 - 6 下半部分):在四种空间权重矩阵估计模型中,AR(1)和 AR(2)检验均通过了误差项一阶序列相关、二阶序列不相关的原假设;Hansen 检验表明在 10% 的显著性水平上不能拒绝工具变量有效的原假设。综上而言,本章设定的模型以及选取的工具变量较为合理。其次,从各列的估计结果来看(见表 6 - 6 上半部分),四种空间权重矩阵设置下全球价值链参与对地区资源配置效率的直接效应和间接效应均显著为正,这说明在使用空间GMM 估计方法控制可能存在的内生性问题后,全球价值链参与对资源配置效率仍具有明显的地区内溢出效应和空间溢出效应,本章的核心结论较为稳健。

第五节　进一步讨论:GVC 资源配置效率空间溢出的区域边界

前文分析表明某地区参与全球价值链不仅能够提高自身的资源配置效率,

而且能够对其他地区的资源配置效率产生促进作用。但大量研究表明,基于外溢的知识技术大多为需要面对面交流的默会性知识,较难进行长距离传递,是一种根植于地域空间的本地化公共品,因此存在较为显著的递减效应(Audretsch and Feldman,1996;余泳泽和刘大勇,2013)。那么,全球价值链参与对资源配置效率的空间溢出效应是否也存在这种距离衰减特征,其溢出的区域边界如何?为此,本部分参照余泳泽等(2016)的做法,进一步对不同距离阈值上全球价值链对资源配置效率的空间溢出效应进行再估计,这既可以检验空间衰减的地理学规律,进而识别全球价值链参与对资源配置效率空间溢出效应的区域边界,又能为国家政策制定者全面提升整个国家的资源配置效率进而实现经济结构转型升级提供可行的实践方案。假设两地区之间的地理距离区间为$[D_{min},D_{max}]$,τ表示从D_{min}到D_{max}的递进距离,即:

$$w_D/D = D_{min},D_{min}+\tau,D_{min}+2\tau\cdots,D_{max} \qquad (6-4)$$

其中,D表示距离阈值,其作用在于观察当参与空间回归的地区之间的地理距离逐步扩大时全球价值链参与对资源配置效率的空间溢出系数如何变化;$w_D = [w_{ij}^2,D]_{N \times N}$表示距离阈值为$D$的地理距离空间权重矩阵,具体形式为:

$$w_{ij}^2,D = \begin{cases} 1/D_{ij}^2 & \text{当}D_{ij} > D \\ 0 & \text{当}D_{ij} < D \end{cases} \qquad (6-5)$$

将(6-5)式的空间权重矩阵代入基准模型(6-3)式进行回归,就可以求得每个距离阈值上全球价值链参与对地区资源配置效率的空间溢出效应。回归模型的距离阈值从省区间的最短距离100公里开始,并以100公里为递进距离依次回归,直至2 100公里。考虑到距离阈值超出2 100公里以后,就会出现"孤岛",即某些省区不存在"邻近省区",因此,仅考虑2 100公里之内的情形。图6-1展现了全球价值链参与对资源配置效率空间溢出系数与其相应地理阈值之间的曲线关系。由图6-1可知,每个距离阈值上全球价值链空间溢出系数

的 z 统计量几乎都通过了至少 10% 的显著性检验,表明全球价值链对资源配置
效率的空间溢出效应是普遍存在的。同时,图 6-1 还显示,全球价值链对资源
配置效率的空间溢出效应存在明显的距离衰减特征,即随着地理距离的增加,
全球价值链对资源配置效率的空间溢出效应出现相应衰减,在 2 000 公里的地
理阈值上全球价值链对资源配置效率的空间溢出效应不再显著。

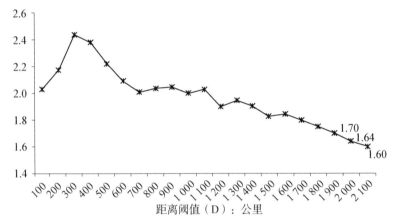

图 6-1 GVC 空间溢出效应的区域边界检验结果

注:图中曲线上的数值表示每个距离阈值上 GVC 空间溢出系数的 z 统计量。

第六节 本章小结:GVC 资源配置效率的空间溢出

近年来中国经济逐步迈入"新常态"阶段,在经济增长速度下滑的同时还伴
随着产能过剩、经济结构转型升级等重大经济问题(陈诗一和陈登科,2017)。
同时,随着全球价值链在世界范围内铺陈开来,中国凭借"人口红利"等低成本
优势迅速融入其中,并享受着新一轮经济全球化带来的发展红利。那么中国融
入全球价值链分工能否提升资源配置效率进而实现经济结构的转型升级呢?
本章利用 2000—2007 年中国海关数据库和中国工业企业数据库,并结合探索

性空间数据分析方法和静态、动态多种空间权重矩阵设定的空间面板模型实证检验了中国全球价值链参与对区域资源配置效率的影响。本章的研究结论主要包括以下两个方面：

第一，全球价值链对资源配置效率既产生地区内溢出，也产生空间溢出，因此传统未考虑空间因素的模型低估了全球价值链参与的真实影响；同时，全球价值链对资源配置效率的空间溢出效率在动态空间权重矩阵设置下更强，说明动态空间权重矩阵能更有效地揭示全球价值链空间关联产生的内在原因、机制与溢出强度。

第二，全球价值链对资源配置效率的空间溢出效应存在明显的距离衰减特征，即随着地理距离的增加，全球价值链对资源配置效率的空间溢出效应出现衰减，在 2 000 公里的地理阈值上全球价值链对资源配置效率的空间溢出效应不再显著。

国内价值链增长效应研究

本书第三篇讨论了国内价值链的增长效应,包括第七至第十二章。目前关于国内价值链的研究相对较少,主要集中在对国内价值链参与度的定量核算上,并未对国内价值链完整的链式循环过程和价值链分布形态进行测度;同时虽有少部分学者对国内价值链与经济增长进行了定性分析,但经验研究总体上较为匮乏,既未涉及增长效应,也未触及空间视角,更未对国内价值链增长效应的作用机制进行识别、检验和分析。因此,本篇首先从地区/产业单边维度考察了国内价值链与整体经济增长、全要素生产率和资源配置效率的溢出效应;其次从单边地区/产业延伸至双边地区间,探讨了国内价值链与地区间收入差距、技术差距和资源配置效率差距的关系,并进一步从国内外两个关系大局的互动视角探讨了中国地区间经济差距问题。

　　总体而言,本篇的研究突出了国内价值链在经济增长中的作用,对置身于逆全球化浪潮和改革深水区的中国可持续内生增长动力的塑造和新型开放与区域协调发展有效平衡的实现具有指导价值。

第七章 国内价值链与经济增长的溢出效应

第一节 引言

改革开放以来,中国抓住全球生产分割所带来的历史性机遇,充分利用"人口红利"等低成本优势,积极融入发达国家主导的全球价值链(GVC),通过汇聚全球高级生产要素形成巨大的生产和出口能力,创造了"经济增长奇迹"。然而,自 2008 年全球金融危机之后,尤其是 2012 年之后,全球价值链主导下的全球贸易以及中国贸易进入了低速增长的"新常态",全球价值链遭受重挫。伴随着全球贸易的大幅下滑,逆全球化思潮蔓延,孤立主义、保守主义、民粹主义在世界范围高涨,这势必会给中国外向型经济发展造成前所未有的打击(盛斌和王璐瑶,2017)。在此背景下,中国很难通过从属于发达国家主导的 GVC 这种"外部力量"获得经济增长和转型的持续动力。因此,在坚定反对逆全球化浪潮的同时,作为一个区域发展条件和发展水平差异较大的经济大国、人口大国和地理大国,还应将视野转向立足于国内广阔市场的国内价值链(NVC),通过错综交织的国内价值链将中国在区际分工方面的优势条件转换为中国塑造可持续增长动力的关键"内部力量"。

虽然部分学者已意识到 NVC 对于中国的重要性,开始借鉴 GVC 的测度框架定量分析 NVC,如苏庆义(2016)采用 2007 年中国 30 个省区区域间投入产出表,从出口比较优势出发对中国各省区出口的国内增加值来源进行了分解,而黎峰(2016a,2016b)、李跟强和潘文卿(2016)则利用 1997 年、2002 年和 2007 年三年中国八大地区区域间投入产出表,分别从国内价值链分工和全球价值链嵌入模式视角分解了中国八大地区流出额的国内增加值部分,但他们在指标测度上均仅强调 NVC 参与程度,无法对 NVC 完整的链式循环过程和价值链分布形态进行测度,更未涉及对 NVC 与经济增长之间关系的探讨。

溢出效应对于研究经济增长至关重要,经济增长的一个重要因素在于生产主体之间交流互动而产生的溢出效应(Egger and Pfaffermayr,2006)。随着空间计量经济学的兴起,在空间计量的分析框架下讨论经济增长溢出效应也逐渐成了主流(Yu and Lee,2012)。国内外学者借助空间计量方法对经济增长溢出效应作了大量的研究,如雷伊和蒙图里(Rey and Montouri,1999)、林光平等(2006)。但他们均从地区这一单一维度进行考察,缺乏产业维度的分析,而任何知识、技术和信息要素均是在不同地理单元和不同产业主体的双重维度上交流与互动,缺乏任一维度均无法对知识、技术和信息要素的作用过程及其带来的经济增长溢出效应进行全面揭示。同时,这些文献缺乏在合理的理论框架下对其中的溢出机制进行解构和分析,更无法将经济增长溢出效应置于 NVC 的链式循环过程进行审视。

进一步地,NVC 作为一种多阶段分工的组织模式,存在着较高的交易成本,而交易成本在很大程度上取决于社会信用体系、市场机制、法律法规、政府运行和法律执行力等制度环境。在全球价值链研究上,学者们普遍发现制度环境对全球价值链分工具有重要影响。该类研究以威廉姆逊(Williamson,1985)等开创的不完全契约理论[①]为基础,指出当跨国公司面临的外部制度环境较差时,由于合约的不完全性所带来的"敲竹杠"(Hold-up)风险增大,此时其倾向于将中间产品交易和最终产品生产均置于企业内部进行;而如果面临的外部制度环境较好时,由于企业内部的交易成本将会高于"外包"产生的市场交易,此时跨国公司会选择跨国外包,从而推动全球价值链的发展(Grossman and Hart,

---

① 该理论指出,由于契约的不完全性,事前的专用性投资无法写入契约或无法向第三方(如法庭)证实,那么在事后的再谈判过程中投资方就会面临被"敲竹杠"的风险,从而导致投资的无效率。

1986；Hart and Moore，1990；Antras et al.，2004）。很显然,制度环境会对GVC 的分工模式和区位配置产生深刻影响（戴翔和金碚,2014；戴翔和郑岚,2015）。那么,作为一种与 GVC 相类似的组织形式,NVC 的链式循环过程和价值链分布形态也可能会受到国内各地区制度环境的较大影响,而 NVC 的链式循环过程和价值链分布形态又可能会影响甚至决定 NVC 对经济增长的溢出特征,因此,一个自然延伸的问题是,国内各地区制度环境是否会成为影响 NVC 对经济增长溢出效应及其实现机制的重要因素？本章将在 NVC 经济增长溢出效应的统一框架下对此进行分析,继而为 NVC 的研究提供新思路与新视角。

与以往研究相比,本章的贡献可能在于:第一,首次利用 2002 年、2007 年和2010 年中国 30 个省区区域间非竞争型投入产出表对包含地区—产业双重维度的 NVC 对经济增长的溢出效应进行探讨,发现 NVC 对中国各地区—产业经济增长存在显著的溢出效应;第二,基于"微笑曲线"理论从静态和动态两个维度进一步解构了 NVC 对经济增长溢出效应的实现机制,其中,静态溢出机制包括制造前阶段的前向溢出、制造后阶段的后向溢出效应,动态溢出机制为制造前后阶段的追赶—竞争效应,并在此基础上设置能够有效捕捉三种溢出机制的空间权重矩阵和采用空间计量方法进行了机制检验,发现 NVC 对经济增长的溢出效应主要通过后向溢出效应实现,前向溢出效应和追赶—竞争效应的作用并不明显,伴随着中国先产品市场后要素市场渐进性改革而出现的 NVC"上游环节垄断分割、下游环节竞争开放"非对称结构可能是这一机制实现的主要原因;第三,考虑到制度环境对 NVC 的链式循环过程和价值链分布形态具有重要影响,本章还将制度环境引入到 NVC 对经济增长溢出效应的考察中,发现良好的制度环境能够增强 NVC 三种溢出机制作用的有效发挥,从而"放大"了 NVC 对经济增长的溢出效应。总的来说,本章的研究突出了国内价值链在经济增长中的重要作用,有助于中国在逆全球化背景下塑造可持续内生增长动力。

本章余下部分安排为:第二节基于"微笑曲线"理论解析 NVC 对经济增长的溢出机制,并提出相应的研究假说;第三节介绍 NVC 经济增长溢出效应的测

度框架、计量模型和数据;第四节报告实证结果;第五节进一步从制度环境视角
分析 NVC 的经济增长溢出效应;第六节为本章小结。

第二节 NVC 对经济增长的溢出机制:
基于"微笑曲线"理论的解析

由于在生产活动过程中产生的知识、技术和信息流是错综复杂、互为交织
的,因此溢出效应及其实现机制的度量角度并不唯一,往往会表现出多种维度
(Kaiser,2002)。本章将基于"微笑曲线"理论对 NVC 对经济增长溢出效应
的实现机制进行解构,在此基础上提出研究假说,为后文经验研究提供理论
基础。

在国内价值链分工体系下,同一产品的生产工序在不同地理单元和产业主
体之间被拆分为多个环节或区段,并通过专业化分工将这些价值链环节有机地
整合在一起。建立 NVC 后,不仅可以有效整合区际要素资源,充分发挥地区比
较优势,还可以形成地区间产业前后向增加值关联,带动上下游产业发展(刘志
彪和张少军,2008;刘志彪,2013)。因此,NVC 联结的生产分工网络将各地
区—产业虹吸至共同发展的进程之中,使各地区—产业经济增长相互依赖并产
生溢出效应。NVC 组织模式的特殊性决定了 NVC 可以通过多种渠道对经济
增长产生溢出效应,本篇将基于"微笑曲线"理论对其中的溢出机制进行解构。
如图 7-1 所示,对于某一产品价值链"微笑曲线",可将其生产阶段分为制造前
阶段和制造后阶段。制造前阶段包括研发设计、原材料供应、零部件生产等环
节,其参与主体为所有为该条价值链最终品生产提供中间品或服务的生产单
元;制造后阶段包括物流配送、市场营销、售后服务等环节,其参与主体为所有
在销售该条价值链最终品过程中涉及的生产单元。然而,"微笑曲线"不仅仅是
对产品价值链链式循环和价值增值过程的简单描述,更是蕴含着知识、技术和
信息要素在链条上流动进而带动整条价值链参与主体经济增长溢出的深刻理

论机制。根据穆达比(Mudambi，2008)、鲍德温等(Baldwin et al.，2014)提出的"微笑曲线"理论,本章从静态和动态两个维度进一步解构了 NVC 对经济增长溢出效应的实现机制,通过静态的制造前阶段的前向溢出和制造后阶段的后向溢出效应以及动态的制造前后阶段的追赶—竞争效应 NVC 对经济增长产生溢出效应。

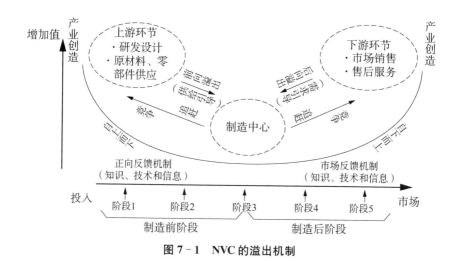

图 7-1　NVC 的溢出机制

首先,在制造前阶段,NVC 上游地区—产业可以通过中间品供应将蕴含在其中的知识、技术和信息要素向本地区—产业转移与扩散,这有助于本地区—产业改进生产工艺、提高产品质量和生产效率,进而促进经济增长(Keller,2002b;Nishioka and Ripoll，2012)。同时,NVC 上游地区—产业还可以通过劳动力培训、技术指导、派发研发人员等方式帮助本地区—产业获得知识技术溢出,这也有助于本地区—产业的技术进步与经济增长(Ivarsson and Alvstam,2010；Simona and Axele，2012)。本章将 NVC 的这一经济增长溢出机制概括为由供给驱动的前向溢出效应。其次,在制造后阶段,通过自下而上的市场反馈机制,本地区—产业可以根据下游地区—产业反馈的市场需求对相关产品的生产工艺、制作流程、规格参数等方面作出适应性和目的性的修改和完善,进而

171

促进本地区—产业生产能力的提升(Isaksson et al.,2016)。同时,NVC下游地区—产业往往对产品和服务有较高的质量标准、责任及配达速度,这也在客观上促进了本地区—产业生产水平的提高和经济增长(Brash,1966)。本章将NVC的这一经济增长溢出机制概括为由需求驱动的后向溢出效应。最后,位于NVC中端的地区—产业通过前、后向溢出效应在不断吸收来自上、下游地区—产业知识、技术和信息要素的基础上进行二次创新继而向NVC两端攀升时,会对NVC两端地区—产业形成激烈的追赶和竞争,这会激励NVC两端地区—产业进行"创造性破坏",衍生出新的具有更高附加值的生产环节或产业形态,同时将现有的生产环节或产业向NVC中端转移,这一方面促进了NVC向高级化跃升,另一方面加速了NVC两端知识、技术和信息要素的扩散与传播,进而带动了NVC各参与主体的技术进步与经济增长(Mudambi,2008;Baldwin et al.,2014)。本章将NVC的这一经济增长溢出机制概括为追赶—竞争效应。由于制造前阶段的前向溢出效应和制造后阶段的后向溢出效应决定了NVC经济增长溢出效应能否形成供给—需求有效协同的完整链式循环过程,其反映了NVC循环链接的静态情况,而制造前后阶段的追赶—竞争效应则决定了NVC能否实现更替升级和产业创造,其反映了NVC塑造演变的动态情况。因此,本章进一步将前、后向溢出效应称为静态溢出机制,将追赶—竞争效应称为动态溢出机制。基于以上分析,本章提出如下假说:

假说7.1:NVC对经济增长存在溢出效应。

假说7.2:静态的制造前阶段的前向溢出和制造后阶段的后向溢出效应以及动态的制造前后阶段的追赶—竞争效应是NVC对经济增长溢出效应的重要实现机制。

进一步地,NVC由一系列技术复杂度不同的中间生产环节所构成,存在着各环节的匹配问题,而任一环节出现诸如质量或违约问题,都会影响其他环节的顺利进行进而影响NVC对经济增长的溢出效应及其实现机制(Coe et al.,2009)。NVC两端的生产环节,技术复杂度较高,生产要素的异质性和专用性特征较强,而专用性特征意味着其对制度环境决定的交易风险和交易费用较为敏感(Williamson,1985;Antras and Helpman,2004)。一方面,良好的制度环境可以降低 NVC 两端地区—产业的资产专用性风险,增强 NVC 两端地区—产业与本地区—产业之间的信任关系,提高 NVC 环节匹配质量,从而增强 NVC 两端地区—产业对本地区—产业的知识技术转移倾向和溢出(Berkowitz et al.,2006);同时,良好的制度环境也有助于提升本地区—产业对来自两端地区—产业的这种纵向溢出效应的学习、吸收和消化能力(Alfaro et al.,2003;赵奇伟,2009)。另一方面,良好的制度环境能够激励 NVC 两端地区—产业进行事前专用性投资和研发创新,选择需要更多专用性投入的先进技术,创造新的具有更高附加值的生产环节或产业形态,并将现有的生产环节或产业向本地区—产业转移,这既促进了 NVC 的动态演进和向高级化跃升,又加速了 NVC 两端地区—产业知识、技术和信息要素的扩散与传播(Klein et al.,1978;Hart and Moore,1990)。制度环境不仅通过影响 NVC 两端地区—产业的知识技术转移倾向和资产专用性投资影响 NVC 对经济增长的溢出效应及其实现机制,而且在中国经济转型过程中,还会通过重塑 NVC 的价值链形态分布进而对经济增长溢出效应产生作用。一方面,制度环境会影响经济所有权结构,而经济所有制结构会影响资源配置效率,这会对 NVC 能否形成供给—需求有效协同的完整链式循环过程产生重要作用(金祥荣等,2008)。良好的制度环境可以提高民间投资的积极性,促进民营经济发展,降低国有经济比重,改善经济所有权结构,这有助于 NVC 形成供给—需求有效协同的链式循环过程,从而增强 NVC 对经济增长的前、后向溢出效应,另一方面,制度环境也会影响地区竞争结构,进而对 NVC 的动态演变产生重要作用(张杰和刘志彪,2008)。良好的制度环境能够促进市场竞争的有序化、规范化和稳定化,从而激励更多的地区—产业参与到价值链竞争中来,这既有利于打破地区市场分割,又有利于对 NVC 两端地区—产业形成激烈的追赶和竞争,激励其进行生产环节创造和转移,继而强化了 NVC 追赶—竞争效应对经济增长的带动作用。由此,可引申出如下假说：

假说 7.3： 良好的制度环境能够增强 NVC 制造前向溢出、制造后向溢出以及制造前后追赶—竞争效应三种溢出机制的有效发挥，从而"放大"了 NVC 对经济增长的溢出效应。

第三节 NVC 对经济增长溢出效应的测度框架、计量模型与数据说明

一、NVC 对经济增长溢出效应的测度框架

（一） NVC "微笑曲线"测度框架与事实特征

根据"微笑曲线"的定义，从地区—产业维度绘制 NVC 的"微笑曲线"主要涉及两类指标：各参与地区—产业从 NVC 中获取的增加值收益以及其在 NVC 中所处的位置。现有关于价值链测度的研究对增加值联系强度或价值链参与程度进行了颇多有益的探索，如胡梅尔斯等（Hummels et al., 2001）、王直等（Wang et al., 2013）、库普曼等（Koopman et al., 2014），但对价值链长度或位置的考察主要从总产出出发提出了平均传递长度（Dietzenbacher et al., 2005）、生产阶段数（Fally, 2012）、上游度（Antras et al., 2012）等指标。然而，从总产出视角构造的价值链长度或位置指标未能也无法将价值链的价值增值过程考虑在内。叶明等（Ye et al., 2015）则从增加值传播视角，利用世界投入产出表构建了基于前向增加值联系的增加值传递长度（Value-added Propagation Length，VPL）指标，用于测度各国—产业在 GVC 中所处的位置，同时构建了基于后向增加值联系的增加值收益指标，用于衡量各国—产业对 GVC 的增加值贡献，从而将绘制"微笑曲线"所需的两个指标较好地统一于增加值的核算框架之下。本章将这一测算框架运用到一国内部地区—产业层面，利用区域间投入产出表对中国各地区—产业 NVC 的链式循环过程和价值链分布形态进行定量描述。

假设一个国家有 G 个地区 N 个产业，基于区域间非竞争型投入产出表，可以计算出各地区—产业之间的增加值流动矩阵：

$$
\hat{V}L\hat{F} =
\begin{bmatrix}
v_1^1 & \cdots & 0 & \cdots & 0 & \cdots & 0 \\
\vdots & & \vdots & & \vdots & & \vdots \\
0 & \cdots & v_1^N & \cdots & 0 & \cdots & 0 \\
\vdots & & \vdots & & \vdots & & \vdots \\
0 & \cdots & 0 & \cdots & v_G^1 & \cdots & 0 \\
\vdots & & \vdots & & \vdots & & \vdots \\
0 & \cdots & 0 & \cdots & 0 & \cdots & v_G^N
\end{bmatrix}
\begin{bmatrix}
l_{11}^{11} & \cdots & l_{11}^{1N} & \cdots & l_{1G}^{11} & \cdots & l_{1G}^{1N} \\
\vdots & & \vdots & & \vdots & & \vdots \\
l_{11}^{N1} & \cdots & l_{11}^{NN} & \cdots & l_{1G}^{N1} & \cdots & l_{1G}^{NN} \\
\vdots & & \vdots & & \vdots & & \vdots \\
l_{G1}^{11} & \cdots & l_{G1}^{1N} & \cdots & l_{GG}^{11} & \cdots & l_{GG}^{1N} \\
\vdots & & \vdots & & \vdots & & \vdots \\
l_{G1}^{N1} & \cdots & l_{G1}^{NN} & \cdots & l_{GG}^{N1} & \cdots & l_{GG}^{NN}
\end{bmatrix}
\begin{bmatrix}
f_1^1 & \cdots & 0 & \cdots & 0 & \cdots & 0 \\
\vdots & & \vdots & & \vdots & & \vdots \\
0 & \cdots & f_1^N & \cdots & 0 & \cdots & 0 \\
\vdots & & \vdots & & \vdots & & \vdots \\
0 & \cdots & 0 & \cdots & f_G^1 & \cdots & 0 \\
\vdots & & \vdots & & \vdots & & \vdots \\
0 & \cdots & 0 & \cdots & 0 & \cdots & f_G^N
\end{bmatrix}
$$

$$
=
\begin{bmatrix}
v_1^1 l_{11}^{11} f_1^1 & \cdots & v_1^1 l_{11}^{1N} f_1^N & \cdots & v_1^1 l_{1G}^{11} f_G^1 & \cdots & v_1^1 l_{1G}^{1N} f_G^N \\
\vdots & & \vdots & & \vdots & & \vdots \\
v_1^N l_{11}^{N1} f_1^1 & \cdots & v_1^N l_{11}^{NN} f_1^N & \cdots & v_1^N l_{1G}^{N1} f_G^1 & \cdots & v_1^N l_{1G}^{NN} f_G^N \\
\vdots & & \vdots & & \vdots & & \vdots \\
v_G^1 l_{G1}^{11} f_1^1 & \cdots & v_G^1 l_{G1}^{1N} f_1^N & \cdots & v_G^1 l_{GG}^{11} f_G^1 & \cdots & v_G^1 l_{GG}^{1N} f_G^N \\
\vdots & & \vdots & & \vdots & & \vdots \\
v_G^N l_{G1}^{N1} f_1^1 & \cdots & v_G^N l_{G1}^{NN} f_1^N & \cdots & v_G^N l_{GG}^{N1} f_G^1 & \cdots & v_G^N l_{GG}^{NN} f_G^N
\end{bmatrix}
\quad (7-1)
$$

其中，$\hat{V}$ 表示增加值率对角矩阵，L 表示完全消耗系数矩阵，$\hat{F}$ 表示最终需求对角矩阵，元素 $v_i^r l_{ij}^{rs} f_j^s$ 表示地区 j 产业 s 生产的最终品价值中来自地区 i 产业 r 的增加值。增加值流动矩阵 $\hat{V}L\hat{F}$ 描绘了各地区—产业在最终品生产过程中的增加值贡献，其行表示某一地区—产业创造的增加值在所有地区—产业间的分配，即从供给者角度追溯了某一地区—产业与其所有下游地区—产业之间的前向增加值联系程度；其列表示所有地区—产业对某一地区—产业生产的最终品价值的增加值贡献，即从使用者角度追溯了某一地区—产业与其所有上游地区—产业之间的后向增加值联系程度。

然而，增加值流动矩阵只显示了各地区—产业对 NVC 的增加值贡献，而无法获知各地区—产业在 NVC 中的位置。本章将采用叶明等（Ye et al.，2015）

定义的增加值传递长度指标来刻画各地区—产业在 NVC 中所处的位置。根据定义,增加值传递长度指的是,在 NVC 生产体系中,某一地区—产业传递 1 单位增加值到特定地区—产业最终需求所经历的平均生产阶段数,即:

$$U_{ij}^{rs} = V_i^r(1I + 2A + 3A^2 + 4A^3 + \cdots)F_j^s/va_{ij}^{rs} = V_i^r L^2 F_j^s/va_{ij}^{rs} \quad (7-2)$$

其中,$V_i^r = [0\ 0\cdots v_i^r \cdots 0]$ 表示地区 i 产业 r 的增加值率,$F_j^s = [0\ 0\cdots f_j^s \cdots 0]$ 表示地区 j 产业 s 的最终需求,$va_{ij}^{rs} = v_i^r l_{ij}^{rs} f_j^s$。$U_{ij}^{rs}$ 用来表示地区 i 产业 r 在地区 j 产业 sNVC 中所处的位置,其值越大,表示传递 1 单位增加值到地区 j 产业 s 最终需求所经历的下游生产阶段数越多,越处于地区 j 产业 sNVC 的上游;反之,越处于地区 j 产业 sNVC 的下游。在获得了位置指标和增加值贡献强度指标后,就可以计算出地区 j 产业 sNVC 制造前阶段和制造后阶段各参与地区—产业创造的增加值,从而展现出地区 j 产业 s 整条 NVC 的链式循环和价值增值过程。

根据上述"微笑曲线"测度框架,利用中国区域间投入产出表进行描述性分析可发现如下三个典型事实特征:(1)中国各地区—产业国内价值链普遍存在"微笑曲线"的分布特征;(2)在制造前阶段,本省省内的很多产业是增加值获益较大的参与主体,省内分工较为明显,而在制造后阶段,其他省区的产业亦获得了较大份额的增加值收益,区际分工较为明显;(3)2008 年全球金融危机爆发之后,制造前阶段的省外参与主体明显增多,同时,整条价值链的长度明显变长、增加值收益显著提升。详细的国内价值链"微笑曲线"的测度过程以及中国的典型事实描述参见第三章第二节和第三节。

(二) NVC 经济增长溢出效应度量:空间权重矩阵设置

空间计量经济学的发展为本章测度 NVC 溢出效应提供了新思路,安瑟林(Anselin, 1988)指出,通过引入空间权重矩阵可以更为准确地捕捉变量之间的空间关联和溢出效应。按照安瑟林(Anselin, 1988)的理论,空间权重矩阵主要基于研究对象在地理上的邻近性而设定的。本章根据研究目的对此定义加以拓展,将 NVC 各参与地区—产业定义为 NVC 活动空间中的个体,它们之间的"邻近性"用增加值关联来表示。

(1)总溢出效应度量。由于 NVC 的链式循环过程本质上是一个价值增值的过程,因此,本章中的增加值关联主要指 NVC 参与地区—产业之间由于增加值流动而产生的相互作用。在 NVC 联结的分工网络中,各参与地区—产业通过增加值流动产生真实经济联系,而隐含在增加值中的知识、技术和信息要素也必然随着这些增加值的流动而被传播和扩散。本章将采用上一部分的增加值流动矩阵 $\hat{V}L\hat{F}$ 对 NVC 总溢出效应进行度量。定义地区—产业间通过增加值流动而产生的经济联系强度为:

$$TV_{ij}^{rs} = v_i^r l_{ij}^{rs} f_j^s + v_j^s l_{ji}^{sr} f_i^r \tag{7-3}$$

其中,$v_i^r l_{ij}^{rs} f_j^s + v_j^s l_{ji}^{sr} f_i^r$ 表示地区 j 产业 s 生产的最终品价值中来自地区 i 产业 r 的增加值与地区 i 产业 r 生产的最终品价值中来自地区 j 产业 s 的增加值之和,即两地区—产业之间的增加值流动量。这样,利用矩阵的形式,可将测度 NVC 对经济增长总溢出效应中的空间权重矩阵 W 中的任何一个元素 w_{ij}^{rs} 定义为如下形式:

$$w_{ij}^{rs} = \begin{cases} TV_{ij}^{rs} & i \neq j \text{ 或 } r \neq s \\ 0 & i = j \text{ 且 } r = s \end{cases} \tag{7-4}$$

(2)溢出机制度量。关于 NVC 对经济增长三种溢出机制的度量,由于增加值流动矩阵 $\hat{V}L\hat{F}$ 不仅能够揭示 NVC 上、下游地区—产业之间的增加值流动大小,还能揭示其增加值流动方向,因此,本章也根据增加值流动矩阵 $\hat{V}L\hat{F}$ 来设置能够较好测度 NVC 对经济增长前、向后溢出效应中的空间权重矩阵。借鉴埃里克和洛什(Erik and Los,2002)、朱平芳等(2016)的做法,将测度 NVC 后向溢出效应中的空间权重矩阵 W_B 设置为:

$$
W_B = \begin{bmatrix}
0 & \cdots & v_1^1 l_{11}^{1N} f_1^N & \cdots & v_1^1 l_{1G}^{11} f_G^1 & \cdots & v_1^1 l_{1G}^{1N} f_G^N \\
\vdots & \cdots & \vdots & \cdots & \vdots & \vdots & \vdots \\
v_1^N l_{11}^{N1} f_1^1 & \cdots & 0 & \cdots & v_1^N l_{1G}^{N1} f_G^1 & \cdots & v_1^N l_{1G}^{NN} f_G^N \\
\vdots & \vdots & \vdots & \vdots & \vdots & \vdots & \vdots \\
v_G^1 l_{G1}^{11} f_1^1 & \cdots & v_G^1 l_{G1}^{1N} f_1^N & \cdots & 0 & \cdots & v_G^1 l_{GG}^{1N} f_G^N \\
\vdots & \vdots & \vdots & \cdots & \vdots & \cdots & \vdots \\
v_G^N l_{G1}^{N1} f_1^1 & \cdots & v_G^N l_{G1}^{NN} f_1^N & \cdots & v_G^N l_{GG}^{N1} f_G^1 & \cdots & 0
\end{bmatrix}
$$

$$(7-5)$$

W_B 中的元素表示本地区—产业为其下游地区—产业提供增加值流向,将测度 NVC 前向溢出效应中的空间权重矩阵 W_F 设置为:

$$
W_F = \begin{bmatrix}
0 & \cdots & v_1^N l_{11}^{N1} f_1^1 & \cdots & v_G^1 l_{G1}^{11} f_1^1 & \cdots & v_G^N l_{G1}^{N1} f_1^1 \\
\vdots & \cdots & \vdots & \cdots & \vdots & \vdots & \vdots \\
v_1^1 l_{11}^{1N} f_1^N & \cdots & 0 & \cdots & v_G^1 l_{G1}^{1N} f_1^N & \cdots & v_G^N l_{G1}^{NN} f_1^N \\
\vdots & \vdots & \vdots & \vdots & \vdots & \vdots & \vdots \\
v_1^1 l_{1G}^{11} f_G^1 & \cdots & v_1^N l_{1G}^{N1} f_G^1 & \cdots & 0 & \cdots & v_G^N l_{GG}^{N1} f_G^1 \\
\vdots & \vdots & \vdots & \cdots & \vdots & \cdots & \vdots \\
v_1^1 l_{1G}^{1N} f_G^N & \cdots & v_1^N l_{1G}^{NN} f_G^N & \cdots & v_G^1 l_{GG}^{1N} f_G^N & \cdots & 0
\end{bmatrix}
$$

$$(7-6)$$

W_F 中的元素表示上游地区—产业为本地区—产业提供增加值流向。同时,本章还设置能够较好测度 NVC 对经济增长追赶—竞争效应中的空间权重矩阵 W_C。根据"微笑曲线"理论,两地区—产业在 NVC 中的位置越接近,其技术结构越相似,而技术结构越相似的地区—产业间追赶—竞争效应越强,从而越有动力进行技术创新和环节创造(Jaffe, 1986;Conley and Dupor, 2003)。据此,本章采用各地区—产业在 NVC 中的位置距离来构造 W_C,将其非对角元素设置为两地区—产业增加值传递长度差异绝对值的倒数,对角元素设置为 0。

为了能够将来自 NVC 关联地区—产业的观测值构成一个线性组合,对上述所有空间权重矩阵均作标准化处理,使其每行元素之和为 1。

二、NVC 溢出效应实证框架:空间计量模型建立

为了能够科学、合理地验证 NVC 对经济增长的溢出效应及其实现机制,本章将采用空间自回归模型(SAR)进行实证考察,该模型的优势在于:第一,考虑了 NVC 各参与主体之间类似于空间相互依赖的溢出效应;第二,对空间滞后项系数的估计可以反映 NVC 各参与主体之间经济增长的溢出效应;第三,可以用于探讨 NVC 各参与主体之间的经济增长溢出效应是通过哪种溢出机制发生的(LeSage and Pace,2009)。

(一) 基准模型设定

根据本章的研究目的及第二部分提出的理论假说,将基本计量模型设定为如下形式的 SAR 模型:

$$\ln gdp_{it}^r = \rho W \ln gdp_{it}^r + \beta \ln \vec{X} + \mu_i^r + \mu_t + \varepsilon_{it}^r \qquad (7-7)$$

其中,下标 i 表示地区,t 表示年份;上标 r 表示产业。被解释变量 $\ln gdp$ 为经济增长,采用各地区—产业增加值的对数值表示。W 为上一部分定义的测度 NVC 总溢出效应中的空间权重矩阵,$W \ln gdp$ 为被解释变量 $\ln gdp$ 的空间滞后项,其系数 ρ 为空间自相关回归系数,度量了 NVC 对经济增长的总溢出效应,即通过 NVC 联结的分工网络,其他地区—产业经济增长对本地区—产业经济增长的溢出效应。$\vec{X}$ 表示影响经济增长的其他控制变量。由于经济增长与特定地区—产业的冲击以及特定宏观经济因素的冲击有关,本章还控制了地区—产业固定效应 μ_i^r 和年份固定效应 μ_t,ε 表示随机扰动项。同时,本章采用埃尔霍斯特(Elhorst,2003)提出的空间面板极大似然法对 SAR 模型进行估计以降低可能存在的内生性问题。

根据现有文献,本章的控制变量主要包括:(1)资本(k),用各地区—产业的物质资本来表示。采用永续盘存法对物质资本进行估算,其中,初始资本存量公式为 $K^r_{i,2000} = I^r_{i,2000}/(g^r_i + \delta)$,$I^r_{i,2000}$ 表示地区 i 产业 j 基年固定资产投资额,g^r_i 表示地区 i 产业 j 实际增加值在样本期内,即样本期内的几何平均增长率,δ 为折旧率,参照徐现祥等(2007)的做法,取值为 3%;历年各地区—产业固定资产投资额采用各地区固定资产价格指数换算成以 2000 年为基期的实际值。(2)劳动(l),用各地区—产业的全社会年末从业人员来衡量。由于 2003 年及之后年份《中国统计年鉴》未直接提供各地区服务业分行业的全社会年末从业人员数据,与现有文献相一致,用各地区服务业全社会总就业人数×(各地区服务业分行业的城镇单位就业人数/各地区服务业城镇单位总就业人数)代替。(3)产业集聚水平(agg),用各地区—产业的就业人数占该地区总就业人数的比例除以全国该行业就业人数占全国总就业人数的比例来度量。(4)政府支出规模(gov),用扣除科教文卫这类公共性支出之后的地方政府支出占 GDP 的比重来表示。(5)基础设施($infra$),用公路密度,即各地区公路总里程除以国土面积来表示。(6)对外开放水平($open$),用地区进口和出口总额占 GDP 的比重来测度。对上述控制变量均作对数化处理。

(二) 机制检验模型设定

进一步地,为检验 NVC 生产单元之间经济增长的溢出效应是通过哪种溢出机制发生的,本章设置了如下所示的 SAR 模型:

$$\ln gdp^r_{it} = \rho_F W_F \ln gdp^r_{it} + \beta \ln \vec{X} + \mu^r_i + \mu_t + \varepsilon^r_{it} \qquad (7-8)$$

$$\ln gdp^r_{it} = \rho_B W_B \ln gdp^r_{it} + \beta \ln \vec{X} + \mu^r_i + \mu_t + \varepsilon^r_{it} \qquad (7-9)$$

$$\ln gdp^r_{it} = \rho_C W_C \ln gdp^r_{it} + \beta \ln \vec{X} + \mu^r_i + \mu_t + \varepsilon^r_{it} \qquad (7-10)$$

其中,W_F、W_B 和 W_C 即为上一部分定义的测度 NVC 前向溢出效应、后向溢出效应和追赶—竞争效应中的空间权重矩阵;$W_F \ln gdp$、$W_B \ln gdp$ 和

$W_C \ln gdp$ 为空间滞后项,其系数 ρ_F、ρ_B 和 ρ_C 依次反映了其他地区—产业经济增长通过 NVC 制造前向溢出、制造后向溢出以及制造前后追赶—竞争效应三种机制对本地区—产业经济增长的溢出效应。

三、数据说明

本章分析主要涉及两类数据:第一,测度 NVC 总溢出效应及其三种溢出机制所需的投入产出数据。来源于 2002 年、2007 年和 2010 年中国 30 个省区区域间非竞争型投入产出表,其中 2002 年为中国科学院虚拟经济与数据科学研究中心编制,2007 年和 2010 年则由中国科学院区域可持续发展分析与模拟重点实验室编制。由于 2002 年区域间投入产出表仅包含 21 个产业部门,而 2007 年和 2010 年包含 30 个产业部门,为了前后的统一性和可比性,本章以 2002 年区域间投入产出表中的产业分类标准为基础,将 2007 年和 2010 年两张表中的 30 个产业部门合并为 21 个。第二,计算经济增长和相关控制变量的生产与人口数据,来自历年《中国统计年鉴》和《中国工业经济统计年鉴》。鉴于 2001 年之前的《中国工业经济统计年鉴》不存在时间连续性,以及 2011 年之后的《中国统计年鉴》缺乏各地区三次产业全社会总就业人数,本章样本期选为 2000—2010 年,考察对象为中国 30 个省区 21 个产业,剔除了数据缺失的西藏、港澳台地区,最终形成 6 930 个观测样本。

第四节　实证结果及分析

一、实证结果

（一）基准回归

表 7-1 报告了 NVC 对经济增长溢出效应的回归结果。其中,第(1)列是仅将本书重点关注的 NVC 对经济增长总溢出效应($W\ln gdp$)进行回归所得。结果显示,$W\ln gdp$ 的估计系数显著为正,表明 NVC 对中国各地区—产业经济增长存在显著的溢出效应。第(2)和(3)列分别展示的是在计量模型中纳入资

本 k 和劳动 l 两个控制变量和所有控制变量后所得的回归结果。从中可以发现,纳入控制变量后,$W\ln gdp$ 估计系数的大小虽有略微下降,但符号和显著性水平均未发生实质性改变,这在一定程度上说明了上述估计结果的稳健性。NVC 作为衔接国内各地理单元和产业主体的重要纽带,将各地区—产业置于紧密的专业化分工网络和一体化经济中,这既有利于整合区域要素资源,发挥地区比较优势,又有利于形成地区间产业前后向增加值关联,带动上下游产业发展,从而促进了地区—产业间经济增长的相互依赖和外溢(刘志彪和张少军,2008;刘志彪,2013),验证了假说 7.1。

表 7-1　NVC 对经济增长溢出效应的计量结果

	(1)	(2)	(3)
$W\ln gdp$	0.362*	0.337*	0.290**
	(1.66)	(1.69)	(2.32)
控制变量	否	是	是
地区—产业	是	是	是
年份	是	是	是
R^2	0.966	0.979	0.986
N	6 930	6 930	6 930

注:圆括号内为采用稳健标准差时的 z 统计量。*、**、*** 分别表示在 10%、5%、1%水平上显著。第(2)列控制变量仅加入资本和劳动,第(3)列将所有控制变量均纳入。

(二) 机制检验

通过上文分析可知,NVC 能够促进各地区—产业经济增长产生有效溢出,本部分将对其中可能的传导机制进行检验。对这一问题进行深入探讨,一方面有助于深化对 NVC 与经济增长之间关系的认识,另一方面也可以为中国当前区域与产业政策的优化调整提供指导。根据穆达比(Mudambi,2008)、鲍德温等(Baldwin et al.,2014)提出的"微笑曲线"理论,本章从静态和动态两个维度将 NVC 对经济增长溢出效应的实现机制解构为静态的制造前阶段的前向溢出和制造后阶段的后向溢出效应以及动态的制造前后阶段的追赶—竞争效应。

具体估计结果见表 7 - 2。

表 7 - 2　NVC 对经济增长溢出机制的检验结果

	W_F	W_B	W_C	W_F	W_B	W_C
	(1)	(2)	(3)	(4)	(5)	(6)
$W\ln gdp$	-0.272	0.685^*	0.056	-0.230	0.591^{**}	0.211
	(-0.95)	(1.73)	(0.34)	(-1.51)	(2.23)	(1.22)
控制变量	否	否	否	是	是	是
地区—产业	是	是	是	是	是	是
年份	是	是	是	是	是	是
R^2	0.966	0.966	0.967	0.986	0.986	0.987
N	6 930	6 930	6 930	6 930	6 930	6 930

注:同表 7 - 1。

　　由表 7 - 2 可知,NVC 对经济增长的静态溢出机制表现出明显的非对称性。前向溢出效应($W_F\ln gdp$)的估计系数不显著,表明 NVC 上游地区—产业经济增长并没有通过前向溢出机制带动本地区—产业经济增长;与之不同,后向溢出效应($W_B\ln gdp$)的估计系数则十分显著,表明 NVC 下游地区—产业经济增长能够通过后向溢出机制促进本地区—产业经济增长。同时,动态追赶—竞争效应($W_C\ln gdp$)也未能带动各地区—产业经济增长的有效溢出。上述结果意味着 NVC 对经济增长的溢出效应主要通过后向溢出效应实现,前向溢出效应和追赶—竞争效应的作用并不明显。其中的原因可能在于,中国先产品市场后要素市场的渐进性改革使得中国上游要素市场仍存在较为严重的垄断分割现象,这导致 NVC 上游环节呈现明显的行业垄断特征和区域分割特征,研发资源、原材料和关键零部件供应被少数大中型国有企业所垄断,地方保护主义盛行,从而阻碍了上游环节知识、技术和信息要素向本地区—产业传播与扩散;而下游产品市场基本实现了竞争开放,能够通过自下而上的市场反馈机制有效引导本地区—产业对相关产品的生产工艺、制作流程、规格参数等方面作出适应性和目的性的修改和完善,这促进了本地区—产业生产绩效的提高和经济增长。同时,为了满足下游地区—产业对产品质量标准、责任及配达速度的高标准以提升竞争力,本地区—产业也会主动增强自身的生产能力(Jin,2005;刘瑞明和石磊,2011)[1]。中国 NVC 表现出的上述"上游环节垄断分割、下游环节竞争开放"的非对称结构也造成了 NVC 上游环节竞争压力不足、下游环节同质竞争过度,从而使得追赶—竞争效应未能带动各地区—产业经济增长的有效溢出。

二、稳健性检验

(一) 考虑连续生产累积效应的检验

在有关经济增长和外溢的研究中,考虑连续生产累积效应和"干中学"是至关重要的,一个合适的经济增长模型必须反映当期经济发展水平与前期经济发展水平之间的联系(Islam,1995)。此外,尽管本章在基准回归中控制了较多能够影响经济增长的变量,但仍可能遗漏一些重要解释变量。因此,我们在控制变量中纳入了被解释变量的一阶滞后项 l.ln gdp,通过建立动态空间面板模型进一步控制动态时滞和减弱遗漏变量对经济增长的影响,并以此检验前文估计结果是否稳健。

表 7-3 报告了考虑连续生产累积效应后的动态空间面板模型的估计结果。从中可以看到,在所有模型的回归估计结果中,被解释变量滞后一期项 l.ln gdp 的估计系数均在 1% 的显著性水平上为正,这意味着中国各地区—产业经济增长存在明显的"持续性"特征,前期的经济发展水平会对当前的经济发展水平产生影响,验证了增长理论中的"干中学"假说。此时,NVC 对经济增长的溢出效应仍显著为正,且这种溢出效应亦是通过后向溢出效应实现的。综上而言,在采用动态空间面板模型控制动态时滞和遗漏变量以后,本章的核心结论依旧成立。

---

① 这也与第三节描述的中国各地区—产业 NVC 的制造前阶段省内分工较为明显、制造后阶段区际分工较为明显的事实特征相呼应。

表 7-3　稳健性检验:考虑连续生产累积效应

	W	W_F	W_B	W_C
	(1)	(2)	(3)	(4)
$W \ln gdp$	0.204*	−0.130	0.477***	0.123
	(1.94)	(−1.15)	(2.97)	(0.95)
1. $\ln gdp$	0.694***	0.697***	0.626***	0.691***
	(13.17)	(13.17)	(10.26)	(12.46)
控制变量	是	是	是	是
地区—产业	是	是	是	是
年份	是	是	是	是
R^2	0.994	0.994	0.995	0.994
N	6 300	6 300	6 300	6 300

注:同表 7-1。

(二)　估计方法检验

虽然添加被解释变量的一阶滞后项可以在一定程度上减弱遗漏变量的影响,但仍无法解决 NVC 可能与经济增长存在双向因果而造成的内生性偏误问题,本部分将采用另一种能够较为有效解决空间计量模型内生性问题的估计方法——空间 GMM 方法对基准 SAR 模型进行重新估计。由表 7-4 可知,各模型中的 AR(1)和 AR(2)检验均通过了误差项一阶序列相关、二阶序列不相关的原假设,Hansen 检验也在 10% 的显著性水平上不能拒绝工具变量有效的原假设,这说明本章设定的模型以及选取的工具变量是较为合理的。同时,各列的估计结果显示,NVC 对经济增长的溢出效应及其实现机制的估计系数在符号和显著性方面均与基准回归结果相一致,反映出在使用空间 GMM 估计方法控制可能存在的内生性问题之后,本章的基本结论未发生实质性改变。

表 7-4　稳健性检验:空间 GMM 估计

	W	W_F	W_B	W_C
	(1)	(2)	(3)	(4)
$W\ln gdp$	0.456**	−0.352	0.757**	0.355
	(2.07)	(−1.35)	(2.39)	(1.18)
控制变量	是	是	是	是
地区—产业	是	是	是	是
年份	是	是	是	是
AR(1)	[0.025]	[0.033]	[0.036]	[0.028]
AR(2)	[0.202]	[0.185]	[0.204]	[0.165]
Hansen	[0.342]	[0.361]	[0.375]	[0.351]
R^2	0.988	0.985	0.989	0.988
N	6 930	6 930	6 930	6 930

注:方括号内的数值为相应检验统计量 p 值,其他同表 7-1。

（三）时空特征检验

（1）全球金融危机前后的分时段检验。2008 年席卷全球的金融危机使世界经济陷入了空前的萧条,各国贸易量锐减。面对强有力的外部冲击和不确定性,国内市场对于各地区变得更为重要。同时,本书第三章的事实特征分析也表明,金融危机之后,中国各地区—产业 NVC 的分布形态普遍出现了制造前阶段省外参与主体增多、链条长度变长、增加值收益增加等表征分工深化的特征。这可能会对 NVC 对经济增长的溢出效应及其实现机制产生深刻的影响。为此,本部分将以 2008 年全球金融危机为界,将样本期划分为 2000—2007 年和 2008—2010 年两个时间段进行探讨。

表 7-5 展示了相应的估计结果。从中可以看到,本章的核心结论并未因外部环境的变化而出现较大的改变,无论在危机前还是在危机后,NVC 对经济增长仍具有显著的溢出效应,而且这种溢出效应均主要通过后向溢出效应实现。同时,对比危机前后的回归结果可知,在金融危机爆发之后,NVC 对经济增长的溢出效应及其实现机制的估计系数在数值和显著性方面均有大幅提升,

尤其是前向溢出效应,估计系数由危机前的负转为危机后的正。这可能是由于:第一,国有企业在金融危机之后追求稳定宏观经济的政策目标(Bai et al.,2006),这不仅大大弱化了其对本地区—产业的利润攫取,甚至可能会通过劳动力培训、技术指导、资金支持等方式来帮助本地区—产业改进生产工艺、提高产品质量和生产效率,继而促进本地区—产业经济增长;第二,金融危机之后国内启动的大规模产业转移和产业升级有助于打破国内原有的区域行政性壁垒和市场分割(刘志彪,2013),继而减弱了 NVC 上、下游环节,尤其是上游环节的区域分割现象;第三,金融危机之后 NVC 上游环节行业垄断和区域分割特征的弱化有助于改善 NVC 上游环节竞争压力不足、下游环节同质竞争过度的不利局面,继而促进 NVC 追赶—竞争效应对经济增长作用的有效发挥。金融危机之后 NVC 三种溢出机制对经济增长带动作用的增强使得 NVC 对经济增长的溢出效应被"放大"。这启示中国应积极抓住外需冲击的契机,打造基于地区比较优势的经济地理格局,不断重塑和发展国内价值链,从而充分释放国内价值链作为支撑中国经济增长和转型升级的持续动力。

表 7 - 5 　稳健性检验:全球金融危机前后

	W	W_F	W_B	W_C
	全球金融危机前			
	(1)	(2)	(3)	(4)
$W\ln gdp$	0.240*	−0.232	0.551**	0.045
	(1.85)	(−1.57)	(2.18)	(0.24)
控制变量	是	是	是	是
地区—产业	是	是	是	是
年份	是	是	是	是
R^2	0.977	0.977	0.976	0.977
N	5 040	5 040	5 040	5 040
	全球金融危机后			
	(5)	(6)	(7)	(8)
$W\ln gdp$	0.412***	0.070	0.619**	0.283
	(2.61)	(0.39)	(2.17)	(1.38)

续　表

	全球金融危机后			
	(5)	(6)	(7)	(8)
控制变量	是	是	是	是
地区—产业	是	是	是	是
年份	是	是	是	是
R^2	0.970	0.970	0.971	0.969
N	1 890	1 890	1 890	1 890

注:同表 7-1。

（2）东部与中西部[①]的分地区检验。在中国三十多年渐进式的改革开放进程中,由于地理位置、经济基础、政策实施进度等方面的差异,中国东部与中西部之间对外开放度、市场化程度存在较大不同。东部地区地理位置优越,对外开放程度较高,而且政策推行较早,在很多领域基本已实现市场化改革;而中西部地区深居内陆,对外开放程度较低,同时,政策启动较晚,市场化改革步伐相对迟缓。因此,有必要分地区对 NVC 对经济增长的溢出效应及其实现机制进行考察,具体估计结果见表 7-6。

表 7-6　稳健性检验:东部与中西部

	W	W_F	W_B	W_C
	东部			
	(1)	(2)	(3)	(4)
$W\ln gdp$	0.409***	0.080	0.714**	0.271
	(2.64)	(0.42)	(2.50)	(1.40)
控制变量	是	是	是	是
地区—产业	是	是	是	是
年份	是	是	是	是

---

① 由于中部和西部无论在地理和历史条件上,还是在资源禀赋方面差异均较小,因此,本书将这两大地区作为一个整体考察。具体而言,中西部包括山西、内蒙古、吉林、黑龙江、安徽、江西、河南、湖北、湖南、广西、重庆、四川、贵州、云南、陕西、甘肃、青海、宁夏、新疆 19 个省区;东部包括北京、天津、河北、辽宁、上海、江苏、浙江、福建、山东、广东和海南。

续 表

	W	W_F	W_B	W_C
	东部			
	(1)	(2)	(3)	(4)
R^2	0.990	0.990	0.990	0.989
N	2 541	2 541	2 541	2 541
	中西部			
	(5)	(6)	(7)	(8)
$W\ln gdp$	0.236*	−0.294	0.513**	0.136
	(1.74)	(−1.57)	(2.14)	(0.76)
控制变量	是	是	是	是
地区—产业	是	是	是	是
年份	是	是	是	是
R^2	0.988	0.988	0.988	0.987
N	4 389	4 389	4 389	4 389

注:同表7-1。

由表7-6可知,不管是东部地区还是中西部地区,NVC对经济增长的溢出效应仍显著为正,且在三种溢出机制中依旧只有后向溢出效应通过了至少10%的显著性检验,这些与基准回归结果保持了较好的一致性。同时,表7-6还显示,东部地区NVC对经济增长的溢出效应及其实现机制的估计系数在数值和显著性方面均大于中西部地区。对此可能的解释是:一方面,东部地区凭借临海的优越地理位置,率先加入全球化生产体系中,并吸引了大量外商直接投资,而外商直接投资的进入客观上有利于打破东部内部省区之间的市场壁垒和市场分割(陈敏等,2008);另一方面,东部地区较早推行了市场化改革,无论在产品市场还是在要素市场,市场化程度均高于中西部地区,基本实现了自由化竞争,行业垄断势力相对较弱(赵文军和于津平,2014)。这两方面均有利于促进东部地区NVC三种溢出机制更为有效地发挥,进而带动东部地区—产业间经济增长的更大溢出。

第五节　制度环境的进一步考察:内部改革与 NVC 的演变

前文研究的一个主要发现是,NVC 对经济增长存在显著的溢出效应,而且后向溢出效应是 NVC 带动各地区—产业经济增长有效溢出的重要渠道,但忽略了制度环境的作用。全球价值链研究表明,制度环境对 GVC 的分工模式和区位配置具有重要影响。由于历史、文化、地理、经济发展水平等方面的差异,中国各地区的制度环境存在着较大的不同(张杰等,2010)。从本章构造的地区制度环境指标来看,平均而言,制度环境最好的地区是最差地区的 6 倍多[①]。那么,中国各地区的制度环境是否也会成为影响 NVC 的链式循环过程和价值链分布形态进而影响 NVC 对经济增长溢出效应及其实现机制的重要因素呢? 本部分进一步将制度环境变量纳入到前文的分析框架中,着重探讨国内价值链、制度环境与经济增长之间的关系,这可以为中国国内价值链的塑造升级和内源性增长动力的构筑指明方向。

一、制度环境指标的度量

(一) 基准指标

本章主要参照毛其淋和盛斌(2011)从非国有经济发展水平的角度对各地区制度环境进行度量,这是由于尽管非国有经济发展水平只是反映地区市场化进程中的一个方面,但却与市场体制中的各方面制度都有着千丝万缕的联系。具体做法为:首先采用非国有企业职工数占所有职工数的比重和非国有工业增加值占总工业增加值的比重这两个指标来衡量非国有化率,然后基于主成分分

[①] 其他一些文献资料也表明中国各地区的制度环境存在较大差异,如国务院发展研究中心 2004 年发表的《中国国内地方保护的调查报告——基于企业抽样调查的分析》指出,中国各地区在合约实施、产权保护等制度方面存在较大差异。世界银行出版的《中国营商环境报告 2008》也指出,尽管中国的基本法律是全国性的,但各地法院在系统的执行效率和信息透明度等制度方面差异明显。

析法确定的权重对这两个指标进行加权,进而得到各地区制度环境指标。该指标数值越大,表明地区的制度环境越好。

(二) 稳健性指标

由于制度环境涉及经济、社会、法律体制等方方面面,因此樊纲等(2011)和王小鲁等(2017)开发的覆盖维度较广的中国市场化指数[①]得到了较多学者的认可和运用(夏立军和方轶强,2005;刘慧龙和吴联生,2014)。但樊纲等(2011)编制的 1997—2009 年中国各地区市场化指数与王小鲁等(2017)编制的 2008—2014 年中国各地区市场化指数由于统计口径、基期选取等不同,两者并不具有可比性,所以不能用于本章的全样本分析。有鉴于此,本章将采用樊纲等(2011)和王小鲁等(2017)编制的中国各地区市场化指数对分时段样本进行稳健性检验。同时,在樊纲市场化指数的基础上,张杰等(2010)设置了 $inst = market(1 - diseg)$ 来反映各地区的制度环境,其中 $market$ 为市场化指数,$diseg$ 为市场分割指数。本章也采用该指标进行分时段稳健性检验。当然,国内还有其他一些学者在制度环境测度方面作出了相应贡献。如金祥荣等(2008)使用地区财政收入中罚没款收入占 GDP 的比重来衡量产权保护制度,GDP 与地区财政支出中公检法支出之比来衡量司法制度;借鉴金祥荣等(2008)的做法,戴翔和郑岚(2015)则将地区财政收入中罚没款收入占 GDP 之比和 GDP 与地区财政支出中一般公共服务和公共安全支出之比的算术平均数作为地区制度环境的代理变量。为此,本章还以戴翔和郑岚(2015)构造的制度环境指标进行稳健性分析。

二、计量模型设定

为了检验假说 7.3,本章在基准模型(7-7)式和机制检验模型(7-8)—(7-10)式的基础上引入制度环境变量以及它与 NVC 对经济增长溢出效应及

[①] 该指数包含了政府与市场的关系、非国有经济的发展、产品市场的发育程度、要素市场的发育程度、市场中介组织发育和法律制度环境五方面的内容,共涉及 23 项基础指标。

其实现机制的交叉项,将上述模型分别扩展为如下形式:

$$\ln gdp_{it}^r = \rho W \ln gdp_{it}^r + \varphi \ln inst_{it} W \ln gdp_{it}^r + \gamma \ln inst_{it} + \beta \ln \vec{X} + \mu_i^r + \mu_t + \varepsilon_{it}^r$$

$$(7-11)$$

$$\ln gdp_{it}^r = \rho_F W_F \ln gdp_{it}^r + \varphi_F \ln inst_{it} W_F \ln gdp_{it}^r + \gamma \ln inst_{it} + \beta \ln \vec{X} + \mu_i^r + \mu_t + \varepsilon_{it}^r$$

$$(7-12)$$

$$\ln gdp_{it}^r = \rho_B W_B \ln gdp_{it}^r + \varphi_B \ln inst_{it} W_B \ln gdp_{it}^r + \gamma \ln inst_{it} + \beta \ln \vec{X} + \mu_i^r + \mu_t + \varepsilon_{it}^r$$

$$(7-13)$$

$$\ln gdp_{it}^r = \rho_C W_C \ln gdp_{it}^r + \varphi_C \ln inst_{it} W_C \ln gdp_{it}^r + \gamma \ln inst_{it} + \beta \ln \vec{X} + \mu_i^r + \mu_t + \varepsilon_{it}^r$$

$$(7-14)$$

其中,$inst$ 为制度环境变量,$\ln inst \times W \ln gdp$ 为制度环境与 NVC 对经济增长总溢出效应空间滞后项的交叉项,$\ln inst \times W_F \ln gdp$、$\ln inst \times W_B \ln gdp$ 和 $\ln inst \times W_C \ln gdp$ 分别为制度环境与 NVC 对经济增长前向溢出效应、后向溢出效应和追赶—竞争效应三种溢出机制空间滞后项的交叉项。这四个交叉项是本部分关注的核心变量。

三、计量结果及分析

(一) 基准分析

表 7-7 汇报了制度环境对 NVC 对经济增长溢出效应影响的回归结果。从表 7-7 中可以看到,在考虑制度环境影响后,NVC 对经济增长依旧具有显著的溢出效应,而且三种溢出机制的估计系数显示,这种溢出效应仍主要通过后向溢出效应实现,与前文基准回归结果保持了较好的一致性。制度环境($\ln inst$)对经济增长的影响显著为正,这说明良好的制度环境有利于促进经济增长,与预期相符。由制度环境与经济增长空间滞后项交叉项的估计系数可知,交叉项 $\ln inst \times W \ln gdp$ 的估计系数为正,且通过了 1% 水平的显著性检验,表明良好的制度环境强化了 NVC 对经济增长的溢出效应;交叉项

$\ln inst \times W_F \ln gdp$、$\ln inst \times W_B \ln gdp$ 和 $\ln inst \times W_C \ln gdp$ 的估计系数亦显著为正,意味着良好的制度环境能够增强 NVC 制造前向溢出、制造后向溢出以及制造前后追赶—竞争效应三种溢出机制作用的有效发挥,从而"放大"了 NVC 对经济增长的溢出效应。这也反映出中共十八届三中全会以来国家一直强调"要全面深化改革以完善制度质量"对国内价值链的塑造升级与作用发挥具有极为关键的意义。首先,良好的制度环境降低了 NVC 两端地区—产业的资产专用性风险,提高了 NVC 各环节的匹配质量,从而增强了 NVC 两端地区—产业对本地区—产业的知识技术转移倾向和溢出。同时,本地区—产业对这种纵向溢出效应的学习、吸收和消化能力也因良好的制度环境而得到提高;其次,良好的制度环境能够激励技术复杂度较高的 NVC 两端地区—产业进行事前专用性投资和研发创新,选择需要更多专用性投入的先进技术,创造出新的具有更高附加值的生产环节或产业形态,并将现有的生产环节或产业向本地区—产业转移;再次,良好的制度环境可以改善经济所有权结构,弱化国有企业在研发资源、原材料和关键零部件供应等上游市场的独家垄断权,提高上游市场的非国有经济比重,进而增强 NVC 上游环节的竞争性;最后,良好的制度环境能够促进市场竞争的有序化、规范化和稳定化,从而激励更多的地区—产业参与到价值链竞争中来,这既有利于打破地区市场分割,提高 NVC 两端环节,尤其是上游环节的开放性,又对 NVC 两端地区—产业形成激烈的追赶和竞争,激励其进行生产环节创造和转移。这些使得 NVC 对经济增长的制造前向溢出、制造后向溢以及制造前后追赶—竞争效应得到了强化。至此,假说 7.3 也得到了验证。

表 7-7 制度环境与 NVC 经济增长溢出效应的计量结果

	W	W_F	W_B	W_C
	(1)	(2)	(3)	(4)
$W \ln gdp$	0.234*	−0.152	0.439**	0.207
	(1.95)	(−1.18)	(2.20)	(1.59)

续　表

	W	W_F	W_B	W_C
	(1)	(2)	(3)	(4)
ln $inst \times W$ln gdp	0.017***	0.012***	0.015***	0.010***
	(4.01)	(3.26)	(2.98)	(3.33)
ln $inst$	2.261***	2.223***	2.237***	2.184***
	(16.22)	(15.82)	(14.88)	(15.35)
控制变量	是	是	是	是
地区—产业	是	是	是	是
年份	是	是	是	是
R^2	0.996	0.997	0.997	0.997
样本量	6 930	6 930	6 930	6 930

注:同表7-1。

(二) 稳健性检验

(1) 空间 GMM 估计。由于制度环境可能与经济增长存在着双向因果关系,这也会对本章的估计结果产生偏差。为了降低双向因果而造成的内生性偏误,本章进一步采用空间 GMM 估计方法对(7-11)—(7-14)式进行重新估计,表7-8给出了相应的估计结果。从中可知,各列中的 AR(1)和 AR(2)检验均通过了误差项一阶序列相关、二阶序列不相关的原假设,Hansen 检验也在10%的显著性水平上不能拒绝工具变量有效的原假设,这说明本章设定的模型以及选取的工具变量是较为合理的。同时,各列的估计结果显示,制度环境仍显著增强了 NVC 制造前向溢出、制造后向溢出以及制造前后追赶—竞争效应三种溢出机制的有效发挥,从而"放大"了 NVC 对经济增长的溢出效应,表明在使用空间 GMM 估计方法控制可能存在的内生性问题之后,假说7.3依旧成立。

表 7 - 8　考虑制度环境的稳健性检验:空间 GMM 估计

	W	W_F	W_B	W_C
	(1)	(2)	(3)	(4)
$W\ln gdp$	0.481**	−0.302	0.663***	0.315
	(2.08)	(−1.46)	(3.08)	(1.58)
$\ln inst \times W\ln gdp$	0.060***	0.062*	0.076**	0.043***
	(2.73)	(1.92)	(2.30)	(2.59)
$\ln inst$	4.680***	4.720***	4.924***	4.556***
	(15.21)	(15.73)	(18.06)	(14.24)
控制变量	是	是	是	是
地区—产业	是	是	是	是
年份	是	是	是	是
AR(1)	[0.030]	[0.037]	[0.041]	[0.035]
AR(2)	[0.275]	[0.260]	[0.268]	[0.243]
Hansen	[0.299]	[0.318]	[0.332]	[0.347]
R^2	0.995	0.996	0.995	0.994
N	6 930	6 930	6 930	6 930

注:同表 7 - 1。

(2) 制度环境的其他衡量。鉴于樊纲等(2011)和王小鲁等(2017)开发的中国市场化指数覆盖的维度较广,也是目前文献中运用较为广泛的制度环境衡量指标,本章也采用该指标($\ln inst1$)对上述回归结果进行分时段样本的稳健性检验。如表 7 - 9 所示,两个时间段的回归结果与上述回归结果基本一致。同时,本章也采用张杰等(2010)设置的 $inst = market(1 - diseg)$[①]($\ln inst2$)、戴翔和郑岚(2015)构造的地区财政收入中罚没款收入占 GDP 之比和 GDP 与地区财政支出中一般公共服务和公共安全支出之比的算术平均数($\ln inst3$)作为制度环境的代理变量作进一步检验。结果表明(表 7 - 10),制度环境与 NVC 对经济增长总溢出效应空间滞后项的交叉项 $\ln inst \times W\ln gdp$ 以及制度环境与 NVC

[①]　其中,$market$ 为市场化指数,采用樊纲等(2011)和王小鲁等(2017)开发的中国市场化指数来测度;$diseg$ 为市场分割指数,采用陈敏等(2008)利用各省区的商品零售价格指数所构造的相对价格指数来衡量。

对经济增长前向溢出效应、后向溢出效应和追赶—竞争效应三个溢出机制空间滞后项的交叉项 $\ln inst \times W_F \ln gdp$、$\ln inst \times W_B \ln gdp$ 和 $\ln inst \times W_C \ln gdp$ 的估计系数依旧显著为正,这意味着良好的制度环境通过增强 NVC 制造前向溢出、制造后向溢出以及制造前后追赶—竞争效应三种溢出机制的有效发挥进而"放大"了 NVC 对经济增长的溢出效应。由此可见,本章关于制度环境对 NVC 对经济增长溢出效应及其实现机制影响的基本结论是较为稳健的。

表 7-9　考虑制度环境的稳健性检验:制度环境指标变换 I

	制度环境:$\ln inst 1$			
	W	W_F	W_B	W_C
	樊纲等(2011)			
	(1)	(2)	(3)	(4)
$W\ln gdp$	0.307**	−0.235	0.578**	0.210
	(2.36)	(−1.57)	(2.42)	(1.24)
$\ln inst \times W\ln gdp$	0.083***	0.080***	0.089***	0.080***
	(3.53)	(2.68)	(3.12)	(3.93)
$\ln inst$	1.324***	1.985***	1.556***	1.206***
	(4.42)	(6.26)	(5.58)	(3.83)
控制变量	是	是	是	是
地区—产业	是	是	是	是
年份	是	是	是	是
R^2	0.986	0.986	0.987	0.987
N	6 300	6 300	6 300	6 300
	王小鲁等(2017)			
	(5)	(6)	(7)	(8)
$W\ln gdp$	0.357**	0.058	0.612**	0.249
	(2.38)	(0.32)	(2.32)	(1.31)
$\ln inst \times W\ln gdp$	0.042***	0.039*	0.061***	0.040***
	(3.23)	(1.69)	(2.65)	(4.43)
$\ln inst$	5.828***	4.742***	5.745***	5.027***
	(6.34)	(4.75)	(6.30)	(7.47)
控制变量	是	是	是	是
地区—产业	是	是	是	是

	王小鲁等(2017)			
	(5)	(6)	(7)	(8)
年份	是	是	是	是
R^2	0.988	0.988	0.989	0.989
N	1 890	1 890	1 890	1 890

注:同表7-1。

表7-10　考虑制度环境的稳健性检验:制度环境指标变换 II

	制度环境:$\ln inst2$			
	W	W_F	W_B	W_C
	樊纲等(2011)			
	(1)	(2)	(3)	(4)
$W\ln gdp$	0.257**	−0.106	0.488**	0.131
	(2.02)	(−0.99)	(2.35)	(0.75)
$\ln inst \times W\ln gdp$	0.047**	0.045*	0.069**	0.029*
	(2.32)	(1.89)	(2.03)	(1.90)
$\ln inst$	0.476***	0.556***	0.515***	0.286*
	(3.07)	(3.67)	(3.00)	(1.82)
控制变量	是	是	是	是
地区—产业	是	是	是	是
年份	是	是	是	是
R^2	0.983	0.982	0.984	0.984
N	6 300	6 300	6 300	6 300
	王小鲁等(2017)			
	(5)	(6)	(7)	(8)
$W\ln gdp$	0.427*	0.052	0.650**	0.267
	(1.88)	(0.22)	(2.41)	(1.27)
$\ln inst \times W\ln gdp$	0.127***	0.091***	0.197***	0.053***
	(3.94)	(2.63)	(3.34)	(2.94)
$\ln inst$	1.280**	1.406**	0.844*	1.060**
	(2.56)	(2.16)	(1.83)	(2.06)
控制变量	是	是	是	是
地区—产业	是	是	是	是

续　表

	王小鲁等（2017）			
	(5)	(6)	(7)	(8)
年份	是	是	是	是
R^2	0.986	0.985	0.986	0.986
N	1 890	1 890	1 890	1 890
	制度环境：$\ln inst 3$			
	W	W_F	W_B	W_C
	(9)	(10)	(11)	(12)
$W\ln gdp$	0.201*	−0.132	0.639**	0.153
	(1.67)	(−0.92)	(2.35)	(1.10)
$\ln inst \times W\ln gdp$	0.050**	0.047*	0.080**	0.030**
	(2.23)	(1.87)	(2.20)	(2.10)
$\ln inst$	0.535*	0.513*	0.505**	0.657**
	(1.69)	(1.85)	(2.02)	(2.09)
控制变量	是	是	是	是
地区—产业	是	是	是	是
年份	是	是	是	是
R^2	0.992	0.992	0.993	0.992
N	6 930	6 930	6 930	6 930

注：同表 7-1。

第六节　本章小结：NVC 的"微笑曲线"式经济增长溢出

在逆全球化浪潮汹涌的背景下，构筑具有内源增长动力的国内价值链，对于中国这样一个幅员辽阔、区域禀赋差异较大的发展中大国的经济转型至关重要。本章首次利用 2002 年、2007 年和 2010 年中国 30 个省区区域间投入产出表探讨了包含地区—产业双重维度的 NVC 对经济增长的溢出效应，并基于"微笑曲线"理论从静态和动态两个维度进一步将这一溢出效应解构为静态制造前向溢出、制造后向溢出效应以及动态制造前后追赶—竞争效应三种实现机制，在此基础上拓展分析了制度环境对 NVC 经济增长溢出效应的作用，最后通过

设置空间权重矩阵和采用空间计量方法对中国省际面板数据进行了实证检验。本章的研究结论主要包括以下三个方面:

第一,NVC 对中国各地区—产业经济增长存在显著的溢出效应,表明NVC 是保证中国置身于逆全球化背景下经济持续增长的重要内部力量。

第二,机制检验表明,NVC 对经济增长的溢出效应主要通过制造后阶段的后向溢出效应实现,制造前阶段的前向溢出效应和制造前后阶段的追赶—竞争效应的作用并不明显,伴随着中国先产品市场后要素市场渐进性改革而出现的NVC"上游环节垄断分割、下游环节竞争开放"非对称结构可能是这一机制实现的主要原因,因此,打破行业垄断和整合区域市场是中国全面释放 NVC 增长溢出效应的重要保障。

第三,进一步引入制度环境变量后发现,良好的制度环境能够增强 NVC 三种溢出机制作用的有效发挥,从而"放大"了 NVC 对经济增长的溢出效应。

第八章　国内价值链与全要素生产率的溢出效应

第一节　引言

经济增长理论认为,经济增长的最终动力来自全要素生产率(TFP)的提高(Solow,1956)。改革开放以来,中国抓住全球产业结构调整与梯度转移所带来的历史性机遇,凭借"人口红利"等低成本优势,积极融入发达国家主导的全球价值链(GVC),创造了"出口扩张奇迹"和"经济增长奇迹"。但这种"低端嵌入"GVC的发展战略及其表现出的粗放型特征并未带给中国全要素生产率的持续增长。身陷"俘获型"GVC生产体系的中国,虽然能够通过"学习效应""技术溢出"等渠道促进生产率改进,但在发达国家的控制和挤压下,改进空间极其有限(Schmitz,2004;Gereffi et al.,2005)。再加之,当前逆全球化在世界范围内高涨。在此背景下,中国要实现TFP的持续增长和跨越性进步,需转换升级动力,充分利用自身的大国优势,将视野转向国内价值链(NVC)的塑造,这也是新时代中国构建双循环发展格局的迫切要求。

与GVC[①]不同,由于NVC服务于一国整体,中央政府可以通过合理的区域政策、产业政策、转移支付等方式平衡NVC分工收益,因此,理论上而言,社会最优的NVC空间格局是基于各地区比较优势,将每个环节配置于成本最低的地理单元和产业主体,形成价值链各个环节的良性动态竞争,以使知识、技术

[①]　GVC是由掌握核心技术的跨国公司所主导,体现的是跨国公司的全球化战略意图,因此其他价值链参与主体易受其剥削和压榨,很难获得跨越式的技术进步(Schmitz,2004;Gereff et al.,2005),当然更没有超国家主权的国际组织平衡这种利益。

和信息要素在国内不同区域主体和产业主体之间充分流通,进而带动整条价值链的生产率联动和塑就可持续的内生增长动力。

为了能够深入探究 NVC 对中国 TFP 的溢出机制和特征,首先需对 NVC 完整的链式循环过程和价值链分布形态进行科学、合理的描述,因为"不能描述就不能管理",更无从谈起对 NVC 生产率溢出机制和特征进行识别、检验和分析(Ye et al., 2015)。通常而言,"微笑曲线"是对某一产品价值链从研发到制造再到营销整个链式循环和价值增值过程的较好描述(Shih, 1996; Everatt et al., 1999; Mudambi, 2007)。那么,这是否可以用于描述中国 NVC 完整的链式循环过程和价值链分布形态,继而作为解析 NVC 生产率联动的事实基础和理论框架呢? 由于"微笑曲线"理论最早是基于企业—产品层面提出的,因此用"微笑曲线"理论描绘和分析 NVC 链式循环过程和价值链分布形态的难点在于能否将其推广至一国内部地区—产业维度。叶明等(Ye et al., 2015)通过融合现有衡量 GVC 位置和强度的指标,在增加值的核算框架下从国家—产业维度对 GVC 的"微笑曲线"分布特征进行了较为恰当的描述,这为本章提供了重要的借鉴意义。本章将叶明等(Ye et al., 2015)国家—产业层面"微笑曲线"的测度框架首次运用到一国内部地区—产业层面,利用中国 30 个省区区域间投入产出表对中国 NVC 的"微笑曲线"分布特征进行描述;接着根据"微笑曲线"理论和 NVC 分布的事实特征,将 NVC"微笑曲线"链式循环所产生的全要素生产率溢出机制解构为静态制造前阶段的前向溢出、制造后阶段的后向溢出效应以及动态制造前后阶段的追赶—竞争效应;最后设置能够有效捕捉三种溢出机制的空间权重矩阵和采用空间计量方法进行了实证检验。主要结果表明,中国各地区—产业 NVC 普遍存在"微笑曲线"的分布特征,也能够通过 NVC"微笑曲线"链式循环对 TFP 产生一定程度的溢出效应,然而市场化转型过程中遗留的"上游环节垄断分割、下游环节竞争开放"的非对称结构,既导致了"微笑曲线"式溢出过程呈现出制造前向溢出不足、制造后向溢出显著的链条割裂特征,还造成了价值链上游供给环节竞争压力不足、下游需求环节同质竞争过度,进而使得制造前后的追赶—竞争效应未能得到充分释放。但在受到 2008 年全球金融危机的强有力外部冲击后，中国 NVC 的不断重塑演变在一定程度上改变了生产率链式循环的割裂特征。

与本章研究相关的文献主要有两类。第一类文献是关于国内价值链的测度。虽有部分国内学者开始借鉴 GVC 的分析框架对 NVC 进行了定量核算（苏庆义，2016；黎峰，2016a，2016b；李跟强和潘文卿，2016），但他们均强调 NVC 的参与程度，并未对 NVC 完整的链式循环过程和价值链分布形态进行描述，更未涉及对 NVC"微笑曲线"式生产率溢出机制和特征的识别、检验和分析；另一类文献是关于全要素生产率或 R&D 溢出效应的研究。这类文献较为丰富，但均从产业或者地区的单一维度进行考察（During and Schnabl，2000；Conley and Dupor，2003；Neusser，2008；潘文卿等，2011；张勋和乔坤元，2016），从多维度对生产率或 R&D 溢出效应进行分析的文献较少，同时缺乏在合理的理论框架下对溢出机制的深入探讨，从而难以准确度量溢出效应的大小和方向，也无法将溢出效应置于 NVC 的"微笑曲线"链式循环过程进行审视。知识和技术都是在不同地区、不同产业的双重维度上交流互动，缺乏其中任何一个维度都无法全面揭示知识和技术的作用过程及其带来的生产率联动[1]，更为重要的是这些知识和技术依附的增加值流动而非总量流动更能体现不同地理单元和产业主体之间的真实经济联系（Koopman et al.，2014）。价值链不同主体之间的增加值联结方式决定了生产率溢出效应的方向、特征甚至是整条价值链、产业链的更替升级。

与现有研究相比，本章的贡献可能在于：第一，借鉴叶明等（Ye et al.，2015）的方法对中国地区—产业 NVC 的链式循环过程和价值链分布形态进行定量描述，丰富了现有 NVC 的测度框架；第二，结合"微笑曲线"理论和 NVC

---

[1] 现实中，同一产业在不同地区或者同一地区的不同产业由于区域禀赋、行业属性等方面的差异，在要素构成、所处价值链位置、对外空间关联和产业关联等均存在较大的差别。

分布的事实特征,全面解构和检验了NVC"微笑曲线"链式循环所产生的全要素生产率溢出机制,包括静态制造前阶段的前向溢出、制造后阶段的后向溢出效应和动态制造前后阶段的追赶—竞争效应,不仅避免了现有生产率或R&D溢出效应文献缺乏溢出机理分析的缺陷,而且为其提供了从NVC视角的全新解读;第三,进一步考察了2008年全球金融危机如何影响NVC的"微笑曲线"式生产率溢出过程,这对于当前逆全球化汹涌背景下中国如何因应外需冲击可能具有较强的政策含义。

本章后续安排如下:第二节介绍NVC"微笑曲线"的测度框架和事实特征,第三节介绍NVC的"微笑曲线"式生产率溢出机制、度量与计量模型,第四节报告实证结果,第五节进一步探讨金融危机如何影响NVC的"微笑曲线"式生产率溢出过程,第六节为本章小结。

第二节 NVC"微笑曲线"的测度框架和事实特征

在深入剖析和实证检验中国NVC的"微笑曲线"式生产率溢出机制之前,首先需要对地区—产业层面NVC的"微笑曲线"分布形态进行定量描绘,这是由于NVC的分布形态可能会影响甚至决定NVC的"微笑曲线"式生产率溢出特征。本部分主要介绍NVC"微笑曲线"的测度框架,继而描述和概括相应的事实特征,为下文的实证分析提供基础。

一、测度框架

与第七章类似,国内价值链"微笑曲线"的测度主要涉及增加值收益和价值链位置两个指标,分别用各地区—产业之间的增加值流动矩阵即(8-1)式和增加值传递长度即(8-2)式进行计算,详细测度过程见第三章第二节。

$$\hat{V}L\hat{F} = \begin{bmatrix} v_1^1 & \cdots & 0 & \cdots & 0 & \cdots & 0 \\ \vdots & \cdots & \vdots & & \vdots & & \vdots \\ 0 & \cdots & v_1^N & \cdots & 0 & \cdots & 0 \\ \vdots & \cdots & \vdots & & \vdots & & \vdots \\ 0 & \cdots & 0 & \cdots & v_G^1 & \cdots & 0 \\ \vdots & \cdots & \vdots & & \vdots & & \vdots \\ 0 & \cdots & 0 & \cdots & 0 & \cdots & v_G^N \end{bmatrix} \begin{bmatrix} l_{11}^{11} & \cdots & l_{11}^{1N} & \cdots & l_{1G}^{11} & \cdots & l_{1G}^{1N} \\ \vdots & & \vdots & & \vdots & & \vdots \\ l_{11}^{N1} & \cdots & l_{11}^{NN} & \cdots & l_{1G}^{N1} & \cdots & l_{1G}^{NN} \\ \vdots & & \vdots & & \vdots & & \vdots \\ l_{G1}^{11} & \cdots & l_{G1}^{1N} & \cdots & l_{GG}^{11} & \cdots & l_{GG}^{1N} \\ \vdots & & \vdots & & \vdots & & \vdots \\ l_{G1}^{N1} & \cdots & l_{G1}^{NN} & \cdots & l_{GG}^{N1} & \cdots & l_{GG}^{NN} \end{bmatrix} \begin{bmatrix} f_1^1 & \cdots & 0 & \cdots & 0 & \cdots & 0 \\ \vdots & & \vdots & & \vdots & & \vdots \\ 0 & \cdots & f_1^N & \cdots & 0 & \cdots & 0 \\ \vdots & & \vdots & & \vdots & & \vdots \\ 0 & \cdots & 0 & \cdots & f_G^1 & \cdots & 0 \\ \vdots & & \vdots & & \vdots & & \vdots \\ 0 & \cdots & 0 & \cdots & 0 & \cdots & f_G^N \end{bmatrix}$$

$$= \begin{bmatrix} v_1^1 l_{11}^{11} f_1^1 & \cdots & v_1^1 l_{11}^{1N} f_1^N & \cdots & v_1^1 l_{1G}^{11} f_G^1 & \cdots & v_1^1 l_{1G}^{1N} f_G^N \\ \vdots & \cdots & \vdots & & \vdots & & \vdots \\ v_1^N l_{11}^{N1} f_1^1 & \cdots & v_1^N l_{11}^{NN} f_1^N & \cdots & v_1^N l_{1G}^{N1} f_G^1 & \cdots & v_1^N l_{1G}^{NN} f_G^N \\ \vdots & & \vdots & & \vdots & & \vdots \\ v_G^1 l_{G1}^{11} f_1^1 & \cdots & v_G^1 l_{G1}^{1N} f_1^N & \cdots & v_G^1 l_{GG}^{11} f_G^1 & \cdots & v_G^1 l_{GG}^{1N} f_G^N \\ \vdots & & \vdots & & \vdots & & \vdots \\ v_G^N l_{G1}^{N1} f_1^1 & \cdots & v_G^N l_{G1}^{NN} f_1^N & \cdots & v_G^N l_{GG}^{N1} f_G^1 & \cdots & v_G^N l_{GG}^{NN} f_G^N \end{bmatrix} \qquad (8-1)$$

其中，$\hat{V}$ 表示增加值率对角矩阵，L 表示完全消耗系数矩阵，$\hat{F}$ 表示最终需求对角矩阵，元素 $v_i^r l_{ij}^{rs} f_j^s$ 表示地区 j 产业 s 生产的最终品价值中来自地区 i 产业 r 的增加值。

$$U_{ij}^{rs} = V_i^r (1I + 2A + 3A^2 + 4A^3 + \cdots) F_j^s / va_{ij}^{rs} = V_i^r L^2 F_j^s / va_{ij}^{rs} \quad (8-2)$$

其中，$V_i^r = [0 \ 0 \cdots v_i^r \cdots 0]$ 表示地区 i 产业 r 的增加值率，$F_j^s = [0 \ 0 \cdots f_j^s \cdots 0]$ 表示地区 j 产业 s 的最终需求，$va_{ij}^{rs} = v_i^r l_{ij}^{rs} f_j^s$。

二、事实特征——中国国内价值链存在"微笑曲线"吗？

与第七章类似，中国国内价值链"微笑曲线"事实特征的详细描述见第三章第三节。

第三节　NVC 的"微笑曲线"式生产率溢出机制、度量与计量模型

一、溢出机制

前文描述性分析表明,中国各地区—产业 NVC 普遍存在"微笑曲线"的分布特征,大致形成了从研发设计、原材料和零部件供应、生产制造、物流配送到市场销售比较完整的"微笑曲线"链式循环过程。然而,"微笑曲线"不仅仅是对 NVC 链式循环过程和价值链分布形态的简单描述,更是蕴含着知识、技术和信息要素在链条上流动进而带动生产率联动的深刻理论机制。与第七章类似,本章亦根据穆达比(Mudambi, 2008)、鲍德温等(Baldwin et al., 2014)提出的"微笑曲线"理论和 NVC 分布的事实特征,将 NVC"微笑曲线"链式循环过程所产生的全要素生产率溢出机制解构为静态制造前阶段的前向溢出、制造后阶段的后向溢出效应以及动态制造前后阶段的追赶—竞争效应(具体参见图 7-1)。

NVC"微笑曲线"链式循环是一个由上游供给环节自上而下的正向反馈机制和下游需求环节自下而上的逆向反馈机制共同驱动形成的多阶段、多要素互动的价值传递过程。首先,静态前向溢出效应。在制造前阶段,中间产品作为技术扩散的重要载体(Frankel and Romer, 1999),上游供给环节可以通过中间产品供应将知识、技术和信息要素向本地区—产业传播与扩散,从而促进本地区—产业生产率的提升(Coe and Helpman, 1995; Coe et al., 1997)。其次,静态后向溢出效应。在制造后阶段,下游需求环节可以通过市场反馈机制将市场需求反馈于本地区—产业,引导其对相关产品的设计、规格、技术、质量等参数作出适应性和目的性的修改和完善,进而提升本地区—产业的生产绩效(Hansen and Birkinshaw, 2007)。最后,动态追赶—竞争效应。位于链条中端的价值链主体在吸收和消化来自上、下游环节知识、技术和信息要素的基础上进行二次创新,并向价值链两端攀升,这会对价值链两端参与地区—产业形成追赶和竞争压力。这种压力会激励价值链两端参与地区—产业进行"毁灭性"

创新,衍生出新的生产环节或产业形态,同时将现有的生产环节或产业向价值链中端转移,这一方面能够促使整条价值链分工更为细化和向高级化跃升,进而提升价值链参与主体的生产率水平,另一方面能够加速价值链两端环节知识、技术和信息要素的流动与扩散,进而强化供给和需求驱动的生产率溢出效应(Mudambi,2008;Baldwin et al.,2014)。当然,上述关于NVC"微笑曲线"式生产率溢出机制的分析仅仅停留在理论层面上,在实际应用过程中,这些溢出机制作用的有效发挥依赖于知识、技术和信息要素在价值链不同区域主体和产业主体之间的充分流动,其中任何一个环节的"塌陷"均会导致NVC难以产生整体的供给需求有效协同、环节良性动态竞争的"微笑曲线"式生产率溢出过程。因此,中国NVC的"微笑曲线"链式循环能否带动各地区—产业间全要素生产率的有效溢出还有待进一步的实证分析。

二、溢出机制度量:空间权重矩阵设置

为了验证NVC"微笑曲线"链式循环过程所产生的三种全要素生产率溢出机制,首先需对这三种溢出机制进行有效度量。由于投入产出矩阵能够揭示生产过程中中间产品在上、下游产业之间的流动方向和流动大小,而隐含在中间产品中的知识、技术和信息要素必然随着这些中间产品的流动而被传播和扩散,因此,现有文献大都采用投入产出矩阵或由此导出的里昂惕夫逆矩阵来衡量产业间的生产率或R&D溢出效应(Anon,2007)。然而,NVC的"微笑曲线"链式循环过程本质上是一个价值增值过程,强调的是各生产单元之间的增加值流动,而非总量流动。可见,无论是投入产出矩阵,还是由此导出的里昂惕夫逆矩阵,均无法准确衡量NVC各参与地区—产业之间由增加值流动而产生的真实经济联系。与第七章类似,本章根据第二节(8-1)式中的增加值流动矩阵 $\hat{V}L\hat{F}$ 来设置能够较好捕捉NVC"微笑曲线"链式循环所产生的前、后向溢出效应的空间权重矩阵。具体而言,将测度NVC后向溢出效应中的空间权重矩阵 W_B 设置为:

$$W_B = \begin{bmatrix} 0 & \cdots & v_1^1 l_{11}^{1N} f_1^N & \cdots & v_1^1 l_{1G}^{11} f_G^1 & \cdots & v_1^1 l_{1G}^{1N} f_G^N \\ \vdots & \cdots & \vdots & \cdots & \vdots & \vdots & \vdots \\ v_1^N l_{11}^{N1} f_1^1 & \cdots & 0 & \cdots & v_1^N l_{1G}^{N1} f_G^1 & \cdots & v_1^N l_{1G}^{NN} f_G^N \\ \vdots & \vdots & \vdots & \vdots & \vdots & \vdots & \vdots \\ v_G^1 l_{G1}^{11} f_1^1 & \cdots & v_G^1 l_{G1}^{1N} f_1^N & \cdots & 0 & \cdots & v_G^1 l_{GG}^{1N} f_G^N \\ \vdots & \vdots & \vdots & \vdots & \vdots & \vdots & \vdots \\ v_G^N l_{G1}^{N1} f_1^1 & \cdots & v_G^N l_{G1}^{NN} f_1^N & \cdots & v_G^N l_{GG}^{N1} f_G^1 & \cdots & 0 \end{bmatrix}$$

$$(8-3)$$

W_B 中的元素表示本地区—产业为其下游地区—产业提供增加值流向,将测度 NVC 前向溢出效应中的空间权重矩阵 W_F 设置为:

$$W_F = \begin{bmatrix} 0 & \cdots & v_1^N l_{11}^{N1} f_1^1 & \cdots & v_G^1 l_{G1}^{11} f_1^1 & \cdots & v_G^N l_{G1}^{N1} f_1^1 \\ \vdots & \cdots & \vdots & \cdots & \vdots & \vdots & \vdots \\ v_1^1 l_{11}^{1N} f_1^N & \cdots & 0 & \cdots & v_G^1 l_{G1}^{1N} f_1^N & \cdots & v_G^N l_{G1}^{1N} f_1^N \\ \vdots & \vdots & \vdots & \vdots & \vdots & \vdots & \vdots \\ v_1^1 l_{1G}^{11} f_G^1 & \cdots & v_1^N l_{1G}^{N1} f_G^1 & \cdots & 0 & \cdots & v_G^N l_{GG}^{N1} f_G^1 \\ \vdots & \vdots & \vdots & \vdots & \vdots & \vdots & \vdots \\ v_1^1 l_{1G}^{1N} f_G^N & \cdots & v_1^N l_{1G}^{NN} f_G^N & \cdots & v_G^1 l_{GG}^{1N} f_G^N & \cdots & 0 \end{bmatrix}$$

$$(8-4)$$

W_F 中的元素表示上游地区—产业为本地区—产业提供增加值流向。同时,与第七章类似,本章还设置能够较好捕捉 NVC "微笑曲线"链式循环所产生的追赶—竞争效应的空间权重矩阵 W_C。具体而言,将各地区—产业间增加值传递长度差异绝对值的倒数作为 W_C 的非对角元素,其数值越大,表示两价值链主体在 NVC 中所处的位置越接近,并将 W_C 对角元素设为 0。

三、溢出机制实证框架:空间计量模型建立

(一) 空间计量模型设定

为了能够科学、合理地验证中国 NVC 的"微笑曲线"式生产率溢出效应,本章将采用空间自回归模型(SAR)进行实证考察。具体而言,本章设置了如下所示的空间自回归模型:

$$\ln TFP = \rho_F W_F \ln TFP + \ln X\beta + \mu \qquad (8-5)$$

$$\ln TFP = \rho_B W_B \ln TFP + \ln X\beta + \mu \qquad (8-6)$$

$$\ln TFP = \rho_C W_C \ln TFP + \ln X\beta + \mu \qquad (8-7)$$

其中,TFP 表示全要素生产率;W_F、W_B 和 W_C 即上一部分定义的用于捕捉三种溢出机制的空间权重矩阵;$W_F \ln TFP$、$W_B \ln TFP$ 和 $W_C \ln TFP$ 为空间滞后项,其系数 ρ_F、ρ_B 和 ρ_C 依次反映了通过 NVC 的"微笑曲线"链式循环,其他地区—产业的生产率对本地区—产业生产率的前向溢出效应、后向溢出效应以及追赶—竞争效应;X 表示一系列控制变量;μ 为随机误差项。为了减缓异方差和序列相关问题,本章对所有变量均作对数化处理;同时为降低内生性问题,采用极大似然法对相关计量模型进行估计。

(二) 被解释变量

本章采用以数据包络分析(DEA)为基础的非参数估计法——Malmquist 指数对地区—产业层面的全要素生产率进行测算[①]。与随机前沿分析法(SFA)相比,该方法的优势在于,测算生产率过程中不依赖于具体的生产函数形式,能够有效避免因生产函数设定的随意性而导致的测算偏差。具体在使用 DEAP2.1 软件测算 Malmquist 生产率指数时,与现有文献相一致,以增加值作

[①] 常用度量全要素生产率的方法是生产前沿分析方法。根据是否已知生产函数的具体形式,该方法又可分为参数法和非参数法,前者以随机前沿分析(SFA)为代表(Aigner et al.,1977),后者以数据包络分析(DEA)为代表(Fare et al.,1994)。

为产出变量,以物质资本存量和年末从业人员数作为资本投入和劳动投入变量①。物质资本存量采用永续盘存法进行估算。初始资本存量用哈伯格(Harberger,1978)提出的稳态方法进行计算,即:$K_{i,2005}=I_{i,2005}/(g_i+\delta_i)$。其中,$I_{i,2005}$为各地区—产业基年固定资产投资额;$g$为各地区—产业实际增加值在样本期内的几何平均增长率;δ为折旧率,参照徐现祥等(2007)的做法统一取 3%。由于《中国第三产业统计年鉴》未直接提供各地区服务业分行业的全社会年末从业人员数据,借鉴王恕立等(2015)的做法,用如下公式进行估算:各地区服务业分行业的全社会就业人数=各地区服务业全社会总就业人数×(各地区服务业分行业的城镇单位就业人数/各地区服务业城镇单位总就业人数)。同时,本章也会采用随机前沿分析法进行稳健性检验。

(三) 控制变量

根据现有文献,主要包括:资本强度(kl),用各地区—产业的物质资本存量与年末从业人员数之比来表示;产业集聚水平(agg),用区位熵,即各地区—产业的就业人数占本地区全部就业人数的比例除以全国该行业就业人数占全国全部就业人数的比例来表示;产出总规模(sca),用价格指数平减的各产业实际增加值来表示;经济发展水平(eco),用价格指数平减的各地区人均实际 GDP来表示;人力资本(edu),用各地区平均受教育年限来表示;城市化水平(urb),用各地区非农业人口占总人口的比重来表示;政府支出规模(gov),用扣除科教文卫这类公共性支出之后的各地方政府支出占 GDP 的比重来表示;外向型程度($open$),用各地区外商直接投资占 GDP 的比重来表示。

(四) 数据说明

限于 30 个省区区域间投入产出表的可得性,本章将样本期间选为 2007 年和 2010 年,考察对象为中国 30 个省区 30 个行业,剔除了数据缺失的西藏、港

---

① 蒂默和洛斯(Timmer and Los,2005)指出,序列 DEA 比当期 DEA 更为准确,因此本书采用序列 DEA 进行测度。

澳台地区。分析所用数据主要涉及两类：测度 NVC 三种生产率溢出机制所需的投入产出数据，来自中国科学院区域可持续发展分析与模拟重点实验室编制的 2007 年和 2010 年中国 30 个省区区域间非竞争型投入产出表；计算全要素生产率和相关控制变量所需的生产和人口数据，主要来源于历年《中国统计年鉴》《中国工业经济统计年鉴》和《中国第三产业统计年鉴》[①]。

第四节　实证结果及分析

一、初步检验

在严格的计量检验之前,本章采用 Moran's I 指数对中国 NVC 的"微笑曲线"式生产率溢出进行初步检验。Moran's I 指数的数值介于 -1 到 1,等于 0 表示不存溢出效应,大于 0 表示存在正向溢出效应,小于 0 则表示存在负向溢出效应。结果显示(表 8-1),制造前向溢出效应为不显著的正,制造后向溢出效应为显著的正,追赶—竞争效应为不显著的负,表明中国 NVC 尚未形成供给需求有效协同、环节良性动态竞争的"微笑曲线"式生产率溢出过程。当然,这种溢出效应还有待进一步的检验与分析。

表 8-1　NVC 对生产率溢出效应的 Moran's I 检验结果

空间权重矩阵	Moran's I	Z 统计值
W_F	0.007	0.599
W_B	0.028	2.348
W_C	-0.010	-0.914

---

① 值得注意的是,在实证分析时本章剔除了统计年鉴中增加值、固定资产投资额、年末从业人员数为零、缺失的地区—产业,同时根据统计年鉴中的行业分类,将区域间投入产出表中的租赁和商业服务业、研究与试验发展业并入其他服务业。

二、实证检验

表 8 - 2 中的第(1)至(3)列分别汇报了前向溢出空间权重矩阵(W_F)、后向溢出空间权重矩阵(W_B)和追赶—竞争空间权重矩阵(W_C)设置下 SAR 模型的估计结果。结果显示,制造前阶段的前向溢出效应和制造后阶段的后向溢出效应表现出明显的非对称性。前向溢出效应不显著,表明中国 NVC 上游地区—产业生产率的提升并没有通过前向增加值关联对本地区—产业生产率产生溢出效应;与前向溢出不同,后向溢出效应则十分显著,反映出下游地区—产业生产率的提升能够通过后向增加值关联改善本地区—产业的生产绩效。前向溢出效应不显著、后向溢出效应显著的原因可能在于以下几个方面:第一,中国经济转型过程中出现的"上游市场垄断、下游市场竞争"的非对称结构使得 NVC 上游环节存在明显的行业垄断特征,研发资源、原材料和关键零部件供应被少数大中型国有企业所垄断,这不利于上游环节的知识、技术和信息要素通过中间品供给向价值链其他环节扩散与传播。而 NVC 下游环节基本实现了有序自由竞争,能够通过自下而上的市场反馈机制有效引导价值链其他环节对相关产品的设计、规格、技术、质量等参数作出适应性和目的性的修改和完善,从而提升生产率(刘瑞明和石磊,2011; Li et al., 2014)。第二,中国经济转型过程中形成的以经济分权和政治集权混合激励结构为核心的中国式分权造成了严重的地方保护主义和地区市场分割(Young, 2000; Bai et al., 2004),尤其是掌握经济命脉的上游要素市场(Jin, 2005; Guariglia and Poncet, 2008),这使得 NVC 上游环节存在明显的区域分割特征,进而阻碍了中间产品蕴含的知识、技术和信息要素跨区域有效流动。这也与第二节描述的各地区—产业 NVC 上游环节普遍存在省内分工的事实特征相呼应。其实,中国 NVC 出现上述"上游环节垄断分割、下游环节竞争开放"的非对称结构与中国先产品市场、后要素市场的渐进性改革息息相关。这不仅导致了中国 NVC 的"微笑曲线"式生产率溢出过程呈现出制造前向溢出不足、制造后向溢出显著的链条割裂特征,还造成了

价值链上游供给环节竞争压力不足、下游需求环节同质竞争过度,进而使得制造前后的追赶—竞争效应未能得到充分释放。

表 8 - 2　NVC 对生产率溢出效应的计量结果

	W_F	W_B	W_C
	(1)	(2)	(3)
$W\ln TFP$	0.123	0.141*	−0.037
	(0.82)	(1.86)	(−0.91)
控制变量	是	是	是
N	1 450	1 450	1 450

注:圆括号内为采用稳健标准差时的 z 统计量。*、**、***分别表示在 10%、5%、1%水平上显著。

　　NVC 尚未形成供给需求有效协同、环节良性动态竞争,对于当前置身于"俘获型"GVC 和逆全球化浪潮的背景下,有赖于内部市场分工塑造可持续生产率增长动力的中国而言会造成以下不利的结果:第一,最直接的生产率损失是,上游环节垄断分割造成 NVC"微笑曲线"难以通过供给引导的正向反馈机制带动各地区—产业间全要素生产率的有效溢出。第二,上游链条的割裂也使得下游市场需求难以通过需求引导的逆向反馈机制有效地传递给上游研发环节,导致上游研发行为无法以实际需求为导向,缺乏研发成果的产业化和商业化。这也解释了为什么中国当前 R&D 投入较高,但对国家整体的生产绩效提升却较低的现状。第三,上游环节缺乏有效的追赶—竞争机制,导致上游价值链主体的"毁灭性"创新动力不足,陷入下游环节的"需求锁定"之中,而下游环节同质竞争过度,造成竞争效率损失,这些均会阻碍整条价值链的更新升级与生产率的提升。当然,上述出现的不利结果从侧面反映出中国 NVC 作为全要素生产率增长的动力引擎仍有进一步推进的空间。

三、稳健性检验:指标变换

　　已有研究中另一种测算 TFP 的方法是以随机前沿分析(SFA)为基础的参

数估计法,其最大的优点在于考虑了随机因素对产出的影响。本章也采用该方法测算了中国各地区—产业的 TFP,以检验估计结果对 TFP 不同测度方法的稳健性。在随机前沿分析中,产出变量和投入变量的数据选取与前文数据包络分析一致。具体估计结果见表 8 - 3。结果显示,从整体上来看,制造前和制造后阶段的溢出效应依旧呈现出前向溢出效应不显著、后向溢出效应显著的非对称性特征,前后阶段的追赶—竞争效应不显著,表明本章的核心结论也不因TFP 测算方法的不同而发生实质性改变。

表 8 - 3 　 NVC 对生产率溢出效应的指标变换估计结果

	W_F	W_B	W_C
	(1)	(2)	(3)
Wln TFP	0.138	0.172***	−0.041
	(1.14)	(3.31)	(−0.98)
控制变量	是	是	是
N	1 450	1 450	1 450

注:同表 8 - 2。

第五节　全球金融危机的进一步考察:外部冲击与 NVC 的演变

2008 年席卷全球的金融危机给中国外向型经济发展造成了强有力冲击。根据国家统计局公布的数据,金融危机期间,中国进出口总额降幅高达13.88%,这是中国自 2001 年末加入 WTO 之后进出口贸易首次下滑[①]。与此同时,由第二节 NVC 分布的事实特征可知,全球金融危机之后,国内市场变得愈来愈重要,中国各地区—产业 NVC 的价值链形态进行了重塑,出现了明显的制造前阶段省外参与主体增多、链条长度变长等特征。那么,在受到金融危机的强有力外需冲击后,NVC 的动态演变和不断重塑能否对 NVC 的"微笑曲线"

① 　根据《中国统计年鉴》测算得到。

式生产率溢出过程产生深刻的影响,继而成为支撑中国转型升级和持续增长的强大内部力量。为此,本部分进一步以2008年全球金融危机为视角,探讨在全球金融危机前后,随着NVC的不断重塑和发展,其对全要素生产率的溢出效应将如何演变,这对于当前逆全球化汹涌背景下中国如何因应外需冲击可能具有较强的政策含义。

如表8-4所示,全球金融危机前的前向溢出和后向溢出呈现非对称的作用效果,前向溢出效应不显著,后向溢出效应显著;但金融危机爆发之后,前、后向溢出效应均表现出显著的正向作用,且其估计系数的数值大小相较危机前均有所提升。这可能是由于NVC上游环节和下游环节组织结构在受到2008年全球金融危机强有力外部冲击后的变动使得NVC前向溢出效应变显著、后向溢出效应得到强化。首先,中国特殊的政治经济体制决定了位于上游环节和控制着国民经济命脉的国有企业富有保值增值的利润目标和实现稳定宏观经济的政策目标的双重任务,既会通过掌控研发资源、原材料和关键零部件供应来获取垄断利润,也需要在经济萧条时承担起带动其他地区—产业经济全面复苏的责任(Bai et al., 2006)。因此,全球金融危机爆发之后,国有企业从追求垄断利润目标向稳定经济目标转变,不仅大大弱化了对本地区—产业下游环节的利润攫取,甚至可能会提供重要的技术指导和资金支持来帮助本地区—产业改进生产绩效。其次,金融危机之后国内经济进入较低的增长平台,产业转移和产业升级开始破题。此次危机对沿海地区的倒逼压力转化为一种动力,沿海地区开始将部分生产制造环节向内地转移,而自己向研发、营销等价值链两端环节延伸,更加注重自主创新能力的培养和积累(裴长洪等,2011)。这有利于打破国内原有的地方保护主义和地区市场分割,减弱NVC上、下游环节,尤其是上游环节的区域分割现象,从而强化NVC前、后向溢出机制对全要素生产率的带动作用。

表 8 - 4　金融危机与 NVC 生产率溢出效应的估计结果

	金融危机前(2007 年)			金融危机后(2010 年)		
	W_F	W_B	W_C	W_F	W_B	W_C
	(1)	(2)	(3)	(4)	(5)	(6)
Wln TFP	0.109	0.179*	−0.079	0.247*	0.264***	0.095
	(0.58)	(1.76)	(−1.03)	(1.69)	(3.24)	(1.31)
控制变量	是	是	是	是	是	是
N	725	725	725	725	725	725

注:同表 8 - 2。

　　同时,表 8 - 4 还显示,追赶—竞争效应虽然由金融危机前的负向作用变为危机后的正向作用,但仍不具有显著的溢出效应。其中的原因可能为:金融危机之后一方面 NVC 上游环节行业垄断和区域分割特征的弱化有利于价值链各环节的良性动态竞争,继而改善上游供给环节竞争压力不足、下游需求环节同质竞争过度的不利局面,促进追赶—竞争效应的有效释放;但另一方面为抵御金融危机的强有力冲击,中国积累了大量的过剩产能(林毅夫等,2010),造成了更为严峻的过度竞争,这部分抵消了追赶—竞争效应的正向作用。综上而言,在金融危机强有力的外部冲击下,中国 NVC 的不断重塑演变在一定程度上改变了生产率链式循环的割裂特征,表明立足于国内市场的 NVC 能够作为也应该作为支撑中国转型升级和持续增长的强大内部力量。

第六节　本章小结:NVC 的"微笑曲线"式生产率溢出

　　在当前寻求从属于"俘获型"GVC 获得 TFP 跨越性进步受阻以及逆全球化浪潮汹涌的背景下,构建立足于国内广阔市场的 NVC、塑造内源性生产率增长动力对于中国这样区域禀赋、发展条件差异较大的经济大国、人口大国和地理大国的转型升级和持续增长至关重要。本章在"微笑曲线"理论的框架下,利用中国 30 个省区区域间非竞争型投入产出表对中国各地区—产业 NVC 的链式循环过程和价值链分布形态进行了描述,继而将 NVC"微笑曲线"链式循环过程所产生的全要素生产率溢出机制解构为静态制造前阶段的前向溢出、制造后阶段的后向溢出效应和动态制造前后阶段的追赶—竞争效应,最后设置能够有效捕捉三种溢出机制的空间权重矩阵和采用空间计量方法对中国 NVC 的"微笑曲线"式生产率溢出效应进行了实证检验。本章的研究结论主要包括以下三个方面:

第一,中国各地区—产业 NVC 普遍存在"微笑曲线"的分布特征,也能够通过 NVC"微笑曲线"链式循环对全要素生产率产生一定程度的溢出效应。

第二,市场化转型过程中遗留的"上游环节垄断分割、下游环节竞争开放"的非对称结构,既导致了"微笑曲线"式溢出过程呈现出前向溢出不足、后向溢出显著的链条割裂特征,还造成了价值链上游供给环节竞争压力不足、下游需求环节同质竞争过度,进而使得追赶—竞争效应未能得到充分释放。总的来说,中国 NVC 的链式循环尚未形成供给—需求有效协同、环节良性动态竞争的"微笑曲线"式生产率溢出过程。

第三,在受到 2008 年全球金融危机的强有力外部冲击后,NVC 的不断重塑演变在一定程度上改变了生产率链式循环的割裂特征。

第九章 国内价值链与资源配置效率的溢出效应

第一节 引言

通常而言,全要素生产率的增长要么来自技术进步,要么来自资源配置效率的改进(Aigner et al., 1977; Fare et al., 1994)。现有研究表明,技术进步固然重要,但资源如何在经济体间配置是影响全要素生产率进而经济增长更为关键的因素(Alfaro et al., 2008; Restuccia and Rogerson, 2008; Hsieh and Klenow, 2009)。在当前置身于"俘获型"全球价值链(GVC)和逆全球化浪潮的背景下,本章探讨国内价值链(NVC)能否成为中国资源配置效率改进的持续动力。

阅读所及,尚未有文献对 NVC 与资源配置效率之间关系进行探讨。进一步地,NVC 作为一种多阶段分工的组织模式,其作用的有效发挥依赖于知识、技术和信息要素在价值链不同区域主体和产业主体之间的充分流动,其中任何一个环节的"塌陷"均会导致 NVC 难以对资源配置效率产生整体的供给需求有效协同、环节良性动态竞争的溢出效应。大量研究表明,贸易自由化不仅有助于提高国内市场的竞争程度,而且能够促进国内生产要素和产品的跨区域自由流动(陈敏等,2008;毛其淋和盛斌,2011),那么,一个自然延伸的问题是,贸易自由化是否会成为影响 NVC 对资源配置效率溢出效应及其实现机制的重要因素? 本章将在 NVC 资源配置效率溢出效应的统一框架下对此进行分析,继而为 NVC 的研究提供新思路与新视角。

与以往研究相比,本章的贡献可能在于:第一,利用中国 30 个省区区域间非竞争型投入产出表对包含地区—产业双重维度的 NVC 对资源配置效率的溢出效应进行探讨;第二,基于"微笑曲线"理论和 NVC 分布的事实特征,从静态和动态两个维度全面解构了 NVC 对资源配置效率溢出效应的实现机制,其中,静态溢出机制包括制造前阶段的前向溢出、制造后阶段的后向溢出效应,动态溢出机制为制造前后阶段的追赶—竞争效应,并在此基础上设置能够有效捕捉三种溢出机制的空间权重矩阵和采用空间计量方法进行了机制检验,发现NVC 尚未形成供给需求有效协同、环节良性动态竞争主要是由技术进步引致的,资源配置效率改进的溢出效应则形成了比较完整的"微笑曲线"循环链条,其中后向溢出效应相对最大,表明 NVC 呈现了与 GVC 相类似的"技术锁定"俘获特征;第三,考虑到外部开放倒逼可能对 NVC 的链式循环过程和价值链分布形态具有重要影响,本章还将贸易自由化引入到 NVC 对资源配置效率溢出效应的考察中,发现贸易自由化有助于打破国内行业垄断和区域市场分割,进而强化了 NVC 对资源配置效应的溢出效应,并在一定程度上改变了技术进步链式循环的割裂特征。总的来说,本章的研究突出了国内价值链在资源配置效率提升中的重要作用,有助于中国在逆全球化背景下塑造可持续内生增长动力。

本章后续安排如下:第二节介绍 NVC"微笑曲线"与资源配置效率的测度,并对两者之间的关系进行初步分析;第三节介绍 NVC 资源配置效率溢出效应的度量、计量模型设定与数据说明;第四节报告实证结果;第五节进一步探讨贸易自由化如何影响 NVC 对资源配置效率的溢出过程;第六节为本章小结。

第二节　NVC"微笑曲线"与资源配置效率的测度与初步分析

一、NVC"微笑曲线"的测度框架

与第七章和第八章类似,国内价值链"微笑曲线"的测度主要涉及增加值收益和价值链位置两个指标,分别用各地区—产业之间的增加值流动矩阵即

(9-1)式和增加值传递长度即(9-2)式进行计算,详细测度过程见第三章第二节：

$$\widehat{VL\hat{F}} = \begin{bmatrix} v_1^1 & \cdots & 0 & \cdots & 0 & \cdots & 0 \\ \vdots & & \vdots & & \vdots & & \vdots \\ 0 & \cdots & v_1^N & \cdots & 0 & \cdots & 0 \\ \vdots & & \vdots & & \vdots & & \vdots \\ 0 & \cdots & 0 & \cdots & v_G^1 & \cdots & 0 \\ \vdots & & \vdots & & \vdots & & \vdots \\ 0 & \cdots & 0 & \cdots & 0 & \cdots & v_G^N \end{bmatrix} \begin{bmatrix} l_{11}^{11} & \cdots & l_{11}^{1N} & l_{11}^{1N} & \cdots & l_{1G}^{1N} \\ \vdots & & \vdots & \vdots & & \vdots \\ l_{11}^{N1} & \cdots & l_{11}^{NN} & l_{1G}^{N1} & \cdots & l_{1G}^{NN} \\ \vdots & & \vdots & \vdots & & \vdots \\ l_{G1}^{11} & \cdots & l_{G1}^{1N} & l_{GG}^{11} & \cdots & l_{1G}^{1N} \\ \vdots & & \vdots & \vdots & & \vdots \\ l_{G1}^{N1} & \cdots & l_{G1}^{NN} & l_{GG}^{N1} & \cdots & l_{GG}^{NN} \end{bmatrix} \begin{bmatrix} f_1^1 & \cdots & 0 & \cdots & 0 & \cdots & 0 \\ \vdots & & \vdots & & \vdots & & \vdots \\ 0 & \cdots & f_1^N & \cdots & 0 & \cdots & 0 \\ \vdots & & \vdots & & \vdots & & \vdots \\ 0 & \cdots & 0 & \cdots & f_G^1 & \cdots & 0 \\ \vdots & & \vdots & & \vdots & & \vdots \\ 0 & \cdots & 0 & \cdots & 0 & \cdots & f_G^N \end{bmatrix}$$

$$= \begin{bmatrix} v_1^1 l_{11}^{11} f_1^1 & \cdots & v_1^1 l_{11}^{1N} f_1^N & \cdots & v_1^1 l_{1G}^{11} f_G^1 & \cdots & v_1^1 l_{1G}^{1N} f_G^N \\ \vdots & & \vdots & \cdots & \vdots & & \vdots \\ v_1^N l_{11}^{N1} f_1^1 & \cdots & v_1^N l_{11}^{NN} f_1^N & \cdots & v_1^N l_{1G}^{N1} f_G^1 & \cdots & v_1^N l_{1G}^{NN} f_G^N \\ \vdots & & \vdots & \cdots & \vdots & & \vdots \\ v_G^1 l_{G1}^{11} f_1^1 & \cdots & v_G^1 l_{G1}^{1N} f_1^N & \cdots & v_G^1 l_{GG}^{11} f_G^1 & \cdots & v_G^1 l_{GG}^{1N} f_G^N \\ \vdots & & \vdots & \cdots & \vdots & & \vdots \\ v_G^N l_{G1}^{N1} f_1^1 & \cdots & v_G^N l_{G1}^{NN} f_1^N & \cdots & v_G^N l_{GG}^{N1} f_G^1 & \cdots & v_G^N l_{GG}^{NN} f_G^N \end{bmatrix} \quad (9-1)$$

其中,$\hat{V}$ 表示增加值率对角矩阵,L 表示完全消耗系数矩阵,$\hat{F}$ 表示最终需求对角矩阵,元素 $v_i^r l_{ij}^{rs} f_j^s$ 表示地区 j 产业 s 生产的最终品价值中来自地区 i 产业 r 的增加值。

$$U_{ij}^{rs} = V_i^r(1I + 2A + 3A^2 + 4A^3 + \cdots)F_j^s / va_{ij}^{rs} = V_i^r L^2 F_j^s / va_{ij}^{rs} \quad (9-2)$$

其中, $V_i^r = \begin{bmatrix} 0 & 0 \cdots v_i^r \cdots 0 \end{bmatrix}$ 表示地区 i 产业 r 的增加值率,$F_j^s = \begin{bmatrix} 0 & 0 \cdots f_j^s \cdots 0 \end{bmatrix}$ 表示地区 j 产业 s 的最终需求,$va_{ij}^{rs} = v_i^r l_{ij}^{rs} f_j^s$。

二、资源配置效率

为与第八章全要素生产率的测度方法相对应,本章借鉴法勒等(Fare et al.，1994)的方法对资源配置效率进行测度。假定在每一个时期 $t = 1, \cdots, T$,

给定生产技术 S^t，要素投入 α^t 转化为产出 β^t。定义 t 时期的产出距离函数为：

$$D_0^t(\alpha^t, \beta^t) = \inf\{\theta:(\alpha^t, \beta^t/\theta) \in S^t\} = (\sup\{(\alpha^t, \theta\beta^t) \in S^t\})^{-1}$$

$$(9-3)$$

应用(9-3)式，可以得出在 t 时期生产技术条件下，投入产出为(α^{t+1}，β^{t+1})时的实际产出与最大产出之比。同理，也可以得出在 $t+1$ 时期生产技术情况下，投入产出为(α^t，β^t)时所能达到的最大产出与实际产出之比。

根据法勒等(Fare et al., 1994)定义的以产出为基础度量的 Malmquist 生产率变化指数可进一步分解为两个 Malmquist 指数的几何平均值：

$$M_0^t(\alpha^{t+1}, \beta^{t+1}, \alpha^t, \beta^t) = \left\{\left[\frac{D_0^t(\alpha^{t+1}, \beta^{t+1})}{D_0^t(\alpha^t, \beta^t)}\right]\left[\frac{D_0^{t+1}(\alpha^{t+1}, \beta^{t+1})}{D_0^{t+1}(\alpha^t, \beta^t)}\right]\right\}^{1/2}$$

$$(9-4)$$

(9-4)式中的指数可以被看作两部分的乘积：

$$Tech = \left\{\left[\frac{D_0^t(\alpha^{t+1}, \beta^{t+1})}{D_0^{t+1}(\alpha^{t+1}, \beta^{t+1})}\right]\left[\frac{D_0^t(\alpha^t, \beta^t)}{D_0^{t+1}(\alpha^t, \beta^t)}\right]\right\}^{1/2} \qquad (9-5)$$

$$Eff = \frac{D_0^{t+1}(\alpha^{t+1}, \beta^{t+1})}{D_0^t(\alpha^t, \beta^t)} \qquad (9-6)$$

(9-4)—(9-6)式将 Malmquist 生产率指数分解为技术进步(*Tech*)和资源配置效率改进(*Eff*)两部分。前沿技术进步表示生产可能性边界的外移，即在固定生产函数条件下最大产出的增加，衡量了技术边界从 t 到 $t+1$ 时期的移动；资源配置效率改进表示实际产出与最大产出之间的距离缩短，即在给定要素投入水平下，实际产出向生产前沿的移动，测度了从 t 到 $t+1$ 时期每个观察对象到最佳实践的追赶程度。

三、初步分析

与第七章和第八章类似，本章亦根据穆达比(Mudambi, 2008)、鲍德温等(Baldwin et al., 2014)提出的"微笑曲线"理论和 NVC 分布的事实特征，将

NVC"微笑曲线"链式循环过程所产生的资源配置效率溢出机制解构为静态制造前阶段的前向溢出、制造后阶段的后向溢出效应以及动态制造前后阶段的追赶—竞争效应，通过这三种溢出机制 NVC 对资源配置效率产生溢出效应（具体参见图 7 - 1）。在制造前阶段，上游供给环节可以通过中间产品供应向本地区—产业传播与扩散知识、技术和信息要素；在制造后阶段，下游需求环节可以通过市场反馈机制引导本地区—产业对相关产品参数进行修改和完善；链条中端的价值链主体通过吸收和消化来自上、下游环节知识、技术和信息要素向价值链两端攀升，这会对价值链两端参与地区—产业形成追赶和竞争压力，激励价值链两端参与地区—产业进行创新，促进价值链升级。

第三节　NVC 资源配置效率溢出效应度量、计量模型与数据说明

一、NVC 资源配置效率溢出效应度量：空间权重矩阵设置

与第七章和第八章类似，本章根据第二节（9 - 1）式中的增加值流动矩阵 $\hat{V}L\hat{F}$ 来设置能够较好捕捉 NVC"微笑曲线"链式循环所产生的前、后向溢出效应的空间权重矩阵。具体而言，将测度 NVC 后向溢出效应中的空间权重矩阵 W_B 设置为：

$$
W_B = \begin{bmatrix}
0 & \cdots & v_1^1 l_{11}^{1N} f^N & \cdots & v_1^1 l_{1G}^{11} f_G^1 & \cdots & v_1^1 l_{1G}^{1N} f_G^N \\
\vdots & \cdots & \vdots & \cdots & \vdots & \vdots & \vdots \\
v_1^N l_{11}^{N1} f_1^1 & \cdots & 0 & \cdots & v_1^N l_{1G}^{N1} f_G^1 & \cdots & v_1^N l_{1G}^{NN} f_G^N \\
\vdots & \vdots & \vdots & \vdots & \vdots & \vdots & \vdots \\
v_G^1 l_{G1}^{11} f_1^1 & \cdots & v_G^1 l_{G1}^{1N} f_1^N & \cdots & 0 & \cdots & v_G^1 l_{GG}^{1N} f_G^N \\
\vdots & \vdots & \vdots & \cdots & \vdots & \vdots & \vdots \\
v_G^N l_{G1}^{N1} f_1^1 & \cdots & v_G^N l_{G1}^{NN} f_1^N & \cdots & v_G^N l_{GG}^{N1} f_G^1 & \cdots & 0
\end{bmatrix}
$$

$$(9 - 7)$$

W_B 中的元素表示本地区—产业为其下游地区—产业提供增加值流向。将测度 NVC 前向溢出效应中的空间权重矩阵 W_F 设置为：

$$W_F = \begin{bmatrix} 0 & \cdots & v_1^N l_{11}^{N1} f_1^1 & \cdots & v_G^1 l_{G1}^{11} f_1^1 & \cdots & v_G^N l_{G1}^{N1} f_1^1 \\ \vdots & \cdots & \vdots & \cdots & \vdots & \vdots & \vdots \\ v_1^1 l_{11}^{1N} f_1^N & \cdots & 0 & \cdots & v_G^1 l_{G1}^{1N} f_1^N & \cdots & v_G^N l_{G1}^{NN} f_1^N \\ \vdots & \vdots & \vdots & \vdots & \vdots & \vdots & \vdots \\ v_1^1 l_{1G}^{11} f_G^1 & \cdots & v_1^N l_{1G}^{N1} f_G^1 & \cdots & 0 & \cdots & v_G^N l_{GG}^{N1} f_G^1 \\ \vdots & \vdots & \vdots & \vdots & \vdots & \vdots & \vdots \\ v_1^1 l_{1G}^{1N} f_G^N & \cdots & v_1^N l_{1G}^{NN} f_G^N & \cdots & v_G^1 l_{GG}^{1N} f_G^N & \cdots & 0 \end{bmatrix}$$

$$(9-8)$$

W_F 中的元素表示上游地区—产业为本地区—产业提供增加值流向。同时，根据第二节(9-2)式中的增加值传递长度 U 来设置能够较好捕捉 NVC"微笑曲线"链式循环所产生的追赶—竞争效应的空间权重矩阵 W_C，即将各地区—产业间增加值传递长度差异绝对值的倒数作为 W_C 的非对角元素，其数值越大，表示两价值链主体在 NVC 中所处的位置越接近，并将 W_C 对角元素设为 0。

二、NVC 资源配置效率溢出效应实证框架：空间计量模型建立

为了能够科学、合理地验证中国 NVC 对资源配置效率的溢出效应，本章将采用空间自回归模型(SAR)进行实证考察。具体而言，本章设置了如下所示的空间自回归模型：

$$\ln Eff = \rho_F W_F \ln Eff + \ln X\beta + \mu \tag{9-9}$$

$$\ln Eff = \rho_B W_B \ln Eff + \ln X\beta + \mu \tag{9-10}$$

$$\ln Eff = \rho_C W_C \ln Eff + \ln X\beta + \mu \tag{9-11}$$

其中，Eff 表示资源配置效率改进。W_F、W_B 和 W_C 即上一部分定义的用于捕捉三种溢出机制的空间权重矩阵，$W_F \ln TFP$、$W_B \ln TFP$ 和 $W_C \ln TFP$ 为

空间滞后项,其系数 ρ_F、ρ_B 和 ρ_C 依次反映了通过 NVC 的"微笑曲线"链式循环,其他地区—产业的资源配置效率改进对本地区—产业资源配置效率改进的前向溢出效应、后向溢出效应以及追赶—竞争效应。X 表示一系列控制变量,根据现有文献,主要包括:资本强度(kl),用各地区—产业的物质资本存量与年末从业人员数之比来表示;产业集聚水平(agg),用区位熵,即各地区—产业的就业人数占本地区全部就业人数的比例除以全国该行业就业人数占全国全部就业人数的比例来表示;产出总规模(sca),用价格指数平减的各产业实际增加值来表示;经济发展水平(eco),用价格指数平减的各地区人均实际 GDP 来表示;人力资本(edu),用各地区平均受教育年限来表示;城市化水平(urb),用各地区非农业人口占总人口的比重来表示;政府支出规模(gov),用扣除科教文卫这类公共性支出之后的各地方政府支出占 GDP 的比重来表示;外向型程度($open$),用各地区外商直接投资占 GDP 的比重来表示。μ 为随机误差项。为了减缓异方差和序列相关问题,本章对所有变量均作对数化处理。同时需指出的是,由于 SAR 模型是从全域计算空间相关性,回归模型中可能存在内生性问题,因此,本书采用极大似然法对相关计量模型进行估计(Anselin, 1988)。

三、数据说明

限于 30 个省区区域间投入产出表的可得性,本章将样本期间选为 2007 年和 2010 年,考察对象为中国 30 个省区 30 个行业,剔除了数据缺失的西藏、中国港澳台地区。与第八章类似,分析所用数据主要涉及两类:测度 NVC 三种资源配置效率溢出机制所需的投入产出数据,来自中国科学院区域可持续发展分析与模拟重点实验室编制的 2007 年和 2010 年中国 30 个省区区域间非竞争型投入产出表;计算资源配置效率和相关控制变量所需的生产和人口数据,主要来源于历年《中国统计年鉴》《中国工业经济统计年鉴》和《中国第三产业统计年鉴》。

第四节　实证结果及分析

一、初步检验

在严格的计量检验之前,本章采用 Moran's I 指数对中国 NVC 对资源配置效率的溢出效应进行初步检验。结果显示(表 9 - 1),总体而言,NVC 能够通过"微笑曲线"链式循环对资源配置效率产生溢出效应,其中后向溢出效应相对最大。作为对比,表 9 - 1 还列出了前沿技术进步的初步检验结果。从中可知,前向溢出效应不显著,后向溢出效应显著为正,而追赶—竞争效应显著为负,表明中国 NVC 尚未形成供给需求有效协同、环节良性动态竞争主要是由前沿技术进步引致的,资源配置效率改进的溢出效应则形成了比较完整的"微笑曲线"循环链条。当然,上述溢出效应还有待进一步检验与分析。

表 9 - 1　NVC 对资源配置效率溢出效应的 Moran's I 检验结果

空间权重矩阵	资源配置效应		前沿技术进步	
	Moran's I	Z 统计值	Moran's I	Z 统计值
W_F	0.023	2.204	0.010	0.953
W_B	0.042	3.731	0.023	1.988
W_C	0.021	1.700	−0.040	−3.178

二、实证检验

表 9 - 2 汇报了 NVC 对资源配置效率溢出效应的估计结果。其中,第(1)至(3)列分别给出了前向溢出空间权重矩阵(W_F)、后向溢出空间权重矩阵(W_B)和追赶—竞争空间权重矩阵(W_C)设置下 SAR 模型的估计结果。从中可知,三种溢出效应均显著为正,反映出资源配置效率改进的溢出效应形成了比较完整的"微笑曲线"循环链条;进一步比较发现,NVC 对资源配置效率改善的后向溢出效应相对最大,前向溢出效应次之,追赶—竞争效应相对最小。与资源配置效率不同,表 9 - 3 显示,NVC 对前沿技术进步的前向溢出效应不显著,

后向溢出效应显著为正,追赶—竞争效应显著为负,表明中国 NVC 的"微笑曲线"链式循环并未带动各地区—产业间技术进步的有效溢出,意味着中国 NVC 尚未形成供给需求有效协同、环节良性动态竞争主要是由前沿技术进步引致的,NVC 存在着类似于 GVC"技术锁定"的俘获特征。对此可能的解释是,一方面,掌握研发资源、原材料和关键零部件供应的上游领导企业会根据自身的战略需求,有目的性地帮助本地区—产业改良机器设备、改进生产工艺和提高管理绩效,这有利于本地区—产业进行工艺升级和产品升级,并改进资源配置效率。同时,本地区—产业也可以在这一过程中主动积累生产经验,提高生产效率。但另一方面,在本地区—产业完成了较为低级的以资源配置效率改进为内涵的工艺升级和产品升级后,继而寻求较为高级的以前沿技术进步为内涵的功能升级和链条升级时,上游领导企业为维持自身的竞争优势,会利用对研发资源、原材料和关键零部件供应的网络垄断权利,不仅纵向压榨本地区—产业的利润空间,切断了本地区—产业通过利润积累获得创新研发投入的通道,更为重要的是抑制了上游环节的知识、技术和信息要素通过中间产品流动而传播、扩散与应用,不利于本地区—产业的技术进步,更难以对国内价值链上游环节产生强有力的竞争压力(Schmitz, 2004; Gereffi et al., 2005)。前沿技术进步循环链条割裂造成的 NVC"技术锁定"现象与中国市场化转型过程中出现的"上游环节垄断分割、下游环节竞争开放"的非对称结构息息相关,这造成了中国 NVC 无法形成基于各地区比较优势的社会最优空间分布格局,进而难以充分释放 NVC 作为支撑中国经济转型升级和持续增长的重要内部力量。

表 9-2　NVC 对资源配置效率溢出效应的计量结果

	W_F	W_B	W_C
	(1)	(2)	(3)
$W\ln Eff$	0.102*	0.110***	0.032*
	(1.76)	(3.14)	(1.74)

续　表

	W_F	W_B	W_C
	(1)	(2)	(3)
控制变量	是	是	是
N	1 450	1 450	1 450

注:圆括号内为采用稳健标准差时的 z 统计量。 * 、 * * 、 * * * 分别表示在 10%、5%、1%水平上显著。

表 9 – 3　NVC 对前沿技术进步溢出效应的计量结果

	W_F	W_B	W_C
	(1)	(2)	(3)
Wln *Tech*	0.028	0.036 * *	-0.070 * * *
	(0.79)	(1.98)	(-4.54)
控制变量	是	是	是
N	1 450	1 450	1 450

注:同表 9 - 2。

第五节　贸易自由化的进一步考察:开放倒逼与 NVC 的演变

前文研究的一个主要发现是,NVC 一方面对资源配置效率存在显著的溢出效应,且后向溢出效应相对最大,另一方面也存在着类似于 GVC"技术锁定"的俘获特征,但忽略了贸易自由化的作用。大量研究表明,贸易自由化不仅有助于提高国内市场的竞争程度,而且能够促进国内生产要素和产品的跨区域自由流动(陈敏等,2008;毛其淋和盛斌,2011)。由于地理、历史、政策等方面的差异,中国各地区贸易自由化程度存在着较大不同,东部沿海地区凭借优越的地理位置和有利的政策条件率先对外开放,贸易自由化程度较高,而中西部内陆地区对外开放进程较晚,贸易自由化程度较低。那么,中国各地区的贸易自由化程度是否也会成为影响 NVC 的链式循环过程和价值链分布形态,进而影响NVC 对资源配置效率及其实现机制的重要因素呢? 本部分进一步将贸易自由化纳入到前文的分析框架中，着重探讨国内价值链、贸易自由化与资源配置效率之间的关系，这可以为中国国内价值链的塑造升级和内源性增长动力的构筑指明方向。

一、计量模型设定

根据本部分的研究目的，将基准模型(9-9)—(9-11)扩展为如下形式：

$$\ln Eff = \rho_F W_F \ln Eff + \varphi \ln trade\, W_F \ln Eff + \gamma \ln trade + \ln X\beta + \mu$$
$$(9-12)$$

$$\ln Eff = \rho_B W_B \ln Eff + \varphi \ln trade\, W_B \ln Eff + \gamma \ln trade + \ln X\beta + \mu$$
$$(9-13)$$

$$\ln Eff = \rho_C W_C \ln Eff + \varphi \ln trade\, W_C \ln Eff + \gamma \ln trade + \ln X\beta + \mu$$
$$(9-14)$$

其中，$trade$ 表示贸易自由化程度，与现有文献的普遍做法相一致，采用地区实际进出口额占 GDP 的比重来测度；$\ln trade \times W_F \ln Eff$、$\ln trade \times W_B \ln Eff$ 和 $\ln trade \times W_C \ln Eff$ 分别为贸易自由化与 NVC 对资源配置效率前向溢出效应、后向溢出效应和追赶—竞争效应三种溢出机制空间滞后项的交叉项。这三个交叉项是本部分关注的核心变量。

二、计量结果及分析

表9-4给出了贸易自由化对 NVC 对资源配置效率溢出效应影响的回归结果，从中可知，在考虑贸易自由化影响后，NVC 对资源配置效率依旧具有显著的溢出效应，而且三种溢出机制的估计系数显示，后向溢出效应的作用仍相对最大，与前文基准回归结果保持了较好的一致性。贸易自由化($\ln trade$)对资源配置效率的影响显著为正，这说明对外开放有利于促进资源配置效率的提高，符合预期。由贸易自由化与资源配置效率空间滞后项交叉项的估计系数可知，交叉项 $\ln trade \times W_F \ln Eff$、$\ln trade \times W_B \ln Eff$ 和 $\ln trade \times W_C \ln Eff$ 的估

227

计系数亦显著为正,意味着贸易自由化能够增强 NVC 制造前向溢出、制造后向溢出以及制造前后追赶—竞争效应三种溢出机制作用的有效发挥,从而"放大"了 NVC 对资源配置效率的溢出效应。作为对比,表 9-5 还汇报了贸易自由化与 NVC 前沿技术进步溢出效应的估计结果。结果显示,交叉项 ln $trade \times$ $W_F$ln $Tech$、ln $trade \times W_B$ln $Tech$ 和 ln $trade \times W_C$ln $Tech$ 的估计系数均显著为正,反映出贸易自由化有助于发挥 NVC 制造前向溢出、制造后向溢出以及制造前后追赶—竞争效应三种溢出机制对前沿技术进步的促进作用。贸易自由化一方面有助于打破国内行业垄断,提高国内市场的竞争程度;另一方面有助于打破国内市场分割,促进国内生产要素和产品的跨区域自由流动,这些使得NVC 对资源配置效率的溢出效应得到了更为充分的释放,同时也在一定程度上改变了技术进步链式循环的割裂特征。

表 9-4　贸易自由化与 NVC 资源配置效率溢出效应的估计结果

	W_F	W_B	W_C
	(1)	(2)	(3)
Wln Eff	0.110**	0.124***	0.039**
	(2.24)	(4.06)	(2.52)
ln $trade \times$ Wln Eff	0.372***	0.434***	0.131***
	(21.47)	(19.58)	(3.77)
ln $trade$	0.061***	0.082***	0.103***
	(5.93)	(7.18)	(7.57)
控制变量	是	是	是
N	1 450	1 450	1 450

注:同表 9-2。

表 9-5　贸易自由化与 NVC 前沿技术进步溢出效应的估计结果

	W_F	W_B	W_C
	(1)	(2)	(3)
Wln $Tech$	0.031	0.040***	-0.053***
	(1.11)	(2.73)	(-3.91)

	W_F	W_B	W_C
	（1）	（2）	（3）
ln *trade* × Wln *Tech*	0.706***	0.415***	0.129***
	（48.39）	（19.16）	（3.57）
ln *trade*	−0.013*	−0.059***	−0.068***
	（−1.75）	（−7.06）	（−7.55）
控制变量	是	是	是
N	1 450	1 450	1 450

注：同表 9 - 2。

第六节　本章小结：NVC 的"微笑曲线"式资源配置效率溢出

在逆全球化浪潮汹涌的背景下，构筑具有内源增长动力的国内价值链，对于中国这样一个幅员辽阔、区域禀赋差异较大的发展中大国的经济转型至关重要。本章首次利用中国 30 个省区区域间投入产出表探讨了包含地区—产业双重维度的 NVC 对资源配置效率的溢出效应，并基于"微笑曲线"理论从静态和动态两个维度将这一溢出效应解构为静态制造前向溢出、制造后向溢出效应以及动态制造前后追赶—竞争效应三种实现机制，在此基础上进一步分析了贸易自由化对 NVC 资源配置效率溢出效应的作用，最后通过设置空间权重矩阵和采用空间计量方法进行了实证检验。本章的研究结论主要包括以下三个方面：

第一，NVC 对中国各地区—产业资源配置效率存在显著的溢出效应，且后向溢出效应相对最大，表明 NVC 是保证中国置身于逆全球化背景下资源配置效率提升的重要内部力量。

第二，作为对比，对技术进步的研究表明，NVC 尚未形成供给需求有效协同、环节良性动态竞争主要是由技术进步引致的，NVC 呈现了与 GVC 相类似的"技术锁定"俘获特征。

第三,进一步引入贸易自由化后发现,贸易自由化有助于打破国内行业垄断和区域市场分割,进而强化了 NVC 对资源配置效应的溢出效应,并在一定程度上改变了技术进步链式循环的割裂特征。

第十章 国内价值链与地区间收入差距

第一节 引言

改革开放以来,中国经济取得举世瞩目增长成就的同时,地区间收入差距不但没有改善,反而逐渐扩大,尤其是 20 世纪 90 年代以来,中国的地区间收入差距问题日益凸显(Li and Xu, 2008; Fleisher et al., 2010)。较为严重的地区间收入差距违背了公平与效率兼顾的改革初衷,引起了决策者和学术界的高度关注。众多学者对中国地区间收入差距扩大的原因进行了解释(Demurger et al., 2001; Cai et al., 2002; Demurger et al., 2002;马拴友和于红霞,2003;林毅夫和刘培林,2003),其中一个非常重要的视角是从对外贸易进行解读,普遍认为对外贸易是造成中国地区间收入差距扩大的重要因素(Zhang and Zhang, 2003; Kanbur and Zhang, 2005;万广华等,2005)。虽然现有关于对外贸易与中国地区间收入差距之间关系的研究硕果累累,但阅读所及,尚未涉及区际贸易对中国地区间收入差距的影响[1],更未将焦点放在日益兴起和壮大的国内价值链贸易在中国地区间收入差距中所起的作用。

理论上而言,国内价值链(NVC)可以通过生产分工网络将国内各地区有机

---

[1] 与对外贸易对一国内部地区间收入差距影响的研究视角不同,区际贸易对地区间收入差距影响探讨的是经济体间贸易与经济体间收入差距的问题,类似于国际经济学领域的国际贸易对国家间收入差距的影响。现有文献较多考察对外贸易对一国内部地区间收入差距的影响(Goldberg and Pavcnik, 2007; Brulhart, 2011),而较少专门探讨经济体间贸易对经济体间收入差距的影响,包括国际贸易对国家间收入差距和区际贸易对地区间收入差距。

地衔接在一起,使各地区经济相互关联、相互渗透。那么,由此引发的问题是,国内价值链与地区间收入差距存在怎样的联系,其能否成为中国缩小地区间收入差距的强劲内在动力。事实上,国家政策制定者已意识到国内价值链在协调区域发展中的作用,并提出要将区域发展战略的重心逐渐从过去西部开发、中部崛起等板块式发展战略向长江经济带、"一带一路"等贯穿南北、承启东西的轴带式发展战略转变,充分发挥各地区比较优势,加强东中西互动合作、协同共进。可见,对于中国这样一个幅员辽阔、区域禀赋差异明显的经济大国、人口大国和地理大国而言,通过培育和壮大国内价值链来缩小地区间收入差距既有现实基础,又有重要的政策含义。虽然以刘志彪和张少军(2008)、刘志彪(2013)为代表的国内学者认为国内价值链有助于缩小地区间收入差距,但均停留在较为简单的定性分析层面,缺乏更深入的定量检验和机制识别。定量研究的成果主要集中于对国内价值链的测度上,如苏庆义(2016)采用2007年30个省区区域间投入产出表对中国各省区出口的国内增加值来源进行了分解,李跟强和潘文卿(2016)、黎峰(2016)利用1997年、2002年和2007年八大地区区域间投入产出表分解了中国地区流出额的国内增加值来源,但均缺乏对测算结果的进一步经验应用,并未考察国内价值链与地区间收入差距之间的关系。

与本章研究视角相类似的文献是关于国际贸易与国家间收入差距之间关系的研究。这类文献主要是理论探讨,实证检验较少。同时,专门探讨较少,通常是将该问题与经济增长联系在一起,主要通过考察国际贸易对物质资本、人力资本和全要素生产率三种新古典增长因素的影响进而探讨国际贸易对国家间收入差距的影响,但得出的结论并不一致[1]。上述研究均从总贸易出发,并未区分贸易类型[2],不同类型的贸易联结国家间经济技术的方式存在较大差异,互补品贸易主要通过"需求—供给溢出"方式,替代品贸易则主要通过"资源转

---

[1]　具体参见本书第二章第二节关于全球价值链对国家间影响的文献综述部分。

[2]　根据本章探讨的问题,本章所指的贸易类型主要从分工角度进行区分,分为价值链贸易和控制价值链贸易之后总贸易剩余部分所体现的以水平分工为特征的传统贸易。

移"方式(Resource-shifting)(Backus et al.,1992;Ng,2010),这可能会使不同类型的贸易对跨国收入差距产生异质性影响(Acemoglu and Ventura,2002)。因此,笼统地探讨总贸易对经济体间收入差距的影响可能会掩盖不同贸易类型背后的异质性特征,进而得出不一致的结论。沿着这一思路,本章还关注不同类型区际贸易在地区间收入差距中的作用,以深化对国内价值链贸易与地区间收入差距之间关系的认识。为了回答上述问题,本章首次使用包含中国 30 个省区的区域间投入产出表将省区两两配对,较为系统地考察了国内价值链贸易对地区间收入差距的影响效应,得到的基本结论是,国内价值链贸易显著缩小了地区间收入差距,而在控制国内价值链贸易之后,区际双边贸易则扩大了地区间收入差距,表明国内价值链贸易在区际贸易的收入差距缩减效应中起到了主导作用。

与以往研究相比,本章的贡献可能在于以下几个方面:第一,在研究视角上,首次探讨了国内价值链对地区间收入差距的传递效应,突出了国内价值链贸易在缩小地区间收入差距中的主导作用,为中国在"碎片化"生产模式日益重要背景下实现区域经济的协调发展指明了新的政策方向。同时,本章亦可能是首篇实证检验经济体间贸易及其贸易类型与经济体间收入差距关系的文献,在一定程度上丰富了国际贸易对跨国收入差距影响的经验框架。第二,在经验研究上,借鉴库普曼等(Koopman et al.,2014)的增加值分解框架,使用时间跨度更长、地理单元更细化的包含中国 30 个省区的 2002 年、2007 年和 2010 年区域间投入产出表较为科学地测算了中国各省区之间的价值链贸易强度。同时,不仅使用地理距离,还立足于中国"央管干部"的外生化制度特征,以省区官员交流作为工具变量,这为解决学术界公认的贸易与经济系统运行的内生性难题提供了新思路。第三,借鉴国际贸易影响跨国收入差距的研究思路,本章发现通过缩小物质资本、人力资本和全要素生产率三种新古典增长因素的差异可能是国内价值链贸易缩小地区间收入差距的重要机制,这可能也是国内价值链贸易在区际贸易的收入差距缩减效应中起主导作用的背后机理。第四,纳入对外贸易依赖和全球价值链(GVC)参与的全球化因素,从国内外两个关系大局的互动视角拓展了本章的研究框架,发现全球化参与程度的区域不平衡的确是引致中国地区间收入差距不断扩大的重要因素,但国内价值链贸易对全球化参与不平衡造成的地区间收入差距具有纠偏作用,而考虑了国内价值链贸易后的区际双边贸易则具有进一步的强化作用,表明国内价值链联结的区际分工网络是保证中国全球化参与过程中区域协调发展的重要力量。总体而言,本章为国内价值链在地区间收入差距中的作用提供了来自地区收入差距问题较为严重的发展中大国难得的经验证据,对处于改革深水区中的中国区域政策的调整和新型对外开放体系的构建具有指导价值。

　　本章余下内容安排如下:第二节介绍国内价值链贸易与地区间收入差距的测度方法和典型事实;第三节为实证框架,即计量模型构建和数据说明;第四节为国内价值链贸易对地区间收入差距影响的估计结果;第五节基于新古典增长因素考察国内价值链贸易影响地区间收入差距的作用机制;第六节纳入全球化因素进一步探讨地区间收入差距问题;第七节是本章小结。

第二节　典型事实描述:指标测度与初步分析

　　本部分将介绍本章的核心指标即国内价值链贸易和地区间收入差距的测度方法,并对中国的典型事实进行描述和分析,继而为下文的实证研究奠定基础。

一、地区间价值链贸易强度

(一) 指标测度

　　我们首先借鉴库普曼等(Koopman et al., 2014)国家层面出口价值来源的分解方法对各地区流出增加值的国内来源进行分解获得地区间价值链贸易量,然后根据吴力(Ng, 2010)、潘文卿等(2015)对双边全球价值链贸易强度的定义方式构造了地区间价值链贸易强度指标($T_{ij,t}^{NVC}$),即:

$$T_{ij,t}^{NVC} = \frac{OV_{ji,t} + OV_{ij,t}}{GDP_{i,t} + GDP_{j,t}} \tag{10-1}$$

其中,$OV_{ji,t} + OV_{ij,t}$ 表示第 t 年地区 i 总流出中含有地区 j 的增加值和地区 j 总流出中含有地区 i 的增加值之和,即两地区之间的价值链贸易量;$GDP_{i,t} + GDP_{j,t}$ 表示第 t 年地区 i 与地区 j 的 GDP 之和。上式采用 GDP 对地区间价值链贸易进行标准化处理。关于 $T_{ij,t}^{NVC}$ 的具体测度过程请参见第三章第二节。

（二） 事实特征

为给出中国地区间价值链贸易演变特征的直观认识,本章利用 2002 年、2007 年和 2010 年中国 30 个省区区域间投入产出表测算了 30 个省区之间的价值链贸易强度,发现:(1)中国省区间的价值链贸易强度在 2002—2010 年间呈上升趋势,特别是 2008 年全球金融危机之后,上升速度明显加快,表明中国省区间的生产分割程度日益深化,尤其是金融危机后,中国国内价值链贸易愈发重要;(2)各省区与区域间省区之间的价值链贸易强度在 2002—2010 年间一直低于区域内部,反映出虽然中国东部和中西部省区之间具有开展专业化分工的巨大潜力,但目前区域内部分工仍占主导,区域之间专业化分工协作程度较低,尚未形成东部和中西部的良性价值链对接,区域分割现象依旧存在。对这一事实特征的详细描述请参见第三章第三节。

二、地区间收入差距

自 20 世纪 60 年代中期以索洛、斯旺为代表的新古典增长理论开始,国家或地区间的收入差距及其变化趋势成为了经济增长理论的一个重点关注话题(潘文卿,2010)。此后,国内外学者开始采用不同的指标对国家或地区间收入差距进行测度。其中较为常见的有变异系数、基尼系数、泰尔指数等(Wan,2001;Wu,2002;刘夏明等,2004)。然而,这些指标均只测算了某一地域范围内(如一个国家)各地理单元之间的整体不平等程度,难以细化至两两地区间收入差距的具体情况。为此,部分学者开始使用两地区人均 GDP 的差值或比值来表示地区间收入差距(高波等,2012;黄新飞等,2013;赵勇和魏后凯,2015)。

由于本章关注的核心解释变量地区间价值链贸易强度是在双边地区层面上构造的,因此,与黄新飞等(2013)的做法一致,采用两地区间人均实际 GDP 自然对数值差的绝对值来衡量地区间收入差距[①],即:

$$RID_{ij,t} = |\ln PGDP_{i,t} - \ln PGDP_{j,t}| \qquad (10-2)$$

其中, $PGDP$ 表示人均实际 GDP。

图 10 - 1 描绘了 2002 年、2007 年和 2010 年中国地区间价值链贸易强度与地区间收入差距的散点图。由图 10 - 1 大致可以看出,中国地区间价值链贸易

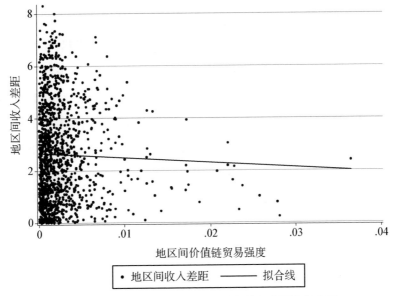

图 10 - 1　地区间价值链贸易强度与收入差距的散点图

---

① 另一种与国家或地区间收入差距有关的研究是经济收敛性研究。收敛问题可概括为三种假说,即 σ-收敛、β-收敛和俱乐部收敛。σ-收敛指不同经济体间人均收入的离差随时间的推移而趋于下降;β-收敛指初始人均收入水平较低的经济体比人均收入水平较高的经济体具有更高的人均收入增长率;俱乐部收敛则指初期人均收入水平接近的不同经济体之间,在具有相似结构特征的前提下趋于收敛(潘文卿,2010)。本章采用的地区间收入差距指标更多刻画的是 σ-收敛问题。

强度与地区间收入差距存在较为明显的负向关系,表明国内价值链贸易有助于缩小地区间收入差距。当然,这只是初步的经验证据,两者之间的真实关系还有待进一步的计量分析。

第三节 实证分析框架:计量模型与数据说明

一、计量模型设定

本章设定了如下计量模型以考察国内价值链对中国地区间收入差距的影响:

$$RID_{ij,t} = \alpha_0 + \alpha_1 T^{NVC}_{ij,t} + \beta \vec{X}_{ij,t} + v_{ij} + v_t + \varepsilon_{ij,t} \tag{10-3}$$

其中,下标 i 和 j 表示地区, t 表示年份;被解释变量 $RID_{ij,t}$ 表示第 t 年地区 i 和地区 j 之间的收入差距; $T^{NVC}_{ij,t}$ 表示第 t 年地区 i 和地区 j 之间的价值链贸易强度,是本章的核心解释变量,如果其系数 $\alpha_1 < 0$,则意味着国内价值链贸易能够缩小地区间收入差距; $\vec{X}_{ij,t}$ 表示影响地区间收入差距的其他控制变量集合; v_{ij} 表示"地区 i×地区 j"的双边固定效应,用于控制两地区的地理距离、地理区位、语言文化等涉及双边地区层面且不随时间变化的因素; v_t 表示时间固定效应,用于吸收特定宏观经济因素的冲击; $\varepsilon_{ij,t}$ 表示随机扰动项。

借鉴现有研究中国地区间收入差距的相关文献,本章将添加以下控制变量以减轻遗漏变量可能带来的内生性偏误。(1)区际双边贸易强度($T^{IRT}_{ij,t}$)。 由第一部分的文献梳理可知,不同类型的贸易联结国家或地区间经济技术的方式存在较大差异,从而可能对国家或地区间收入差距产生不同的影响。有鉴于此,本章在回归方程中加入了区际双边贸易强度变量,以深化对国内价值链贸易与地区间收入差距之间关系的认识。与测算地区间价值链贸易强度的方法类似,区际双边贸易强度的计算公式为:

$$T_{ij,t}^{IRT} = \frac{Z_{ij,t} + Z_{ji,t}}{GDP_{i,t} + GDP_{j,t}} \tag{10-4}$$

其中,$Z_{ij,t} + Z_{ji,t}$ 表示第 t 年地区 i 对地区 j 的总流出与地区 j 对地区 i 的总流出之和,即两地区之间的双边总贸易量。同时,也对 GDP 对区际双边贸易进行标准化处理。(2)政府财政支出差异(FED),用扣除科教文卫这类公共性支出之后的地方政府支出占 GDP 比重差异的绝对值来表示。(3)产业结构差异(StrD),用第三产业产值占总产值比重差异的绝对值来表示。(4)城市化水平差异(UrbD),用非农人口占总人口比重差异的绝对值来表示。(5)基础设施差异(InfD),用公路密度即公路总里程除以国土面积差异的绝对值来表示。

二、数据说明

由于需要使用中国 30 个省区区域间非竞争型投入产出表测度地区间价值链贸易强度和区际双边贸易强度,本章将样本时段选为 2002 年、2007 年和 2010 年三年。三张区域间投入产出表均由中国科学院编制,其中,2002 年由中国科学院虚拟经济与数据科学研究中心编制,而 2007 年和 2010 年则由中国科学院区域可持续发展分析与模拟重点实验室编制。同时,测度被解释变量地区间收入差距和其余控制变量的数据来自历年《中国统计年鉴》《中国人口和就业统计年鉴》以及各省区统计年鉴。还需说明的是,在截面个体上,本章剔除了数据缺失的西藏和港澳台地区,从而形成由 30 个省区构成的 435(30×29/2)个省区对。

第四节　实证结果及分析

一、基准回归

表 10-1 报告了国内价值链与地区间收入差距的估计结果,所有回归均控制了"地区 i ×地区 j"的双边固定效应和时间固定效应。其中,第(1)列显示了

仅加入本章关注的地区间价值链贸易强度(T^{NVC})的估计结果,结果表明,地区间价值链贸易强度(T^{NVC})在1%的显著性水平上缩小了地区间收入差距。进一步地,国内价值链贸易在区际贸易对地区间收入差距的影响效应中会起到何种作用?为此,需要先探讨不区分贸易类型时的区际贸易与地区间收入差距之间的关系。如第(2)列所示,当未纳入国内价值链贸易时,区际双边贸易强度对地区间收入差距的影响系数显著为负,这意味着在中国,区际双边贸易能缩小地区间收入差距。接着,第(3)列将国内价值链贸易和区际双边贸易置于统一的分析框架,以细化地区间收入差距的区际贸易传导机制。由第(3)列可知,即使控制了区际双边贸易,国内价值链贸易仍显著缩小了地区间收入差距。但有趣的是,此时区际双贸易与地区间收入差距之间的关系发生了由负到正的逆转,表明一旦考虑了国内价值链贸易,区际双边贸易对地区间收入差距的缩减效应并不存在。

表 10 - 1   NVC 与收入差距的估计结果

	(1)	(2)	(3)
T^{NVC}	−17.311***		−16.078***
	(−4.42)		(−3.47)
T^{IRT}		−2.580***	1.867*
		(−2.99)	(1.80)
控制变量	是	是	是
v_{ij}	是	是	是
v_t	是	是	是
R^2	0.937	0.936	0.938
N	1 305	1 305	1 305

注:圆括号内为采用稳健标准差时的 t 统计量。*、**、*** 分别表示在10%、5%、1%水平上显著。

理论上讲,不管是国际贸易还是区际贸易,联结国家或地区间经济技术的方式一般有两个:一是"需求—供给溢出"方式,二是"资源转移"方式。所谓"需求—供给溢出"方式,即某一地区经济增长会通过投入—产出关联带动其他地区的经济增长;所谓"资源转移"方式,即某一地区经济增长会使更多资源转移至该地区,从而不利于其他地区的经济增长(Backus et al.,1992;Ng,2010)。由于不同类型的贸易联结国家或地区间经济技术的方式存在较大差异,因而对国家或地区间收入差距可能产生异质性影响。互补品贸易主要通过"需求—供给溢出"方式将各地区置于一体化联动的增长轨迹中,有助于地区间经济的协调发展;而替代品贸易则主要通过"资源转移"方式将各地区置于激烈的资源争夺中,并不利于地区间经济的紧密联动和协调发展。在研究国际贸易时,学者普遍认为,价值链贸易,即垂直一体化贸易体现的是互补品贸易,而在控制了价值链贸易之后,总贸易的剩余部分则主要反映以水平贸易为主的替代品贸易(Burstein et al.,2008;Ng,2010)。本章研究表明反映互补品贸易的国内价值链贸易在"需求—供给溢出"方式的联结下能够缩小地区间收入差距,而在控制了国内价值链贸易之后,反映替代品贸易的区际双边贸易在"资源转移"方式的联结下扩大了地区间收入差距。

由于省区间价值链贸易对地区间收入差距的缩减作用大于区际水平贸易的扩大作用,进而使得区际贸易对地区间收入差距的综合效应存在积极的缩减作用,这反映出国内价值链贸易在区际贸易的收入差距缩减效应中起到了主导作用。本章研究不仅证实了现有研究关于国内价值链有助于缩小地区间收入差距的论断,的确国内价值链可以通过专业化分工和迂回式生产,将各地区经济牢牢虹吸至相互交织、相互渗透的共同发展进程之中,使其呈现出收敛趋势(刘志彪和张少军,2008;刘志彪,2013),而且对不同贸易类型的考察突出了这种作用在区际分工中的主导地位。

二、内生性问题

现有关于贸易的研究均难以回避经济体之间的贸易与经济系统运行的内生性问题。严重的内生性会使普通最小二乘法(OLS)估计可能是有偏和非一致的,通常的改进方法是为国际贸易或区际贸易寻找工具变量进行两阶段最小二乘法(2SLS)估计。一个合适的工具变量不仅要与内生变量相关,还必须满足与误差项不相关的排除性约束(Exclusion Constraint)或者说外生性条件(Angrist and Pischke,2009)。由于第二个条件一般较难满足,因此,为国际贸易和区际贸易寻找合适的工具变量一直是国际经济学和区域经济学的一个热点和难点(Frankel and Romer,1999)。本章不仅选取在国际贸易领域被广泛认可和使用的地理距离($DIST$)(Frankel and Romer,1999;Ng,2010),还抓住中国"央管干部"的制度化特征,尝试构造了地区间是否存在官员(省委书记或省长)交流(OC)作为本章国内价值链贸易和区际双边贸易的工具变量,为解决贸易与经济系统运行的内生性问题提供了新思路。

本章以地区间是否存在官员交流作为区际贸易的工具变量受启发于国际贸易政治学中有关外交访问与贸易的研究。尼奇(Nitsch,2007)、黑德和里斯(Head and Ries,2010)证实了国际官员访问交流具有显著的贸易创造效应。类似地,作为党政一把手的省委书记或省长是相关省区对外经济政策的推动者和执行者,其流动本身就搭起了地区间分工协作、贸易往来的桥梁,因此,地区官员交流与两类区际贸易正相关。但与外交访问和国际贸易可能相互促进、互为因果不同,中国地方官员的任免包括来源、任期长短、离任去向主要由中央任命和管理,地方官员难以事先得知是否交流以及去何处交流(王贤彬和徐现祥,2008)。同时,官员交流与否及其去向还与不可控的突发事件密切相关,比如因腐败、安全责任事故出现职务空缺①,即使对于中央政府也是不可控因素。因此,地区官员交流较好地独立于两地区的经济特征,较好地满足了外生性条件。具体在构造地区官员交流虚拟变量时,本章将在2002年之前发生过省委书记或省长从一个地区调任到另一个地区的情况视作2002年及之后年份两地区存在官员交流,将2002—2006年间发生调任的情况视作2007年及之后年份两地

---

① 官员交流并不是地区间党政一把手的简单互换,只有在某一地区党政一把手空缺时,另一个地区的官员才有机会交流至此处。

区存在官员交流,而将 2007—2009 年间发生调任的情况视作 2010 年两地区存在官员交流。

表 10 - 2 汇报了相应 2SLS 的估计结果①。其中,第(1)和(3)列以地区官员交流为工具变量分别对两类区际贸易进行单独估计,第(2)和(4)列以地理距离为工具变量分别对两类区际贸易进行单独估计,第(5)列则同时纳入了两类区际贸易进行工具变量估计。表 10 - 2 下半部分第一阶段结果表明,地区官员交流和地理距离不仅与两类区际贸易显著相关,而且两者的符号也与预期一致。同时,表 10 - 2 上半部分第二阶段结果显示,Kleibergen-Paap rk LM 检验在1% 水平上均拒绝了工具变量识别不足的零假设,Kleibergen-Paap Wald rk F统计量均大于 Stock-Yogo 检验 10% 水平上的临界值,因此拒绝工具变量是弱识别的假定,表明工具变量与内生变量之间具有较强的相关性。这些检验结果反映了本章选取地区官员交流和地理距离作为工具变量是较为合理的。考虑内生性后,本章的基本结论依旧成立。

表 10 - 2　NVC 与收入差距的 2SLS 估计结果

	OC	$\ln DIST$	OC	$\ln DIST$	$OC + \ln DIST$
	(1)	(2)	(3)	(4)	(5)
T^{NVC}	−29.494*	−18.043***			−52.678***
	(−1.96)	(−2.79)			(−2.60)
T^{IRT}			−6.582**	−3.183***	9.637*
			(−2.03)	(−2.86)	(1.79)
控制变量	是	是	是	是	是
v_{ij}	否	否	否	否	否
v_t	是	是	是	是	是
Kleibergen-Paap rk LM 统计量	19.149***	94.203***	23.263***	118.91***	13.167***

① 由于本章选取的其中一个工具变量为不随时间变化的地理距离,因此,此处回归均未控制"地区 i × 地区 j"的双边固定效应。

	OC	ln DIST	OC	ln DIST	OC＋ln DIST
	(1)	(2)	(3)	(4)	(5)
Kleibergen-Paap Wald rk F 统计量	20.350 {16.38}	190.726 {16.38}	24.923 {16.38}	300.909 {16.38}	11.588 {7.03}
R^2	0.513	0.536	0.514	0.541	0.571
N	1 305	1 305	1 305	1 305	1 305
第一阶段:被解释变量为 T^{NVC}					
OC	0.001*** (4.51)				0.001*** (2.97)
ln DIST		−0.002*** (−13.81)			−0.002*** (−13.03)
第一阶段:被解释变量为 T^{IRT}					
OC			0.007*** (4.99)		0.003*** (2.97)
ln DIST				−0.014*** (−17.35)	−0.013*** (−16.76)

注:Kleibergen-Paap 统计量中花括号内的数值为 Stock-Yogo 检验 10%水平上的临界值,圆括号内的数值为 Hansen 统计量的伴随概率,其他同表 10 - 1。

同时,为了防止样本期内地区间收入差距的变化可能反向引致区际贸易的变化,本章还采用 2003 年、2008 年和 2011 年的数据对地区间收入差距进行测度以进一步解决可能存在的内生性问题,具体估计结果见表10 - 3。如表10 - 3所示,不管是否纳入区际双边贸易强度,地区间价值链贸易强度的估计系数均显著为负,而在考虑了国内价值链贸易之后,区际双边贸易强度的估计系数则由显著负变为显著正,表明国内价值链贸易对地区间收入差距具有缩减作用,而在考虑了国内价值链贸易之后,区际双边贸易对地区间收入差距则具有扩大作用,再次证实了国内价值链贸易在区际贸易的收入差距缩减效应中起到了主导作用。

表 10－3　被解释变量以 2003 年、2008 年和 2011 年数据为准

	(1)	(2)	(3)
T^{NVC}	−15.026***		−8.725*
	(−3.51)		(−1.79)
T^{IRT}		−3.075***	1.875*
		(−3.40)	(1.74)
控制变量	是	是	是
v_{ij}	是	是	是
v_t	是	是	是
R^2	0.936	0.936	0.936
N	1 305	1 305	1 305

注:同表 10－1。

三、稳健性检验

(一) 分位数回归：初始差距重要吗?

目前本章考察的都是国内价值链贸易对地区间收入差距的平均影响效应,忽略了不同地区间初始收入差距存在较大不同的事实。本章将进一步采用分位数回归集中探讨初始收入差距不同的地区间,国内价值链贸易对收入差距的影响效应是否存在差异,这对于更深入认识国内价值链贸易在缩小地区间收入差距中的作用具有重要的理论和政策意义。与已有研究类似,选取比较具有代表性的五个分位点(0.1、0.25、0.5、0.75、0.9)进行分析,表 10－4 汇报了相应的估计结果①。

由表 10－4 可知,在条件地区间收入差距分布的不同位置,地区间价值链贸易强度的估计系数均为负,而在考虑了国内价值链贸易之后,区际双边贸易强度的估计系数均为正,且除 0.1 分位点外,其余分位点均通过至少 10% 的显著性检验,表明本章的核心结论并不因地区间初始收入差距的不同而发生较大

---

① 由于分位数回归的 Stata 命令 qreg2 无法估计包括因子变量和时间序列算子的情况(陈强,2014),因此,此处回归均未控制"地区 i×地区 j"的双边固定效应和时间固定效应。

改变,在不同分位点上,国内价值链贸易均能够缩小地区间收入差距,而在控制了国内价值链贸易之后,区际双边贸易则会在一定程度上扩大地区间收入差距。同时,表 10-4 还传递出,总体而言,随着分位点的提高,地区间价值链贸易强度估计系数的数值大小和显著性水平均逐步提高,反映出在初始收入差距越大的地区之间,国内价值链贸易对地区间收入差距的缩减作用越强,这意味着国内价值链贸易加快了地区间收入水平的收敛。通常而言,地区间经济发展条件、发展水平差异越明显,越有利于开展基于比较优势的价值链分工。在价值链贸易"需求—供给溢出"和前后向技术关联纽带的链接下,发达地区与欠发达地区之间强劲的示范扩散、学习追赶效应可以得到有效发挥,从而收入差距缩减效应增强。上述结论表明,立足于区际间专业化分工的国内价值链可以将地区差距劣势转化为地区发展优势,带动各地区协同共进。因此,在国内地区间收入差距日益突出的转型背景下,要实现区域协调发展,着力延伸和大力发展国内价值链就显得尤为重要。

表 10-4　NVC 与收入差距的分位数回归结果

	Q=0.1	Q=0.25	Q=0.5	Q=0.75	Q=0.9
	(1)	(2)	(3)	(4)	(5)
T^{NVC}	−8.959	−7.302**	−12.631***	−18.179***	−26.298***
	(−1.46)	(−2.03)	(−2.98)	(−3.33)	(−3.48)
T^{IRT}	1.518	1.414*	1.776*	2.131*	2.705**
	(1.27)	(1.67)	(1.78)	(1.93)	(2.08)
控制变量	是	是	是	是	是
v_{ij}	否	否	否	否	否
v_t	否	否	否	否	否
R^2	0.500	0.522	0.524	0.526	0.513
N	1 305	1 305	1 305	1 305	1 305

注:同表 10-1。

（二） 分样本回归

1. 在 NVC 上的经济距离

不同地区在 NVC 上所处的位置差异或经济距离可能会对国内价值链贸易对地区间收入差距的作用产生影响。通常而言，两地区在 NVC 上的经济距离越远，从事的生产环节越不同，"需求—供给溢出"互补效应越强。借鉴潘文卿等（2015）的做法，本书亦采用迪滕巴赫等（Dietzenbacher et al.，2015）提出的平均传递长度指标（Average Propagation Lengths，APL）来衡量两地区在 NVC 上的经济距离。本书以各地区在 NVC 上经济距离的中位数为界将样本划分为经济距离较近组和经济距离较远组两个子样本，具体估计结果见表 10 - 5 中的第（1）和（2）列。结果显示，各地区不管在 NVC 上的经济距离如何，国内价值链贸易均能够显著缩小地区间收入差距。进一步比较两者的系数可以发现，国内价值链贸易对地区间收入差距的缩减作用在经济距离较远组更强，表明在国内价值链上地区之间的经济距离越远，面临的价值链竞争环节越不同，"需求—供给溢出"互补效应越强，此时地区间示范扩散、学习追赶可以得到更为有效的发挥。

2. 分时段：全球金融危机前后

2008 年席卷全球的金融危机使世界经济陷入了空前的萧条，这给中国外向型经济造成了强有力冲击。在此背景下，国内市场对于各地区变得更为重要。本章第二节事实特征的描述性分析表明，2008 年全球金融危机爆发之后，中国各省区之间的价值链贸易强度出现了较大幅度的提升。可见，金融危机之后，中国国内价值链的地位和作用正逐步发生着改变，这可能会对地区间收入差距产生深刻影响，因此，本部分以 2008 年全球金融危机为界，将样本划分为金融危机前（2002 年和 2007 年）和金融危机后（2010 年）两个时间段进行考察。表10 - 5 中的第（3）和（4）列汇报了相应的估计结果[1]。结果显示，不管是在金融

---

[1] 由于金融危机爆发之后只有 2010 年一年的样本，为了前后可比，金融危机前后的分样本估计均未控制"地区 i ×地区 j"的双边固定效应和时间固定效应。

危机前还是在金融危机后,地区间价值链贸易强度的估计系数均显著为负,表明国内价值链贸易对地区间收入差距的缩减作用并没有因外部环境变化的冲击而发生较大的改变。同时,在控制了国内价值链贸易之后,区际双边贸易则在一定程度上扩大了地区间收入差距,本章的核心结论总体稳健。进一步比较金融危机前后的估计系数后发现,国内价值链贸易对地区间收入差距的缩减作用在金融危机爆发之后出现了较大的提升,反映出面对强有力的外部冲击和不确定性,各地区更注重基于比较优势的地区间分工协作,通过"需求—供给溢出"形成的价值链关联和经济技术联系变得更为紧密,进而使得国内价值链贸易的收入差距缩减效应被外部冲击所放大。

表 10-5　NVC 与收入差距的分样本估计结果

	在 NVC 上的经济距离		分时段:全球金融危机前后		分区域:东部与中西部	
	较近组	较远组	2002 和 2007 年	2010 年	区域内部	区域之间
	(1)	(2)	(3)	(4)	(5)	(6)
T^{NVC}	−15.489*	−27.513***	−6.920*	−16.119***	−9.455**	−26.526***
	(−1.86)	(−4.36)	(−1.68)	(−2.59)	(−2.02)	(−2.89)
T^{IRT}	1.865	2.536*	1.468	2.680*	1.694	2.765*
	(1.04)	(1.95)	(1.22)	(1.79)	(1.55)	(1.74)
控制变量	是	是	是	是	是	是
v_{ij}	是	是	否	否	是	是
v_t	是	是	否	否	是	是
R^2	0.968	0.953	0.543	0.571	0.843	0.952
N	652	653	870	435	678	627

注:同表 10-1。

3. 分区域:区域内部和区域之间

中国作为发展中的转轨大国,不同地区之间在地理条件、要素禀赋和工业基础等方面存在较大差异,尤其是东部和中西部两大区域之间,经济发展条件和发展水平差异明显,这虽然是中国区域发展差距形成的主要体现,但也为中国经济的结构调整和区域之间的协调发展留下了较大的推进空间和回旋余地。表 10-5 中的第(3)和(4)列给出了东部和中西部两大区域内部和区域之间国内价值链贸易与地区间收入差距关系的估计结果。结果显示,无论是两大区域内部各省区间的价值链贸易还是两大区域之间各省区间的价值链贸易,均能够显著缩小地区间收入差距。但两大区域之间各省区间的价值链贸易对地区间收入差距的缩减效应更强,与上一部分分位数回归结果相呼应,反映出东部和中西部在地理区位、要素结构和工业基础等方面的较高异质性使得两者之间具有开展专业化分工的良好条件和形成差别化竞争优势的内在基础,在"需求—供给溢出"方式的联结下,国内价值链贸易对地区间收入差距的缩减作用得到了更为有效的发挥。同时,这也从侧面反映出国内价值链贸易有助于打破中国东部和中西部的俱乐部收敛现象,消除区域之间的收入差距鸿沟,促进区域经济的协调发展。

（三） 指标变换检验

在现有关于地区间收入差距的文献中,部分学者还采用两地区人均 GDP 差额的绝对值与两地区人均 GDP 之和的比值来表示地区间收入差距(黄玖立等,2011),本章也采用该指标进行稳健性检验。同时,本章还采用总流出和总产出作为地区间价值链贸易强度指标的标准化变量作进一步稳健性分析。由表 10-6 可知,地区间价值链贸易强度的估计系数仍显著为负,而区际双边贸易强度的估计系数在控制了国内价值链贸易之后也由负变为正,表明国内价值链贸易有助于缩小地区间收入差距,而考虑国内价值链贸易之后的区际双边贸易则在一定程度上扩大了地区间收入差距,这意味着国内价值链贸易在区际贸易的收入差距缩减效应中的确起着主导作用,本章的核心结论是较为稳健的,并不因地区间收入差距和两类区际贸易强度测度方法的不同而发生较大改变。

表10-6 NVC与收入差距的指标变换估计结果

| | 地区间收入差距 | | | | 标准化变量:总流出 | | 标准化变量:总产出 | | |
	(1)	(2)	(3)	(4)	(5)	(6)	(7)	(8)	(9)
T^{NVC}	-5.631***		-5.135**	-11.378***		-12.518***	-43.893***		-39.813***
	(-3.26)		(-2.52)	(-4.36)		(-3.92)	(-4.15)		(-3.29)
T^{IRT}		-0.854**	0.569		-1.025***	0.845*		-6.641***	4.282*
		(-2.21)	(1.22)		(-2.66)	(1.85)		(-2.82)	(1.71)
控制变量	是	是	是	是	是	是	是	是	是
v_{ij}	是	是	是	是	是	是	是	是	是
v_t	是	是	是	是	是	是	是	是	是
R^2	0.935	0.934	0.935	0.937	0.936	0.938	0.936	0.936	0.937
N	1305	1305	1305	1305	1305	1305	1305	1305	1305

注:同表10-1。

第五节　机制分析:新古典增长因素的视角

在国际贸易与跨国收入差距的理论分析中,学者们主要通过考察国际贸易对物质资本、人力资本和全要素生产率三种新古典增长因素的影响进而探讨国际贸易对国家间收入差距的影响,那么前文发现的反映互补品贸易的国内价值链贸易在"需求—供给溢出"方式的联结下是否也会通过作用于这些新古典增长因素进而缩小地区间收入差距呢? 而在控制国内价值链贸易之后,反映替代品贸易的区际双边贸易在"资源转移"方式的联结下对地区间收入差距的扩大作用是否也与这些新古典增长因素有关? 本部分将基于新古典增长理论尝试为国内价值链贸易的收入差距缩减效应寻找潜在的作用机制,同时还关注不同类型区际贸易对地区间收入差距异质性影响可能的作用机制,以更深层次地理解国内价值链与地区间收入差距之间的内在联系。

一、指标度量和模型设定

(一) 中间变量测度：新古典增长因素

根据新古典增长理论,物质资本、人力资本和全要素生产率是决定经济增长的基本原因,又由于经济增长是影响收入增长的主要因素,因此,物质资本、人力资本和全要素生产率的差异也是造成国家或地区间收入差距的主要原因(Solow, 1956; Swan, 1956)。根据新古典人均收入决定方程的基本框架和借鉴现有文献的普遍做法,本章采用人均物质资本存量衡量物质资本、人均受教育年限衡量人力资本、Malmquist 生产率指数衡量全要素生产率,在此基础上将地区间物质资本差异、人力资本差异和全要素生产率差异表示为:

(1) 物质资本差异(PCD),用人均物质资本存量自然对数差的绝对值来表示,即:

$$PCD_{ij,t} = | \ln(K_{i,t}/L_{i,t}) - \ln(K_{j,t}/L_{j,t}) | \qquad (10-5)$$

其中,K 表示各地区物质资本存量,L 表示各地区年末总人口。各地区物质资本存量的估算采用永续盘存法,借鉴张军等(2004)的做法,初始资本存量用各地区基年①固定资本投资除以 10%表示,折旧率取 9.6%。

(2)人力资本差异(HCD),用人均受教育年限自然对数差的绝对值来表示,即:

$$HCD_{ij,t} = | \ln Edu_{i,t} - \ln Edu_{j,t} | \qquad (10-6)$$

其中,Edu 表示各地区 6 岁以上人口平均受教育年限,即 $Edu = 6 \times prime + 9 \times middle + 12 \times high + 16 \times university$,$prime$、$middle$、$high$ 和 $university$ 分别表示小学、初中、高中和大专及以上程度教育人数占 6 岁以上总人口的比重,并将小学、初中、高中、大专及以上程度的受教育年限分别记为 6 年、9 年、12 年和 16 年。

(3)全要素生产率差异($TFPD$),用 Malmquist 生产率指数自然对数差的绝对值来表示,即:

$$TFPD_{ij,t} = | \ln M_{i,t} - \ln M_{j,t} | \qquad (10-7)$$

其中,M 表示各地区以数据包络分析(DEA)为基础的 Malmquist 生产率指数。其优势在于,测算生产率过程中不依赖于具体的生产函数形式,能够有效避免因生产函数设定的随意性而导致的测算偏差。在具体测算过程中,本章以地区产出值作为产出变量,以资本存量和劳动投入作为投入变量。产出值用经过 GDP 平减指数调整的地区实际 GDP 来表示;资本存量采用永续盘存法计算得到;劳动投入最理想的衡量指标是劳动时间,但鉴于数据的可得性,本章采用全社会年底从业人员数作为替代指标。

---

① 由于 1997 年重庆市正式成为直辖市,为保证前后截面单元的统一,以 1997 年为基年。

(二) 计量模型设定

在检验一个变量对另一个变量的作用机制时,既有研究的普遍做法是,首先检验核心解释变量是否作用于中间变量,然后通过引入中间变量与核心解释变量的交叉项检验核心解释变量的作用机制(于蔚等,2012;马述忠和张洪胜,2017)。本章亦采用这一思路检验国内价值链贸易通过地区间物质资本差异、人力资本差异和全要素生产率差异这三个中间变量对地区间收入差距的作用机制。

为了检验国内价值链贸易能否通过三种新古典增长因素对地区间收入差距产生作用,第一步先检验国内价值链贸易对地区间物质资本差异、人力资本差异和全要素生产率差异的影响效应,检验模型设置为:

$$PCD_{ij,t} = \alpha_0 + \alpha_1 T_{ij,t}^{NVC} + \alpha_2 T_{ij,t}^{IRT} + \upsilon_{ij} + \upsilon_t + \varepsilon_{ij,t} \qquad (10-8)$$

$$HCD_{ij,t} = \alpha_0 + \alpha_1 T_{ij,t}^{NVC} + \alpha_2 T_{ij,t}^{IRT} + \upsilon_{ij} + \upsilon_t + \varepsilon_{ij,t} \qquad (10-9)$$

$$TFPD_{ij,t} = \alpha_0 + \alpha_1 T_{ij,t}^{NVC} + \alpha_2 T_{ij,t}^{IRT} + \upsilon_{ij} + \upsilon_t + \varepsilon_{ij,t} \qquad (10-10)$$

其中,被解释变量 PCD、HCD 和 $TFPD$ 分别表示地区间物质资本差异、人力资本差异和全要素生产率差异,T^{NVC} 和 T^{IRT} 分别表示地区间价值链贸易强度和区际双边贸易强度。接着,第二步采用如下计量模型验证国内价值链贸易通过三种新古典增长因素对地区间收入差距的作用机制:

$$RID_{ij,t} = \alpha_0 + \alpha_1 T_{ij,t}^{NVC} \times PCD_{ij,t} + \alpha_2 T_{ij,t}^{NVC} \times HCD_{ij,t} + \alpha_3 T_{ij,t}^{NVC} \times TFPD_{ij,t}$$
$$+ \alpha_4 T_{ij,t}^{IRT} \times PCD_{ij,t} + \alpha_5 T_{ij,t}^{IRT} \times HCD_{ij,t} + \alpha_6 T_{ij,t}^{IRT} \times TFPD_{ij,t}$$
$$+ \alpha_7 PCD_{ij,t} + \alpha_8 HCD_{ij,t} + \alpha_9 TFPD_{ij,t} + \vec{\beta X}_{ij,t} + \upsilon_{ij} + \upsilon_t + \varepsilon_{ij,t}$$
$$(10-11)$$

其中,被解释变量 RID 表示地区间收入差距;$T^{NVC} \times PCD$、$T^{NVC} \times HCD$ 和 $T^{NVC} \times TFPD$ 分别表示地区间价值链贸易强度与物质资本差异、人力资本差异和全要素生产率差异的交叉项;$T^{IRT} \times PCD$、$T^{IRT} \times HCD$ 和 $T^{IRT} \times TFPD$

分别表示区际双边贸易强度与物质资本差异、人力资本差异和全要素生产率差异的交叉项；为了控制三种新古典增长因素对地区间收入差距的影响，(10-11)式加入了地区间物质资本差异水平项（PCD）、人力资本差异水平项（HCD）和全要素生产率差异水平项（$TFPD$）；控制变量集合 $\vec{X}$ 与基准模型(10-3)式相同。值得注意的是，为了深化理解国内价值链贸易与地区间收入差距的作用机制，以上检验模型与基准模型的考察方式类似，纳入了区际双边贸易强度或其与三种新古典增长因素的交叉项。

二、机制检验的结果分析

表10-7给出了第一步国内价值链贸易与中间变量三种新古典增长因素的检验结果。第(1)—(3)列仅考虑本书关注的国内价值链贸易，结果显示，地区间价值链贸易强度对物质资本差异、人力资本差异和全要素生产率差异的估计系数均显著为负，表明国内价值链贸易有利于缩小地区间物质资本差异、人力资本差异和全要素生产率差异；第(4)—(9)列则进一步纳入了区际双边贸易，从中可知，在不考虑国内价值链贸易时，区际双边贸易对三种新古典增长因素的差异亦具有显著的缩减效应，但一旦考虑了国内价值链贸易后，国内价值链贸易仍显著缩小了三种新古典增长因素的差异，而此时区际双边贸易则对三种新古典增长因素的差异由缩减效应变为扩大效应，这意味着国内价值链贸易和区际双边贸易对物质资本差异、人力资本差异和全要素生产率差异存在异质性影响效应，国内价值链贸易在区际贸易的物质资本差异、人力资本差异和全要素生产率差异的缩减效应中起着主导作用。既然如此，那么国内价值链贸易能否通过缩小地区间物质资本差异、人力资本差异和全要素生产率差异进而缩小地区间收入差距？表10-8给出了国内价值链贸易与中间变量三种新古典增长因素交互项的第二步估计结果，以使国内价值链贸易与地区间收入差距的机制检验过程完整。

表 10 - 7　NVC 与收入差距作用机制检验的第一步结果

	PCD	HCD	TFPD
	T^{NVC}		
	(1)	(2)	(3)
T^{NVC}	−15.052***	−1.380**	−1.604***
	(−2.60)	(−2.30)	(−3.41)
控制变量	否	否	否
v_{ij}	是	是	是
v_t	是	是	是
R^2	0.850	0.944	0.711
N	1 305	1 305	1 305
	T^{IRT}		
	(4)	(5)	(6)
T^{IRT}	−3.682**	−0.338**	−0.355***
	(−2.53)	(−2.13)	(−2.96)
控制变量	否	否	否
v_{ij}	是	是	是
v_t	是	是	是
R^2	0.851	0.944	0.711
N	1 305	1 305	1 305
	T^{NVC} 和 T^{IRT}		
	(7)	(8)	(9)
T^{NVC}	−16.041**	−1.820**	−1.944***
	(−2.32)	(−2.00)	(−2.99)
T^{IRT}	2.986*	0.304*	0.309*
	(1.70)	(1.69)	(1.93)
控制变量	否	否	否
v_{ij}	是	是	是
v_t	是	是	是
R^2	0.852	0.945	0.712
N	1 305	1 305	1 305

注:同表 10 - 1。

表 10 - 8　NVC 与收入差距作用机制检验的第二步结果

	(1)	(2)	(3)
$T^{NVC} \times PCD$	-14.213^{***}		-20.742^{**}
	(-2.71)		(-2.20)
$T^{NVC} \times HCD$	-36.174^{**}		-44.370^{**}
	(-2.47)		(-2.15)
$T^{NVC} \times TFPD$	-72.556^{**}		-74.471^{**}
	(-2.40)		(-2.06)
$T^{IRT} \times PCD$		-2.231^{**}	2.824^{*}
		(-2.33)	(1.91)
$T^{IRT} \times HCD$		-5.622^{**}	5.927^{*}
		(-2.11)	(1.85)
$T^{IRT} \times TFPD$		-12.386^{**}	11.537^{*}
		(-2.25)	(1.83)
PCD	0.429^{***}	0.431^{***}	0.433^{***}
	(17.68)	(17.34)	(17.50)
HCD	0.252^{*}	0.312^{**}	0.324^{**}
	(1.68)	(2.08)	(2.05)
$TFPD$	0.510^{**}	0.515^{**}	0.542^{**}
	(2.38)	(2.38)	(2.48)
控制变量	是	是	是
v_{ij}	是	是	是
v_t	是	是	是
R^2	0.957	0.957	0.958
N	1 305	1 305	1 305

注:同表 10 - 1。

其中,第(1)列显示,与预期一致,地区间物质资本差异、人力资本差异和全要素生产率差异显著扩大了地区间收入差距,而关注的国内价值链贸易与三者的交叉项均显著为负,表明国内价值链贸易会弱化地区间物质资本差异、人力资本差异和全要素生产率差异对地区间收入差距的扩大作用;第(2)和(3)列则进一步纳入了区际双边贸易强度与三种新古典增长因素的交互项,从中可知,若不考虑国内价值链贸易,区际双边贸易亦会弱化三种新古典增长因素的差异对地区间收入差距的扩大作用,但一旦考虑了国内价值链贸易后,国内价值链贸易仍对地区间三种新古典增长因素差异的收入差距扩大效应具有弱化作用,而此时区际双边贸易则放大了地区间三种新古典增长因素差异的收入差距扩大效应,这意味着区际贸易弱化了三种新古典增长因素的差异对地区间收入差距的扩大作用主要是国内价值链贸易的作用结果。以上整个计量检验过程说明,通过缩小物质资本、人力资本和全要素生产率三种新古典增长因素的差异是国内价值链贸易缩小地区间收入差距的重要机制,这可能也是国内价值链贸易在区际贸易的收入差距缩减效应中起主导作用的背后机理。

对此可能的解释是,与全球价值链类似,在以"生产解构"和"贸易整合"为鲜明特征的国内价值链分工体系下,同一产品的生产工序在地区间被拆分为多个环节或区段,并通过"需求—供给溢出"价值链关联的有效链接,各地区在各个环节有机衔接、紧密协作,处于一体化联动的共同命运体中(Gereffi and Fernandez-Stark, 2011)。在这一过程中,发达地区的示范扩散效应与欠发达地区的学习追赶效应使得发达地区与欠发达地区之间的物质资本差异、人力资本差异和全要素生产率差异缩小,进而引起地区间收入差距的逐步缩小。第一,发达地区在 NVC 生产分工网络下的示范扩散效应。一方面,发达地区的先进技术会随着发达地区向欠发达地区转移生产环节而得以扩散,这直接提高了欠发达地区的技术水平和生产绩效。同时先进技术的扩散是技能偏向性的,因而会增加欠发达地区对高技能劳动力的需求,加大欠发达地区对人力资本的投资,提高欠发达地区的人力资本水平(Feenstra and Hanson, 1995; Francoise and Deniz, 2004)。另一方面,为使价值链各分工环节整合而成的产品质量和性能达到市场要求,发达地区会通过机器设备、资金支持等投资方式以及劳动力培训、派发研发人员等交流方式帮助欠发达地区改良机器设备、改进生产工艺和提高管理绩效,这也会提高欠发达地区的物质资本、人力资本和生产效率水平,进而缩小与发达地区的差距(刘志彪和张少军,2008; Ivarsson and Alvstam, 2010)。第二,欠发达地区在 NVC 生产分工网络下的学习追赶效应。一方面,在 NVC 分工模式下,欠发达地区会主动加强与发达地区的沟通协作,积极从发达地区进口机器设备、原材料等中间投入品,这不仅直接增加了欠发达地区的物质资本,而且更为重要的是中间投入品作为技术扩散的重要载体(Frankel and Romer,1999),欠发达地区从发达地区进口中间投入品可以学习和模仿发达地区的先进技术,在此基础上充分发挥后发优势进行二次创新,进而实现技术进步与技术追赶(Nishioka and Ripoll,2012；Sharma and Mishra,2015)。另一方面,为能与 NVC 其他生产环节相匹配,欠发达地区也会主动更新机器设备和加强人员培训,加大对物质资本和人力资本的投资,淘汰低效率的落后产能,重塑专业化分工结构,实现技术升级乃至跨越性进步,从而缩小与发达地区的物质资本、人力资本和全要素生产率差距(Waugh,2010)。

而在考虑了国内价值链贸易之后,区际贸易的剩余部分则主要反映了以水平贸易为主的替代品贸易,两地区替代品贸易越强,彼此间经济活动的资源争夺和资源转移效应越激烈,可能会构筑起发达地区和欠发达地区的资源回流通道,这会进一步扩大发达地区与欠发达地区之间的物质资本、人力资本和全要素生产率差异,继而拉大地区间收入差距。根据累积因果循环理论,当地区之间开展替代品贸易时,欠发达地区的劳动、资本、人才和资源等要素往往因受到发达地区较高的收益率吸引而源源不断地流向发达地区,在集聚经济和规模报酬递增的作用下,发达地区将积累愈来愈多的物质资本和人力资本,逐步拉大与资本、人才流失的欠发达地区的差距(Wei,2000；Golley,2002)。同时,替代品贸易往往会引致对欠发达地区同类产品需求的下降,这会减少欠发达地区的产品种类和数量,进而降低欠发达地区的生产效率与生产能力,逐步拉大与发达地区的生产率差距(Simonovska and Waugh,2011；Matsuyama,2013)。

第六节 全球化因素的进一步分析： NVC 的地区间收入差距纠偏作用

前文虽已较为系统地解读了国内价值链与地区间收入差距之间的关系，但忽略了对外开放的改革大背景。不仅有先天的地理和历史因素，而且中国"经济特区—沿海—沿江—内陆"依次推进的对外开放政策也造成了中国地区间对外开放程度的巨大差异。大量学者意识到中国全球化参与程度的区域不平衡性是引致中国地区间收入差距不断扩大的重要因素（Zhang and Zhang, 2003; Kanbur and Zhang, 2005; 万广华等, 2005）。随着以全球价值链为新型国际分工形式的价值链贸易在世界范围铺陈开来，学者也注意到全球价值链贸易参与不平衡带来了地区间的收入差距（刘志彪和张少军, 2008; 刘志彪, 2013）。那么，作为联结国内各地区产业关联和经济技术联系的重要纽带，国内价值链构筑的"体内"分工循环体系是否能够弱化全球化因素造成的中国地区间收入差距？本部分将纳入对外贸易依赖和全球价值链参与的全球化因素，从国内和国外两个关系大局的互动视角探讨中国地区间收入差距问题，以进一步突出国内价值链在缩小中国地区间收入差距中的关键作用。

一、全球化因素的指标度量

（一） 对外贸易依赖度差异

现有文献普遍采用对外贸易依赖度指标，即进出口贸易总额占 GDP 的比重来衡量全球化参与程度（Zhang and Zhang, 2003; 万广华等, 2005），有鉴于此，本章使用地区间对外贸易依赖度差异的绝对值表示地区间全球化参与程度差异：

$$T_{ij,t}^{FT} = \left| \frac{IM_{i,t} + EX_{i,t}}{GDP_{i,t}} - \frac{IM_{j,t} + EX_{j,t}}{GDP_{j,t}} \right| \qquad (10-12)$$

其中,$IM_{i,t} + EX_{i,t}(IM_{j,t} + EX_{j,t})$ 为第 t 年地区 i(地区 j)进出口贸易总额。本章测度了 2002 年、2007 年和 2010 年中国 30 个省区的对外贸易依赖度,结果显示,受地理、历史、政策等因素的影响,中国对外贸易依赖度存在较大的区域不平衡性,其中最高省区是最低省区的 30 倍。

(二) 全球价值链贸易参与程度差异

20 世纪 80 年代以来,伴随着贸易成本的快速下降和信息通信技术的飞速发展,全球价值链分工模式成为国际分工与经济全球化的新特征(Baldwin and Lopez-Gonzalez,2013)。因此,本章还从全球价值链这一新型全球化因素关注中国地区间收入差距问题。与胡梅尔斯等(Hummels et al., 2001)界定各国全球价值链参与行为相一致,本章将中国各地区全球价值链参与行为界定为:如果某地区出口中包含了来自国外的增加值,就称该地区参与了全球价值链。因此,为了构建中国各省区间的全球价值链贸易参与程度差异指标,我们先借鉴库普曼等(Koopman et al., 2014)国家层面出口增加值来源的分解框架对中国各地区出口增加值的国外来源进行分解获得地区 i 参与全球价值贸易的总量情况(FV_i),然后基于该式,将地区间全球价值链贸易参与程度差异指标定义为:

$$T_{ij,t}^{GVC} = \left| \frac{FV_{i,t}}{GDP_{i,t}} - \frac{FV_{j,t}}{GDP_{j,t}} \right| \qquad (10-13)$$

本章也测算了 2002 年、2007 年和 2010 年中国 30 个省区的全球价值链贸易参与程度,结果表明与预期一致,中国全球价值链贸易参与程度亦表现出较大的区域不平衡性,其中最高省区是最低省区的 70 倍。FV_i 的具体测算过程参见第三章第二节。

二、地区间收入差距纠偏:国内价值链与全球化因素如何互动

(一) 国内价值链与对外贸易的互动效应

为了考察国内价值链与对外贸易影响地区间收入差距的交互效应,将基准

模型扩展为:

$$RID_{ij,t} = \alpha_0 + \alpha_1 T_{ij,t}^{NVC} + \alpha_2 T_{ij,t}^{FT} + \alpha_3 T_{ij,t}^{NVC} \times T_{ij,t}^{FT} + \beta \vec{X}_{ij,t} + v_{ij} + v_t + \varepsilon_{ij,t}$$

$$(10-14)$$

其中,$T_{ij,t}^{NVC} \times T_{ij,t}^{FT}$ 为地区间价值链贸易强度与对外贸易依赖度差异的交互项,如果交互项的系数 $\alpha_3 < 0$,则意味着国内价值链能够弱化对外贸易对地区间收入差距的扩大效应。

表 10-9 中的第(1)—(3)列汇报了相应的估计结果。其中,第(1)列仅考虑本书关注的国内价值链与对外贸易的交互项,从中可知,当考虑了对外贸易因素之后,国内价值链贸易仍有助于缩小地区间收入差距。同时,反映对外贸易依赖度差异指标的估计系数显著为正,表明两地区对外贸易依赖度差异越大,其收入差距亦越大,证实了对外贸易作为经济增长的重要引擎,的确是造成中国地区间收入差距愈演愈烈的重要因素。但值得欣喜的是,两者交互项的估计系数显著为负,这说明在国内价值链贸易越强的地区之间,对外贸易依赖度差异带来的地区间收入差距扩大效应越弱,可见,国内价值链对对外贸易依赖度差异带来的地区间收入差距具有纠偏作用;第(2)和(3)列在(10-14)式的基础上进一步纳入了区际双边贸易和区际双边贸易与对外贸易的交互项,以深化理解国内价值链与对外贸易对地区间收入差距的互动效应。结果显示,若不考虑国内价值链贸易,区际双边贸易亦会弱化对外贸易依赖度差异对地区间收入差距的扩大作用,但一旦考虑了国内价值链贸易后,国内价值链贸易对对外贸易依赖度差异带来的地区间收入差距仍具有较强的纠偏作用,而此时区际双边贸易则会在一定程度上强化对外贸易依赖度差异对地区间收入差距的扩大作用,这意味着国内价值链贸易在区际贸易弱化对外贸易依赖度差异带来的地区间收入差距中起着主导作用。

表 10-9　NVC、全球化因素与收入差距的估计结果

	对外贸易依赖			全球价值链参与		
	(1)	(2)	(3)	(4)	(5)	(6)
T^{NVC}	−9.063**		−8.154*	−10.133**		−8.478*
	(−2.10)		(−1.66)	(−2.54)		(−1.83)
$T^{FT}(T^{GVC})$	0.086**	0.076*	0.070*	0.980***	0.885***	0.927***
	(2.32)	(1.85)	(1.75)	(6.14)	(5.41)	(5.63)
$T^{FT}(T^{GVC})\times T^{NVC}$	−22.105***		−35.382***	−108.523***		−186.902***
	(−3.18)		(−3.16)	(−3.42)		(−3.36)
T^{IRT}		−1.871*	1.713*		−1.919**	1.768*
		(−1.82)	(1.65)		(−2.07)	(1.76)
$T^{FT}(T^{GVC})\times T^{IRT}$		−2.870**	3.556		−12.541**	16.118*
		(−2.02)	(1.63)		(−2.27)	(1.67)
控制变量	是	是	是	是	是	是
v_{ij}	是	是	是	是	是	是
v_t	是	是	是	是	是	是
R^2	0.937	0.936	0.938	0.939	0.938	0.940
N	1 305	1 305	1 305	1 305	1 305	1 305

注:同表 10-1。

对此可能的解释是,对外贸易参与使得对外贸易依赖度较高的发达地区能够接触国际先进技术和管理经验,并获得发达国家的知识、技术和技能溢出,从而促进了这些地区的经济增长,并逐步扩大了与对外贸易依赖度较低的欠发达地区的收入差距。而国内价值链联结的区际分工网络,能够通过“需求—供给溢出”构筑起对外贸易依赖度较高的发达地区与对外贸易依赖度较低的欠发达地区沟通交流的通道,进而有助于抹平对外贸易依赖度差异带来的地区间收入差距。一方面,对外贸易依赖度较高的发达地区可以通过国内价值链形成的区际分工网络将国际先进技术、管理经验、市场信息等传递给对外贸易依赖度较低的欠发达地区,使欠发达地区间接分享全球化发展红利,进而缩小与发达地区之间的收入差距;另一方面,为增强国内价值链的整体竞争力,对外贸易依赖度较高的发达地区也会主动将其从对外贸易参与过程中获得的发达国家的知

识技术溢出与外贸依赖度较低的欠发达地区分享。而在控制了国内价值链贸易之后,区际双边贸易主要捕捉了替代品贸易部分,而替代品贸易会使劳动、资本、人才和资源等要素进一步向对外贸易依赖度较高的发达地区流动和聚集,继而强化了对外贸易依赖度差异带来的地区间收入差距。

(二) 国内价值链与全球价值链的互动效应

全球价值链作为一种新型全球化因素,本章还关注了国内价值链与其对中国地区间收入差距的互动效应,将基准模型扩展为:

$$RID_{ij,t} = \alpha_0 + \alpha_1 T_{ij,t}^{NVC} + \alpha_2 T_{ij,t}^{GVC} + \alpha_3 T_{ij,t}^{NVC} \times T_{ij,t}^{GVC} + \beta \vec{X}_{ij,t} + v_{ij} + v_t + \varepsilon_{ij,t}$$

$$(10 - 15)$$

其中,$T_{ij,t}^{NVC} \times T_{ij,t}^{GVC}$ 为地区间价值链贸易强度与全球价值链贸易参与程度差异的交互项,如果交互项的系数 $\alpha_3 < 0$,则意味着国内价值链能够弱化全球价值链对地区间收入差距的扩大效应。

表 10 - 9 中的第(4)—(6)列给出了相应的估计结果。其中,第(4)列仅考虑本书关注的国内价值链与全球价值链的交互项;第(5)和(6)列则在(10 - 15)式的基础上进一步纳入了区际双边贸易和全球价值链的交互项,以深化理解国内价值链与全球价值链对地区间收入差距的互动效应。从中可知,当考虑全球价值链参与因素之后,国内价值链贸易仍有助于缩小地区间收入差距。反映全球价值链贸易参与程度差异指标的估计系数显著为正,与预期一致,融入全球价值链的区域不平衡亦是造成中国地区间收入差距不断扩大的重要因素。但由两者交互项的估计系数可知,国内价值链也对全球价值链贸易参与不平衡造成的地区间收入差距具有较强的纠偏作用。同时,若不考虑国内价值链贸易,区际双边贸易亦会弱化全球价值链贸易参与不平衡造成的地区间收入差距,但一旦考虑了国内价值链贸易后,区际双边贸易则会强化全球价值链贸易参与不平衡造成的地区间收入差距,这意味着国内价值链贸易在区际贸易弱化全球价值链贸易参与不平衡造成的地区间收入差距中也起着主导作用。作为新型的

全球化因素，全球价值链使得参与地区能够享受来自 GVC 高端的技术、知识和技能的溢出，从而促进了 GVC 参与地区的经济增长，而国内价值链通过"需求—供给溢出"构筑的"体内"分工循环体系有助于 GVC 参与地区将其在 GVC 中获得的知识、技术、信息等要素向国内其他地区传播与扩散，使国内其他地区共享 GVC 发展红利，从而缩小了因全球价值链贸易参与不平衡造成的地区间收入差距。

综上所述，对外贸易依赖差异和全球价值链参与不平衡的全球化因素是引致中国地区间收入差距不断扩大的重要因素，但国内价值链构筑的"体内"分工循环体系有助于弱化全球化因素造成的地区间收入差距，而反映替代品贸易的区际双边贸易则具有进一步的强化作用，表明国内价值链联结的区际分工网络是有机衔接国内外两个市场、两种资源的重要纽带，是中国参与全球化过程中保证区域经济协调发展，实现区域经济公平、效率与均衡的重要力量。

第七节　本章小结：NVC 的地区间收入差距缩减效应

随着国内价值链的迅速发展和日益深化，探讨国内价值链与地区间收入差距之间的关系对于中国这样一个区域禀赋差异明显、地区间收入差距较为严重的发展中大国至关重要。本章首次使用 2002 年、2007 年和 2010 年包含中国 30 个省区的区域间投入产出表将省区两两配对，较为系统地考察了国内价值链贸易对地区间收入差距的影响效应。本章的研究结论主要包括以下四个方面：

第一，国内价值链贸易在"需求—供给溢出"方式的联结下缩小了地区间收入差距，而在控制国内价值链贸易之后，以水平分工为特征的区际双边贸易则在"资源转移"方式的联结下扩大了地区间收入差距，表明国内价值链贸易在区际贸易的收入差距缩减效应中起到了主导作用；在以省区官员交流和地理距离为工具变量控制内生性后，结果仍是稳健的。

第二，国内价值链贸易对地区间收入差距的缩减作用受地区间初始收入差距和在国内价值链上经济距离的影响,地区间初始收入差距越大,在国内价值链上的经济距离越远,国内价值链贸易对地区间收入差距的缩减作用越强。同时,国内价值链贸易的收入差距缩减效应在全球金融危机之后、东部和中西部省区之间更强。

第三,进一步的机制检验表明,通过缩减物质资本、人力资本和全要素生产率三种新古典增长因素的差异是国内价值链贸易缩小地区间收入差距的重要机制,这可能也是国内价值链贸易在区际贸易的收入差距缩减效应中起主导作用的背后机理。

第四,纳入全球化因素后发现,对外贸易依赖差异和全球价值链参与不平衡的全球化因素的确是引致中国地区间收入差距不断扩大的重要因素,但国内价值链贸易对全球化参与不平衡造成的地区间收入差距具有纠偏作用,而考虑了国内价值链贸易后的区际双边贸易则具有进一步的强化作用,这意味着国内价值链联结的区际分工网络是保证中国全球化参与过程中区域协调发展的重要力量。

第十一章　国内价值链与地区间技术差距

第一节　引言

　　驱动经济增长的根本动力在于技术进步,大量理论和事实表明,全要素生产率的差异很大程度上决定了经济体间经济发展水平的差异(Parente and Prescot, 2000; Easterly and Levine, 2001; Di Liberto and Symons, 2003),因此,技术差距一直以来被视作理解发达地区和欠发达地区不同经济表现以及欠发达地区追赶发达地区以实现经济收敛的关键因素。改革开放以来,中国取得举世瞩目增长成就的同时,区域发展不平衡问题日益突出,作为地区间贫富差距的核心表征,技术差距成为了学者的关注焦点。众多学者认为中国地区间技术水平呈现出发散趋势,成为了阻碍中国地区收敛的重要因素(Wu, 2003;傅晓霞和吴利学,2006;樊纲和陈瑜,2009)。关于中国地区间技术差距的成因,傅晓霞和吴利学(2006)、维维安等(Vivian et al., 2008)、祝树金等(2010)认为中国地区市场分割和市场机制不完善导致了严重的技术扩散壁垒,从而加剧了地区间技术差距。另外一个非常重要的视角是从对外贸易进行解读。作为具有后发优势的发展中国家,通过与掌握前沿技术的发达国家开展贸易能够以较低的学习和模仿成本实现技术溢出和技术进步(Nelson and Phelps, 1966; Coe and Helpman, 1995),因此学者普遍认为由于中国各地区对外贸易依赖度存在较大差异,对外贸易依赖度较高的地区通过对外贸易获得了更快的技术进步,继而拉大了中国地区间技术差距(祝树金等,2010;张建清和孙元元,2012)。虽然现有文献对对外贸易与中国地区间技术差距之间的关系进行了颇多有益的探索,但阅读所及,尚未涉及对区际贸易对地区间技术差距影响的探讨,更未关注日益兴起和迅速发展的国内价值链贸易在中国地区间技术差距中所起的作用。

中国幅员辽阔,各地区的经济发展条件和发展水平差异较大,这为地区间专业化分工协作和差别化竞争优势塑造提供了充足空间,因此培育和发展国内价值链(NVC)对于中国这样的发展中大国而言具有重要的现实基础和实践意义(黎峰,2016a,2016b)。那么,国内价值链与地区间技术差距存在怎样的联系,其能否成为缩小中国地区间技术差距的强劲内在动力?事实上,国内以刘志彪及其研究团队为代表的学者通过较为简单的定性分析认为国内价值链能够缩小地区间技术差距,进而促进区域经济的协调发展(刘志彪和张少军,2008;刘志彪,2013),但均缺乏更深入的定量检验;另一部分学者虽也已意识到国内价值链的重要性,开始借鉴全球价值链的测度框架对国内价值链进行定量核算(苏庆义,2016;李跟强和潘文卿,2016;黎峰,2016a,2017b;邵朝对等,2018),但均未涉及国内价值链与地区间技术差距之间的考察。

技术差距,尤其是发展中国家与前沿经济体发达国家之间的技术差距一直是发展经济学和国际经济学领域的关注焦点,其中,与本书研究视角最为接近的文献是关于国际贸易与跨国技术差距之间关系的研究。这类文献对国际贸易是扩大还是缩小了跨国技术差距并无定论[1]。然而,这些文献考察对象均是总贸易,并未对不同贸易类型进行区分。高丝和伊基姆(Kose and Yi, 2006)、吴力(Ng, 2010)指出,不同类型的贸易联结国家间经济技术关联的方式具有很大的差异,垂直一体化的互补品贸易主要通过"需求—供给溢出"方式,以水平分工为特征的替代品贸易则主要通过"资源转移"方式,这可能会使不同类型的贸易对跨国技术差距存在着异质性影响。因此,笼统地讨论总贸易与经济体间技术差距的关系可能不利于厘清不同贸易类型背后隐藏的异质性特征。近十年来,随着全球价值链(GVC)的迅速发展,部分学者也开始关注全球价值链贸

---

[1] 具体参见本书第二章第二节关于全球价值链对国家间影响的文献综述部分。

易对跨国技术差距的影响（Rodriguez-Clare，1996；Castellani and Zanfei，2006；Saliola and Zanfei，2007；Basco and Mestieri，2014），普遍认为作为一种互补品贸易，全球价值链贸易可以通过"需求—供给溢出"链接效应对发展中国家的技术产生带动作用和溢出效应，继而缩小跨国技术差距。本章则突破上述价值链研究的全球视角，实证检验国内价值链对地区间技术差距的影响效应。此外，本章还关注不同类型区际贸易在地区间技术差距中的作用，以深化对国内价值链贸易与地区间技术差距之间关系的认识。为解答上述疑惑，本章利用中国 30 个省区区域间投入产出表将省区两两配对，得到的基本结论是，国内价值链贸易缩小了地区间技术差距，而在考虑国内价值链贸易之后，区际双边贸易则扩大了地区间技术差距，表明国内价值链贸易在区际贸易的技术差距缩减效应中起到了主导作用。

与过往研究相比，本章的贡献可能在于：第一，在研究视角上，将全球价值链的视角延伸至国内价值链，首次探讨了国内价值链与技术差距的深层关系，突出了国内价值链贸易在缩小地区间技术差距中的主导作用，为中国在"碎片化"生产模式日益重要的背景下实现各地区技术差距收敛和经济协调发展指明了新的政策方向。第二，在经验研究上，使用中国 30 个省区区域间投入产出表，借鉴并改进库普曼等（Koopman et al.，2014）、李跟强和潘文卿（2016）的增加值分解框架较为科学地测算了中国各省区之间的价值链贸易强度。同时，不仅以地理距离，还基于中国广阔疆域所拥有的源远流长、独具特色、种类繁多的地域文化特征，尝试构造了可以较好代理地域文化差异的方言异同和遗传距离作为工具变量，丰富了现有贸易与经济系统运行内生性问题的解决方案。第三，从国内价值链与全球价值链的互动视角拓展了本章的研究框架，发现两地区全球价值链贸易参与程度差异越大，其技术差距亦越大，但国内价值链贸易对全球价值链贸易参与不平衡带来的技术差距具有矫正作用，而传统区际贸易则放大了传统对外贸易依赖差异造成的技术差距，表明国内价值链联结的区际分工网络是保证中国在发展外向型经济过程中各地区技术差距收敛和经济协调发展的重要力量,这对于迈入新发展阶段的中国区域政策的调整和双循环新发展格局的构筑具有指导价值。

本章余下安排如下:第二节为理论框架与研究假说,第三节介绍数据来源与核心指标测度,第四节为经验分析框架及结果,第五节为稳健性检验,第六节从国内价值链与全球价值链的互动视角进一步探讨国内价值链与技术差距之间的关系,第七节是本章小结。

第二节　理论框架与研究假说

一、基准理论框架:国内价值链对技术差距的影响

理论上而言,不管是国际贸易还是区际贸易,联结国家或地区间经济技术关联的方式一般有两个:一是"需求—供给溢出"方式,二是"资源转移"方式(Kose and Yi,2006;Ng,2010)。由于不同类型的贸易联结国家或地区间经济技术关联的方式具有很大的差异,因而对国家或地区间技术差距可能存在着异质性影响。互补品贸易主要通过"需求—供给溢出"紧密的投入产出关联将各地区生产环节、经济活动有机地衔接在一起,使各地区经济技术相互交织、互为渗透,处于一体化联动的共同命运体中,这有助于地区间技术差距的收敛;而替代品贸易则主要通过"资源转移"方式将各地区置于激烈的资源争夺中,并不利于地区间技术差距的收敛,甚至可能会拉大地区间的技术差距。在考察国际贸易或区际贸易时,现有研究普遍认为,以垂直一体化分工为特征的价值链贸易反映的是互补品贸易,而在控制价值链贸易之后,总贸易的其余部分则主要反映了以横向分工为特征的替代品贸易(Ng,2010;邵朝对等,2018)。

与全球价值链分工体系类似,国内价值链将同一产品的生产过程在地区间拆分为多个环节或区段,并通过频繁的区际流入和区际流出贸易将这些环节有机地整合在一起,这有利于知识、技术和信息等要素沿着"需求—供给溢出"联结的价值链纽带在国内不同地区之间充分迸发涌流、互为交织渗透,进而带动

各地区间尤其是技术落后的欠发达地区和处于技术前沿的发达地区间的知识技术溢出和技术差距收敛(Taglioni and Winkler,2016)。在"需求—供给溢出"方式链接下 NVC 缩小技术差距的具体渠道可能主要包括以下几种:(1)流入渠道。NVC 中的流入主要以中间品和资本品为主。技术落后地区在从处于技术前沿地区调入高技术含量中间品、引进最新机器设备和生产工艺的过程中,包含在中间品和资本品中的先进技术会以非自愿或非自觉的方式在欠发达地区扩散,这有助于降低欠发达地区技术学习与技术模仿的成本(Francoise and Deniz,2004);同时由于资本与技能是相容的,从发达地区引进资本品增加了欠发达地区对高技能劳动力的需求,提高了欠发达地区的人力资本存量(Keller,1996),这两方面均有利于激发具有后发优势的欠发达地区进行技术创新与技术赶超,继而缩小与发达地区的技术差距。(2)流出渠道。通过 NVC 中的流出贸易,技术落后的欠发达地区不仅可以通过示范与模仿进行技术学习与技术创新,还可以通过投入产出关联效应获得上、下游地区的知识技术溢出(Bernard and Jensen,1999)。(3)纯知识技术溢出渠道。为使 NVC 各分工环节整合而成的产品质量和性能达到市场要求,处于技术前沿的发达地区会通过劳动力培训、技术指导、派发研发人员等面对面交流方式帮助技术落后的欠发达地区获取纯知识技术溢出,这有助于欠发达地区破解发达地区先进技术中包裹的技术诀窍,促进欠发达地区由技术模仿走向技术创新,继而实现技术赶超和技术差距收敛(Ivarsson and Alvstam,2010)。

而在考虑了国内价值链贸易之后,国际贸易的其余部分则主要体现了以横向分工为特征的替代品贸易,两地区替代品贸易越强,彼此经济活动的资源争夺和资源转移越激烈(Kose and Yi,2006;Ng,2010),这可能会构筑起处于技术前沿的发达地区与技术落后的欠发达地区之间的资源回流通道,在"资源转移"机制作用下拉大地区间技术差距,其中的具体渠道可能有以下几种:(1)循环累积效应。根据累积因果循环理论,当地区之间开展替代品贸易时,欠发达地区的资源要素,尤其是人才等高级要素由于发达地区较高的收益率会源源不断地流向发达地区,此时发达地区将积聚愈来愈多的高级要素,而欠发达地区因人才、资本的流失技术创新能力下降,与发达地区之间的技术差距逐步被拉大(Golley,2002;朱廷珺和林薛栋,2014)。(2)产品种类效应。替代品贸易往往会引致对技术落后的欠发达地区同类产品需求的下降,这会降低技术落后地区生产的产品种类和数量,不利于技术落后地区规模化生产、产品创新和技术更新,这也会扩大其与技术前沿经济体之间的技术差距(Ethier,1982)。根据上述分析,提出如下基准假说11.1。

基准假说11.1:国内价值链贸易缩小了地区间技术差距,而在考虑国内价值链贸易之后,区际双边贸易则扩大了地区间技术差距。

二、理论框架扩展:全球价值链视角下国内价值链对技术差距的影响

区域一体化与经济全球化的双重背景使得区际分工与国际分工并行不悖地发展。众多学者认为,中国各地区参与全球化进程的差异是引致地区间技术差距不断扩大的重要因素,尤其是东部和中西部之间,东部通过率先加入全球价值链生产体系从中获得了来自发达国家跨国公司的知识技术溢出,这促进了其技术进步,并逐步拉大了其与全球价值链参与度较低的中西部之间的技术差距,进而加剧了国内区域发展的不平衡(刘志彪和张少军,2008;刘志彪,2013)。那么,作为联结国内各地区之间产业关联和经济技术联系的重要纽带,国内价值链构筑的"体内"分工循环体系能否矫正全球价值链参与不平衡带来的技术差距?

从理论上讲,国内价值链构筑的"体内"分工循环体系能够通过"需求—供给溢出"紧密的价值链关联,搭建起全球价值链参与度较高的发达地区与全球价值链参与度较低的欠发达地区之间示范模仿、交流协作与空间协调的桥梁,继而有助于矫正全球价值链参与不平衡引起的技术差距:(1)沿着国内价值链形成的"需求—供给溢出"纽带,全球价值链参与度较高的发达地区会将其在全球价值链生产网络中获得的知识技术溢出以非自愿或非自觉的形式向全球价

值链参与度较低的欠发达地区扩散与转移;(2)为提升国内价值链的整体竞争力,全球价值链参与度较高的发达地区也会主动将其从全球价值链生产网络中获得的知识技术溢出与全球价值链参与度较低的欠发达地区分享;(3)作为一种有序化、规范化、稳定化的区际分工网络,国内价值链还能够降低全球价值链参与度较高的发达地区与参与度较低的欠发达地区之间的交易风险和交易成本,增强彼此之间的信任关系,这有助于提高全球价值链在国内的开放度和延伸度,继而使得全球价值链生产网络中的知识技术在国内地区间更为有效地分享与溢出。上述均促进了全球价值链参与度较低的欠发达地区间接分享全球价值链发展红利,进而弱化全球价值链参与不平衡引致的技术差距。

而在考虑了价值链贸易之后,以横向分工为特征的传统区际贸易和传统对外贸易主要捕捉了替代品贸易,当对外贸易依赖度差异较大的地区之间开展区际替代品贸易时,可能会构筑起地区之间的资源回流通道,对外贸易依赖度较低的欠发达地区的资源要素,尤其是人才等高级要素会进一步向对外贸易依赖度较高的发达地区流动和聚集,同时对外贸易依赖度较低的欠发达地区生产的产品种类和数量也会进一步降低,由此导致原先对外贸易依赖差异造成的技术差距被进一步拉大。

扩展假说 11. 2:国内价值链贸易对全球价值链贸易参与不平衡带来的技术差距具有矫正作用,而传统区际贸易则放大了传统对外贸易依赖差异造成的技术差距。

第三节　数据与核心指标的测度

一、数据说明

受数据所限,本章的样本为 2002 年和 2007 年,分析主要涉及了三套数据:第一套是地区—产业层面的投入产出数据,来自由中国科学院编制的 2002 年和 2007 年中国 30 个省区区域间非竞争型投入产出表;第二套数据是企业层面的生产数据,来自国家统计局的中国工业企业数据库;第三套数据是地区层面的生产与人口数据,来自历年《中国统计年鉴》《中国人口和就业统计年鉴》以及各省区统计年鉴。

由于中国工业企业数据存在样本错配、指标缺失、指标异常等诸多问题,本章借鉴勃兰特等(Brandt et al.,2012)的方法对工业企业数据进行匹配。在工业企业数据匹配之前,先对国民经济行业分类代码和地区行政代码进行口径统一;在统一行业代码和地区代码口径之后,借鉴勃兰特等(Brandt et al.,2012)的做法,依次使用企业法人代码、企业名称、法人代表姓名、地址等信息逐年滚动匹配以识别同一家企业。同时,参考现有文献(Brandt et al.,2012),剔除了总产出、销售额、工业增加值、中间投入、固定资产合计、固定资产净值年平均余额缺失、为负值、为零值的制造业样本,剔除了从业人数缺失和小于 8 的制造业样本。

还需说明的是,第一,之所以将样本年份选为 2002 年和 2007 年是因为,目前可得的中国 30 个省区区域间投入产出表虽有 2002 年、2007 年和 2010 年的数据,但工业企业数据在 2008 年及之后年份由于数据质量问题,无法进行跨年度有效匹配和测算本章的被解释变量技术差距;第二,在截面个体上,本章剔除了数据缺失的西藏和港澳台地区,从而形成由 30 个省区构成的 435(30×29/2)个省区对。

二、核心指标测度

(一) 技术差距

本章的被解释变量是地区间技术差距($TechG$)。在构造衡量技术差距的指标之前,首先需对各地区的技术水平进行测度。与现有文献的普遍做法一致,本章采用全要素生产率(TFP)作为各地区技术水平的代理变量(Keller,2004;祝树金等,2010; Spolaore and Wacziarg, 2011;张建清和孙元元,2012)。目前全要素生产率主要有三种常见的测算方法:一是以索洛余值为代表的增长核算法;二是生产前沿分析方法,根据是否已知生产函数的具体形式,该方法又可分为随机前沿分析方法(SFA)和数据包络分析方法(DEA);三是用于微观个体研究的半参数估计方法,该方法主要包括 OP 法和 LP 法。本书主要以第三种方法为基础,借鉴梅利茨和波拉内克(Melitz and Polanec,2015)、邵朝对和苏丹妮(2017)的处理方法,用地区内企业的全要素生产率加权平均来衡量地区生产率,该微观方法的优势在于,能够对地区生产率进行动态分解,为第十二章从资源配置效率视角更为深入地解析国内价值链与地区间技术差距的关系奠定基础。为了缓解 OLS 分析中存在的同步偏差和选择性偏差问题,本章采用 OP 法进行估计,同时也会选用 LP 法作稳健性检验。微观企业加权的地区生产率指标可表示为:

$$TFP_{i,t} = \sum_{f \in \Omega_i} \theta_{ft} \times TFP_{f,t} \tag{11-1}$$

其中,f 表示企业,Ω_i 表示地区 i 的企业集合;TFP_{ft} 表示企业 f 在时期 t 的全要素生产率;θ_{ft} 为权重,表示资源在企业间的配置情况,与迪斯内等(Disney et al.,2003)一致,用企业 f 的就业人数占地区 i 总就业人数的比重来衡量。在获得各地区技术水平之后,借鉴斯波劳雷和瓦克齐亚格(Spolaore and Wacziarg,2011)的做法,采用两地区全要素生产率之差的绝对值来衡量技术差距($TechG$)。图 11-1 绘制了中国 30 个省区与其他省区之间的平均技术差距,从中可知,目前中国各省区之间仍存在较大的技术差距,且与区域外①省区之间的技术差距是造成这一现象的主要因素,除个别省区外,其余不管是东部省区还是中西部省区,与区域外省区之间的技术差距明显大于区域内省区,尤其是东部省区,与区域外省区之间的技术差距接近区域内省区的两倍。上述表明中国各省区之间不仅存在较大的技术差距,而且存在较为明显的东部与中西部两大区域的俱乐部收敛现象。

―――――――――

① 将中国各省区划分为东部地区和中西部地区两大区域。中部地区和西部地区作为一个整体进行考察是因为,中部和西部无论在地理和历史条件上,还是在资源禀赋方面差异均较小。

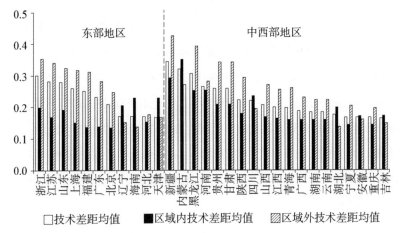

图 11-1 中国 30 个省区与其他省区之间的平均技术差距

(二) 地区间价值链贸易强度

本章的核心解释变量是地区间价值链贸易强度（$T_{ij,t}^{NVC}$）。为此，与第十章类似，首先需利用中国区域间非竞争型投入产出表对各地区的流出增加值来源进行分解。由于区域间投入产出表只记录了进口中间产品这一项，并未将进口中间产品区分为纯进口和回流增加值，因此参照苏庆义(2016)的做法，借助世界投入产出表将两者进行分离，以更精细地对一国内部地区层面流出的增加值进行分解。在此基础上借鉴库普曼等(Koopman et al., 2014)、李跟强和潘文卿(2016)的分解框架将各地区流出的增加值分解为 63 项，并将这 63 项归类成在国内其他地区或国外吸收的本地区增加值、流出后又返回本地区被吸收的本地区增加值、国内其他地区增加值、国外成分、通过进口回流的增加值以及重复计算项六类。

具体而言，基于区域间投入产出表的横向关联，可得如下恒等式：

$$X_i = \sum_{j=1}^{G} (A_{ij} X_j + F_{ij}) + EX_i \qquad (11-2)$$

其中，X_i 表示地区 i 的总产出向量，F_{ij} 表示地区 i 流向国内其他地区 j 的最终产品向量，EX_i 表示地区 i 对国外的出口向量(包括中间产品出口和最终产品出口)，$A_{ij} = X_{ij}(X'_j)^{-1}$ 表示与 X_{ij} 相对应的直接消耗系数矩阵。由(11-2)式易得：

$$X_i = \sum_{k=1}^{G} L_{ik} \Big(\sum_{u=1}^{G} F_{ku} + EX_k \Big) \tag{11-3}$$

其中，L 为里昂惕夫逆矩阵，即完全消耗系数矩阵。

接着，与李跟强和潘文卿(2016)一致，将一国内部某一地区的总流出(Z)定义为该地区向国内其他地区的流出和对国外的出口两者之和，包括中间产品流出和最终产品流出，即：

$$Z_{j*} = \sum_{i \neq j}^{G} Z_{ji} + EX_j \tag{11-4}$$

$$Z_{ji} = A_{ji}X_i + F_{ji} \tag{11-5}$$

其中，Z_{j*} 表示地区 j 对国内其他地区和国外的总流出，Z_{ji} 表示地区 j 对国内其他地区 i 的流出。

结合(11-2)式和(11-4)式可得：

$$X_i = A_{ii}X_i + F_{ii} + Z_{i*} \tag{11-6}$$

(11-6)式可进一步转换为：

$$X_i = (1-A_{ii})^{-1}F_{ii} + (1-A_{ii})^{-1}Z_{i*} \tag{11-7}$$

记 $B_{ii} = (1-A_{ii})^{-1}$ 为局部里昂惕夫逆矩阵，根据产品的使用地区，可将中间产品分成以下两部分：

$$A_{ji}X_i = A_{ji}B_{ii}F_{ii} + A_{ji}B_{ii}Z_{i*} \tag{11-8}$$

定义 V_j 为地区 j 的直接增加值系数向量，其元素为 $V_j^s = VA_j^s/X_j^s$；M_j 为地区 j 的纯进口系数向量，其元素为 $M_j^s = NM_j^s/X_j^s$；R_j 为地区 j 的回流增加值系数向量，其元素为 $R_j^s = RD_j^s/X_j^s$。在此基础上，构建如下直接增加值份额

矩阵 VL、纯进口份额矩阵 ML 和回流增加值份额矩阵 RL：

$$VL = \begin{bmatrix} V_1L_{11} & V_1L_{12} & \cdots & V_1L_{1G} \\ V_2L_{21} & V_2L_{22} & \cdots & V_2L_{2G} \\ \vdots & \vdots & \vdots & \vdots \\ V_2L_{G1} & V_2L_{G2} & \cdots & V_2L_{GG} \end{bmatrix} \quad (11-9)$$

$$ML = \begin{bmatrix} M_1L_{11} & M_1L_{12} & \cdots & M_1L_{1G} \\ M_2L_{21} & M_2L_{22} & \cdots & M_2L_{2G} \\ \vdots & \vdots & \vdots & \vdots \\ M_2L_{G1} & M_2L_{G2} & \cdots & M_2L_{GG} \end{bmatrix} \quad (11-10)$$

$$RL = \begin{bmatrix} R_1L_{11} & R_1L_{12} & \cdots & R_1L_{1G} \\ R_2L_{21} & R_2L_{22} & \cdots & R_2L_{2G} \\ \vdots & \vdots & \vdots & \vdots \\ R_2L_{G1} & R_2L_{G2} & \cdots & R_2L_{GG} \end{bmatrix} \quad (11-11)$$

(11-9)式 VL 的对角元素表示各地区流出中的本地区增加值比重,每列非对角线元素表示各地区流出中的国内其他地区增加值比重;(11-10)式 ML 的对角元素表示各地区流出中的本地区纯进口比重(直接国外成分比重),每列非对角线元素表示各地区流出中的国内其他地区纯进口比重(间接国外成分比重);(11-11)式 RL 的对角元素表示各地区流出中的本地区回流增加值比重,每列非对角线元素表示各地区流出中的国内其他地区回流增加值比重。由于 $\sum_i uA_{ij} + V_j + M_j + R_j = u$,$u$ 为单位向量,可得直接增加值系数、纯进口系数、回流增加值系数和里昂惕夫逆系数之间的关系为:

$$\sum_{i=1}^{G}(V_i + M_i + R_i)L_{ij} = u \quad (11-12)$$

记相同维度矩阵对应元素乘积的运算符号为"♯",即如果矩阵 X 和矩阵 Y

有相同的维数,那么 $X \sharp Y$ 的对应元素为 $X(i,j) \times Y(i,j)$。根据(11-3)、(11-5)、(11-8)和(11-12)式,在增加值核算体系下,可将区域 j 总流出分解为如下 63 项:

$$
\begin{aligned}
Z_{j*} =& {}_1 \sum_{i \neq j}^{G} \left[(V_j L_{jj})^T \sharp F_{ji} \right] + {}_2 \sum_{i \neq j}^{G} \left[(V_j B_{jj})^T \sharp (A_{ji} L_{ii} F_{ii}) \right] \\
&+ {}_3 \sum_{i \neq j}^{G} \left[(V_j B_{ii})^T \sharp \left(A_{ji} \sum_{k \neq j, i}^{G} L_{ik} F_{kk} \right) \right] + {}_4 \sum_{i \neq j}^{G} \left[(V_j B_{jj})^T \sharp \left(A_{ji} L_{ii} \sum_{k \neq j, i}^{G} F_{ik} \right) \right] \\
&+ {}_5 \sum_{i \neq j}^{G} \left[(V_j B_{jj})^T \sharp \left(A_{ji} \sum_{k \neq j, i}^{G} L_{ik} \sum_{u \neq j, k}^{G} F_{ku} \right) \right] + {}_6 \sum_{i \neq j}^{G} \left[(V_j B_{jj})^T \sharp (A_{ji} L_{ii} F_{ij}) \right] \\
&+ {}_7 \sum_{i \neq j}^{G} \left[(V_j B_{jj})^T \sharp \left(A_{ji} \sum_{k \neq j, i}^{G} L_{ik} F_{kj} \right) \right] + {}_8 \sum_{i \neq j}^{G} \left[(V_j B_{jj})^T \sharp (A_{ji} L_{ij} F_{jj}) \right] \\
&+ {}_9 \sum_{i \neq j}^{G} \left[(V_j B_{jj})^T \sharp \left(A_{ji} \sum_{k \neq j}^{G} L_{ij} F_{jk} \right) \right] + {}_{10} \sum_{i \neq j}^{G} \left[(V_j L_{jj} - V_j B_{jj})^T \sharp (A_{ji} X_i) \right] \\
&+ {}_{11} \sum_{i \neq j}^{G} \left[(V_j B_{jj})^T \sharp (A_{ji} L_{ii} EX_i) \right] + {}_{12} \sum_{i \neq j}^{G} \left[(V_j B_{jj})^T \sharp (A_{ji} L_{ij} EX_j) \right] \\
&+ {}_{13} \sum_{i \neq j}^{G} \left[(V_j B_{jj})^T \sharp \left(A_{ji} \sum_{k \neq j, i}^{G} L_{ik} EX_k \right) \right] + {}_{14} \sum_{i \neq j}^{G} \left[(V_i L_{ij})^T \sharp F_{ji} \right] \\
&+ {}_{15} \sum_{i \neq j}^{G} \left[(V_i L_{ij})^T \sharp (A_{ji} B_{ii} F_{ii}) \right] + {}_{16} \sum_{i \neq j}^{G} \left[(V_i L_{ij})^T \sharp (A_{ji} B_{ii} Z_{i*}) \right] \\
&+ {}_{17} \sum_{i \neq j}^{G} \left[\left(\sum_{k \neq j, i}^{G} V_k L_{kj} \right)^T \sharp F_{ji} \right] + {}_{18} \sum_{i \neq j}^{G} \left[\left(\sum_{k \neq j, i}^{G} V_k L_{kj} \right)^T \sharp (A_{ji} B_{ii} F_{ii}) \right] \\
&+ {}_{19} \sum_{i \neq j}^{G} \left[\left(\sum_{k \neq j, i}^{G} V_k L_{kj} \right)^T \sharp (A_{ji} B_{ii} Z_{i*}) \right] + {}_{20} \sum_{i \neq j}^{G} \left[(M_j L_{jj})^T \sharp F_{ji} \right] \\
&+ {}_{21} \sum_{i \neq j}^{G} \left[(M_j B_{jj})^T \sharp (A_{ji} L_{ii} F_{ii}) \right] + {}_{22} \sum_{i \neq j}^{G} \left[(M_j B_{jj})^T \sharp \left(A_{ji} \sum_{k \neq j, i}^{G} L_{ik} F_{kk} \right) \right] \\
&+ {}_{23} \sum_{i \neq j}^{G} \left[(M_j B_{jj})^T \sharp \left(A_{ji} L_{ii} \sum_{k \neq j, i}^{G} F_{ik} \right) \right] \\
&+ {}_{24} \sum_{i \neq j}^{G} \left[(M_j B_{jj})^T \sharp \left(A_{ji} \sum_{k \neq j, i}^{G} L_{ik} \sum_{u \neq j, k}^{G} F_{ku} \right) \right] \\
&+ {}_{25} \sum_{i \neq j}^{G} \left[(M_j B_{jj})^T \sharp (A_{ji} L_{ii} F_{ij}) \right] + {}_{26} \sum_{i \neq j}^{G} \left[(M_j B_{jj})^T \sharp \left(A_{ji} \sum_{k \neq j, i}^{G} L_{ik} F_{kj} \right) \right]
\end{aligned}
$$

$$+_{27}\sum_{i\neq j}^{G}\left[(M_jB_{jj})^T\#(A_{ji}L_{ij}F_{jj})\right]+_{28}\sum_{i\neq j}^{G}\left[(M_jB_{jj})^T\#\left(A_{ji}\sum_{k\neq j}^{G}L_{ij}F_{jk}\right)\right]$$

$$+_{29}\sum_{i\neq j}^{G}\left[(M_jL_{jj}-M_jB_{jj})^T\#(A_{ji}X_i)\right]+_{30}\sum_{i\neq j}^{G}\left[(M_jB_{jj})^T\#(A_{ji}L_{ii}EX_i)\right]$$

$$+_{31}\sum_{i\neq j}^{G}\left[(M_jB_{jj})^T\#(A_{ji}L_{ij}EX_j)\right]+_{32}\sum_{i\neq j}^{G}\left[(M_jB_{jj})^T\#\left(A_{ji}\sum_{k\neq j,\,i}^{G}L_{ik}EX_k\right)\right]$$

$$+_{33}\sum_{i\neq j}^{G}\left[(M_iL_{ij})^T\#F_{ji}\right]+_{34}\sum_{i\neq j}^{G}\left[(M_iL_{ij})^T\#(A_{ji}B_{ii}F_{ii})\right]$$

$$+_{35}\sum_{i\neq j}^{G}\left[(M_iB_{ij})^T\#(A_{ji}B_{ii}Z_{i*})\right]+_{36}\sum_{i\neq j}^{G}\left[\left(\sum_{k\neq j,\,i}^{G}M_kL_{kj}\right)^T\#F_{ji}\right]$$

$$+_{37}\sum_{i\neq j}^{G}\left[\left(\sum_{k\neq j,\,i}^{G}M_kL_{kj}\right)^T\#(A_{ji}B_{ii}F_{ii})\right]+_{38}\sum_{i\neq j}^{G}\left[\left(\sum_{k\neq j,\,i}^{G}M_kL_{kj}\right)^T\#(A_{ji}B_{ii}Z_{i*})\right]$$

$$+_{39}\sum_{i\neq j}^{G}\left[(R_jL_{jj})^T\#F_{ji}\right]+_{40}\sum_{i\neq j}^{G}\left[(R_jB_{jj})^T\#(A_{ji}L_{ii}F_{ii})\right]$$

$$+_{41}\sum_{i\neq j}^{G}\left[(R_jB_{jj})^T\#\left(A_{ji}\sum_{k\neq j,\,i}^{G}L_{kk}F_{kk}\right)\right]+_{42}\sum_{i\neq j}^{G}\left[(R_jB_{jj})^T\#\left(A_{ji}L_{ii}\sum_{k\neq j,\,i}^{G}F_{ik}\right)\right]$$

$$+_{43}\sum_{i\neq j}^{G}\left[(R_jB_{jj})^T\#\left(A_{ji}\sum_{k\neq j,\,i}^{G}L_{ik}\sum_{u\neq j,\,k}^{G}F_{ku}\right)\right]+_{44}\sum_{i\neq j}^{G}\left[(R_jB_{jj})^T\#(A_{ji}L_{ii}F_{ij})\right]$$

$$+_{45}\sum_{i\neq j}^{G}\left[(R_jB_{jj})^T\#\left(A_{ji}\sum_{k\neq j,\,i}^{G}L_{ik}F_{kj}\right)\right]+_{46}\sum_{i\neq j}^{G}\left[(R_jB_{jj})^T\#(A_{ji}L_{ij}F_{jj})\right]$$

$$+_{47}\sum_{i\neq j}^{G}\left[(R_jB_{jj})^T\#\left(A_{ji}\sum_{k\neq j}^{G}L_{ij}F_{jk}\right)\right]+_{48}\sum_{i\neq j}^{G}\left[(R_jL_{jj}-R_jB_{jj})^T\#(A_{ji}X_i)\right]$$

$$+_{49}\sum_{i\neq j}^{G}\left[(R_jB_{jj})^T\#(A_{ji}L_{ii}EX_i)\right]+_{50}\sum_{i\neq j}^{G}\left[(R_jB_{jj})^T\#(A_{ji}L_{ij}EX_j)\right]$$

$$+_{51}\sum_{i\neq j}^{G}\left[(R_jB_{jj})^T\#\left(A_{ji}\sum_{k\neq j,\,i}^{G}L_{ik}EX_k\right)\right]+_{52}\sum_{i\neq j}^{G}\left[(R_iL_{ij})^T\#F_{ji}\right]$$

$$+_{53}\sum_{i\neq j}^{G}\left[(R_iL_{ij})^T\#(A_{ji}B_{ii}F_{ii})\right]+_{54}\sum_{i\neq j}^{G}\left[(R_iL_{ij})^T\#(A_{ji}B_{ii}Z_{i*})\right]$$

$$+_{55}\sum_{i\neq j}^{G}\left[\left(\sum_{k\neq j,\,i}^{G}R_kL_{kj}\right)^T\#F_{ji}\right]+_{56}\sum_{i\neq j}^{G}\left[\left(\sum_{k\neq j,\,i}^{G}R_kL_{kj}\right)^T\#(A_{ji}B_{ii}F_{ii})\right]$$

$$+_{57}\sum_{i\neq j}^{G}\left[\left(\sum_{k\neq j,\,i}^{G}R_kL_{kj}\right)^T\#(A_{ji}B_{ii}Z_{i*})\right]+_{58}(V_jL_{jj})^T\#EX_j$$

$$+_{59}\Big(\sum_{i\neq j}^{G}V_iL_{ij}\Big)^T \# EX_j +_{60}(M_jL_{jj})^T \# EX_j$$

$$+_{61}\Big(\sum_{i\neq j}^{G}M_iL_{ij}\Big)^T \# EX_j +_{62}(R_jL_{jj})^T \# EX_j +_{63}\Big(\sum_{i\neq j}^{G}R_iL_{ij}\Big)^T \# EX_j$$

$$(11-13)$$

(11-13)式为一国内部地区层面流出的完全增加值分解结果。其中,Z_{j*} 表示地区 j 对国内其他地区和国外的总流出;Z_{ji} 表示地区 j 对国内其他地区 i 的流出;X_i 表示地区 i 的总产出向量;F_{ij} 表示地区 i 流向国内其他地区 j 的最终产品向量;EX_i 表示地区 i 对国外的出口向量(包括中间产品出口和最终产品出口);A_{ij} 表示直接消耗系数矩阵;L_{ij} 为里昂惕夫逆矩阵,即完全消耗系数矩阵;$B_{ii}=(1-A_{ii})^{-1}$ 为局部里昂惕夫逆矩阵;V_i 为地区 i 的直接增加值系数向量;M_i 为地区 i 的纯进口系数向量;R_i 为地区 i 的回流增加值系数向量。根据增加值的来源,本章将(11-13)式中的 63 项分为六大类,即在国内其他地区或国外吸收的本地区增加值、流出后又返回本地区被吸收的本地区增加值、国内其他地区增加值、国外成分、通过进口回流的增加值以及重复计算项,具体见表 11-1。

表 11-1　地区总流出的增加值构成

增加值来源	细　分　项
在国内其他地区或国外吸收的本地区增加值	以最终产品流出到国内其他地区(1) 以中间产品流出到国内其他地区(2—5) 流出到国外(11、13、58)
流出后又返回本地区被吸收的本地区增加值	以中间产品流出到国内其他地区后又返回本地区(6—8)
国内其他地区增加值	以最终产品流出到国内其他地区(14、17) 以中间产品流出到国内其他地区(15、18) 流出到国外(59)

增加值来源	细　分　项
国外成分	由本地区直接进口而包含在本地区对国内其他地区流出中的国外成分（20—27）
	由本地区直接进口而包含在本地区对国外流出中的国外成分（30、32、60）
	由国内其他地区直接进口而包含在本地区对国内其他地区流出中的国外成分（33、34、36、37）
	由国内其他地区直接进口而包含在本地区对国外流出中的国外成分（61）
通过进口回流的增加值	包含在本地区对国内其他地区流出中的通过本地区直接进口回流的增加值（39—46）
	包含在本地区对国外流出中的通过本地区直接进口回流的增加值（49、51、62）
	包含在本地区对国内其他地区流出中的通过国内其他地区直接进口回流的增加值（52、53、55、56）
	包含在本地区对国外流出中的通过国内其他地区直接进口回流的增加值（63）
重复计算项	对本地区增加值的重复计算项（9、10、12）
	对国内其他地区增加值的重复计算项（16、19）
	对国外成分的重复计算项（28、29、31、35、38）
	对通过进口回流的增加值的重复计算项（47、48、50、54、57）

根据本章对国内价值链贸易的界定以及地区流出增加值的分解结果，借鉴吴力（Ng，2010）、邵朝对等（2018）的做法，将地区间价值链贸易强度定义为：

$$T_{ij,t}^{NVC} = \frac{\{14\sum_{j\neq i}^{G}[(V_jL_{ji})^T \# F_{ij}] + 15\sum_{j\neq i}^{G}[(V_jL_{ji})^T \# (A_{ij}B_{jj}F_{jj})]\}_t + \{14\sum_{i\neq j}^{G}[(V_iL_{ij})^T \# F_{ji}] + 15\sum_{i\neq j}^{G}[(V_iL_{ij})^T \# (A_{ji}B_{ii}F_{ii})]\}_t}{GDP_{i,t} + GDP_{j,t}}$$

$$(11-14)$$

其中，分子第一个花括号表示第 t 年地区 i 对国内其他地区流出中包含的地区 j 的增加值，第二个花括号表示第 t 年地区 j 对国内其他地区流出中包含的地区 i 的增加值，两者之和表示第 t 年地区 i 和地区 j 间的价值链贸易量；同时,本章采用两地区 GDP 之和对地区间价值链贸易量进行标准化处理。

国内价值链贸易与技术差距之间存在怎样的关系?为了回答这一问题,利用上述测算结果,本章进一步绘制了地区间价值链贸易强度与技术差距之间的散点图。初步证据显示(图 11‐2),中国地区间价值链贸易强度与地区间技术差距存在较为明显的负向关系,这意味着国内价值链贸易有助于缩小地区间技术差距。当然,这只是初步的经验证据,两者之间的真实关系还有待进一步的计量分析。

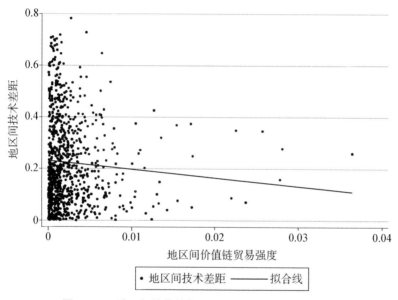

图 11‐2 地区间价值链贸易强度与技术差距的散点图

第四节 经验分析

一、计量模型设定

本章的目的在于考察国内价值链对地区间技术差距的影响,因此设定了如下计量模型:

$$TechG_{ij,t} = \alpha_0 + \alpha_1 T^{NVC}_{ij,t} + \beta \vec{X}_{ij,t} + u_i + u_j + u_t + \varepsilon_{ij,t} \qquad (11-15)$$

其中,下标 i 和 j 表示地区, t 表示年份;被解释变量 $TechD_{ij,t}$ 表示第 t 年地区 i 和地区 j 之间的技术差距; $T^{NVC}_{ij,t}$ 表示第 t 年地区 i 和地区 j 之间的价值链贸易强度,是本章关注的核心解释变量,如果 $T^{NVC}_{ij,t}$ 前的参数 $\alpha_1 < 0$,则表明国内价值链贸易能够缩小地区间技术差距; $\vec{X}_{ij,t}$ 为控制变量集合; u_i 和 u_j 分别为地区 i 和地区 j 的固定效应,用于控制地理区位、语言文化等各自不随时间变化的地区特征; u_t 表示年份固定效应,用于吸收特定宏观经济因素的冲击; $\varepsilon_{ij,t}$ 表示随机扰动项。

根据现有研究,计量模型(11-15)式中影响地区间技术差距的控制变量主要有以下几个:(1)区际双边贸易强度(T^{IRT})。与第十章类似,采用 GDP 对区际双边贸易进行标准化处理,可得区际双边贸易强度的计算公式为:

$$T^{IRT}_{ij,t} = \frac{Z_{ij,t} + Z_{ji,t}}{GDP_{i,t} + GDP_{j,t}} \qquad (11-16)$$

其中, $Z_{ij,t} + Z_{ji,t}$ 表示第 t 年地区 i 对地区 j 的总流出与地区 j 对地区 i 的总流出之和,即两地区之间的双边总贸易量。(2)产业结构相似度(SIS)。参照杜瓦尔等(Duval et al.,2016)的做法,将地区间产业结构相似度表示为:

$$SIS_{ij,t} = -\sum_{h=1}^{N} |S^h_{i,t} - S^h_{j,t}| \qquad (11-17)$$

其中, $S^h_{i,t}(S^h_{j,t})$ 表示第 t 年地区 i(地区 j)产业 h 的 GDP 占该地区 GDP 的比重。 SIS 指数越大,表明两地区的生产结构越相似。(3)人力资本差异(HCD):采用人均受教育年限自然对数值差的绝对值来衡量,在计算各地区的人均受教育年限时,根据现有文献的普遍做法,将小学、初中、高中、大专及以上受教育年限分别记为 6 年、9 年、12 年以及 16 年。(4)研发能力差异($RNDD$):采用研究与开发机构科技活动经费内部支出占 GDP 比重差的绝对值来度量。(5)市场化程度差异($MarD$):采用非国有经济工业总产值占地区工业总产值比重差的绝对值来测度。(6)基础设施差异(*InfraD*):采用公路密度,即公路总里程除以国土面积差的绝对值来衡量。(7)外商直接投资差异(*FDID*):采用外商直接投资占 GDP 比重差的绝对值来表示。

二、经验研究结果

(一) 基准回归

表 11-2 报告了国内价值链与地区间技术差距的估计结果,所有回归均控制了各自省区的固定效应和年份固定效应。其中,第(1)列给出了未控制其余变量的情形,从中可知,地区间价值链贸易强度(T^{NVC})的估计系数显著为负,表明国内价值链贸易能够缩小地区间技术差距;第(2)列则进一步加入了除区际双边贸易强度(T^{IRT})外的其余控制变量,此时地区间价值链贸易强度的估计系数仍显著为负。进一步地,为探讨国内价值链贸易在区际贸易影响地区间技术差距中的作用,第(3)和(4)列先给出了未纳入国内价值链贸易时区际双边贸易强度的估计结果,从中可知,估计系数在 1% 水平上显著为负,这说明在中国,区际双边贸易能够缩小地区间技术差距。接着,在第(5)列中将国内价值链贸易和区际双边贸易一起纳入考察,以细化地区间技术差距的区际贸易传导机制。结果显示,即使控制了区际双边贸易,国内价值链贸易对地区间技术差距仍具有显著的缩减效应,而区际双边贸易对地区间技术差距的影响发生了由负到正的逆转,这意味着一旦考虑了国内价值链贸易,区际双边贸易的技术差距缩减效应并不存在,反而还扩大了地区间技术差距。

表 11-2 NVC 与技术差距的估计结果

	(1)	(2)	(3)	(4)	(5)
T^{NVC}	-6.003^{***}	-5.717^{***}			-9.710^{***}
	(-3.21)	(-3.13)			(-2.94)
T^{IRT}			-1.377^{***}	-1.047^{***}	1.730^{**}
			(-3.09)	(-2.66)	(2.46)
控制变量	否	是	否	是	是

	(1)	(2)	(3)	(4)	(5)
u_i	是	是	是	是	是
u_j	是	是	是	是	是
u_t	是	是	是	是	是
R^2	0.337	0.430	0.345	0.430	0.434
N	870	870	870	870	870

注:圆括号内为采用稳健标准差时的 t 统计量。* 、* * 、* * * 分别表示在 10%、5%、1%水平上显著。u_i、u_j 和 u_t 分别表示地区 i 、地区 j 固定效应和年份固定效应。

作为互补品贸易,国内价值链在"需求—供给溢出"方式链接下将各地区生产环节、经济活动有机地衔接在一起,使各地区经济技术相互交织、互为渗透,处于一体化联动的共同命运体中,进而通过流入、流出和纯知识技术溢出三种渠道在技术扩散和学习追赶效应作用下带动各地区间尤其是欠发达地区和处于技术前沿发达地区间的知识技术溢出和技术差距收敛;而在考虑了国内价值链贸易之后,区际贸易的其余部分主要体现了以横向分工为特征的替代品贸易,两地区替代品贸易越强,彼此经济活动的资源争夺和资源转移越激烈,这会构筑起处于技术前沿的发达地区与技术落后的欠发达地区之间的资源回流通道,继而在"资源转移"机制作用下拉大地区间技术差距。由于国内价值链贸易对地区间技术差距的缩减作用大于区际水平贸易的扩大作用,这使得区际贸易对地区间技术差距的综合效应存在积极的缩减作用,反映出国内价值链贸易主导了区际贸易的技术差距缩减效应。本章研究不仅证实了现有研究关于国内价值链有助于缩小技术差距的论断,的确国内价值链可以通过垂直一体化分工和迂回式生产,将各地区经济技术紧密联结,置于一体化联动的共同发展进程中,使其呈现出技术差距收敛趋势,而且对不同贸易类型的考察突出了这种作用在区际分工中的主导地位。至此,本章基准假说 11.1 得到验证。

(二)　内生性问题

国内外学者在开展与贸易相关问题的研究时,面临的一个棘手难题是如何较为有效地规避经济体间贸易与经济系统运行可能存在的内生性情况。较为常用的处理方法是为贸易寻找工具变量,但一个合适的工具变量不仅要与内生变量相关,更为重要的是还需满足与随机误差项不相关的外生性条件或者说排除性约束条件(Angrist and Pischke,2009)。本章不仅选取在国际贸易领域被广泛认可和使用的地理距离($Dist$)(Frankel and Romer,1999;Ng,2010),还从中国广阔疆域所拥有的源远流长、独具特色、种类繁多的地域文化特征出发,尝试构造了可以较好代理地域文化差异的地区间是否使用同一种方言($Dial$)和地区间遗传距离($Gene$)作为本书国内价值链贸易和区际双边贸易的工具变量,这丰富了现有贸易与经济系统运行内生性问题的解决方案,可以为后续研究提供重要借鉴。

中国上下五千年底蕴深厚的历史长河孕育了各地区风格迥异的地域文化,比如关东文化、齐鲁文化、巴蜀文化、岭南文化、闽台文化等等,并往往以方言为载体显现,因此,学者普遍使用方言特征来代理中国地域文化差异(Gao and Long,2014;高翔和龙小宁,2016;赵子乐和林建浩,2017),这也为本章从方言视角构造区际贸易工具变量提供了理想的研究场景。文化差异会提高地区间经济往来的交易成本和不确定性,这是由于它会导致不同群体之间的偏见、隔阂、沟通障碍、信任缺失(Spolaore and Wacziarg,2009、2011),进而抑制区际贸易和分工深化(Gao and Long,2014;高翔和龙小宁,2016),因此,作为地域文化特征集中体现的方言,两地区使用相同方言与两类区际贸易正相关。同时,承载中国地域文化的方言形成于唐宋时期(李如龙,2001),较难对当前地区间的经济特征产生直接影响,可以视作外生的。具体在构造地区间方言异同虚拟变量时,与高翔和龙小宁(Gao and Long,2014)、高翔和龙小宁(2016)的做法相同,选择能够较好对应地域文化的方言区为标准[①];此外,还有学者使用遗传

---

① 由于部分省区存在多个方言区的情况,此时以省会城市所在地的方言区为代表,这是因为作为经济中心、政治中心、文化中心的省会城市不仅有更大能力影响省区的对外政策,而且其所属的地域文化往往被视为该省的主流文化(Gao and Long,2014;高翔和龙小宁,2016)。

距离代表文化差异(Spolaore and Wacziarg, 2009、2011),他们认为遗传距离代表着惯例、风俗、语言、信念等文化特征的差异,这是因为遗传距离测度了不同群体在血统上的分离时间,分离时间越长则文化差异越大(赵子乐和林建浩,2017)。因此,两地区遗传距离越大,文化差异带来的交易成本和不确性越高,对区际贸易和分工开展的阻碍作用越明显。同时,由于遗传距离主要依据那些随机变化、不受自然选择影响的中性基因构建的(Spolaore and Wacziarg,2011),再加之中国人的基因差异早在万年前的旧石器时代已经基本形成(Cavalli-Sforza et al., 1994),较好地满足了外生性条件。本章所用的遗传距离来自杜若甫和肖春杰(1997),他们根据各地汉族人群 38 个基因座的基因频率,测算了两省区之间的遗传距离。

表 11-3 报告了使用工具变量进行两阶段最小二乘法(2SLS)估计的回归结果。其中,第(1)和(3)列以地区间是否使用同一种方言为工具变量分别对两类区际贸易进行单独估计,第(2)和(4)列以遗传距离为工具变量分别对两类区际贸易进行单独估计,第(5)列则同时使用地区间是否使用同一种方言和遗传距离对两类区际贸易进行工具变量估计,第(6)列在第(5)列的基础上进一步纳入了地理距离对两类区际贸易进行工具变量估计。表 11-3 下半部分的第一阶段结果表明,地区间是否使用同一种方言、遗传距离和地理距离不仅与两类区际贸易显著相关,而且三者的符号也与预期一致。同时,表 11-3 各列的估计结果显示,Kleibergen-Paap rk LM 检验在 1%水平上拒绝了工具变量识别不足的零假设,Kleibergen-Paap Wald rk F 统计量均大于 Stock-Yogo 检验 10%水平上的临界值,因此拒绝工具变量是弱识别的假定,表明工具变量与内生变量之间具有较强的相关性,而且第(6)列中的 Hansen 过度识别检验不能在10%的显著性水平上拒绝工具变量外生的原假设。这些检验结果表明本章选取的工具变量是较为合理的。考虑内生性后,本章的基本结论依旧成立,国内价值链贸易有助于缩小地区间技术差距,而在考虑国内价值链贸易之后,区际双边贸易则在一定程度上扩大了地区间技术差距。

表 11－3　NVC 与技术差距的 2SLS 估计结果

	Dial	Gene	Dial	Gene	Dial＋Gene	Dial＋Gene ＋ln Dist
	(1)	(2)	(3)	(4)	(5)	(6)
T^{NVC}	-17.476^{***}	-13.770^{***}			-55.792^{***}	-45.365^{***}
	(-3.09)	(-3.06)			(-2.82)	(-2.69)
T^{IRT}			-4.677^{**}	-3.849^{*}	10.608^{***}	7.365^{**}
			(-2.02)	(-1.67)	(2.59)	(2.47)
控制变量	是	是	是	是	是	是
u_i	是	是	是	是	是	是
u_j	是	是	是	是	是	是
u_t	是	是	是	是	是	是
Kleibergen-Paap rk LM 统计量	16.161^{***}	20.299^{***}	19.190^{***}	33.941^{***}	12.095^{***}	22.329^{***}
Kleibergen-Paap Wald rk F 统计量	18.951 {16.38}	19.764 {16.38}	24.459 {16.38}	35.895 {16.38}	9.985 {7.03}	15.734 {13.43}
Hansen 统计量						[0.576]
R^2	0.420	0.307	0.415	0.361	0.233	0.427
N	870	870	870	870	870	870
第一阶段:被解释变量为 T^{NVC}						
Dial	0.003^{***}				0.003^{***}	0.002^{***}
	(4.35)				(4.14)	(3.54)
Gene		-0.013^{***}			-0.008^{***}	-0.007^{***}
		(-4.45)			(-2.76)	(-2.61)
ln Dist						-0.002^{***}
						(-5.16)
第一阶段:被解释变量为 T^{IRT}						
Dial			0.0109^{***}		0.018^{***}	0.013^{***}
			(4.95)		(4.68)	(4.06)
Gene				-0.103^{***}	-0.075^{***}	-0.065^{***}
				(-5.99)	(-4.67)	(-4.33)
ln Dist						-0.014^{***}
						(-7.27)

注:Kleibergen-Paap 统计量中花括号内的数值为 Stock-Yogo 检验 10%水平上的临界值,圆括号内的数值为 Hansen 统计量的伴随概率,其他同表 11－2。

第五节 稳健性检验

一、分位数回归:初始技术差距重要吗?

目前本章考察的是国内价值链贸易对地区间技术差距的平均影响效应,忽略了不同地区间初始技术差距存在较大不同的事实。后发优势理论表明,初始技术差距越大,落后经济体通过学习和吸收前沿技术的空间越大,获得的技术增速往往也越快(Gerschenkron, 1962; Nelson and Phelps, 1966)。有鉴于此,本部分将进一步通过分位数回归集中考察在初始技术差距不同的地区之间,国内价值链贸易对技术差距的影响效应是否存在差异,这对于更深入理解国内价值链贸易在缩小技术差距中的作用具有重要的理论和政策含义。依据现有文献的普遍做法,本章选取 0.1、0.25、0.5、0.75、0.9 这五个比较具有代表性的分位点进行研究,具体估计结果见表 11-4[①]。

表 11-4 NVC 与技术差距的分位数回归结果

	q=0.1	q=0.25	q=0.5	q=0.75	q=0.9
	(1)	(2)	(3)	(4)	(5)
T^{NVC}	−5.378*	−6.295**	−8.962**	−10.694***	−14.550***
	(−1.73)	(−2.33)	(−2.49)	(−3.15)	(−3.23)
T^{IRT}	0.704	0.791	1.190*	1.440**	2.353***
	(1.24)	(1.37)	(1.68)	(2.36)	(2.67)
控制变量	是	是	是	是	是
u_i	否	否	否	否	否
u_j	否	否	否	否	否
u_t	否	否	否	否	否
R^2	0.210	0.231	0.243	0.242	0.223
N	870	870	870	870	870

注:同表 11-2。

[①] 由于分位数回归的 Stata 命令 qreg2 无法估计包括因子变量和时间序列算子,此处回归均未控制各自省区的固定效应和年份固定效应。

表 11 - 4 的结果显示，在不同分位点上，国内价值链贸易均显著缩小了地区间技术差距，而在控制国内价值链贸易之后，区际双边贸易则在一定程度上扩大了地区间技术差距，表明本章的核心结论较为稳健。同时，表 11 - 4 还表明，随着分位点的提高，国内价值链贸易对地区间技术差距的缩减作用不管是大小还是显著性均逐步提高，这说明在初始技术差距越大的地区之间，国内价值链贸易的技术差距缩减效应越强，因此，国内价值链贸易有助于加速技术差距的空间收敛。依据后发优势理论，国内价值链构筑的"体内"分工循环体系通过"需求—供给溢出"关联形成的技术扩散效应和学习追赶效应在技术差距越大的地区之间越能得到有效发挥，从而技术差距缩减效应越强。

二、分样本回归

（一） NVC 位置差异

由于区位优势、资源禀赋、生产技术等方面的差异，中国各地区在国内价值链中所处的位置存在较大差别，一般而言，两个地区在 NVC 中所处位置差异越大，面临的价值链竞争环节越不同，这可能会对国内价值链贸易的技术差距缩减效应产生影响，因此，本部分将考察两地区在 NVC 中所处位置差异会如何影响国内价值链贸易对技术差距的传导效应。借鉴叶明等（Ye et al.，2015）的方法，本章采用增加值传递长度（VPL）来衡量某一地区在 NVC 中所处的位置。根据定义，增加值传递长度指的是，在国内价值链生产体系中，某一地区传递 1 单位增加值到最终需求所需经历的平均生产阶段数，用公式可以表示为：

$$
\begin{aligned}
VPL &= \hat{V}(1I + 2A + 3A^2 + 4A^3 + \cdots)F/VA \\
&= \hat{V}(0I + 1A + 2A^2 + 3A^3 + \cdots)F/VA + u \\
&= \hat{V}(L^2 - L)F/VA + u = \hat{V}L^2F/VA
\end{aligned} \tag{11 - 18}
$$

其中，V 表示直接增加值率对角矩阵，I 表示单位矩阵，A 表示直接消耗系数矩阵,F 表示最终需求向量,VA 表示增加值向量,u 表示单位向量,L 表示里昂惕夫逆矩阵。向量 VPL 用来表示各地区在国内价值链中所处的位置,其值越大,表示传递 1 单位增加值在到达最终需求之前所经历的下游生产阶段数越多,越处于 NVC 的上游;反之,越处于 NVC 的下游。在获得了各地区在 NVC 中所处位置之后,与地区间技术差距指标的构建方法类似,用两地区增加值传递长度差异的绝对值来表示地区间 NVC 位置差异。

以地区间 NVC 位置差异的中位数为界,本章将样本划分为 NVC 位置差异较小组和较大组,表 11-5 中的第(1)和(2)列汇报了相应的估计结果。从中可知,不管在 NVC 位置差异较小组还是较大组,国内价值链贸易的估计系数均为负,且在差异较大组通过了 1% 的显著性检验,表明国内价值贸易的技术差距缩减效应总体是稳健的。但更值得注意的是,国内价值链的技术差距缩减效应在 NVC 位置差异较大的地区之间不仅更显著而且更强,这可能是因为,NVC 由一系列技术复杂度不同的生产环节衔接而成,不同的生产环节在 NVC 中占据不同的位置。一般来说,NVC 位置差异越大,承担的生产环节的技术复杂度越不同,从而"需求—供给溢出"互补效应也就越强。

表 11-5　NVC 与技术差距的分样本估计结果

	NVC 位置差异		分地区:东部与中西部	
	较小组	较大组	区域内部	区域之间
	(1)	(2)	(3)	(4)
T^{NVC}	−9.147	−11.425***	−6.267*	−13.898***
	(−1.55)	(−2.60)	(−1.69)	(−2.59)
T^{IRT}	1.602	1.773**	1.333	2.010*
	(1.28)	(2.04)	(1.60)	(1.78)
控制变量	是	是	是	是
u_i	是	是	是	是
u_j	是	是	是	是

	NVC 位置差异		分地区:东部与中西部	
	较小组	较大组	区域内部	区域之间
	(1)	(2)	(3)	(4)
u_t	是	是	是	是
R^2	0.466	0.603	0.491	0.608
N	435	435	452	418

注:同表 11 - 2。

(二) 分区域：区域内部与区域之间

中国幅员辽阔,各地区在地理位置、要素禀赋、工业基础等方面具有较大差异,尤其是东部和中西部两大区域之间,经济发展条件和发展水平差异明显,这为地区间专业化分工的开展提供了广阔空间。表 11 - 5 中的第(3)和(4)列给出了两大区域内部和两大区域之间国内价值链贸易与技术差距之间关系的估计结果。结果表明,无论是在两大区域内部各省区间还是在两大区域之间各省区间,地区间价值链贸易强度的估计系数均显著为负,反映出国内价值链贸易对地区间技术差距的缩减作用并未因区域的不同而发生实质性改变。进一步比较估计系数后发现,两大区域之间各省区间的价值链贸易对技术差距的缩减效应更为突出,表明东部和中西部在经济发展条件和发展水平上的较大差异使得两者之间具有开展专业化分工的广阔空间,从而使得国内价值链贸易通过"需求—供给溢出"关联对地区间技术差距的缩减作用得到了更为有效的发挥,这也从侧面反映出要打破中国东部与中西部两大区域技术水平的俱乐部收敛现象,着力延伸和发展国内价值链显得尤为重要。

三、指标变换检验

如前文第二节所提及的,除了用于微观个体研究的半参数估计方法外,已有研究中较为常见的全要素生产率测算方法还有索洛余值法和生产前沿分析法,后者又可分为随机前沿分析法和数据包络分析法,因此,本章也采用这些方

法对技术差距进行重新测度①,以此为因变量的估计结果列于表 11‐6 中的第
(1)—(3)列。当然,本章还使用测算企业生产率的另一种方法——LP 法来检
验估计结果的稳健性,该结果报告在第(4)列。同时,在第(5)列还采用两地区
总流出之和作为地区间价值链贸易的标准化变量作进一步稳健性分析。由表
11‐6 各列的估计结果可知,国内价值链贸易均有助于缩小地区间技术差距,而
在考虑了国内价值链贸易之后,区际双边贸易则扩大了地区间技术差距,这意
味着国内价值链贸易在区际贸易的技术差距缩减效应中的确起着主导作用,本
章的核心结论依然成立。

表 11‐6　NVC 与技术差距的指标变换估计结果

	索洛余值法 (1)	随机前沿法 (2)	数据包络法 (3)	LP 法加权 (4)	总流出之和 (5)
T^{NVC}	−7.279*** (−2.75)	−9.529* (−1.68)	−1.942*** (−3.19)	−8.722** (−2.06)	−4.202** (−2.19)
T^{IRT}	1.144** (2.11)	1.711 (1.64)	0.321*** (2.62)	1.574* (1.90)	0.661** (1.98)
控制变量	是	是	是	是	是
u_i	是	是	是	是	是
u_j	是	是	是	是	是
u_t	是	是	是	是	是
R^2	0.580	0.862	0.745	0.443	0.432
N	870	870	870	870	870

注:同表 11‐2。

四、地区—产业层面分析

前文主要在地区层面探讨了国内价值链对技术差距的影响,此处将进一步

① 在用索洛余值法和生产前沿分析法测算地区生产率时,本章以地区产出值作为产出变量,
以资本存量和劳动投入作为投入变量。其中,产出值用经过 GDP 平减指数调整的地区
实际 GDP 表示;历年资本存量采用永续盘存法计算得到;劳动投入最理想的衡量指标是
劳动时间,但鉴于数据的可得性,本章采用全社会年底从业人员数作为替代指标。

纳入产业维度，考察本章的基准假说在地区—产业层面上是否成立。由表 11 - 7 第(1)列可知，此时 T^{NVC} 的估计系数仍显著为负，而在考虑了 T^{NVC} 之后，T^{IRT} 的估计系数仍显著为正；进一步地，由于不同要素密集度的产业在国内价值链中承担不同的任务环节，本章还以产业间资本密集度差异的中位数为界将样本划分为资本密集度差异较小和较大两组，以进一步验证前文关于 NVC 位置差异的估计结果。结果表明[表 11 - 7 第(2)和(3)列]，不管在资本密集度差异较小组还是较大组，T^{NVC} 的估计系数均显著为负，且在差异较大组中数值更大更显著，反映出国内价值贸易的技术差距缩减效应在要素密集度差异不同的产业之间均成立，且在要素密集度差异较大的产业之间这一效应更强更显著，较好地呼应了前文关于 NVC 位置差异的估计结果。

表 11 - 7　NVC 与技术差距的地区—产业层面估计结果

	总体	要素密集度差异较小组	要素密集度差异较大组
	(1)	(2)	(3)
T^{NVC}	−6.453***	−6.320***	−8.583***
	(−4.90)	(−3.62)	(−5.46)
T^{IRT}	1.171***	1.149***	1.251**
	(3.68)	(2.73)	(2.39)
控制变量	是	是	是
u_{ir}	是	是	是
u_{js}	是	是	是
u_t	是	是	是
R^2	0.471	0.442	0.526
N	202 050	101 025	101 025

注：u_{ir} 为地区 i —产业 r 固定效应，u_{js} 为地区 j —产业 s 固定效应。同时为进一步降低遗漏变量造成的偏误，在更深入的地区—产业层面分析部分，本章不仅控制了与基准回归相同的地区层面控制变量，还控制了地区—产业层面的资本密集度差异、专业化经济差异、多样化经济差异以及产业层面的规模差异。其他同表 11 - 2。

第六节　进一步讨论:NVC 与 GVC 如何互动?

前文虽已较为全面地剖析了国内价值链与技术差距之间的关系,但却忽略了在区域经济一体化和经济全球化的双重背景下区际分工和国际分工并行不悖发展的事实。国内以刘志彪及其研究团队为代表的学者认为,中国各地区参与全球价值链的不平衡是引致地区间技术差距不断扩大的重要因素(刘志彪和张少军,2008;刘志彪,2013)。那么,作为联结国内各地区之间产业关联和经济技术联系的重要纽带,国内价值链构筑的"体内"分工循环体系能否矫正全球价值链参与不平衡带来的技术差距? 本部分将利用中国区域间投入产出表和世界投入产出表进一步构建各地区全球价值链参与指标,从国内价值链和全球价值链的互动视角考察中国地区间技术差距问题,以进一步突出国内价值链在缩小中国地区间技术差距中的关键作用。

一、指标构建:全球价值链贸易参与程度差异

为了构造中国各地区之间全球价值链贸易参与程度差异指标,首先需对各地区的全球价值链贸易参与行为进行界定,本章参照普遍采用的胡梅尔斯等(Hummels et al.,2001)方法,即当某地区出口中包含了来自国外的增加值,就称该地区参与了全球价值链贸易;接着,根据本章第三部分地区总流出的增加值分解结果,将地区间全球价值链贸易参与程度差异指标定义为:

$$
\tau_{ij,t}^{GVC} = \left| \frac{\left\{ 30\sum\limits_{j \neq i}^{G}[(M_iB_{ii})^T \# (A_{ij}L_{jj}EX_j)] + 32\sum\limits_{j \neq i}^{G}[(M_iB_{ii})^T \# (A_{ij}\sum\limits_{k \neq j,\,j}^{G}L_{jk}EX_k)] + 60\,(M_iL_{ii})^T \# EX_i + 61\left(\sum\limits_{j \neq i}^{G}M_jL_{ji}\right)^T \# EX_i \right\}_t}{GDP_{i,t}} \right.
$$
$$
\left. - \frac{\left\{ 30\sum\limits_{i \neq j}^{G}[(M_jB_{jj})^T \# (A_{ji}L_{ii}EX_i)] + 32\sum\limits_{i \neq j}^{G}[(M_jB_{jj})^T \# (A_{ji}\sum\limits_{k \neq j,\,i}^{G}L_{ik}EX_k)] + 60\,(M_jL_{jj})^T \# EX_j + 61\left(\sum\limits_{i \neq j}^{G}M_iL_{ij}\right)^T \# EX_j \right\}_t}{GDP_{i,t}} \right|
$$

$$(11-19)$$

其中,第一项(第二项)分子表示地区 i(地区 j)出口中的国外成分,即全球

价值链贸易参与情况。该指标越大,意味着地区间参与全球价值链贸易越不平衡。

二、计量模型与估计结果:NVC 与 GVC 如何互动

根据上一部分构建的地区间全球价值链贸易参与程度差异指标,本部分将对国内价值链与全球价值链影响地区间技术差距的交互效应进行计量检验,此时基准模型扩展为:

$$TFPD_{ij,t} = \alpha_0 + \alpha_1 T_{ij,t}^{NVC} + \alpha_2 T_{ij,t}^{GVC} + \alpha_3 T_{ij,t}^{NVC} \times T_{ij,t}^{GVC} + \beta \vec{X}_{ij,t} + \upsilon + \varepsilon_{ij,t}$$

$$(11-20)$$

其中,$T_{ij,t}^{NVC} \times T_{ij,t}^{GVC}$ 为地区间价值链贸易强度与全球价值链贸易参与程度差异的交互项。如果交互项 $T_{ij,t}^{NVC} \times T_{ij,t}^{GVC}$ 的估计系数 $\alpha_3 < 0$,则意味着国内价值链能够弱化全球价值链对地区间技术差距的扩大效应。同时,为了能与传统区际贸易和传统对外贸易对地区间技术差距的互动效应进行比较,在(11-20)式的基础上进一步纳入区际双边贸易强度与对外贸易依赖度差异的交互项,估计模型变为:

$$TFPD_{ij,t} = \alpha_0 + \alpha_1 T_{ij,t}^{NVC} + \alpha_2 T_{ij,t}^{GVC} + \alpha_3 T_{ij,t}^{NVC} \times T_{ij,t}^{GVC}$$
$$+ \alpha_4 T_{ij,t}^{IRT} + \alpha_5 T_{ij,t}^{FT} + \alpha_6 T_{ij,t}^{IRT} \times T_{ij,t}^{FT} + \beta \vec{X}_{ij,t} + \upsilon + \varepsilon_{ij,t}$$

$$(11-21)$$

其中,$T_{ij,t}^{FT}$ 表示地区 i 和地区 j 之间的对外贸易依赖度差异,$T_{ij,t}^{IRT} \times T_{ij,t}^{FT}$ 表示区际双边贸易强度与对外贸易依赖度差异的交互项。依据现有文献普遍使用的对外贸易依赖度指标的构建方法,本章将地区间对外贸易依赖度差异指标定义为:

$$T_{ij,t}^{FT} = \left| \frac{IM_{i,t} + EX_{i,t}}{GDP_{i,t}} - \frac{IM_{j,t} + EX_{j,t}}{GDP_{j,t}} \right|$$

$$(11-22)$$

其中,$IM_{i,t} + EX_{i,t}$($IM_{j,t} + EX_{j,t}$)表示第 t 年地区 i(地区 j)的进出口

总额。

　　表 11 - 8 列出了相应的估计结果。其中,第(1)和(2)列考察了国内价值链与全球价值链对技术差距的互动效应。从中可知,当考虑了全球价值链参与因素之后,地区间价值链贸易强度(T^{NVC})的估计系数仍显著为负,表明国内价值链贸易对地区间技术差距的缩减作用依旧存在。同时,反映全球价值链贸易参与程度差异指标(T^{GVC})的估计系数显著为正,这说明两地区全球价值链贸易参与程度差异越大,其技术差距亦越大,证实了全球价值链参与的区域不平衡的确是引致中国地区间技术差距不断扩大的重要因素。但值得欣喜的是,两者交叉项 $T^{NVC} \times T^{GVC}$ 的估计系数显著为负,这意味着在国内价值链贸易越强的地区之间,全球价值链参与不平衡对技术差距的扩大效应越弱,可见,国内价值链对全球价值链参与不平衡带来的技术差距具有矫正作用。对此可能的解释是,GVC 参与使得 GVC 参与度较高的发达地区能够从 GVC 生产网络中获得来自发达国家跨国公司的知识技术溢出,这促进了其技术进步,并逐步拉大了其与 GVC 参与度较低的欠发达地区之间的技术差距。但 NVC 构筑的"体内"分工循环体系通过"需求—供给溢出"紧密的价值链关联不仅能够促进 GVC 参与度较高的发达地区将其从 GVC 生产网络中获得的知识技术溢出以自觉或非自觉的形式向 GVC 参与度较低的欠发达地区扩散与转移,而且作为一种有序化、规范化、稳定化的区际分工网络,还能够降低它们之间的交易风险和交易成本,增强彼此之间的信任关系,提高 GVC 在国内的开放度和延伸度,使 GVC 生产网络中的知识技术在国内地区间更为有效地分享与溢出,这些均有助于 GVC 参与度较低的欠发达地区共享 GVC 发展红利,进而弱化 GVC 参与不平衡引致的技术差距。

表 11 - 8　NVC、GVC 与技术差距的估计结果

	(1)	(2)	(3)	(4)
T^{NVC}	-4.822^{***}	-4.465^{**}	-8.574^{**}	-7.871^{**}
	(-2.64)	(-2.56)	(-2.32)	(-2.34)
T^{GVC}	0.793^{***}	0.886^{***}	1.094^{***}	1.179^{***}
	(5.00)	(4.45)	(5.16)	(5.30)
$T^{NVC} \times T^{GVC}$	-61.985^{**}	-62.053^{***}	-76.776^{**}	-91.005^{***}
	(-2.57)	(-2.65)	(-2.02)	(-2.68)
T^{IRT}			2.192^{***}	1.525^{*}
			(2.64)	(1.96)
T^{FT}			0.191^{***}	0.074^{**}
			(5.53)	(2.05)
$T^{IRT} \times T^{FT}$			2.538^{*}	1.748^{*}
			(1.94)	(1.77)
控制变量	否	是	否	是
u_i	是	是	是	是
u_j	是	是	是	是
u_t	是	是	是	是
R^2	0.347	0.461	0.387	0.468
N	870	870	870	870

注:同表 11 - 2。

作为对比,第(3)和(4)列在第(1)和(2)列的基础上进一步考虑了传统区际贸易和传统对外贸易对地区间技术差距的互动影响。结果显示,地区间价值链贸易强度与全球价值链贸易参与程度差异交互项的估计系数仍显著为负,表明国内价值链对全球价值链参与不平衡带来的技术差距仍具有较为明显的矫正作用;与之不同,区际双边贸易强度与对外贸易依赖度差异交互项($T^{IRT} \times T^{FT}$)的估计系数则显著为正,反映出传统区际贸易对传统对外贸易依赖差异造成的技术差距具有强化作用。这可能是由于,在考虑了价值链贸易之后,以水平分工为特征的传统区际贸易和传统对外贸易主要捕捉了替代品贸易,当对外贸易依赖度差异较大的地区之间开展区际替代品贸易时,可能会构筑起地区之间的

资源回流通道,对外贸易依赖度较低的欠发达地区的资源要素,尤其是人才等高级要素会进一步向对外贸易依赖度较高的发达地区流动和聚集,同时对外贸易依赖度较低的欠发达地区生产的产品种类和数量也会进一步降低,由此引致原先对外贸易依赖差异造成的技术差距被进一步拉大。这启示我们,在国内价值链和全球价值链分工体系日益突显的新背景下,中国要在对外开放过程中实现国内各地区技术差距收敛和经济协调发展,必须构筑起基于地区比较优势的国内价值链,将各地区千差万别的经济发展条件转化为各地区技术差距收敛的内在动力,增强地区间分工协作与价值链联系,搭建国内价值链与全球价值链之间的良性对接关系,将区际分工与国际分工有效结合。至此,本章假说11.2也得到了验证。

第七节 本章小结:NVC 的地区间技术差距缩减效应

技术差距作为决定地区间贫富差距的关键因素,探讨日益兴起的国内价值链与地区间技术差距之间的关系对于中国这样的发展中大国的区域经济协调发展至关重要。本章首次利用中国30个省区区域间投入产出表将省区两两配对,对国内价值链对地区间技术差距的影响进行了较为系统的考察。本章的研究结论主要包括以下三个方面:

第一,国内价值链贸易通过"需求—供给溢出"联结方式缩小了地区间技术差距,而在考虑了国内价值链贸易之后,以水平分工为特征的区际双边贸易则通过"资源转移"联结方式扩大了地区间技术差异,反映出国内价值链贸易在区际贸易的技术差距缩减效应中起到了主导作用。在以遗传距离、方言异同、地理距离为工具变量控制内生性后,结果仍是稳健的。

第二,国内价值链贸易的技术差距缩减效应在初始技术差距较大的省区间、NVC 位置差异较大的省区间以及东部和中西部省区间更强。

第三,从 NVC 与 GVC 的互动视角看,全球价值链贸易参与程度差异越大的地区之间,其技术差距亦越大,但国内价值链贸易对全球价值链贸易参与不平衡带来的技术差距具有矫正作用,而传统区际贸易则放大了传统对外贸易依赖差异造成的技术差距,表明国内价值链联结的区际分工网络是保证中国在发展外向型经济过程中各地区技术差距收敛和经济协调发展的重要力量。

第十二章　国内价值链与地区间资源配置效率差距

第一节　引言

关于经济体间的经济发展差距,大量研究表明,其很大程度上取决于经济体间在技术水平上的差距,而技术差距又很大程度源于资源配置效率的差距(Restuccia and Rogerdon, 2008; Alfaro et al., 2008; Hsieh and Klenow, 2009)。资源配置效率不仅受学界的广泛关注,更因其重要性得到了政界的高度重视(陈诗一和陈登科,2017)。尤其是随着中国经济步入"新常态"阶段,产能过剩、产业结构转型升级等问题亟须解决。在2017年召开的党的十九大会议中,国家明确指出要"深化供给侧结构性改革,优化资源配置效率,扩大优质增量供给"。现有文献主要从资源配置效率演变趋势和地区差异、资源配置效率扭曲程度、不同生产要素扭曲对中国整体资源配置效率的影响等视角对中国资源配置效率问题进行了颇多有益探讨(Hsieh and Klenow, 2009; Brandt et al., 2013;龚关和胡光亮,2013;盖庆恩等,2015;孙元元和张建清,2015),但阅读所及,尚未涉及对区际贸易对地区间资源配置效率影响的探讨,更未关注日益兴起和迅速发展的国内价值链贸易在中国地区间资源配置效率差距中所起的作用。改革开放以来,中国取得举世瞩目增长成就的同时,区域发展不平衡问题日益突出,作为地区间技术差距进而贫富差距的核心表征,地区间资源配置效率差距问题已成为新时代中国统筹区域协调发展和构建新发展格局的重中之重。

理论上讲,国内价值链(NVC)可以通过错综交织的区际垂直一体化分工网络将各地区经济紧密地链接在一起,使知识、技术和信息等要素在地区间充分涌流、渗透(Taglioni and Winkler,2016)。那么,由此引发的问题是,国内价值链与地区间资源配置效率差距存在怎样的联系,其能否成为缩小中国地区间资源配置效率差距的强劲内在动力? 阅读所及,尚未有文献涉及国内价值链与地区间资源配置效率之间的考察。

与以往研究相比,本章的贡献可能在于以下几个方面:第一,在研究视角上,本章首次探讨了国内价值链对地区间资源配置效率差距的影响效应,并关注了不同类型区际贸易在地区间资源配置效率差距中的作用,以深化对国内价值链贸易与地区间资源配置效率差距之间关系的认识,我们发现国内价值链贸易缩小了地区间资源配置效率差距,而在考虑国内价值链贸易之后,区际双边贸易则扩大了地区间资源配置效率差距,表明国内价值链贸易在区际贸易的资源配置效率差距缩减效应中起到了主导作用。这为中国在“碎片化”生产模式日益重要的背景下实现各地区资源配置效率空间收敛和经济协调发展指明了新的政策方向。第二,在指标测度上,与第十一章类似,使用中国 30 个省区区域间投入产出表测算中国各省区之间的价值链贸易强度。同时使用中国工业企业数据库,采用梅利茨和波拉内克(Melitz and Polanec,2015)的方法分解出资源配置效率,进而对中国各省区之间的资源配置效率差距进行度量。第三,在处理内生性问题时,不仅使用地理距离,还以省区官员交流和方言异同作为工具变量。本章研究表明国内价值链有助于促进地区间资源配置效率的空间收敛,这对于处于迈入新发展阶段的中国区域政策的调整具有指导价值。

本章余下内容安排如下:第二节介绍地区间资源配置效率差距和地区间价值链贸易强度的测度方法,并对两者之间的关系进行初步分析;第三节为计量模型设定和数据说明;第四节报告实证结果;第五节采用工具变量法处理了国内价值链贸易与地区间资源配置效率差异的内生性问题;第六节是本章小结。

第二节 核心指标测度与初步分析

一、核心指标测度

（一） 地区间资源配置效率差距

本章的被解释变量是地区间资源配置效率差距（RAD）。在构造衡量地区间资源配置效率差距的指标之前，首先需对各地区的资源配置效水平进行测度。为此，本章采用目前最为前沿的梅利茨和波拉内克（Melitz and Polanec, 2015）方法对地区生产率进行动态分解，进而获得各地区资源配置效率水平。该方法将地区整体生产率的增长分解为企业内效应、企业间效应、进入效应和退出效应四项。首先将地区生产率写成如下形式：

$$TFP_{it} = \sum_{f \in \Omega_i} \theta_{ft} \times TFP_{ft} \qquad (12-1)$$

其中，f 表示企业，Ω_i 表示地区 i 的企业集合；TFP_{ft} 表示企业 f 在时期 t 的全要素生产率；θ_{ft} 为权重，表示资源在企业间的配置情况，用企业增加值份额来衡量。接着，借鉴梅利茨和波拉内克（Melitz and Polanec, 2015）的方法，构建如下地区生产率的动态分解恒等式：

$$\Delta TFP = (TFP_{S2} - TFP_{S1}) + \theta_{E2}(TFP_{E2} - TFP_{S2}) + \theta_{X1}(TFP_{S1} - TFP_{X1})$$

$$= \underbrace{\Delta\overline{TFP}_S}_{\text{企业内效应}} + \underbrace{\Delta\text{cov}_S}_{\text{企业间效应}} + \underbrace{\theta_{E2}(TFP_{E2} - TFP_{S2})}_{\text{进入效应}} + \underbrace{\theta_{X1}(TFP_{S1} - TFP_{X1})}_{\text{退出效应}}$$

$$(12-2)$$

其中，ΔTFP 表示从 1 期到 2 期地区整体生产率的变化，即地区技术进步程度；S、E 和 X 分别表示存活企业、新进入企业和退出企业的集合；$\Delta\overline{TFP}_S = \overline{TFP}_{S2} - \overline{TFP}_{S1}$，$\overline{TFP}_{St} = \frac{1}{n_{St}} \sum_{f \in S} TFP_{ft}$，$TFP_{ft}$ 为企业 f 在 t 期的生产率；$\Delta\text{cov}_S = \text{cov}_{S2} - \text{cov}_{S1}$，$\text{cov}_{St} = \sum_{i \in S}(\theta_{ft} - \bar{\theta}_{St})(TFP_{ft} - \overline{TFP}_{St})$，$\theta_{ft}$ 为权重，用企

业 f 在 t 期的就业人数占地区总就业人数的比例来衡量,表示资源在企业间的配置情况, $\bar{\theta}_{St} = \frac{1}{n_{St}} \sum_{f \in S} \theta_{ft}$; $\theta_{E2} = \sum_{f \in E} \theta_{f2}$, $TFP_{E2} = \sum_{f \in E} \frac{\theta_{f2}}{\theta_{E2}} TFP_{f2}$, $TFP_{S2} = \sum_{f \in S} \frac{\theta_{f2}}{\theta_{S2}} TFP_{f2}$; $\theta_{X1} = \sum_{f \in X} \theta_{f1}$, $TFP_{X1} = \sum_{f \in X} \frac{\theta_{f1}}{\theta_{X1}} TFP_{f1}$, $TFP_{S1} = \sum_{f \in S} \frac{\theta_{f1}}{\theta_{S1}} TFP_{f1}$ 。

在 MP 分解式中,第一项为企业内效应,表示给定存活企业的市场份额在前后两个时期保持不变,由存活企业自身生产率变化引致的总体生产率变动;第二项为企业间效应,表示给定存活企业的生产率在前后两个时期保持不变,由存活企业市场份额变化引致的总体生产率变动,该项为正且越大,表明生产率较高的企业获得了较多的市场份额,资源在存活企业之间的配置效率越高;第三项为进入效应,表示由企业进入引致的总体生产率变动,当新进入企业的加权平均生产率高于存活企业时该项为正,说明新进入企业能够提高总体生产率;第四项为退出效应,表示由企业退出引致的总体生产率变动,当退出企业的加权平均生产率低于存活企业时该项为正,说明低生产率企业有效退出,将其资源转移至高生产率企业,整体生产率得以提升。总体而言,企业间效应、进入效应和退出效应是衡量资源配置效应的三大维度(Griliches and Regev,1995;邵朝对和苏丹妮,2017)。在获得各地区资源配置效率之后,与第十和十一章地区间收入差距和技术差距指标的构建方法类似,本章用两地区资源配置效应之差的绝对值来衡量地区间资源配置效率差距(RAD)。

(二) 地区间价值链贸易强度

本章的核心解释变量是地区间价值链贸易强度($T_{ij,t}^{NVC}$)。 与第十一章类似,首先将各地区流出的增加值分解为 63 项,并将这 63 项归类成在国内其他地区或国外吸收的本地区增加值、流出后又返回本地区被吸收的本地区增加值、国内其他地区增加值、国外成分、通过进口回流的增加值以及重复计算项六

类,在此基础上将地区间价值链贸易强度定义为:

$$
T_{ij,t}^{NVC} = \frac{\{ {}_{14}\sum\limits_{j\neq i}^{G}[(V_jL_{ji})^T\#F_{ij}] + {}_{15}\sum\limits_{j\neq i}^{G}[(V_jL_{ji})^T\#(A_{ij}B_{jj}F_{jj})]\}_t + \{ {}_{14}\sum\limits_{i\neq j}^{G}[(V_iL_{ij})^T\#F_{ji}] + {}_{15}\sum\limits_{i\neq j}^{G}[(V_iL_{ij})^T\#(A_{ji}B_{ii}F_{ii})]\}_t}{GDP_{i,t} + GDP_{j,t}}
$$

$$(12-3)$$

其中,分子第一个花括号表示第 t 年地区 i 对国内其他地区流出中包含的地区 j 的增加值,第二个花括号表示地区 j 对国内其他地区流出中包含的地区 i 的增加值,两者之和表示地区 i 和地区 j 间的价值链贸易量;同时,本章采用两地区 GDP 之和对地区间价值链贸易量进行标准化处理。关于 $T_{ij,t}^{NVC}$ 具体的测度过程参见第十一章第三节所示。

二、初步分析

本章感兴趣的是,国内价值链贸易与地区间资源配置效率差距之间存在怎样的关系? 为了回答这一问题,利用上述测算结果在图 12 - 1 中绘制了地区间

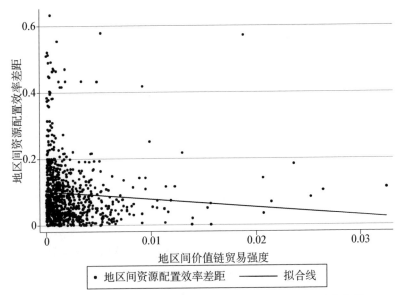

图 12 - 1　地区间价值链贸易强度与资源配置效率差距的散点图

价值链贸易强度与地区间资源配置效率差距之间的散点图。结果显示,中国地区间价值链贸易强度与地区间资源配置效率差距存在较为明显的负向关系,这意味着国内价值链贸易有助于缩小地区间资源配置效率差距。当然,这只是初步的经验证据,两者之间的真实关系还有待进一步的计量分析。

第三节 计量模型设定与数据说明

一、计量模型设定

本章的目的在于考察国内价值链对地区间资源配置效率差距的影响,因此设定了如下计量模型:

$$RAD_{ij,t} = \alpha_0 + \alpha_1 T^{NVC}_{ij,t} + \beta \vec{X}_{ij,t} + u_i + u_j + u_t + \varepsilon_{ij,t} \quad (12-4)$$

其中,下标 i 和 j 表示地区,t 表示年份;被解释变量 $RAD_{ij,t}$ 表示第 t 年地区 i 和地区 j 之间的技术差距;$T^{NVC}_{ij,t}$ 表示第 t 年地区 i 和地区 j 之间的价值链贸易强度,是本章关注的核心解释变量,如果 $T^{NVC}_{ij,t}$ 前的参数 $\alpha_1<0$,则表明国内价值链贸易能够缩小地区间资源配置效率差距;$\vec{X}_{ij,t}$ 为控制变量集合,与第十一章类似,包括区际双边贸易强度(T^{IRT})、产业结构相似度(SIS)、人力资本差异(HCD)、研发能力差异($RNDD$)、市场化程度差异($MarD$)、基础设施差异($InfraD$)和外商直接投资差异($FDID$)[①];u_i 和 u_j 分别为地区 i 和地区 j 的固定效应,用于控制地理区位、语言文化等各自不随时间变化的地区特征;u_t 表示年份固定效应,用于吸收特定宏观经济因素的冲击;$\varepsilon_{ij,t}$ 表示随机扰动项。

二、数据说明

受数据所限,本章的样本为 2002 年和 2007 年,与第十一章类似,分析主要

---

① 具体的测度过程参见第十一章第四节所示。

涉及了三套数据：第一套是地区—产业层面的投入产出数据，来自由中国科学院编制的中国30个省区区域间非竞争型投入产出表；第二套数据是企业层面的生产数据，来自国家统计局的中国工业企业数据库；第三套数据是地区层面的生产与人口数据，来自历年《中国统计年鉴》《中国人口和就业统计年鉴》以及各省区统计年鉴。此外，在截面个体上，剔除了数据缺失的西藏和中国港澳台地区，从而形成由30个省区构成的435(30×29/2)个省区对[①]。

第四节　实证结果及分析

一、基准回归

表12-1中的第(1)—(3)列报告了国内价值链与地区间资源配置效率差距的估计结果，所有回归均控制了各自省区的固定效应和年份固定效应。其中，第(1)列给出了未控制区际双边贸易强度(T^{IRT})的情形，从中可知，地区间价值链贸易强度(T^{NVC})的估计系数显著为负，表明国内价值链贸易能够缩小地区间资源配置效率差距，这对于中国空间资源的高效整合、区域经济的协调发展和经济结构的转型升级无疑具有重要意义。进一步地，由第(2)列的估计结果可知，当未纳入国内价值链贸易时，区际双边贸易强度的估计系数显著为负，这说明在中国，区际双边贸易能够缩小地区间资源配置效率差距。接着，在第(3)列中将国内价值链贸易和区际双边贸易一起纳入，即使控制了区际双边贸易，国内价值链贸易对地区间资源配置效率差距仍具有显著的缩减效应，而此时区际双边贸易则会扩大地区间资源配置效率差距，意味着国内价值链贸易在区际贸易的资源配置效率差距缩减效应中起到了主导作用。

---

① 数据的具体处理过程参见本书第十一章第二节所示。

表 12 - 1　NVC 与资源配置效率差距的估计结果

	资源配置效应			企业间效应	进入效应	退出效应
	(1)	(2)	(3)	(4)	(5)	(6)
T^{NVC}	−3.625***		−6.033**	−2.094	−1.157***	−1.629***
	(−3.07)		(−2.47)	(−1.10)	(−3.18)	(−2.70)
T^{IRT}		−0.690***	0.851*	0.467	0.158**	0.300**
		(−2.76)	(1.73)	(1.06)	(2.29)	(2.54)
控制变量	是	是	是	是	是	是
u_i	是	是	是	是	是	是
u_j	是	是	是	是	是	是
u_t	是	是	是	是	是	是
R^2	0.591	0.591	0.591	0.595	0.287	0.436
N	870	870	870	870	870	870

注：圆括号内为采用稳健标准差时的 t 统计量。*、**、*** 分别表示在 10%、5%、1%水平上显著；u_i、u_j 和 u_t 分别表示地区 i、地区 j 固定效应和年份固定效应。

综上，本章关于区际贸易与地区间资源配置效率差距之间关系的研究亦证实了不同类型贸易的异质性影响效应。反映互补品贸易的国内价值链贸易通过"需求—供给溢出"有助于缩小地区间资源配置效率的差距，而在控制国内价值链贸易之后，以水平分工为特征的区际双边贸易更多地捕捉了替代品贸易，因而通过"资源转移"方式扩大了地区间资源配置效率的差距。

二、资源配置效率分解项的进一步考察

为细化国内价值链贸易的资源配置效率差距缩减效应，表 12 - 1 中的第 (4)—(6)列进一步将资源配置效应分解为企业间效应、进入效应和退出效应，相应的被解释变量依次为地区间存活企业间资源配置效率差距、进入企业资源配置效率差距和退出企业资源配置效率差距。结果显示，国内价值链贸易对地区间进入企业资源配置效率差距和退出企业资源配置效率差距均具有显著的缩减作用，而对存活企业间资源配置效率差距为不显著的负，反映出进入效应和退出效应在国内价值链贸易的资源配置效率差距缩减效应中起到了主导作用。国内价值链构筑的"体内"分工循环体系通过"需求—供给溢出"关联形成

的扩散效应和学习追赶效应促进了资源配置效率较低的欠发达地区对新进入企业进行"高标准"筛选,同时加快了其竞争能力较弱的低生产率企业退出,这些均有助于缩小其与资源配置效率较高的发达地区之间的资源利用效益差距(Waugh,2010)。表 12-1 中的第(4)—(6)列还显示,在控制了国内价值链贸易之后,区际双边贸易则成为了地区间资源配置效率的发散力量,且进入效应和退出效应亦是这一作用的主导因素,这说明以替代品贸易为特征的区际水平贸易通过"资源转移"方式构筑起了资源配置效率较高的发达地区与资源配置较低的欠发达地区之间的资源回流通道,这不利于欠发达地区的高生产率企业进入和低生产率企业退出,继而无益于整体资源配置效率的提升。上述结果意味着通过促进进入企业资源配置效率差距和退出企业资源配置效率差距的空间收敛是国内价值链贸易缩小资源配置效率差距的重要途径,这也是国内价值链贸易在区际贸易的资源配置效率差距缩减效应中起主导作用的潜在背后机理。

三、稳健性检验

(一) 分位数回归:初始资源配置效率差距重要吗?

与第十一章类似,本部分将进一步通过分位数回归集中考察在初始资源配置效率差距不同的地区之间,国内价值链贸易对资源配置效率差距的影响效应是否存在差异,具体估计结果见表 12-2[①]。

表 12-2 NVC 与资源配置效率差距的分位数回归结果

	q=0.1	q=0.25	q=0.5	q=0.75	q=0.9
	(1)	(2)	(3)	(4)	(5)
T^{NVC}	−3.012*	−3.822***	−5.165***	−7.010***	−9.869***
	(−1.92)	(−5.21)	(−4.92)	(−5.45)	(−3.76)
T^{IRT}	0.423	0.810***	0.922***	0.954**	1.703**
	(1.60)	(3.32)	(3.19)	(2.41)	(2.18)

---

① 与第十一章分位数回归部分做法类似,因此,此处回归均未控制各自省区的固定效应和年份固定效应。

	q＝0.1	q－0.25	q＝0.5	q＝0.75	q＝0.9
	（1）	（2）	（3）	（4）	（5）
控制变量	是	是	是	是	是
u_i	否	否	否	否	否
u_j	否	否	否	否	否
u_t	否	否	否	否	否
R^2	0.080	0.077	0.081	0.076	0.067
N	870	870	870	870	870

注:同表 12－1。

表 12－2 的估计结果显示,在不同分位点上,国内价值链贸易均显著缩小了地区间资源配置效率差距,而在控制国内价值链贸易之后,区际双边贸易则在一定程度上扩大了地区间资源配置效率差距,表明本章的核心结论较为稳健。同时,表 12－2 还表明,在初始资源配置效率差距越大的地区之间,国内价值链贸易的资源配置效率差距缩减效应越强。根据后发优势理论,初始资源配置效率越大,通过扩散效应和学习追赶效应,落后经济体提高资源配置效率的空间越大,资源配置效率提速越快。

（二） 分区域:区域内部与区域之间

中国东部和中西部两大区域之间的经济发展条件和发展水平差异明显,这为地区间开展专业化分工提供了良好的条件。表 12－3 中的第(1)和(2)列给出了两大区域内部和两大区域之间国内价值链贸易与资源配置效率差距之间关系的估计结果。结果表明,区域内部和区域之间两类样本的地区间价值链贸易强度的估计系数均显著为负,反映出国内价值链贸易的地区间资源配置效率差距缩减效应未因区域的不同发生较大改变。进一步对比发现,区域之间价值链贸易的缩减效应更为突出。由于东部和中西部之间具有良好的专业化分工条件,国内价值链贸易的"需求—供给溢出"机制对地区间资源部配置效率差距的缩减作用得到了更为充分的释放。

表 12‑3　NVC 与资源配置效率差距的分区域和指标变换估计结果

| | 分区域:东部与中西部 | | | 指标变换 | |
| | 区域内部 | 区域之间 | | | |
	(1)	(2)	(3)	(4)	(5)
T^{NVC}	−5.622*	−6.818***	−0.088***		−0.222***
	(−1.76)	(−3.02)	(−4.04)		(−3.09)
T^{IRT}	0.758	0.903**		−0.027***	0.046**
	(1.20)	(1.97)		(−3.10)	(2.46)
控制变量	是	是	是	是	是
u_i	是	是	是	是	是
u_j	是	是	是	是	是
u_t	是	是	是	是	是
R^2	0.631	0.623	0.648	0.652	0.653
N	452	418	870	870	870

注:同表 12‑1。

(三) 指标变换检验

本章还采用法勒等(Fare et al.,1994)的方法对 Malmquist 生产率变化指数进行分解获得地区资源配置效率水平,继而对地区间资源配置效率差距进行重新测度,以此为因变量的估计结果汇报在表 12‑3 中的第(3)—(5)列。从中可以看到,无论是否控制区际双边贸易强度,地区间价值链贸易强度的估计系数仍显著为负,而在控制价值链贸易之后,区际双边贸易强度的估计系数也由显著为负变为显著正,这说明更换指标测度方法后,本章的核心结论依然成立。

第五节　内生性问题处理

经济体之间的贸易与经济系统运行的内生性问题一直是贸易研究难以回避的问题。本章不仅选取在国际贸易领域被广泛认可和使用的地理距离(*Dist*)(Frankel and Romer,1999;Ng,2010),还抓住中国"央管干部"的制度化特征和中国广阔疆域所拥有的独具特色、种类繁多、源远流长的地域文化特征，尝试构造了地区间是否存在官员（省委书记或省长）交流（*OC*）和是否使用同一种方言（*Dial*）作为本章国内价值链贸易和区际双边贸易的工具变量。

一、工具变量设置

关于地区间是否存在官员交流以及是否使用同一种方言两个工具变量的具体构建参见本书第十章和第十一章。

二、2SLS 估计结果及分析

表 12 - 4 汇报了相应 2SLS 的估计结果。其中，第（1）和（3）列以地区官员交流为工具变量分别对两类区际贸易进行单独估计；第（2）和（4）列以方言异同为工具变量分别对两类区际贸易进行单独估计；第（5）列则同时以地区官员交流和方言异同为工具变量对两类区际贸易进行估计；第（6）列在第（5）列的基础上进一步加入地理距离作为工具变量对两类区际贸易进行估计。表 12 - 4 下半部分第一阶段结果表明，地区官员交流、方言异同和地理距离不仅与两类区际贸易显著相关，而且三者的符号也与预期一致。同时，表 12 - 4 各列估计结果显示，Kleibergen-Paap rk LM 检验在 1% 水平上均拒绝了工具变量识别不足的零假设，Kleibergen-Paap Wald rk F 统计量均大于 Stock-Yogo 检验 10% 水平上的临界值，因此拒绝工具变量是弱识别的假定，表明工具变量与内生变量之间具有较强的相关性，而且第（6）列中的 Hansen 过度识别检验不能在 10% 的显著性水平上拒绝工具变量外生的原假设。这些检验结果反映出本章选取地区官员交流、方言异同和地理距离作为两类区际贸易的工具变量是较为合理的。考虑内生性后，本章的基本结论仍成立，国内价值链贸易有助于缩小地区间资源配置效率差距，而在控制国内价值链贸易之后，区际双边贸易则扩大了地区间资源配置效率差距，国内价值链贸易在区际贸易的资源配置效率差距缩减效应中起着主导作用。

表 12‑4　NVC 与资源配置效率差距的 2SLS 估计结果

	OC	$Dial$	OC	$Dial$	$OC+Dial$	$OC+Dial$ $+\ln Dist$
	(1)	(2)	(3)	(4)	(5)	(6)
T^{NVC}	−13.181***	−11.058***			−24.359***	−20.940**
	(−2.68)	(−3.04)			(−2.63)	(−2.51)
T^{IRT}			−2.623***	−2.069***	4.069**	2.498*
			(−2.60)	(−2.96)	(2.07)	(1.71)
控制变量	是	是	是	是	是	是
u_i	是	是	是	是	是	是
u_j	是	是	是	是	是	是
u_t	是	是	是	是	是	是
Kleibergen-Paap rk LM 统计量	10.054***	16.161***	10.963***	19.190***	10.309***	11.845***
Kleibergen-Paap Wald rk F 统计量	16.979 {16.38}	18.951 {16.38}	17.837 {16.38}	24.459 {16.38}	10.143 {7.03}	14.567 {13.43}
Hansen 统计量						[0.296]
R^2	0.554	0.589	0.574	0.590	0.525	0.582
N	870	870	870	870	870	870
第一阶段:被解释变量为 T^{NVC}						
OC	0.001***				0.001***	0.001***
	(3.96)				(3.95)	(2.86)
$Dial$		0.003***			0.003***	0.002***
		(4.35)			(4.29)	(3.53)
$\ln Dist$						−0.002***
						(−5.40)
第一阶段:被解释变量为 T^{IRT}						
OC			0.006***		0.006***	0.004***
			(4.62)		(4.55)	(3.80)
$Dial$				0.019***	0.019***	0.013***
				(4.95)	(4.84)	(4.03)
$\ln Dist$						−0.014***
						(−7.90)

注:Kleibergen-Paap 统计量中花括号内的数值为 Stock-Yogo 检验 10% 水平上的临界值，圆括号内的数值为 Hansen 统计量的伴随概率。其他同表 12‑1。

第六节　本章小结：NVC 的地区间资源配置效率差距缩减效应

资源配置效率差距作为决定地区间技术差距进而贫富差距的关键因素，探讨日益兴起的国内价值链与地区间资源配置效率差距之间的关系对于迈入新发展阶段的中国统筹区域经济协调发展至关重要。本章首次利用中国 30 个省区区域间投入产出表将省区两两配对，对国内价值链对地区间资源配置效率差距的影响进行了较为系统的考察。本章的研究结论主要包括以下两个方面：

第一，国内价值链贸易通过"需求—供给溢出"联结方式缩小了地区间资源配置效率差距，而在考虑了国内价值链贸易之后，以水平分工为特征的区际双边贸易则通过"资源转移"联结方式扩大了地区间资源配置效率差异，反映出国内价值链贸易在区际贸易的资源配置效率差距缩减效应中起到了主导作用。在以省区官员交流、方言异同、地理距离为工具变量控制内生性后，结果仍是稳健的。

第二，资源配置效应的动态分解结果显示，通过促进进入企业资源配置效率差距和退出企业资源配置效率差距的空间收敛是国内价值链贸易缩小资源配置效率差距的重要途径，这也是国内价值链贸易在区际贸易的资源配置效率差距缩减效应中起主导作用的潜在背后机理。

第四篇

全球价值链与国内价值链增长互动效应专题

本书第四篇对全球价值链与国内价值链增长互动效应进行专题式探讨,包括第十三章(宏观)和第十四章(微观)两章。

综合现有价值链的相关研究,不管是全球价值还是国内价值链,均忽略了经济全球化和区域一体化双向推进、国际分工和国内分工协同演进的新形势,只是从单一角度分别考察了价值链分工的特征事实或者增长效应,尚未从国内外两个关系大局出发探讨全球价值链与国内价值链的增长互动效应,而这是关系到迈入新发展阶段的中国构建以国内大循环为主体、国内国际双循环相互促进新发展格局的重要理论和政策问题。因此,本篇将中国经济增长置于全球价值链与国内价值链的统一框架下,着重考察全球价值链与国内价值链对经济增长的交互效应。

总体而言,本篇的研究从国内外两个关系大局的互动视角将全球价值链与国内价值链纳入到统一分析框架,这对于中国推进全球价值链与国内价值链的良性对接和塑造"内外兼修"的双循环新发展格局无疑具有重要意义。

第十三章　全球价值链、国内价值链与经济增长：
替代还是互补

第一节　引言

    20 世纪 80 年代以来,随着贸易成本的降低和信息通信技术的提升,"生产的全球解构"和"贸易的全球整合"成为国际分工新常态,全球价值链(GVC)由此兴起。中国作为世界上最大的发展中国家,借助劳动力资源廉价且丰裕的"先天优势"以及加入 WTO 的"东风",迅速融入全球价值链,通过对国际先进技术与管理经验的引进、学习和模仿,在过去的三十年里取得了令人瞩目的成就,创造了"增长奇迹"(戴翔和金碚,2014;黎峰,2016a)。现有考察全球价值链与生产绩效的文献众多,普遍得出了全球价值链参与有利于促进技术进步与全要素生产率提高的结论(Amiti and Wei, 2009; Baldwin and Yan, 2014;唐东波,2014; Taglioni and Winkler, 2016; Kummritz, 2016;邵朝对和苏丹妮,2017)。

    中国在融入全球分工体系的同时,国内价值链(NVC)也逐步孕育和迅速发展。虽然部分学者已经意识到国内价值链对于中国这样一个区域禀赋、发展条件差异较大的大国经济的重要性,开始借鉴全球价值链的测算框架对国内价值链进行定量核算,但均缺乏对测算结果的进一步经验应用,更未将焦点放在国内价值链与经济增长的关系上[①]。

    更为重要的是,在经济全球化和区域一体化的双重背景下,国际分工和区

---

①　具体参见本书第二章第三节国内价值链相关研究的文献综述部分。

际分工并行不悖地发展,全球价值链在国内地区和产业间延伸,中间产品在一国内部不同地理单元和产业主体之间流转,这使得全球价值链与国内价值链相互对接与整合(李跟强和潘文卿,2016)。因此,全球价值链、国内价值链对经济增长的影响效应很可能相互交织和互为作用,而这是关系到迈入新发展阶段的中国构建以国内大循环为主体、国内国际双循环相互促进新发展格局的重要理论和政策问题。但遗憾的是,阅读所及,目前尚未有文献对这一问题进行研究。虽然张少军和刘志彪(2013a、2013b)使用联立方程模型考察了全球价值链与国内价值链之间的关系,但既未探讨全球价值链、国内价值链对经济增长的影响,更未涉及两者对经济增长的互动效应。与本章紧密相关的另一支文献是关于通过考察对外贸易、国内贸易对经济增长的互动效应以探讨国外和国内两个市场、两种资源统筹问题的研究。现有文献对国外和国内两个市场在影响经济增长上存在何种互动关系并未取得一致的结论,主要有替代论(黄玖立和李坤望,2006;盛斌和毛其淋,2011;毛其淋和盛斌,2011)、互补论(洪占卿和郭峰,2012)和不相关论(柯善咨和郭素梅,2010)。但这些文献均关注参与国外与国内总贸易的互动情况,忽略了近年来随着"碎片化"生产模式深化而出现的全球价值链与国内价值链参与的相互作用,而国内外价值链循环体系是国家双循环战略的应有之义。

进一步地,由于不同的价值链参与方式承担了不同的任务生产环节,从价值链上游环节参与的方式以供应者的角色参与价值链,在价值链中主要承担上游供应环节的任务生产;从价值链下游环节参与的方式以生产者的角色参与价值链,在价值链中主要从事下游生产环节的任务生产(Wang et al., 2013;樊茂清和黄薇,2014),这使得全球价值链、国内价值链的不同参与方式在互动过程中可能对经济增长产生异质性影响,本章还从价值链的不同参与方式对全球价值链、国内价值链参与经济增长进行更加细致和纵深的剖析,以加深对中国价值链双循环构建的理解。

本章首次将全球价值链和国内价值链置于统一的分析框架,与以往文献相比,力图在下述几个方面作出拓展:第一,研究视角上,立足以国内大循环为主体、国内国际双循环相互促进的新发展格局,在价值链理论的框架下,不仅探讨了参与全球价值链和国内价值链对经济增长的影响,更为重要的是考察了参与全球价值链、国内价值链对经济增长的互动效应,发现参与全球价值链和国内价值链均显著地促进了中国经济增长,且两者在促进经济增长上存在互补关系,这为在"碎片化"生产模式日益重要的背景下中国国内外两个市场、两种资源的统筹问题提供了全新解读。第二,指标测度上,在库普曼等(Koopman et al.,2014)、李跟强和潘文卿(2016)的基础上进一步将进口产品中回流的国内增加值考虑在内,构建了一国内部地区层面流出的增加值分解框架,继而使用地理单元更细化、时间跨度更长的 2002 年、2007 年和 2010 年中国 30 个省区区域间投入产出表,对中国各地区—产业的 GVC 和 NVC 参与指标体系进行了较为科学的测算。第三,内生性问题上,抓住"央管干部"的外生化制度特征,首次使用省区官员交流次数作为工具变量,丰富了现有贸易与经济系统运行内生性问题的解决方案。第四,深入价值链不同参与方式,本章还发现无论以何种方式参与全球价值链和国内价值链,均能够促进经济增长,但在促进经济增长的互动关系上,国内价值链的不同参与方式与全球价值链参与呈现非对称互动特征,国内价值链上游参与和全球价值链参与并不存在显著的互补关系,而国内价值链下游参与和全球价值链参与则存在显著的互补关系,这意味着国内价值链下游参与是衔接全球价值链与国内价值链有效互动的主要方式,而上游参与方式在其中并未发挥明显作用。总的来说,本章的研究深化了对中国国内外两个市场、两种资源统筹问题的认识,有助于中国在全球价值链与国内价值链分工体系日益突显的新背景下构筑内外联动的价值链双循环新发展格局以实现经济的转型升级与持续增长。

本章余下内容安排如下:第二节为理论框架;第三节介绍地区流出的增加值分解框架,在此基础上对全球价值链参与指标和国内价值链参与指标的测度进行说明;第四节为计量模型设定、变量选取和数据说明;第五节报告实证结果;第六节从价值链不同参与方式视角对国内外市场在影响经济增长上的互动关系进行扩展分析;第七节为本章小结。

第二节　理论框架

第一,全球价值链与经济增长。理论上而言,参与全球价值可以通过市场扩张效应、促竞争效应和成本节约效应促进经济增长。(1)市场扩张效应。参与全球价值链会面对更大的国外市场,市场规模的扩大有助于充分挖掘全球价值链参与地区—产业的生产潜力,实现规模经济,进而促进其经济增长(Feder,1983)。(2)促竞争效应。参与全球价值链会面临更为激烈的国际市场竞争,这会激励全球价值链参与地区—产业改进自身生产流程、调整产品结构、更新机器设备、加强劳动力培训、使用新技术等,以迎合国外消费者对产品安全、质量、款式等高标准要求,继而提升自身的国际竞争力并获得经济增长(Bernard and Wagner, 1997; Humphrey and Schmitz, 2002)。(3)成本节约效应。一方面参与全球价值链不仅可以接触到更先进的生产工艺,而且可以获得高质量的中间产品和机器设备,从而能够以较低的成本学习和模仿国际先进技术与管理经验;另一方面不管是新产品、新技术,还是新设计,率先进行研发创新的经济体往往需承担较大的风险,全球价值链参与地区—产业可以通过"以资金换技术"等方式与发达国家跨国公司合作进行联合研发,这不仅能够节约全球价值链参与地区—产业的研发成本,降低研发风险,还能够促使其开辟新的价值点,继而获取更多的价值链利益分配。这两方面均有助于全球价值链参与地区—产业的经济增长(Bernard and Jensen, 1999; Francoise and Deniz, 2004; Pradhan and Singh, 2009)。

第二,国内价值链与经济增长。理论上而言,参与国内价值可以通过资源整合效应、规模经济效应和投入产出关联效应促进经济增长。(1)资源整合效应。国内价值链有利于整合地理单元和产业主体之间的要素禀赋,按照地区—

产业比较优势对产品的生产阶段进行优化配置,这有助于充分利用各地区—产业的物质资本、人力资本和生产技术优势,降低各地区—产业的市场扭曲和产出损失,进而促进其经济增长(Waugh,2010;黎峰,2016)。(2)规模经济效应。国内价值链细化了产品生产工序,带来了生产的迂回和专业化分工的加深,而分工越深化,规模经济越显著,生产率也就越高。同时,分工越深化,对物质资本和劳动力的专业化水平要求也越高,从而激励各地区—产业提高自身物质资本和人力资本水平,这些均有助于经济增长(Smith,1776;刘志彪和张少军,2008)。(3)投入产出关联效应。国内价值链通过国内循环的投入产出关联机制将各地理单元和产业主体置于紧密的专业化分工网络和一体化经济中,这既有利于地区—产业间物质资本、劳动力等生产要素的流通与交流,也有利于地区—产业间知识、技术和信息的扩散与传播,继而促进各地区—产业物质资本、人力资本和生产率水平的提高,并最终带来经济增长(邵朝对和苏丹妮,2017)。

第三,全球价值链、国内价值链与经济增长。理论上而言,参与全球价值链和国内价值链可以通过以下渠道对经济增长的促进效应呈现互补关系。一方面,参与国内价值链能够增强全球价值链的经济增长效应。(1)分工深化效应。国内价值链的构建可以延长全球价值链在国内的循环链条,全球价值链链条的延伸与完整带来了生产的迂回与专业化分工的深化,这不仅能够提升全球价值链的分工效率,而且能够积累高端的物质资本、人力资本和知识资本,继而强化全球价值链的经济增长效应(刘志彪和张少军,2008)。(2)制度优化效应。全球价值链在国内的开放度有赖于国内良好的制度环境(戴翔和金碚,2014)。目前中国各方面的社会制度还不够完善,而国内价值链作为一种有序化、规范化、稳定化的地域分工网络,可以在一定程度上弥补国内社会制度不完善的缺陷,降低国内的交易风险和交易成本,进而提高全球价值链在国内的开放度,这也有助于强化全球价值链的经济增长效应(邵朝对和苏丹妮,2017)。(3)母国市场效应。国内价值链的构建和发展,可以充分盘活国内广阔的市场空间,利用大国优势以更高程度和更高水平地参与全球价值链,这有助于充分发挥参与全球价值链带来的市场扩张效应、促竞争效应和学习合作效应,从而强化全球价值链的经济增长效应(张少军和刘志彪,2013a、2013b)。

另一方面,参与全球价值链能够增强国内价值链的经济增长效应。(1)倒逼效应。全球价值链部分生产环节向国内转移客观上有助于打破国内区域行政性壁垒和地方保护主义,促进全国性统一市场的形成,这为国内价值链的开展提供了可供依托的巨大国内市场(黎峰,2016)。(2)干中学效应。通过参与全球价值链分工,国内各地区一产业可以学习全球价值链的链条优势和网络优势,将其在全球价值链参与过程中学习和积累到的链条管理经验与组织协调能力运用到国内价值链中,提高国内价值链各个生产环节的匹配质量与运作效率。(3)网络效应。国内各地区一产业承担的国内价值链生产环节也会通过其融入国际分工网络而发生迂回式关联(刘志彪和张少军,2008)。这些均有利于国内价值链的资源整合效应、规模经济效应和投入产出关联效应更为有效地发挥,从而强化国内价值链的经济增长效应。

第三节　指标测度:全球价值链和国内价值链参与

一、地区流出的增加值分解框架

为了考察全球价值链参与、国内价值链参与对经济增长的互动效应,需先将全球价值链参与和国内价值链参与整合到一个统一的框架下进行核算。李跟强和潘文卿(2016)借鉴库普曼等(Koopman et al., 2014)及王直等(Wang et al., 2013)的方法,利用1997年、2002年和2007年中国八大地区区域间投入产出表对中国八大区域流出的增加值进行了分解,继而将全球价值链与国内价值链的核算置于统一的框架下,这为本章提供了重要的借鉴思路。但不同的是,本章将利用地理单元和产业主体更细化的2002年、2007年和2010年中国30个省区区域间投入产出表对中国30个省区流出的增加值进行分解。同时,李跟强和潘文卿(2016)假设国内进口产品的增加值均来自国外,不包含本国的增加值,即本国出口的产品完全被国外吸收,没有回流到国内,而本章参照苏庆义(2016)的方法尝试放松这一假设,将进口产品中回流的国内增加值考虑在内,以更精细地对一国内部地区流出的增加值进行分解。

假设一个国家有 G 个地区 N 个产业,此时区域间非竞争型投入产出表可表示为表 13-1。对比库普曼等(Koopman et al.,2014)使用的世界投入产出表,除本国 G 个地区 N 个产业外,还存在国外,即国内所有地区—产业对其他国家的出口和进口。对于进口,又区分为两部分:进口的真正国外部分(纯进口)和通过进口中间产品回流的国内增加值(回流)。由表 13-1 可知,区域间投入产出表的行和为地区总产出,被使用为国内各地区所有产业的中间产品、国内各地区的最终产品以及对外出口三部分;区域间投入产出表的列和为地区总投入,包括国内各地区所有产业的中间投入、纯进口、回流增加值和本地增加值四部分,所以,某一地区产品的增加值只可能来自本地区、国内其他地区、本地区纯进口、国内其他地区纯进口、本地区回流增加值以及国内其他地区回流增加值。由于一国区域间非竞争型投入产出表只记录了进口中间产品这一项,并未将进口中间产品区分为纯进口和回流增加值,因此,参照苏庆义(2016)的做法,借助世界投入产出表将两者进行分离。

表 13-1 区域间非竞争型投入产出表

投入＼产出		中间使用					最终需求			总产出
		地区 1		…	地区 G		地区 1	…	地区 G	出口
		产业 1…产业 N		…	产业 1…产业 N					
中间投入	地区 1 产业 1	x_{11}^{11} … x_{11}^{1N}		…	x_{1G}^{11} … x_{1G}^{1N}		y_{11}^{1}	…	y_{1G}^{1}	e_1^1	x_1^1
	…	… … …		…	… … …		…	…	…	…	…
	产业 N	x_{11}^{N1} … x_{11}^{NN}		…	x_{1G}^{N1} … x_{1G}^{NN}		y_{11}^{N}	…	y_{1G}^{N}	e_1^N	x_1^N
	…									
	地区 G 产业 1	x_{G1}^{11} … x_{G1}^{1N}		…	x_{GG}^{11} … x_{GG}^{1N}		y_{G1}^{1}	…	y_{GG}^{1}	e_G^1	x_G^1
	…	… … …		…	… … …		…	…	…	…	…
	产业 N	x_{G1}^{N1} … x_{G1}^{NN}		…	x_{GG}^{N1} … x_{GG}^{NN}		y_{G1}^{N}	…	y_{GG}^{N}	e_G^N	x_G^N

投入 \ 产出	中间使用				最终需求			总产出
	地区 1	…	地区 G		地区 1	…	地区 G 出口	
	产业 1…产业 N	…	产业 1…产业 N					
纯进口	$im_1^1 \cdots im_1^N$	…	$im_G^1 \cdots im_G^N$					
回流	$rd_1^1 \cdots rd_1^N$	…	$rd_G^1 \cdots rd_G^N$					
增加值	$va_1^1 \cdots va_1^N$	…	$va_G^1 \cdots va_G^N$					
总投入	$x_1^1 \cdots x_1^N$	…	$x_G^1 \cdots x_G^N$					

注：x_{ij}^{rs}（$i, j=1, 2, \cdots, G; r, s=1, 2, \cdots, N$）表示地区 i 产业 r 被地区 j 产业 s 作为中间品使用的数额，x_i^r、y_{ij}^r 和 e_i^r 分别表示地区 i 产业 r 的总产出、地区 i 产业 r 被地区 j 作为最终需求的数额以及地区 i 产业 j 对其他国家的总出口额，im_i^r、rd_i^r 和 va_i^r 分别表示地区 i 产业 r 生产过程中投入的来自其他国家的进口额、通过进口中间产品回流的本地区—产业增加值以及来自本地区—产业的直接增加值。

基于表 13-1 的横向关联，可得如下恒等式：

$$x_i = \sum_{j=1}^{G} (a_{ij} x_j + y_{ij}) + e_i \tag{13-1}$$

其中，x_i 表示地区 i 的总产出向量，y_{ij} 表示地区 i 流向国内其他地区 j 的最终产品向量，e_i 表示地区 i 对国外的出口向量（包括中间产品出口和最终产品出口），$a_{ij} = x_{ij}(x_j')^{-1}$ 表示与 x_{ij} 相对应的投入产出系数矩阵。由（13-1）式易得：

$$x_i = \sum_{k=1}^{G} b_{ik} \left(\sum_{u=1}^{G} y_{ku} + e_k \right) \tag{13-2}$$

其中，b 为里昂惕夫逆矩阵，即完全消耗系数矩阵。该矩阵的每个元素衡量了生产 1 单位价值的最终产品所需直接和间接投入的中间产品数额。

接着，与李跟强和潘文卿（2016）一致，将一国内部某一地区的总流出（z）定义为该地区向国内其他地区的流出和对国外的出口两者之和，包括中间产品流出和最终产品流出，即：

$$z_{j*} = \sum_{i \neq j}^{G} z_{ji} + e_j \tag{13-3}$$

$$z_{ji} = a_{ji}x_i + y_{ji} \tag{13-4}$$

其中,z_{j*} 表示地区 j 对国内其他地区和国外的总流出,z_{ji} 表示地区 j 对国内其他地区 i 的流出。

结合(13-1)式和(13-3)式可得:

$$x_i = a_{ii}x_i + y_{ii} + z_{i*} \tag{13-5}$$

(13-5)式可进一步转换为:

$$x_i = (1-a_{ii})^{-1}y_{ii} + (1-a_{ii})^{-1}z_{i*} \tag{13-6}$$

记 $l_{ii} \equiv (1-a_{ii})^{-1}$ 为局部里昂惕夫逆矩阵,根据产品的使用地区,可将中间产品分成以下两部分:

$$a_{ji}x_i = a_{ji}l_{ii}y_{ii} + a_{ji}l_{ii}z_{i*} \tag{13-7}$$

定义 v_j 为地区 j 的直接增加值系数向量,其元素为 $v_j^s = va_j^s/x_j^s$;m_j 为地区 j 的纯进口系数向量,其元素为 $m_j^s = im_j^s/x_j^s$;r_j 为地区 j 的回流增加值系数向量,其元素为 $r_j^s = rd_j^s/x_j^s$。 在此基础上,构建如下直接增加值份额矩阵 vb、纯进口份额矩阵 mb 和回流增加值份额矩阵 rb:

$$vb = \begin{bmatrix} v_1b_{11} & v_1b_{12} & \cdots & v_1b_{1G} \\ v_2b_{21} & v_2b_{22} & \cdots & v_2b_{2G} \\ \vdots & \vdots & \vdots & \vdots \\ v_2b_{G1} & v_2b_{G2} & \cdots & v_2b_{GG} \end{bmatrix} \tag{13-8}$$

$$mb = \begin{bmatrix} m_1b_{11} & m_1b_{12} & \cdots & m_1b_{1G} \\ m_2b_{21} & m_2b_{22} & \cdots & m_2b_{2G} \\ \vdots & \vdots & \vdots & \vdots \\ m_2b_{G1} & m_2b_{G2} & \cdots & m_2b_{GG} \end{bmatrix} \tag{13-9}$$

$$rb = \begin{bmatrix} r_1b_{11} & r_1b_{12} & \cdots & r_1b_{1G} \\ r_2b_{21} & r_2b_{22} & \cdots & r_2b_{2G} \\ \vdots & \vdots & \vdots & \vdots \\ r_2b_{G1} & r_2b_{G2} & \cdots & r_2b_{GG} \end{bmatrix} \qquad (13-10)$$

(13-8)式 vb 的对角元素表示各地区流出中的本地区增加值比重,每列非对角线元素表示各地区流出中的国内其他地区增加值比重;(13-9)式 mb 的对角元素表示各地区流出中的本地区纯进口比重(直接国外成分比重),每列非对角线元素表示各地区流出中的国内其他地区纯进口比重(间接国外成分比重);(13-10)式 rb 的对角元素表示各地区流出中的本地区回流增加值比重,每列非对角线元素表示各地区流出中的国内其他地区回流增加值比重。由于 $\sum_i ua_{ij} + v_j + m_j + r_j = u$, u 为的单位向量,可得直接增加值系数、纯进口系数、回流增加值系数和里昂惕夫逆系数之间的关系为:

$$\sum_{i=1}^{G}(v_i + m_i + r_i)b_{ij} = u \qquad (13-11)$$

记相同维度矩阵对应元素乘积的运算符号为"♯",即如果矩阵 X 和矩阵 Y 有相同的维数,那么 $X \sharp Y$ 的对应元素为 $X(i,j) \times Y(i,j)$。根据(13-2)、(13-4)、(13-7)和(13-11)式,在增加值核算体系下,可将区域 j 向区域 i 的流出分解为如下57项:

$$z_{ji} = (v_jb_{jj})^T \sharp y_{ji} + (v_jl_{jj})^T \sharp (a_{ji}b_{ii}y_{ii}) + (v_jl_{jj})^T \sharp \left(a_{ji}\sum_{k\neq j,\,i}^{G} b_{ik}y_{kk}\right)$$

$$+ (v_jl_{jj})^T \sharp \left(a_{ji}b_{ii}\sum_{k\neq j,\,i}^{G} y_{ik}\right) \qquad [1-4]$$

$$+ (v_jl_{jj})^T \sharp \left(a_{ji}\sum_{k\neq j,\,i}^{G} b_{ik}\sum_{u\neq j,\,k}^{G} y_{ku}\right) + (v_jl_{jj})^T \sharp (a_{ji}b_{ii}y_{ij})$$

$$+ (v_jl_{jj})^T \sharp \left(a_{ji}\sum_{k\neq j,\,i}^{G} b_{ik}y_{kj}\right) + (v_jl_{jj})^T \sharp (a_{ji}b_{ij}y_{jj}) \qquad [5-8]$$

$$+ (v_j l_{jj})^T \# \left(a_{ji} \sum_{k \neq j}^{G} b_{ij} y_{jk} \right) + (v_j b_{jj} - v_j l_{jj})^T \# (a_{ji} x_i)$$

$$+ (v_j l_{jj})^T \# (a_{ji} b_{ii} e_i) + (v_j l_{jj})^T \# (a_{ji} b_{ij} e_j) \qquad [9—12]$$

$$+ (v_j l_{jj})^T \# \left(a_{ji} \sum_{k \neq j, i}^{G} b_{ik} e_k \right) + (v_i b_{ij})^T \# y_{ji} + (v_i b_{ij})^T \# (a_{ji} l_{ii} y_{ii})$$

$$+ (v_i b_{ij})^T \# (a_{ji} l_{ii} z_{i*}) \qquad [13—16]$$

$$+ \left(\sum_{k \neq j, i}^{G} v_k b_{kj} \right)^T \# y_{ji} + \left(\sum_{k \neq j, i}^{G} v_k b_{kj} \right)^T \# (a_{ji} l_{ii} y_{ii})$$

$$+ \left(\sum_{k \neq j, i}^{G} v_k b_{kj} \right)^T \# (a_{ji} l_{ii} z_{i*}) + (m_j b_{jj})^T \# y_{ji} \qquad [17—20]$$

$$+ (m_j l_{jj})^T \# (a_{ji} b_{ii} y_{ii}) + (m_j l_{jj})^T \# \left(a_{ji} \sum_{k \neq j, i}^{G} b_{ik} y_{kk} \right)$$

$$+ (m_j l_{jj})^T \# \left(a_{ji} b_{ii} \sum_{k \neq j, i}^{G} y_{ik} \right) + (m_j l_{jj})^T \# \left(a_{ji} \sum_{k \neq j, i}^{G} b_{ik} \sum_{u \neq j, k}^{G} y_{ku} \right)$$

$$[21—24]$$

$$+ (m_j l_{jj})^T \# (a_{ji} b_{ii} y_{ij}) + (m_j l_{jj})^T \# \left(a_{ji} \sum_{k \neq j, i}^{G} b_{ik} y_{kj} \right)$$

$$+ (m_j l_{jj})^T \# (a_{ji} b_{ij} y_{jj}) + (m_j l_{jj})^T \# \left(a_{ji} \sum_{k \neq j}^{G} b_{ij} y_{jk} \right) \qquad [25—28]$$

$$+ (m_j b_{jj} - m_j l_{jj})^T \# (a_{ji} x_i)' + (m_j l_{jj})^T \# (a_{ji} b_{ii} e_i)$$

$$+ (m_j l_{jj})^T \# (a_{ji} b_{ij} e_j) + (m_j l_{jj})^T \# \left(a_{ji} \sum_{k \neq j, i}^{G} b_{ik} e_k \right) \qquad [29—32]$$

$$+ (m_i b_{ij})^T \# y_{ji} + (m_i b_{ij})^T \# (a_{ji} l_{ii} y_{ii}) + (m_i b_{ij})^T \# (a_{ji} l_{ii} z_{i*})$$

$$+ \left(\sum_{k \neq j, i}^{G} m_k b_{kj} \right)^T \# y_{ji} \qquad [33—36]$$

$$+ \left(\sum_{k \neq j, i}^{G} m_k b_{kj} \right)^T \# (a_{ji} l_{ii} y_{ii}) + \left(\sum_{k \neq j, i}^{G} m_k b_{kj} \right)^T \# (a_{ji} l_{ii} z_{i*})$$

$$+ (r_j b_{jj})^T \# y_{ji} + (r_j l_{jj})^T \# (a_{ji} b_{ii} y_{ii}) \qquad [37—40]$$

$$+ (r_j l_{jj})^T \# \left(a_{ji} \sum_{k \neq j, i}^{G} b_{ik} y_{kk} \right) + (r_j l_{jj})^T \# \left(a_{ji} b_{ii} \sum_{k \neq j, i}^{G} y_{ik} \right)$$

$$+ (r_j l_{jj})^T \# \left(a_{ji} \sum_{k \neq j, i}^{G} b_{ik} \sum_{u \neq j, k}^{G} y_{ku} \right) + (r_j l_{jj})^T \# (a_{ji} b_{ii} y_{ij}) \qquad [41\text{—}44]$$

$$+ (r_j l_{jj})^T \# \left(a_{ji} \sum_{k \neq j, i}^{G} b_{ik} y_{kj} \right) + (r_j l_{jj})^T \# (a_{ji} b_{ij} y_{jj})$$

$$+ (r_j l_{jj})^T \# \left(a_{ji} \sum_{k \neq j}^{G} b_{ij} y_{jk} \right) + (r_j b_{jj} - r_j l_{jj})^T \# (a_{ji} x_i) \qquad [45\text{—}48]$$

$$+ (r_j l_{jj})^T \# (a_{ji} b_{ii} e_i) + (r_j l_{jj})^T \# (a_{ji} b_{ij} e_j)$$

$$+ (r_j l_{jj})^T \# \left(a_{ji} \sum_{k \neq j, i}^{G} b_{ik} e_k \right) + (r_i b_{ij})^T \# y_{ji} \qquad [49\text{—}52]$$

$$+ (r_i b_{ij})^T \# (a_{ji} l_{ii} y_{ii}) + (r_i b_{ij})^T \# (a_{ji} l_{ii} z_{i*}) + \left(\sum_{k \neq j, i}^{G} r_k b_{kj} \right)^T \# y_{ji}$$

$$+ \left(\sum_{k \neq j, i}^{G} r_k b_{kj} \right)^T \# (a_{ji} l_{ii} y_{ii}) + \left(\sum_{k \neq j, i}^{G} r_k b_{kj} \right)^T \# (a_{ji} l_{ii} z_{i*})$$

$$[53\text{—}57](13\text{-}12)$$

(13-12)式为一国内部地区双边流出的完全增加值分解结果。根据增加值的来源,本章将(13-12)式中的 57 项分为六大类,即在国内其他地区或国外吸收的本地区增加值、流出后又返回本地区被吸收的本地区增加值、国内其他地区增加值、国外成分、通过进口回流的增加值以及重复计算项,具体见表13-2。

表 13 - 2　地区双边流出的增加值构成

流出 增加值	增加值来源	细分项
地区 双边 流出	在国内其他地区或 国外吸收的本地区 增加值	以最终产品流出(1) 以中间产品流出到国内其他地区(2—5) 以中间产品流出到国外(11—13)
	流出后又返回本地 区被吸收的本地区 增加值	以中间产品流出后又返回本地区(6—8)

流出增加值	增加值来源	细分项
地区双边流出	国内其他地区增加值	以最终产品流出(14、17) 以中间产品流出(15、18)
	国外成分	由本地区直接进口而包含在本地区对国内其他地区流出中的国外成分(20—27) 由本地区直接进口而包含在本地区对国外流出中的国外成分(30—32) 由国内其他地区直接进口而包含在本地区对国内其他地区流出中的国外成分(33、34、36、37)
	通过进口回流的增加值	包含在本地区对国内其他地区流出中的通过本地区直接进口回流的增加值(39—46) 包含在本地区对国外流出中的通过本地区直接进口回流的增加值(49—51) 包含在本地区对国内其他地区流出中的通过国内其他地区直接进口回流的增加值(52、53、55、56)
	重复计算项	对本地区增加值的重复计算项(9、10) 对国内其他地区增加值的重复计算项(16、19) 对国外成分的重复计算项(28、29、35、38) 对通过进口回流的增加值的重复计算项(47、48、54、57)

在此基础上,地区 j 的总流出 z_{j*} 可分解为:

$$z_{j*} = \sum_{i\neq j}^{G} z_{ji} + e_j =_{1-57} \sum_{i\neq j}^{G} z_{ji} +_{58} (_j^v b_{jj})^T \# e_j +_{59} (\sum_{i\neq j}^{G} v_i b_{ij})^T \# e_j +_{60} (_j^m b_{jj})^T \# e_j$$
$$+_{61} (\sum_{i\neq j}^{G} m_i b_{ij})^T \# e_j +_{62} (r_j b_{jj})^T \# e_j +_{63} \left(\sum_{i\neq j}^{G} r_i b_{ij}\right)^T \# e_j \qquad (13-13)$$

其中,第 58 项表示地区 i 国外流出中包含的本地区增加值,第 59 项表示地区 i 国外流出中包含的国内其他地区增加值,第 60 项表示地区 i 国外流出中包含的本地区直接进口的国外成分,第 61 项表示地区 i 国外流出中包含的国内其他地区直接进口的国外成分,第 62 项表示地区 i 国外流出中包含的通过本地区直接进口回流的增加值,第 63 项表示地区 i 国外流出中包含的通过国内其他地区直接进口回流的增加值。此处第 58 项属于本地区增加值,第 59 项属于国内其他地区增加值,第 60 和 61 项属于国外成分,第 62 和 63 项属于通过进口回流的增加值。需指出的是,在分解地区总流出时,由于总流出中对国外流出的第 58、60、62 项的存在,(13 - 12)式中的第 12、31 和 50 项也是重复计算项。

与库普曼等(Koopman et al., 2014)构建的国家层面出口的增加值分解框架相比,本章构建的一国内部地区层面流出的增加值分解框架将库普曼等(Koopman et al., 2014)"国内增加值"部分更精细地分解为"国内本地区增加值"和"国内其他地区增加值"两大类,这使得国内各地区与国外和国内其他地区之间的价值联系能够得以同时展现出来,进而可以在统一的核算框架下对国内各地区全球价值链参与和国内价值链参与进行测算。

二、全球价值链参与和国内价值链参与的测度

在"碎片化"生产模式下,每个国家或地区出口或流出的产品价值仅一部分由自身创造,剩余部分则由其他国家或地区创造,由此价值链产生。借鉴库普曼等(Koopman et al., 2010)的做法,本章将一国内部各地区—产业全球价值链参与程度和国内价值链参与程度分别定义为如下形式:

$$gvc_i^r = gup_i^r + gdown_i^r \tag{13 - 14}$$

$$nvc_i^r = nup_i^r + ndown_i^r \tag{13 - 15}$$

其中,$gvc(nvc)$ 表示地区 i 产业 r 在全球价值链(国内价值链)中的参与程度;$gup(nup)$ 表示地区 i 产业 r 在全球价值链(国内价值链)中的上游参与程度,其反映了地区 i 产业 r 作为上游供应者参与全球价值链(国内价值链)的程度;$gdown(ndown)$ 表示地区 i 产业 r 在全球价值链(国内价值链)中的下游参与程度,其反映了地区 i 产业 r 作为下游生产者参与全球价值链(国内价值链)

的程度①。

关于价值链不同参与方式的测度,根据定义,从价值链上游环节参与的方式以供应者的角色参与价值链,在价值链中主要承担上游供应环节的任务生产;从价值链下游环节参与的方式以生产者的角色参与价值链,在价值链中主要从事下游生产环节的任务生产。借鉴库普曼等(Koopman et al.,2010)、王直等(Wang et al.,2013)、樊茂清和黄薇(2014)的做法,本章将某地区—产业的增加值作为中间投入流入到国外和国内其他地区占该地区—产业总流出的比重分别定义为该地区—产业的全球价值链上游参与度和国内价值链上游参与度。基于上一小节构建的地区流出增加值分解框架,某一地区—产业全球价值链上游参与度(gup)和国内价值链上游参与度(nup)的具体计算公式为:

$$gup_i^r = \frac{\text{以中间产品流出到国外}}{\text{总流出}} = \frac{\text{第 58 项} + \text{第 11 项} + \text{第 13 项}}{z_{i*}^r}$$

$$(13-16)$$

$$nup_i^r = \frac{\text{以中间产品流出到国内其他地区}}{\text{总流出}} = \frac{\text{第 2 项} + \text{第 3 项} + \text{第 4 项} + \text{第 5 项}}{z_{i*}^r}$$

$$(13-17)$$

其中,第58、11 和13 项表示作为中间投入流出到国外的本地区增加值,第2—5 项表示作为中间投入流出到国内其他地区的本地区增加值。将某地区—产业总流出中使用的来自国外和国内其他地区中间投入占该地区—产业总流出的比重分别定义为全球价值链下游参与度和国内价值链下游参与度。基于上一小节构建的地区流出增加值分解框架,某一地区—产业全球价值链下游参与度($gdown$)和国内价值链下游参与度($ndown$)的具体计算公式为:

---

① 库普曼等(Koopman et al.,2010)、王直等(Wang et al.,2013)将价值链上游参与度称为前向参与度,将价值链下游参与度称为后向参与度。本章对价值链不同参与方式的称呼主要参照樊茂清和黄薇(2014),分别称之为价值链上游参与度和价值链下游参与度。

$$gdown_i^r = \frac{国外成分}{总流出} = \frac{\begin{array}{l}第20项+第21项+\cdots+第27项 \\ +第60项+第30项+第32项 \\ +第33项+第34项+第36项+第37项 \\ +第61项\end{array}}{z_{i*}^r}$$

$$(13-18)$$

$$ndown_i^r = \frac{国内其他地区增加值}{总流出} = \frac{第14项+第17项+第15项+第18项+第59项}{z_{i*}^r}$$

$$(13-19)$$

其中,第20—27项表示由本地区直接进口而包含在本地区对国内其他地区流出中的国外成分,第60、30和32项表示由本地区直接进口而包含在本地区对国外流出中的国外成分,第33、34、36和37表示由国内其他地区直接进口而包含在本地区对国内其他地区流出中的国外成分,第61项表示由国内其他地区直接进口而包含在本地区对国外流出中的国外成分,第14、17、15、18项表示本地区国内流出中包含的国内其他地区增加值,第59项表示本地区国外流出中包含的国内其他地区增加值。

第四节　计量模型设定、变量及数据

一、计量模型设定

本章的研究重点是考察参与全球价值链和国内价值链对中国经济增长的影响,以及检验二者对经济增长的互动效应,因此,将基准模型设定为如下形式:

$$\ln Y_{it}^r = \lambda_0 + \lambda_1 \ln gvc_{it}^r + \lambda_2 \ln nvc_{it}^r + \lambda_3 \ln gvc_{it}^r \times \ln nvc_{it}^r + \gamma \ln \vec{X} + v_i + v^r + v_t + \varepsilon_{it}^r$$

$$(13-20)$$

其中,上标 r 表示产业,下标 i 和 t 表示地区和时间;被解释变量 $\ln Y$ 表示经济增长，与现有文献相一致（柯善咨和郭素梅，2010），采用各地区—产业实际GDP 的对数值来表示；gvc 表示全球价值链参与程度，nvc 表示国内价值链参与程度，两者的交互项 $\ln gvc \times \ln nvc$ 用于捕捉参与全球价值链参与和国内价值链对经济增长的互动效应，是本章关注的核心解释变量；$\bar{X}$ 表示影响经济增长的其他控制变量；v_i、v^r、v_t 分别表示地区固定效应、行业固定效应和年份固定效应；ε 表示随机扰动项。同时，为了减缓异方差问题，对所有变量均作对数化处理。

二、变量

（一） 核心解释变量

全球价值链参与程度（gvc）和国内价值链参与程度（nvc）的具体构建过程参见本章第三节。

（二） 其余控制变量

根据现有文献，本章添加了如下控制变量：（1）物质资本（K），用永续盘存法估算得到，初始资本存量①根据哈伯格（Harberger，1978）提出的稳态方法进行计算，即 $K_{i, 1997}^r = I_{i, 1997}^r / (g_i^r + \delta)$。其中，$I_{i, 1997}^r$ 为地区 i 产业 r 基年固定资产投资额，g_i^r 为地区 i 产业 r 实际增加值在样本期内的几何平均增长率，δ 为折旧率，参照张军等（2004）的做法取 9.6%；（2）劳动力（L），用各地区—产业的全社会年末从业人员来衡量；（3）专业化经济（LE），与国内外学者一致（Rosenthal and Strange，2004；范剑勇等，2014），用区位熵即各地区—产业的就业人数占本地区全部就业人数的比例除以全国该行业就业人数占全国全部就业人数的比例来度量；（4）多样化经济（UE），参照范剑勇等（2014）的做法，采用本地区其他行业就业人数占本地区就业的比例与其他行业全国就业人数占全国就业比例的绝对值偏差和的倒数来表示；（5）赫芬达尔指数（HHI），用产业内企业市场份额的平方和来衡量，以控制国内市场的竞争程度；（6）国有资本所占比重（RSC），用产业层面国有资本占实收资本的比重来表示，以控制国家对

---

① 由于 1997 年重庆市正式成为直辖市，为保证前后截面单元的统一，以 1997 年为初始年份。

产业的干预程度;(7)基础设施(*infra*),用公路密度,即各地区公路总里程除以国土面积来衡量。

三、数据说明

限于中国 30 个省区区域间投入产出表的可得性,本书将样本期选为 2002 年、2007 年和 2010 年,考察对象为中国 30 个省区 15 个制造业行业[①],剔除了数据缺失的西藏、中国港澳台地区,最终样本为 1 350 个。分析所用数据主要涉及三类:2002 年、2007 年和 2010 年中国 30 个省区区域间非竞争型投入产出表,用于测度各地区—产业全球价值链贸易参与程度和国内价值链贸易参与程度两个指标;世界投入产出数据库(WIOD)发布的世界投入产出表 2016 年版本[②],用于补充全球价值链贸易参与和国内价值链贸易参与测度过程中所需的回流增加值信息;历年《中国工业企业数据》《中国工业经济统计年鉴》和《中国统计年鉴》,用于测度相关控制变量。

第五节　实证结果及分析

一、基准回归

表 13-3 报告了全球价值链、国内价值链参与和经济增长的回归结果。其中第(1)列仅考虑核心解释变量全球价值链参与度(ln *gvc*)、国内价值链参与度

---

① 15 个制造业行业分别是食品制造及烟草加工业,纺织业,木材加工及家具制造业,造纸印刷及文教体育用品制造业,石油加工、炼焦及核燃料加工业,化学工业,非金属矿物制造业,金属冶炼及压延加工业,金属制品业,通用、专用设备制造业,交通运输设备制造业,电气机械及器材制造业,通信设备、计算机及其他电子设备制造业,仪器仪表及文化办公用机械制造业,以及其他制造业。

② WIOD 发布了两个版本的数据,第一个版本于 2013 年发布,时间跨度为 1995—2011 年,涵盖 40 个国家 35 个产业部门,其中制造业部门有 14 个;第二个版本于 2016 年发布,时间跨度为 2000—2014 年,涵盖 43 个国家和 56 个产业部门,其中制造业部门有 19 个。关于这两个版本数据的详细说明可参见蒂默等(Timmer et al., 2016)。为了能够更细致地与区域间投入产出表中的制造业行业相匹配,本章采用 2016 年版本。

(ln *nvc*)以及两者的交互项(ln *gvc*×ln *nvc*)，结果显示，全球价值链参与度、国内价值链贸易参与度以及两者交互项的估计系数均显著为正，表明参与全球价值链和国内价值链均能够促进经济增长，且两者在促进经济增长方面存在着互补关系。第(2)列加入了地区—产业层面的各控制变量，第(3)列进一步纳入了产业层面的赫芬达尔指数和国有资本比重，第(4)列还控制了地区层面的基础设施，此时三个核心解释变量仍显著为正，反映出在控制了众多因素之后，参与全球价值链和国内价值链依然促进了经济增长，且两者在促进经济增长上仍旧相互补充，符合理论预期。根据本章第二节的理论分析，参与全球价值链能够通过市场扩张效应、促竞争效应和成本节约效应带来经济增长；参与国内价值链则可以在资源整合效应、规模经济效应和投入产出关联效应的作用下促进经济增长；就两者的相互作用而言，参与国内价值链能够通过分工深化效应、制度优化效应和母国市场效应强化全球价值链对经济增长的带动作用，参与全球价值链则可以在倒逼效应、干中学效应和网络效应的作用下增强国内价值链对经济增长的正向影响，从而使得两者对经济增长呈现互促关系。

表 13 - 3 　 GVC、NVC 与经济增长的计量结果

	(1)	(2)	(3)	(4)
ln *gvc*	0.249***	0.204***	0.201***	0.197***
	(6.73)	(6.20)	(6.07)	(6.00)
ln *nvc*	0.416***	0.376***	0.375***	0.374***
	(4.62)	(4.37)	(4.36)	(4.35)
ln *gvc*×ln *nvc*	0.162**	0.128**	0.127**	0.122*
	(2.31)	(2.03)	(2.01)	(1.95)
控制变量	否	是	是	是
地区	是	是	是	是
行业	是	是	是	是
年份	是	是	是	是
R^2	0.833	0.909	0.909	0.909
N	1 350	1 350	1 350	1 350

注：圆括号内为采用稳健标准误时的 *t* 统计量。＊、＊＊、＊＊＊分别表示在 10%、5%、1%水平上显著。

二、内生性问题

无论是关于国际贸易还是区际贸易的文献,一个无法回避的问题是贸易与经济系统运行之间可能存在着内生性。严重的内生性会使普通最小二乘法(OLS)估计有偏和非一致。此时较为普遍的处理方法是为贸易寻找一个合适的工具变量。一个合适的工具变量不仅要满足相关性,更为重要的还必须满足外生性条件。由于第二个条件一般较难满足,因此,为贸易寻找合适的工具变量一直是国际经济学领域和区域经济学领域的一个重点和难点。

关于对外贸易工具变量的选取问题,现有文献已经进行了颇多有益的探索(Frankel and Romer,1999;Wei and Wu,2001;黄玖立和李坤望,2006;盛斌和毛其淋,2011)。本章借鉴盛斌和毛其淋(2011)的做法,选用各省区海外市场接近度(fma)和1975年外贸依存度(exp1975)作为全球价值链参与指标的工具变量。就相关性而言,接近国际市场可以降低运输成本,从而有利于全球价值链参与,而历史上外贸依存度越高的地区往往具有更好地参与全球价值链的基础设施和技能经验;就外生性而言,海外市场接近度是由自然地理因素决定的,而1975年的外贸依存度是历史数据,因此可以认为它们是外生的。总的来说,海外市场接近度和1975年外贸依存度是全球价值链参与指标较为合理的工具变量。其中,1975年外贸依存度采用各省区1975年出口占GDP的比重来衡量;海外市场接近度采用各省区省会城市到海岸线距离的倒数再乘以100来表示,具体构造方法为:

$$fma_i = \begin{cases} 100 \times d_{ii}^{-1}, & i \in C \\ 100 \times (\min d_{ij} + d_{jj})^{-1}, & i \notin C, j \in C \end{cases} \tag{13-21}$$

(13-21)式中下标 i 和 j 表示地区,d 表示距离,C 表示沿海省区[①]的集合。该式表明沿海省区到海岸线的距离为其内部距离 d_{ii},根据雷丁和维纳布

---

① 本章的沿海地区包括北京、天津、山东、上海、江苏、浙江、福建、广东和海南9个省区,其余省区归为内陆地区。

尔斯（Redding and Venables，2004）的做法，各省区内部距离取地理半径的 2/3，即 $d_{ii} = 2/3\sqrt{pla_i/\pi}$，$pla_i$ 为省区 i 的陆地面积；而内陆省区到海岸线的距离为其到最近沿海省区的距离加上该沿海省区的内部距离。

对于国内贸易工具变量的选取问题，现有文献探讨得较少。本章先选取了一个具有历史信息的各省区 1975 年全社会消费品零售额（$retail$1975）作为国内价值链参与指标的工具变量。作为国内贸易的重要指标，通常而言，历史上全社会消费品零售额越高的地区往往与其他地区有更密切的经济往来与联系，从而具备更好地参与国内价值链的条件，因此各省区 1975 年全社会消费品零售额（$retail$1975）与其国内价值链参与程度具有正相关。而本章在工具变量上的最主要贡献是抓住中国"央管干部"的制度化特征，尝试构造了省区官员（省委书记或省长）交流次数（OCN）作为本章国内价值链参与指标的工具变量，丰富了现有贸易与经济系统运行内生性问题的解决方案。

具体在构造地区官员交流次数变量时，本章将某地区在 2002 年之前发生过省委书记或省长从该地区调任到另一个地区或从另一个地区调任到该地区的情况视作该地区 2002 年及之后年份发生了官员交流，将 2002—2006 年间发生调任的情况视作 2007 年及之后年份该地区发生了官员交流，将 2007—2009 年间发生调任的情况视作 2010 年该地区发生了官员交流，因此，2002 年官员交流次数为第一种情况下的次数，2007 年为第一和第二种情况下的次数加总，2010 年为第一、第二和第三种情况下的次数加总。官员任命、调动资料来自《中华人民共和国职官志》以及人民网、新华网等公布的干部资料。在 20 世纪 90 年代中国官员交流被正式制度化。首先从相关性来看，省委书记或省长作为党政一把手，是其所在省区对外经济政策的推动者和执行者，其流动有助于省区间沟通交流，而且流动次数越多，与其他省区沟通交流的可能性和频率会越高，越有利于降低贸易成本和分工成本，从而越能够促进该省区参与国内价值链；其次从外生性来看，地方官员事先较难获知地区官员交流与否及其去向，其主要由中央任免和管理(邵朝对等,2018),因此,地区官员交流较好地外生于地区的经济特征,对地区经济增长较难产生直接影响。总体而言,地区官员交流次数是国内价值链参与指标的一个较为合理的工具变量。

表 13-4 中的第(1)—(3)列报告了使用工具变量进行两阶段最小二乘法(2SLS)估计的回归结果。其中第(1)列只考虑全球价值链参与程度(gvc)为内生变量时的情形,第(2)列则报告了仅国内价值链参与程度(nvc)为内生变量时的 2SLS 估计结果,而第(3)列进一步展示了全球价值链参与程度(gvc)和国内价值链参与程度(nvc)同时为内生变量时的估计结果。从中可以看到,第(1)—(3)列的 Kleibergen-Paap rk LM 和 Kleibergen-Paap Wald rk F 检验均拒绝了工具变量识别不足和弱识别的原假设,Hansen 过度识别检验也不能在 10% 的显著性水平上拒绝工具变量外生的原假设。上述检验结果反映了本章选取的工具变量是较为合理的。为进一步缓解内生性,第(4)列还对全球价值链参与程度和国内价值链参与程度两者滞后项[①]进行估计。由表 13-4 各列的估计结果可知,即使在考虑了内生性问题后,本章的核心结论依旧成立,参与全球价值链和国内价值链均能够促进经济增长,且两者在促进经济增长方面存在互补关系。

表 13-4 GVC、NVC 与经济增长的 2SLS 估计结果

	gvc 为 内生变量	nvc 为 内生变量	gvc 和 nvc 为 内生变量	gvc 和 nvc 为 滞后项
	(1)	(2)	(3)	(4)
ln gvc	0.517***	0.901***	0.674***	0.061*
	(3.50)	(5.29)	(3.74)	(1.71)
ln nvc	0.870***	1.971***	1.153**	0.328***
	(2.89)	(3.40)	(2.32)	(2.82)

---

① 具体做法为用 2002 年的全球价值链参与程度和国内价值链参与程度替代 2007 年的,用 2007 年的替代 2010 年的。

	gvc 为内生变量	nvc 为内生变量	gvc 和 nvc 为内生变量	gvc 和 nvc 为滞后项
	（1）	（2）	（3）	（4）
$\ln gvc \times \ln nvc$	0.428*	0.769*	0.587*	0.110*
	(1.71)	(1.83)	(1.78)	(1.68)
控制变量	是	是	是	是
地区	否	否	否	是
行业	是	是	是	是
年份	是	是	是	是
Kleibergen-Paap rk LM 统计量	34.549***	27.747***	30.933***	—
Kleibergen-Paap Wald rk F 统计量	24.149 {16.87}	17.066 {16.87}	18.428 —	—
Hansen 统计量	[0.219]	[0.315]	[0.142]	—
R^2	0.850	0.863	0.835	0.907
N	1 170	1 260	1 170	900

注:Kleibergen-Paap 统计量中花括号内的数值为 Stock-Yogo 检验 10% 水平上的临界值,方括号内的数值为 Hansen 统计量的伴随概率。其他同表 13-3。

三、异质性分析

（一）时间特征:全球金融危机前后

2008 年席卷全球的金融危机使国际贸易量和投资量锐减,全球价值链在世界范围内的延伸广度和深度出现了明显下降,这给中国外向型经济发展造成了强有力的冲击(Wang et al.,2017)。在此背景下,国内市场变得更为重要(黎峰,2016)。因此,以 2008 年全球金融危机为界,参与全球价值链与国内价值链对中国经济增长的相对重要性正逐步发生着改变。本章以 2008 年作为分界点构造金融危机虚拟变量 $crisis$,金融危机爆发之前即 2002 年和 2007 年取值为 0,金融危机爆发之后即 2010 年取值为 1,以考察参与全球价值链和国内价值链对中国经济增长影响的结构性差异,表 13-5 中的第(1)列报告了具体的估计结果。

表 13 - 5　GVC、NVC 与经济增长的异质性和稳健性检验结果

	异质性分析		稳健性检验	
	时间特征	地区特征	截面	地区
	(1)	(2)	(3)	(4)
ln *gvc*	0.203***	0.080*	0.260***	0.222**
	(3.79)	(1.74)	(3.39)	(2.24)
ln *nvc*	0.201***	0.167**	0.376**	0.843**
	(2.73)	(2.56)	(2.48)	(2.02)
ln *gvc* × ln *nvc*	0.013*	0.005	0.257*	0.723*
	(1.70)	(0.87)	(1.94)	(1.78)
ln *gvc* × *crisis*	−0.099*			
	(−1.68)			
ln *nvc* × *crisis*	0.027			
	(0.31)			
ln *gvc* × ln *nvc* × *crisis*	−0.005			
	(−0.56)			
ln *gvc* × *coastal*		0.327***		
		(3.84)		
ln *nvc* × *coastal*		0.274**		
		(2.54)		
ln *gvc* × ln *nvc* × *coastal*		0.038***		
		(2.97)		
控制变量	是	是	是	是
地区	是	是	是	是
行业	是	是	是	否
年份	是	是	否	是
R^2	0.912	0.911	0.937	0.988
N	1 350	1 350	450	90

注:第(4)列控制变量为地区层面的物质资本、劳动力及基础设施。其他同表 13 - 3。

从第(1)列中可以看到,全球价值链参与程度、国内价值链参与程度及其交互项的估计系数均显著为正,表明金融危机爆发之前参与全球价值链和国内价值链均能够促进经济增长,且两者在促进经济增长方面存在着互补关系;进一步由全球价值链参与程度、国内价值链参与程度及其交互项与金融危机虚拟变量的交互项可知,金融危机爆发之后参与国内价值链对经济增长的促进作用有

所增强，而参与全球价值链对经济增长的促进作用明显减弱，两者之间的互补关系也有所降低，反映出面对强有力的外部冲击和不确定性，国内各地区—产业之间的价值链关联和经济技术联系更为紧密，基于地区比较优势的专业化分工协作日益深化，进而使得参与国内价值链对经济增长的促进作用被外部冲击所放大；而全球价值链在金融危机后的"低迷"使得参与全球价值链的经济增长效应大为减弱，进而与国内价值链对经济增长的互动关系也有所下降。

（二） 地区特征：沿海地区和内陆地区

中国沿海地区与内陆地区由于在地理位置、资源禀赋、经济基础等方面的差异对外开放程度和市场化程度差异明显。沿海地区地理位置优越，对外开放程度较高，且在很多领域基本已实现市场化改革；而内陆地区深居内陆，对外开放程度较低，同时市场化改革步伐相对迟缓，这使得两者在参与全球价值链和国内价值链方面均表现出较大的不平衡，从而可能对参与全球价值链和国内价值链的经济增长效应产生深刻影响。为此，本章还以内陆地区为基准对沿海地区和内陆地区的异质性影响进行考察，具体估计结果列于表 13－5 中的第（2）列。

第（2）列显示，全球价值链参与程度和国内价值链参与程度的估计系数均显著为正，两者交互项的估计系数虽不显著但仍为正，反映出全球价值链参与程度和国内价值链参与程度的提高显著促进了内陆地区经济增长，且两者在影响内陆地区经济增长上呈现出一定的互补关系；进一步由全球价值链参与程度、国内价值链参与程度及其交互项与沿海地区虚拟变量（*coastal*）的交互项可知，不管是全球价值链参与度、国内价值链参与度，还是两者的交互项，对沿海地区经济增长的影响均显著大于内陆地区，其中的原因可能在于，沿海地区较早的对外开放和市场化改革使得参与全球价值链和国内价值链的经济增长效应得到了更为有效的发挥；与此同时，率先加入全球价值链的沿海地区往往也是国内价值链的领导地区，它们会充分利用自身在全球价值链中积累的柔性生产、规模制造、运筹管理等方面的"在位优势"以及在国内价值链中形成的文化认同、血脉相连、环境熟悉等方面的"本土优势"将全球价值链与国内价值链进行有效对接,形成良性互动,助推自身经济增长,而内陆地区不仅全球价值链参与程度较低,而且在国内价值链中处于相对低端位置,因此参与全球价值链与国内价值链的经济增长联动作用在内陆地区较弱。

四、稳健性检验

(一)截面分析

为了进一步减弱经济波动对本章回归结果可能造成的扰动,也为了检验本章基本结论对不同数据结构和回归方法的稳健性,本章将 2002 年、2007 年和 2010 年作为一个整体进行截面回归,具体结果展示在表 13-5 中的第(3)列。如第(3)列所示,本章的核心结论依旧成立,参与全球价值链和国内价值链均能够促进经济增长,且两者在促进经济增长方面存在互补关系,反映出本章的核心结论不因数据结构和回归方法的不同而发生实质性变化。

(二)地区层面分析

我们进一步还作了地区层面的稳健性检验,表 13-5 中的第(4)列汇报了具体的回归结果。从中可知,本章的核心结论在地区层面依然成立,这说明本章的核心结论具有较强的可靠性和适用性,也不因考察的维度不同而发生较大改变。

第六节 价值链参与方式的进一步分析

前文从价值链参与的整体视角考察了参与全球价值链、国内价值链及其互动效应对经济增长的影响,发现参与全球价值链和国内价值链均能够促进中国经济增长,且两者在促进经济增长上存在互补关系,尚未区分价值链参与的不同方式。由于不同的价值链参与方式承担了不同的任务生产环节,这使得全球价值链、国内价值链的不同参与方式在互动过程中可能对经济增长产生异质性影响。本部分将进一步从价值链的不同参与方式对参与全球价值链、国内价值链与经济增长进行更加细致和纵深的剖析,以加深对中国国内外两个市场、两种资源统筹问题的理解。为此,将基准模型(13-20)式扩展为如下形式:

$$\ln Y_{it}^r = \lambda_0 + \lambda_1 \ln gup_{it}^r + \lambda_2 \ln gdown_{it}^r + \lambda_3 \ln nup_{it}^r + \lambda_4 \ln ndown_{it}^r + \lambda_5 \ln gup_{it}^r$$

$$\times \ln nup_{it}^r + \lambda_6 \ln gdown_{it}^r \times \ln nup_{it}^r + \lambda_7 \ln gup_{it}^r \times \ln ndown_{it}^r$$

$$+ \lambda_8 \ln gdown_{it}^r \times \ln ndown_{it}^r + \gamma \ln \vec{X} + v_i + v^r + v_t + \varepsilon_{it}^r \qquad (13-22)$$

其中,gup(nup)和 $gdown$($ndown$)分别表示全球价值链(国内价值链)上游参与度和下游参与度,具体构建过程参见本章第三节;$\ln gup \times \ln nup$、$\ln gdown \times \ln nup$、$\ln gup \times \ln ndown$ 和 $\ln gdown \times \ln ndown$ 分别表示全球价值链上游参与度和国内价值链上游参与度的交互项、全球价值链下游参与度和国内价值链上游参与度的交互项、全球价值链上游参与度和国内价值链下游参与度的交互项以及全球价值链下游参与度和国内价值链下游参与度的交互项。

表 13-6 报告了全球价值链、国内价值链不同参与方式与经济增长的估计结果。其中,第(1)列为全球价值链上游参与度($\ln gup$)、国内价值链上游参与度($\ln nup$)及其交互项($\ln gup \times \ln nup$)对经济增长影响的估计结果;第(2)列为全球价值链下游参与度($\ln gdown$)、国内价值链上游参与度($\ln nup$)及其交互项($\ln gdown \times \ln nup$)对经济增长影响的估计结果;第(3)列为全球价值链上游参与度($\ln gup$)、国内价值链下游参与度($\ln ndown$)及其交互项($\ln gup \times \ln ndown$)对经济增长影响的估计结果;第(4)列为全球价值链下游参与度($\ln gdown$)、国内价值链下游参与度($\ln ndown$)及其交互项($\ln gdown \times \ln ndown$)对经济增长影响的估计结果;第(5)列则将全球价值链、国内价值链不同参与方式同时纳入进行估计的回归结果。由表 13-6 可知,全球价值链上游参与度、下游参与度以及国内价值链上游参与度、下游参与度的估计系数均显著为正,表明无论以供应者的角色,还是以生产者的角色参与全球价值链和国内价值链,均能够促进经济增长。一方面,以供应者的角色参与价值链可以通过下游环节的反馈机制有效引导其改进自身生产流程、调整产品结构、更新机

器设备、加强劳动力培训、使用新技术等,进而促进其经济增长;另一方面,以生产者的角色参与价值链可以通过从上游环节获得高质量的中间品和机器设备以较低成本进行学习与创新,继而获得物质资本、人力资本、知识资本等快速提升,并最终带来经济增长。

表 13 - 6　GVC、NVC 不同参与方式与经济增长的计量结果

	(1)	(2)	(3)	(4)	(5)
ln gup	0.328* (1.81)		0.881*** (9.09)		0.448** (2.41)
ln $gdown$		0.080* (1.78)		0.233*** (6.48)	0.091* (1.76)
ln nup	1.096* (1.70)	1.294*** (9.28)			1.399** (2.11)
ln $ndown$			0.454*** (3.50)	0.307*** (8.93)	0.297** (2.50)
ln gup×ln nup	0.045 (0.19)				0.072 (0.32)
ln $gdown$×ln nup		0.000 (0.00)			0.021 (0.37)
ln gup×ln $ndown$			0.136*** (2.76)		0.083* (1.90)
ln $gdown$×ln $ndown$				0.070*** (3.79)	0.029* (1.72)
控制变量	是	是	是	是	是
地区	是	是	是	是	是
行业	是	是	是	是	是
年份	是	是	是	是	是
R^2	0.922	0.920	0.913	0.905	0.926
N	1 350	1 350	1 350	1 350	1 350

注:同表 13 - 3。

进一步地,四个交互项即全球价值链上游参与度和国内价值链上游参与度的交互项(ln gup×ln nup)、全球价值链下游参与度和国内价值链上游参与度

的交互项(ln $gdown$×ln nup)、全球价值链上游参与度和国内价值链下游参与度的交互项(ln gup×ln $ndown$)以及全球价值链下游参与度和国内价值链下游参与度的交互项(ln $gdown$×ln $ndown$)的回归结果显示,ln gup×ln nup 和 ln $gdown$×ln nup 的估计系数虽为正,但均未通过 10%的显著性检验,而 ln gup×ln $ndown$ 和 ln $gdown$×ln $ndown$ 的估计系数则显著为正,反映出国内价值链不同参与方式与全球价值链参与在促进经济增长上的互动关系呈现非对称特征,国内价值链上游参与和全球价值链参与并不存在显著的互补关系,而国内价值链下游参与和全球价值链参与则存在显著的互补关系,这意味着国内价值链下游参与是衔接全球价值链与国内价值链有效互动的主要方式,而上游参与方式在其中并未发挥明显作用。对此可能的解释是,中国经济转型过程中出现的"上游市场垄断、下游市场竞争"的非对称结构使得国内价值链上游环节存在明显的行业垄断特征,而下游环节基本实现了有序竞争(刘瑞明和石磊,2011)。同时,转型过程中出现的地方保护主义和地区市场分割,特别是掌握关键资源和经济命脉的上游要素市场,使得国内价值链上游环节还存在明显的区域分割特征(Bai et al.,2004;Guariglia and Poncet,2008)。国内价值链"上游环节垄断分割、下游环节竞争开放"的非对称结构造成了国内价值链上游环节具有较强的内在封闭性,其知识、技术、资本、人才等资源不易在上游链条外扩散与流通,从而与全球价值链网络无法形成有效对接与整合,因此国内价值链上游参与和全球价值链参与的互动作用不明显;而国内价值链下游环节则具有较高的有序性和开放度,其知识、技术、资本、人才等资源基本实现了跨区域、跨行业的自由流动,因而能够有效对接和整合全球价值链各生产环节,延长全球价值链在国内的循环链条、提高全球价值链在国内的开放度等,因此国内价值链下游参与和全球价值链参与形成了良性互动。

第七节　本章小结:GVC 与 NVC 的宏观经济增长互动效应

立足以国内大循环为主体、国内国际双循环相互促进的新发展格局,在价值链理论的框架下,本章首次将全球价值链和国内价值链置于统一的分析框架,在借鉴和改进库普曼等(Koopman et al., 2014)、李跟强和潘文卿(2016)的增加值分解方法全面测度各地区—产业全球价值链和国内价值链参与指标的基础上,利用地理单元更细化、时间跨度更长的 2002 年、2007 年和 2010 年中国 30 个省区区域间投入产出表对参与全球价值链、国内价值链及其互动效应对中国经济增长的影响进行实证分析。本章的研究结论主要包括以下三个方面:

第一,参与全球价值链和国内价值链均显著地促进了中国经济增长,且两者在促进经济增长上存在互补关系,这一结论在首次引入省区官员交流次数等工具变量控制内生性后仍成立。

第二,参与全球价值链、国内价值链对经济增长的影响效应在时间和空间上呈现异质性。具体而言,2008 年全球金融危机之后,参与国内价值链对经济增长的促进作用有所增强,而参与全球价值链对经济增长的促进作用明显减弱,两者之间的互补关系也有所降低;参与全球价值链、国内价值链以及两者的互动效应对沿海地区经济增长的影响均显著大于内陆地区。

第三,无论以何种方式参与全球价值链和国内价值链,均能够促进经济增长,但在促进经济增长的互动关系上,国内价值链不同参与方式与全球价值链参与呈现非对称互动特征,国内价值链上游参与和全球价值链参与并不存在显著的互补关系,而国内价值链下游参与和全球价值链参与则存在显著的互补关系,这意味着国内价值链下游参与是衔接全球价值链与国内价值链有效互动的主要方式,而上游参与方式在其中并未发挥明显作用。总的来说,本章肯定了参与全球价值链和国内价值链在促进中国经济增长中的重要作用。

第十四章　全球价值链分工、产业集聚与企业生产率：国际化生产与本地化生产如何互动

第一节　引言

20 世纪 80 年代以来，信息通信技术迅猛发展，贸易成本急剧下降，全球价值链（GVC）成为新型的国际分工模式。自改革开放以来，尤其是 2001 年末加入 WTO 之后，中国融入国际生产体系的程度不断深化，在 GVC 中所处的位置和所起的作用发生了显著变化。截至 2011 年，中国在 GVC 中的参与度已接近 50%（WTO，2015），国际分工地位亦得到了大幅提升（王岚，2014）。

在中国不断融入全球化生产体系的同时，国内经济集聚也快速形成。以"工业园区和产业群"为特色的地理集聚，促进了集聚区企业生产率的改善，成为中国经济增长奇迹的一个重要标志（Cui et al.，2015）。显然，在这个国内经济集聚深化和全球价值链参与的互动进程中，企业既处于国内产业本地化大规模集群的生产体系中，也处于全球价值链错综交织的生产体系中。作为一种组织和治理力量，全球价值链通过空间生产网络将各国企业虹吸至"世界进程"之中（杨继军和范从来，2015），那么，已在全球分工体系不断扩展的中国企业，其所处的全球分工体系与国内本地化产业集群之间存在何种互动关系，两者的互动对企业生产绩效产生何种影响，这俨然成为全球价值链视角下触及国内与国外两个市场、两种资源统筹大局的重要理论和政策问题。有鉴于此，本章首次将国际生产体系下的全球价值链和国内生产体系下的本地化产业集群置于统一的分析框架中，利用 2000—2007 年中国工业企业和海关数据从微观视角对

如下几个问题进行较为细致的解读:国内企业嵌入全球价值链并不断向高端位置攀升时,与本地产业集群的互动关系究竟如何,企业全球价值链分工地位的提高是削弱还是强化了产业集聚的生产率效应? 进一步地,企业不同的价值链嵌入方式和组织结构对两者的生产率互动效应有何差别? 换句话说,本章旨在探讨全球价值链表征的国际生产体系与本地产业集群表征的国内生产体系对企业生产率的互动效应,究竟前者是削弱还是强化了后者对企业生产率的正向溢出。

伴随着国际分工格局和贸易模式的迅速变革,全球价值链研究迅速升温,并接连取得突破性进展。当前关于 GVC 研究的重大进展主要集中于指标测算,并从宏观产业和微观企业两个层面进行。然而,遗憾的是,企业层面的核算仍停留于对企业 GVC 下游环节参与度的衡量,缺乏对企业 GVC 上游环节参与度的考察,进而不能全面揭示企业在 GVC 分工中的真实地位,因此从微观企业层面测度 GVC 分工指标尚有进一步推进的空间,这也是本章试图努力改进的一个重要方向[①]。

目前和本章企业融入全球价值链与本地产业集聚关系的主题较为接近的文献主要采用案例方法,它们通过对事件演进的特征描述及动态追踪,探讨了全球价值链背景下地方产业集群的升级问题,发现了单一企业甚至核心企业的升级并不一定带来当地集群整体升级的"升级悖论"现象[②]。本章与上述研究不同,首先,在研究方法上,本章并不拘泥于对某个特定案例的跟踪剖析,而是在构建企业全球价值链分工、产业集聚与企业生产率互动机制的基础上,运用微观数据进行实证检验,因此得出的结论更具有一般性与稳健性;其次,在研究视角上,本章并不强调企业全球价值链参与行为对当地产业集群升级的综合效应,而是着重关注随着企业嵌入全球价值链分工体系的不断深化,当地产业集

[①] 具体参见本书第二章第二节关于 GVC 参与度指标的文献综述部分。

[②] 具体参见本书第二章第二节关于全球价值链对国家内部影响的文献综述部分。

群对企业生产效率的空间外溢呈现出怎样的变动特征，不同的价值链嵌入方式表现出何种互动关系，其背后的驱动力量又是什么，这些可能是"升级悖论"最应追溯的本源性问题。

与以往研究相比，本章的贡献可能在于：首先，综合考虑了间接进口、返回增加值、间接增加值出口等细节问题后，利用中国海关数据库和世界投入产出数据库（WIOD）首次尝试从微观层面测算了企业参与全球价值链分工的三个指标——GVC地位指数、GVC上游环节参与度和GVC下游环节参与度，以全面揭示企业嵌入全球价值链的深度和广度；其次，在借鉴、改进勃兰特等（Brandt et al.，2012）方法的基础上，对中国工业企业数据库进行了更为细致、科学的处理，并运用其与中国海关数据库的匹配数据对企业全球价值链分工、产业集聚与企业生产效率的互动机制进行实证检验；最后，基于马歇尔外部性理论，从"人""物""知识"三个空间视角进一步拓展分析了企业参与全球价值链分工与本地产业集群互动关系的背后驱动力量，发现主要通过劳动力蓄水池（"人"）和知识技术溢出（"知识"）作用渠道，企业不同的全球价值链嵌入方式与产业集聚呈现了异质性的生产率互动效应，造就了全球价值链视角下"上游嵌入者—下游嵌入者"与国内生产体系互动的二元分割结构，而中间投入共享在这一过程中并未发挥作用。

本章余下内容安排如下：第二节为理论假说；第三节介绍企业层面GVC指标的测度方法，并对中国的典型事实进行描述；第四节介绍计量模型设定、变量选取和数据来源及处理说明；第五节报告实证结果；第六节从集聚外部性的"人""物""知识"视角对基本模型和结果进行扩展分析；第七节为本章小结。

第二节　理论假说

自马歇尔（Marshall，1920）提出集聚和集聚外部性之后，越来越多的学者开始研究集聚经济及其影响效应。传统集聚理论认为集聚经济主要来源于三个外部性：(1)劳动力蓄水池（"人"）。同一行业厂商集聚能够构筑起一个厚实的劳动力市场，大大拓展了厂商对工人的挑选空间，厂商可以根据自己产品需求的变化便捷地获得所需的劳动力。(2)中间投入共享（"物"）。同一行业厂商大规模集聚为中间品生产提供了实现规模经济的中间品市场，而种类繁多、具有规模经济的中间品厂商则可以降低最终品厂商的运输成本和生产成本，给其带来规模经济效益。(3)知识技术溢出（"知识"）。同一行业厂商大规模集聚不仅为厂商之间进行"示范—模仿"和科研协作，而且为厂商专业技术人才间进行正式或非正式接触交流提供了平台，进而促进知识共享和技术溢出（Marshall，1920；Ellison et al.，2010）。事实上，集聚区企业通过匹配、共享和学习获取集聚经济效应进而促进生产率提高的作用机制已被大量研究所证实（Duranton and Puga，2004；Combes et al.，2012）。

与此同时，伴随着"全球价值链革命"的兴起，近年来有关全球价值链生产率效应的文献亦不断涌现。价值链升级理论表明，当企业通过工艺升级、产品升级、功能升级和部门或链条升级路径不断提高自身的 GVC 分工地位时，其从 GVC 中获取的网络权力和超额利润随之增加，进而对 GVC 的掌控能力逐步增强，这将促进企业生产率和竞争力的快速提升（Gereffi，1999；Bair and Gereffi，2001）。大量经验研究也表明，当企业通过改进生产流程、调整产品结构、使用新技术等活动沿着价值链升级"扶梯"向高端地位攀升时，其生产绩效将会随之提高（Amighini，2004；刘奕和夏杰长，2009）。

那么，企业在提升 GVC 分工地位的过程中，对本地产业集聚的生产率溢出效应有何影响？一方面，根据价值链租金创造理论，随着 GVC 分工地位的攀升，企业对 GVC 的掌控能力逐步增强，出于自身的战略意图以及占有 GVC 中更多的分工价值，会更加专注和经营 GVC 中原有业已形成的组织间关系网络和全球化生产体系，这使得其与国内本地化生产体系的空间互动关系日益减弱，从而弱化了本地产业集聚对其生产率的正向溢出效应（Kaplinsky and Morris，2001）。另一方面更为重要的是，首先，根据企业资源基础与能力理论，为组织、协调和整合全球分工网络,GVC 分工地位攀升企业对异质性资源和卓越能力的依赖和要求越来越高,此时企业会投资大量具有独特性、复杂性、难以被模仿替代的异质性资源,并不断增强自身创造、获取、整合和运用新的或现有资源的能力①(Wernerfelt, 1984; Teece et al., 1997)。企业这些异质性资源以及卓越能力是企业特有竞争优势的重要构成部分,本身会对集聚区内其他企业形成一种内在的隔绝机制(Lippman and Rumelt, 1982)。其次,根据企业战略隔绝理论,虽然内在的隔绝机制能够起到一定的保护作用,但由于本地产业集群内的同行业企业间在劳动力使用、投入产出结构、技术结构等方面较为接近,可以通过空间集聚孕育的劳动力蓄水池、中间投入共享、知识技术溢出形成频繁的互动以及相互间的学习—模仿,因此,GVC 分工地位攀升企业的竞争优势也可能被本地区同行业其他企业获得、模仿,进而被削弱,这会减缓甚至阻碍其价值链分工地位的攀升步伐。此时,GVC 分工地位攀升企业会主动构筑起阻滞资源互通与能力互仿的"双壁垒",对本地同行业其他企业实施有效的"战略隔绝"(Strategic Isolating)②,从而使得本地化聚集经济对其生产率的正向溢出效应被进一步削弱。由此可得假说 14.1。

假说 14.1:企业 GVC 分工地位的提升有利于生产率的改善,但通过阻滞资源互通与能力互仿"双壁垒"而实施的战略隔绝削弱了本地产业集聚所释放的生产率外溢效应。

进一步地,由于不同的 GVC 嵌入方式承担了价值形态迥异的任务生产环节,进而在与本地产业集群的互动过程中可能呈现出对生产率的不同影响。企

---

① 异质性资源主要包括专有知识、技术、技能、观念、know-how 和方法等,卓越能力主要包括市场导向的感知能力、组织学习的吸收能力、社会网络的关系能力和沟通协调的整合能力等(Barney, 1991; Wang and Ahmed, 2007)。

② "战略隔绝"最早由鲁梅尔特(Rumelt, 1984)提出,他把"战略隔绝"定义为一个企业在取得竞争优势后限制竞争对手模仿或削弱自己竞争优势的经济力量,即企业为保护自身竞争优势而建立的模仿性障碍或壁垒。后来学者将"战略隔绝"具体化为两种壁垒,即资源互通壁垒和能力互仿壁垒(Wernerfelt, 1984; Teece et al., 1997)。

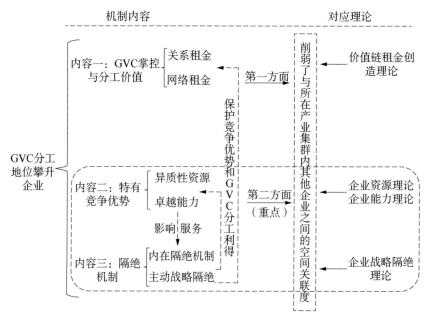

图 14-1　企业 GVC 分工地位攀升与本地产业集聚的生产率互动机制

业嵌入全球生产体系的方式主要有两种:从价值链上游环节嵌入和从价值链下游环节嵌入。前者以供应者的角色参与 GVC,且参与 GVC 上游环节的程度越高,越有可能承担产品设计、品牌创新、关键零部件生产等高附加值环节(Wang et al.,2013)。这些环节往往具有较强的产品附加值俘获能力,能够获得更多的利益分配,因此,GVC 上游环节参与度的提高有助于促进企业生产率的提升(Gereffi,2005;Backer and Miroudot,2013)。但出于对在产品设计、品牌创新、关键零部件供应等生产环节中形成的核心技术和研发创新诀窍的保护,从价值链上游环节嵌入的企业会通过减弱,甚至限制与集聚区内同行业其他企业之间的互动来实施战略隔绝,这削弱了其与国内相关产业的空间关联度,继而弱化了本地化大规模产业集聚对其生产率的溢出效应。

　　后者以生产者的角色参与 GVC,在 GVC 中会从事更多利用进口零部件进行生产制造、加工组装等低附加值环节（Wang et al.，2013）。这些环节往往依附于 GVC 领导者的全球战略，一方面，GVC 领导者为保证自身供应链的稳定和质量，形成差别化竞争优势，会帮助从价值链下游环节嵌入的企业获取简单的技术外溢，这有助于下游环节嵌入企业生产率的提升（Pietrobelli and Rabellotti，2011）；但更为重要的是，另一方面，GVC 领导者为维持自身的垄断势力和既得利益，会把技术外溢控制在安全的范围内，不仅会通过严格把控产品进口质量等进入壁垒和快速变化的产品升级换代要求，迫使下游环节嵌入企业将代工利润用于持续地"淘汰"设备，还会利用下游生产制造商之间的可替代性，通过持续压低价格等手段来压榨下游环节嵌入企业的利润空间，阻碍了下游环节嵌入企业通过自身利润积累来培育内涵增长能力，为其实施进一步的控制和俘获提供基础和便利，这会抑制下游环节嵌入企业生产率的提升（Perez Aleman and Sandilands，2008；张杰和郑文平，2017）。因此，在 GVC 组织和治理模式下，从价值链下游环节嵌入企业始终依附于 GVC 领导者的战略意图从事生产制造、加工组装等低附加值环节，生产率不管提高还是下降，呈现出的是一种依附型生产率路径演变特征，并不具备通过自身利润积累来获取内涵式生产率增长能力，容易被俘获于代工依赖—微利化—自主创新缺失的低端循环路径。此时，从价值链下游环节嵌入的企业不仅不具备实施战略隔绝的能力，而且更希冀通过与集聚区内同行业其他企业之间的频繁互动来汲取本地产业集聚的生产率外溢以获取价值链升级动源。由此可引申出假说 14.2 和假说 14.3。

假说 14.2：企业 GVC 上游环节参与度越高，生产率越高，并且出于对环节核心技术和研发创新诀窍保护动机而实施的战略隔绝削弱了与国内相关产业的空间关联度，进而弱化了本地产业集聚的生产率正向溢出效应。

假说 14.3：企业 GVC 下游环节参与度越高，在 GVC 领导者全球战略的控制下，其依附型生产率路径变动特征越明显，难以实现利润积累—自主创新的内涵式增长，不仅自身不具备实施"战略隔绝"的能力，而且更希冀从本地产业集聚中汲取价值链升级动源,从而强化了本地产业集聚的生产率正向溢出效应。

第三节 中国企业层面参与全球价值链的测度与分析

一、企业全球价值链测度

本章主要借鉴库普曼等(Koopman et al.,2010)构造产业 GVC 地位指数的思路,尝试从微观层面构造可以衡量企业全球价值链分工地位的指标。首先要对企业参与全球价值链的两种方式进行测度。与现有文献相一致,采用企业用于出口的进口中间品中包含的国外增加值占其总出口的比例来衡量企业全球价值链下游环节参与度(Downstream);采用企业间接增加值出口份额来表示企业全球价值链上游环节参与度(Upstream),即企业中间品出口中经一国加工后再次出口给第三国所包含的本国增加值占该企业总出口的比例。在此基础上根据库普曼等(Koopman et al.,2010)的方法,进一步构造出综合反映企业全球价值链分工地位的指标(GVC_position)。对于企业全球价值链下游环节参与度,本章的贡献是在综合考虑了鲁吉和邓希炜(Kee and Tang, 2016)、张杰等(2013)提出的贸易方式、中间贸易代理商与资本品进口问题的基础上进一步处理了间接进口和返回增加值问题。

对于企业全球价值链上游环节参与度,现有文献几乎没有涉及,本章的贡献是结合产业层面的测算方法尝试进行构造。企业全球价值链分工指标体系的具体测算过程参见本书第三章第二节。

二、描述性分析

根据上一部分构建的企业全球价值链地位指数、上游环节参与度和下游环节参与度这三个指标,本部分将从整体、贸易方式和所有制类型三个方面详细考察中国制造业企业参与全球价值链分工的演变趋势与事实特征。详细的描述性分析过程参见第三章第三节。从描述性分析中可以发现:(1)从整体上来看,中国企业全球价值链地位指数仍为负,处于竞争劣势,但状况在不断地改善,这主要是由企业全球价值链上游环节参与度不断上升和下游环节参与度不断下降共同带来的,说明中国企业全球价值链的嵌入方式正逐渐由下游生产者向上游供应者转变,从而分工地位不断提升;(2)从不同贸易方式企业来看,推动中国企业国际分工地位不断提升的主要力量是一般贸易企业,加工贸易企业在国际分工中的地位并没有取得显著的改善,长期"锁定"或"俘获"于低附加值、微利化的价值创造活动;(3)从不同所有制企业来看,相比而言,中国外资企业的全球价值链分工地位虽最低但上升最为迅速,私营企业次之,国有企业在样本期内则上下波动,趋势特征并不明显。

第四节　计量模型设定、变量和数据

一、计量模型设定

根据本章的研究目的及第二节提出的理论假说,将基本计量模型设定为如下形式:

$$TFP_{ijkt} = \alpha_0 + \alpha_1 agg_{jkt} + \alpha_2 gvc\_pos_{ijkt} + \alpha_3(agg_{jkt} \times gvc_{ijkt}) + \beta\vec{X} + \upsilon_i + \upsilon_t + \varepsilon_{ijkt}$$

$$(14-1)$$

其中,下标 i、j、k 和 t 分别表示企业、行业、地区和年份;被解释变量 TFP 代表企业的全要素生产率;agg 和 gvc_pos 分别表示产业集聚和企业全球价值链地位指数,两者的交叉项 $agg \times gvc$ 用于捕捉企业全球价值链分工地位与本地化聚集经济对企业生产率的互动效应,是本章的核心解释变量;$\vec{X}$ 表示控制变量的集合;υ_i 和 υ_t 分别表示企业和年份固定效应;ε 表示随机扰动项。若无特殊说明,为控制企业非观测固定因素对系数估计的干扰,本章相关计量模型均采用固定效应估计方法。

进一步地,由于全球价值链两种嵌入方式具有完全不同的组织结构,承担

着形态迥异的价值链生产环节,因此在与产业集聚的互动过程中可能会对企业
生产率表现出异质性的影响效应与演化路径,所以有必要对这两种参与方式加
以区分,将基本模型扩展为:

$$TFP_{ijkt} = \alpha_0 + \alpha_1 agg_{jkt} + \alpha_2 up_{ijkt} + \alpha_3 (agg_{jkt} \times up_{ijkt}) + \beta \vec{X} + v_i + v_t + \varepsilon_{ijkt}$$

$$(14-2)$$

$$TFP_{ijkt} = \alpha_0 + \alpha_1 agg_{jkt} + \alpha_2 down_{ijkt} + \alpha_3 (agg_{jkt} \times down_{ijkt}) + \beta \vec{X} + v_i + v_t + \varepsilon_{ijkt}$$

$$(14-3)$$

其中,up 和 $down$ 分别表示企业全球价值链上游环节参与度和下游环节参
与度。

二、被解释变量:企业全要素生产率

本章采用 LP 半参数估计法测算企业全要素生产率(TFP),其中,对实际资
本存量的估算运用勃兰特等(Brandt et al., 2012)提供的倒推法;对相关名义
变量的平减主要参照龚关和胡关亮(2013)的做法,工业增加值使用工业品出厂
价格指数进行平减,中间投入使用原材料、燃料、动力购进价格指数进行平减,
投资使用 Brandt-Rawski 投资平减指数进行平减。采用 LP 法有以下两个原
因:首先,LP 法能有效地解决 OLS 估计中存在的内生性问题;其次,与 OP 法相
比,LP 法在一定程度上可以解决 OP 法中代理变量(投资)不能完全响应生产
率变化的问题(龚关和胡关亮,2013)。同时,也会选用 OP 估计法作进一步的稳
健性检验。

三、核心解释变量:企业全球价值链分工指标

企业全球价值链分工指标:采用前文所述的企业全球价值链地位指数
(gvc_pos)、上游环节参与度(up)和下游环节参与度($down$)三个指标。

四、核心解释变量:国内价值链的替代指标——产业集聚

由于缺乏国内企业间的微观贸易数据,无法在企业层面测度国内价值链参
与程度,本章将以产业集聚(Industry Agglomeration)近似替代企业参与国内价

值链程度的指标,这是由于产业集聚意味着本地化生产能力,是国内生产体系重要的组成部分。因此,产业集聚越高的地区,企业参与区际分工的程度也会越高,最终融入国内价值链生产体系的程度相应提高。关于产业集聚指标(agg)的具体测算过程及其描述性分析参见第三章第二节和第三节。

五、其余控制变量

在企业层面包括以下变量:(1)企业规模($scale$)。以企业实际固定资产净值年平均余额的对数值表示,用来控制规模效应对企业生产率的影响。(2)企业年龄(age)。用企业当年所处年份减去开业年份加 1 后取对数得到。(3)政府补贴($subsidy$)。用政府补贴与企业销售额的比值来表示(盛斌和毛其淋,2015),以控制政府扶持政策对企业生产率的冲击。(4)负债率($leverage$)。与贝克蒂和特罗瓦托(Becchtti and Trovato,2002)做法类似,用企业负债占资产的比重来衡量。(5)融资能力($finance$)。采用利息支出与固定资产的比值来表示(毛其淋和盛斌,2013)。(6)贸易总额($trade$)。以经过 CPI 消胀的企业实际进出口总额的对数值来表示,主要是考虑到企业可能通过"进口中学"和"出口中学"等贸易综合渠道对生产率产生溢出效应(Amiti and Konings,2007;Combes et al.,2012),继而干扰本章企业参与 GVC 生产率效应结论的判断。(7)国有企业虚拟变量(SOE)和加工贸易企业虚拟变量($process$)。鉴于中国转型经济的现实背景,本章还进一步控制了国有企业虚拟变量和加工贸易企业虚拟变量(杨汝岱,2015;戴觅等,2014)。

在地区—产业或产业层面上包括以下变量:(1)产业多样化(RDI)。参照范剑勇等(2014)的做法,采用本地区其他行业就业人数占本地区就业的比例与其他行业全国就业人数占全国就业比例的绝对值偏差和的倒数来表示,以控制多样化经济的影响。(2)赫芬达尔指数(HHI)。与简泽等(2013)的做法类似,用产业内企业市场份额的平方和衡量,以控制国内市场的竞争程度。(3)行业总产出($IndustryValue$)。根据企业层面的实际增加值在产业层面上加总后取对数得到,以控制产业整体的发展趋势。(4)国有资本所占比重

（RSC）。用产业层面国有资本占实收资本的比重来表示，以控制国家对产业的干预程度。

六、数据

本章的分析主要涉及了三类数据：企业层面的生产数据，用于计算生产率、年龄、规模等企业层面变量以及产业集聚、赫芬达尔指数等产业层面变量；产品层面的贸易数据，用于测度表征企业全球价值链分工的 GVC 地位指数、GVC 上下游参与度等核心指标；世界投入产出数据（WIOD），对运用贸易数据测度企业全球价值链分工指标进行相应补充。

（一） 企业层面的生产数据

本章使用的企业生产数据来自 2000—2007 年中国工业企业数据[①]，该数据是由国家统计局通过全部国有以及规模以上非国有企业（年销售额 500 万元以上）提交给当地统计局的季报与年报汇总而得。但是，该数据存在着样本错配、指标缺失、指标异常等诸多问题（聂辉华等，2012），我们借鉴并改进勃兰特等（Brandt et al.，2012）的方法对工业企业数据进行匹配。

在工业企业数据匹配之前，先对国民经济行业分类代码和地区行政代码进行口径统一。其中，国民经济行业分类代码主要参考勃兰特等（Brandt et al.，2012）的调整标准，但是勃兰特等（Brandt et al.，2012）并未提供地区行政代码的统一方法。由于本章的产业集聚指标主要用于捕捉县级层面、三分位行业的集聚因素，越细致的地区行政代码处理亦越能提高工业企业的匹配质量，因此进一步统一了地区行政代码。首先，需要确定地区行政代码调整的基准体系。1998—2007 年间中国经历了几次重大的行政区划变革，比如撤地改市、县升地级市、撤县设区等等，地区代码变动较为剧烈，跨越了四个版本的《中华人民共

[①] 根据研究目的以及数据可得性，本章处理了 1998—2007 年中国工业企业数据，再与 2000—2007 年中国海关数据相匹配，形成了分析所用的 2000—2007 年涵盖企业生产数据、贸易数据的非平衡面板数据。

和国行政区划代码》(GB/T2260,1995、1999、2002 和 2007 年版)①。本章主要
以能够反映行政区划调整信息最多、最新的 GBT2260—2007 版本为基准,通过
合并、替代、删减等方式将工业企业数据库中历年不同的行政区划代码体系转
换至这个基准体系②。其次,有的企业的地区代码仅到省级或仅到地市级,或是
报告了市辖区汇总码而没有到具体的区县,甚至还有一些企业报告的地区代码
根本不存在,某些年份同一个地区报告了多个版本的行政区划代码(主要是行
政区划变更年份新旧代码混用),对出现这些情况的企业均进行了较为细致的
六位数地区代码调整③。最后,由于历年中存在少数区县之间的乡镇、街道小范
围归并现象,我们主要对照中国行政网提供的区划调整信息对这部分企业尽可
能地进行统一④。

在统一行业代码和地区代码口径之后,按照勃兰特等(Brandt et al.,
2012)对工业企业样本的处理方法,首先使用企业法人代码进行匹配,继而依据
企业名称、法人代表姓名、地址、行业、电话号码等信息依次匹配。然而,勃兰特
等(Brandt et al.,2012)仅能进行连续两年和连续三年的滚动匹配,当某一年

---

① 其中,1999 年版本主要反映了 1995 年至 1998 年的行政区划调整成果,2002 年版本主要
　反映了 1999 年至 2001 年的行政区划调整成果,2007 年版本则反映了 2002 年至 2006 年
　的行政区划调整成果。
② 由于各版本的行政区划代码反映的是行政区划阶段性调整的汇总结果,如果某年某地区
　行政区划发生调整,工业企业数据库中该地区的行政代码通常会作出相应更改,也就是
　说历年工业企业数据库得到的地区行政代码体系可能存在较大的差异。
③ 我们的处理过程是根据地区代码对历年工业企业与行政区划代码基准体系相匹配,将未
　能匹配的企业挑选出来进行再识别。第一步,依据当年企业所在镇、村、街道等具体地址
　信息鉴别;如果缺乏具体地址信息,再以当年企业汇报的邮政编码进行辨别;如果邮政编
　码难以确定的话,以上一年和下一年的地区代码为标准,两者冲突取上一年地区代码;由
　于部分企业可能中间退出年份复长,仍存在少数企业难以精确定位,我们最后以该企业
　的名称进行百度搜索获取相关地址信息。
④ 这不同于撤地改市、撤县设区等地区建制变化,由于两个地区原有建制仍然存在,这种调
　整更加隐蔽和难以识别。地区建制改变只需根据确定的行政区划代码基准体系匹配即
　可,区县之间乡镇街道的微小变动则必须根据具体的调整信息,将该部分企业使用的旧
　区县代码变换至归入后区县的新代码。

份存在两个及以上企业所有匹配信息相同①或者企业存在至少连续两年的中间退出②时,按照勃兰特等(Brandt et al.,2012)的处理方法,可能会对同一家企业识别不足。对于匹配信息完全重复的问题,由于样本组较少只需挑出进行人工甄别即可;对于中间连续退出至少两年导致匹配中断的问题,则需预先生成一个新的企业代码,为 1998 至 2007 年企业原始法人代码的依次链接,反映了勃兰特等(Brandt et al.,2012)方法中利用不同信息匹配的最终成果,再根据生成的新企业代码和原始企业代码按照中间退出年份长短不同区别对待,具体步骤参见本书附录 B。通过上述的处理过程,我们可以较好地避免企业因为多个代码、名称变更、重组等原因带来的识别偏误问题。

与现有研究一致,我们仅关注制造业企业(国民经济行业分类 13—42 类)。同时,参考现有文献(Brandt et al.,2012;聂辉华等,2012),本章剔除了总产出、销售额、工业增加值、中间投入、固定资产合计、固定资产净值年平均余额缺失、为负值、为零值的样本,剔除从业人数缺失和小于 8 的样本,最后得到 1998—2007 年共 492 791 家企业,而本章分析使用的 2000—2007 年企业样本共计 457 256 家。

(二) 产品层面的贸易数据

该贸易数据来自中国海关总署,它详细记录了 2000—2007 年通关企业的每一条进出口交易信息,主要包括企业税号、企业名称、进出口产品的 8 位 HS 编码、进出口价值、进出口数量、贸易类型、邮编、电话号码、所有制等有关企业贸易和企业身份的变量,为我们计算企业层面的全球价值链分工指标提供了强有力的微观数据支持。

---

① 如果同一年份存在企业组所有匹配信息相同,程序会将其自动剔除而不用于跨年匹配,这样可能会导致企业漏配或者前后匹配中断,导致企业数目的不当增加。

② 如果同一家企业 1998 年和 2000 年存在,仅有 1999 年退出,勃兰特等(Brandt et al.,2012)方法可以将 1998 年和 2000 年进行匹配,但是如果间隔两年及以上,比如同一家企业 1998 年存在,直到 2001 年才再次出现,则该方法会将其视为两家企业。

（三） 合并数据

由于工业企业数据库中的企业代码与海关数据库中的企业税号采用的是两套编码系统，因此即使是同一企业，两者对应的代码编号仍是不同的。本章主要借鉴了余淼杰(Yu, 2014)和戴觅等(2014)的匹配方法，首先，采用企业名称和年份进行合并。由于同一企业不同年份可能更改名称，而且新进入的企业有可能沿用原来的名称，因此，年份这一变量在匹配过程中是必要的。其次，在此基础上，采用企业所在地的邮政编码以及电话号码的后七位来识别两套数据库中相同的企业[①]，最终获得的 2000—2007 年合并数据拥有企业有效观测值296 342 个，企业数 95 327 家。

第五节　实证结果及分析

一、基准回归

（一）　GVC 分工地位、产业集聚对企业生产率的影响检验

表 14 - 1 中的第(1)和(2)列逐步加入本章的核心解释变量产业集聚与企业 GVC 分工地位，第(3)列进一步引入控制变量，结果均显示核心变量与预期符号相吻合。本地化产业集聚对企业生产率产生了显著的正向溢出效应，企业 GVC 分工地位的提升亦显著促进了企业生产率的改善。第(4)列将关注的两者交互项纳入，估计系数显著为负，表明企业 GVC 分工地位的提升削弱了本地化聚集经济对企业生产率的正向作用。企业在 GVC 中的分工地位越高，一方面，出于自身的战略意图以及占有 GVC 中更多的分工价值，会更加专注和经营GVC 中原有业已形成的组织间关系网络和全球化生产体系；另一方面，会投资大量异质性资源和增强自身能力，对集聚区内其他企业形成一种内在的隔绝机

---

① 值得注意的是，由于海关数据库中有少部分企业部分年份汇报了两个电话号码，而工业企业数据库中企业汇报的电话号码基本为一个，为提高两个数据库的匹配效率，我们使用尽可能多的电话号码和邮政编码组合进行匹配尝试。

制。为进一步防止核心竞争优势被本地同行业其他企业获得、模仿和削弱,还会主动实施基于阻滞资源互通与能力互仿的"双壁垒"战略隔绝。这两方面的共同作用促使 GVC 分工地位攀升企业与本地同行业其他企业的空间关联度不断减弱,最终削弱了本地产业集聚所释放的生产率溢出效应,验证了本章的假说 14.1[①]。

表 14 - 1　企业 GVC 分工地位、产业集聚与企业生产率的计量结果

	(1)	(2)	(3)	(4)
agg	0.002***	0.002***	0.002***	0.002***
	(6.37)	(6.57)	(6.72)	(6.68)
gvc_pos		0.108***	0.111***	0.124***
		(6.68)	(7.77)	(7.40)
agg×gvc				−0.002**
				(−2.08)
控制变量	否	否	是	是
企业	是	是	是	是
年份	是	是	是	是
R^2	0.062	0.064	0.126	0.127
N	296 342	296 342	296 342	296 342

注:圆括号内为稳健标准差的 t 统计量,* 、* * 、* * * 分别表示在 10%、5%、1%水平上显著。

(二) 企业 GVC 不同参与方式视角的进一步考察

本部分将深入 GVC 嵌入方式,更加细致和纵深地考察企业两种 GVC 参与方式在与本地化聚集经济的互动过程中,对企业生产率是否会表现出截然不同的影响效应与演化路径。由表 14 - 2 第(1)和(2)列可知,此时本地产业集聚

① 限于资源互通与能力互仿"双壁垒"战略隔绝机制量化的困难以及数据的可得性,暂未能对本章的重要理论机制——资源互通与能力互仿"双壁垒"战略隔绝机制进行直接的计量检验。但企业资源基础理论、能力理论、战略隔绝理论是企业战略管理学中用于解释企业竞争优势来源以及如何创造并维持自身竞争优势的经典理论,被广泛作为分析的理论基础。

对企业生产率仍具有显著的促进作用;GVC 上游环节参与度越高的企业,生产率水平亦越高。为全面揭示 GVC 嵌入方式生产率效应的背后机理,本章进一步考察了 GVC 上游环节参与度与企业生产行为绩效的逻辑关系。表 14-3 第(1)、(3)、(5)和(7)列的结果显示,企业越是从价值链上游环节嵌入全球分工体系,加工密集度越低,研发密集度越高,这说明企业在 GVC 上游环节的不断延伸细化,会更多从事产品设计、品牌创新、关键零部件生产等高附加值环节,继而可以倚仗技术创新优势和品牌优势,获得 GVC 中更加有利的利益分配格局——第(9)列的结果证实,企业 GVC 上游环节参与度的增加提高了企业利润率水平①,最终强化企业在全球价值链中的竞争优势并促进生产率的显著优化。那么,企业在 GVC 上游环节嵌入程度深化带来的角色功能转变与本地生产体系中产业集群的互动关系又如何呢? 从表 14-2 第(1)和(2)列可以看出,随着 GVC 上游环节参与度的提高,本地化聚集经济对企业生产率的正向溢出效应会被削弱。GVC 上游环节参与度越高的企业,会进行更丰富的研发价值创造,出于防止核心技术外溢和对研发创新诀窍的保护动机,便会设计出更高的包括技术、质量等参数来提高本地同行业其他企业的学习难度和模仿成本,这些战略隔绝机制削弱了其与本地同行业其他企业的空间关联度,最终引致本地产业集聚所释放的生产率外溢性被大大弱化,验证了本章的假说 14.2。

表 14-2 企业 GVC 参与方式、产业集聚与企业生产率的计量结果

	上游环节参与度		下游环节参与度	
	(1)	(2)	(3)	(4)
agg	0.002***	0.002***	0.002***	0.002***
	(5.15)	(6.20)	(6.00)	(6.51)

① 本章采用加工贸易占总出口额的比重衡量企业的加工密集度,采用新产品产值和研发费用分别占产品销售总额的比例表示企业研发密集度,采用如下公式计算企业利润率:利润率=(产品销售收入-产品销售成本-产品销售费用-产品销售税金及附加)/产品销售收入。

续　表

	上游环节参与度		下游环节参与度	
	(1)	(2)	(3)	(4)
up	0.092**	0.131***		
	(2.47)	(3.28)		
down			−0.184***	−0.103***
			(−13.05)	(−7.60)
agg×*up*	−0.004*	−0.004**		
	(−1.92)	(−2.29)		
agg×*down*			0.002**	0.002*
			(2.11)	(1.79)
控制变量	否	是	否	是
企业	是	是	是	是
年份	是	是	是	是
R^2	0.062	0.126	0.063	0.126
N	296 342	296 342	296 342	296 342

注:同表14-1。

　　那么,企业从下游环节嵌入 GVC 的影响效应和演化路径又如何呢? 表14-2中的第(3)和(4)列显示了企业 GVC 下游环节参与度的回归结果,产业集聚对企业生产率呈现出显著的正向作用;企业 GVC 下游环节参与度的提高显著抑制了其生产率的改善,表明从价值链下游环节嵌入企业的依附型生产率变动更多体现了 GVC 领导者的挤压效应,从而不利于其生产率提高;交叉项的回归系数显著为正,反映出伴随着 GVC 下游环节嵌入度的提高,本地化聚集经济对企业生产率的正向溢出效应会被强化,这与上游环节嵌入方式的演化路径恰好相反。为了探究其中的运行机理,本章亦考察了企业 GVC 下游环节参与度与企业生产行为绩效的关系。由表14-3第(2)、(4)、(6)和(8)列可知,GVC 下游环节参与度越高的企业,加工密集度亦越高,相应的研发密集度则越低。从价值链下游环节嵌入全球生产体系的企业,在 GVC 中将会扮演更多利用进口零部件进行生产制造、加工组装等低附加值的功能角色,缺乏自身的核心技术和产品销售渠道,易受到掌握核心技术和品牌的跨国公司控制和挤压,从而长期被"锁定"或"俘获"于低端、微利化的循环路径——第(10)列的结果显示了企业GVC下游环节参与度的提升会显著降低企业利润率水平。这阻碍了从价值链下游环节嵌入的企业通过自身利润积累来培育内涵增长能力,易导致其陷入全球价值链的"贫困化增长",继而使其依附型生产率变动呈现抑制特征。此时,该企业不仅不具备实施"战略隔绝"的能力,更希冀通过与集聚区内其他企业之间的频繁互动来汲取生产率正向溢出效应以获取价值链升级动源,本章的假说14.3也得到了验证。

表 14-3 企业 GVC 参与方式与加工密集度、研发密集度和利润率的计量结果

| | 被解释变量:加工密集度 | | | |
| | 全样本 | | 混合贸易 | |
	(1)	(2)	(3)	(4)
up	−0.443***		−0.798***	
	(−18.25)		(−20.59)	
down		0.685***		0.637***
		(97.84)		(79.68)
控制变量	是	是	是	是
企业	是	是	是	是
年份	是	是	是	是
R^2	0.173	0.328	0.109	0.279
N	296 342	296 342	89 376	89 376
	被解释变量:研发密集度			
	新产品比例		研发费用比例	
	(5)	(6)	(7)	(8)
up	0.024***		0.009***	
	(2.83)		(10.14)	
down		−0.014***		−0.001***
		(−5.71)		(−4.19)
控制变量	是	是	是	是
企业	是	是	是	是
年份	是	是	是	是
R^2	0.017	0.030	0.012	0.025
N	251 803	251 803	179 637	179 637

续 表

	被解释变量:利润率	
	(9)	(10)
up	0.032***	
	(5.63)	
down		−0.023***
		(−2.68)
控制变量	是	是
企业	是	是
年份	是	是
R^2	0.021	0.036
N	296 342	296 342

注:同表 14 - 1。

二、稳健性检验

(一) 内生性问题

由于本章所关注的核心解释变量——全球价值链分工指标测度到了具体的企业层面,可能与企业生产率存在着双向因果关系。此外,遗漏某些随时间变化而又共同影响 GVC 变量和企业生产率的非观测因素也可能导致内生性问题。因此,为降低内生性问题对本章基准回归结果造成的偏误,本章选取相应的工具变量,采用两阶段(2SLS)面板固定效应模型来解决可能存在的内生性问题。首先,借鉴菲斯曼和斯文森(Fisman and Svensson, 2007)构造相关变量地区—行业层面的均值作为企业层面该变量的工具变量的方法,本章选用县级层面三分位行业企业 GVC 地位指数、上游环节参与度、下游环节参与度的均值以及这些均值与产业集聚的交叉项作为相应的工具变量,具体估计结果见表 14 - 4 中的第(1)—(3)列。从中可以看到,第(1)—(3)列中的 Kleibergen-Paap rk LM 检验均在 1%水平上拒绝了工具变量识别不足的零假设,Kleibergen-Paap Wald rk F 统计量大于 Stock-Yogo 检验 10%水平上的临界值,因此拒绝工具变量是弱识别的假定。其次,在构造菲斯曼和斯文森(Fisman and Svensson,

2007)工具变量的基础上,进一步纳入企业 GVC 地位指数、上游环节参与度和下游环节参与度的滞后一期项作为相应的工具变量①,表 14 - 4 中的第(4)—(6)列表明选取的工具变量仍通过了识别不足和弱识别检验,同时 Hansen 过度识别检验不能在 10%的显著性水平上拒绝工具变量是过度识别的零假设,因此工具变量是外生的。综上而言,本章选取的工具变量是较为合理的,表 14 - 4 中各列的估计结果是可取的,结果显示即使考虑了可能存在的内生性问题,本章的核心理论假说仍然成立。

表 14 - 4　企业 GVC 分工、产业集聚与企业生产率的 2SLS 估计结果

	(1)	(2)	(3)	(4)	(5)	(6)
agg	0.002*** (8.44)	0.002*** (6.48)	0.002*** (8.12)	0.002*** (4.20)	0.001*** (3.31)	0.002*** (3.81)
gvc_pos	0.183*** (7.27)			0.140*** (4.38)		
up		0.194*** (3.51)			0.156** (2.37)	
down			−0.149*** (−7.26)			−0.112*** (−4.25)
agg×gvc	−0.003** (−2.05)			−0.006*** (−3.48)		
agg×up		−0.004* (−1.79)			−0.007*** (−2.84)	
agg×down			0.002* (1.87)			0.005*** (2.97)
控制变量	是	是	是	是	是	是

① 虽然从理论和现实意义而言,根据菲斯曼和斯文森(Fisman and Svensson, 2007)构造的地区—行业层面变量对企业层面变量的作用能够较好地满足外生性条件,但由于恰好识别,难以在统计上验证工具变量的外生性,因此进一步纳入了研究中广泛作为工具变量的滞后一期项(Yu, 2014)。当然,为避免直接纳入滞后一期项造成的大量样本损失,本章综合采用了两种处理内生性的方法。

	(1)	(2)	(3)	(4)	(5)	(6)
企业	是	是	是	是	是	是
年份	是	是	是	是	是	是
Kleibergen-Paap rk LM 统计量	1.1e+04***	1.5e+04***	7 594.696***	6 332.828***	1.0e+04***	2 453.122***
Kleibergen-Paap Wald rk F 统计量	2.4e+04 {7.03}	3.7e+04 {7.03}	1.8e+04 {7.03}	5 531.256 {16.87}	1.2e+04 {16.87}	1 834.714 {16.87}
Hansen 统计量				[0.212]	[0.321]	[0.182]
R^2	0.120	0.120	0.120	0.093	0.093	0.098
N	265 637	265 637	265 637	170 586	170 586	170 586

注:Kleibergen-Paap 统计量中花括号内的数值为 Stock-Yogo 检验 10%水平上的临界值,方括号内的数值为相应检验统计量的 p 值。其他同表 14-1。

(二)　企业特征

第三部分的描述性分析展现了不同贸易方式和所有制类型企业的 GVC 分工地位指数以及上游环节参与度、下游环节参与度的演变趋势存在着较大的差异,因此,本部分将进一步探讨这些异质性因素会不会影响本书的核心结论。

(1) 按照企业贸易方式分类。表 14-5 汇报了加工贸易、一般贸易和混合贸易三类企业的分样本估计结果。总体而言,三类企业相关核心解释变量的估计系数的符号和显著性与前文基本一致(混合贸易企业全球价值链下游环节参与度与产业集聚交叉项的估计系数不显著,但符号仍与预期相一致)。进一步横向对比表 14-5 中加工贸易和一般贸易企业全球价值链分工地位与产业集聚交叉项($agg \times gvc$)的估计系数后发现,一般贸易企业在 GVC 中分工地位的提升对本地产业集聚所释放的正向生产率外部性的削弱作用大于加工贸易企业;进一步地,GVC 不同参与方式与产业集聚交叉项($agg \times up$ 和 $agg \times down$)的估计结果显示,一般贸易企业 GVC 上游环节参与度的提升对产业集聚生产率效应的削弱作用以及 GVC 下游环节参与度的提升对产业集聚生产率效应的强化作用均大于加工贸易企业。这说明相比于加工贸易企业，中国一般贸易企业融入 GVC 分工体系后对本地产业集聚生产率效应具有更强的作用效果。

表 14 - 5　不同贸易方式企业的计量结果

	加工贸易		
	(1)	(2)	(3)
agg	0.002*	0.004***	0.002*
	(1.82)	(2.69)	(1.68)
gvc_pos	0.383***		
	(5.67)		
up		0.577***	
		(2.89)	
down			−0.279***
			(−5.51)
agg×*gvc*	−0.007*		
	(−1.80)		
agg×*up*		−0.014***	
		(−3.69)	
agg×*down*			0.006*
			(1.67)
控制变量	是	是	是
企业	是	是	是
年份	是	是	是
R^2	0.137	0.134	0.133
N	58 233	58 233	58 233
	一般贸易		
	(4)	(5)	(6)
agg	0.002***	0.002***	0.001***
	(4.94)	(4.73)	(2.75)
gvc_pos	0.407***		
	(7.03)		
up		0.206***	
		(2.63)	
down			−0.336***
			(−6.48)

续　表

	一般贸易		
	(4)	(5)	(6)
$agg \times gvc$	-0.010^{***} (-2.74)		
$agg \times up$		-0.021^{***} (-5.70)	
$agg \times down$			0.009^{**} (2.48)
控制变量	是	是	是
企业	是	是	是
年份	是	是	是
R^2	0.116	0.115	0.115
N	148 733	148 733	148 733

	混合贸易		
	(7)	(8)	(9)
agg	0.002^{***} (2.92)	0.002^{***} (2.85)	0.002^{***} (2.65)
gvc_pos	0.243^{***} (11.11)		
up		0.268^{***} (4.01)	
$down$			-0.197^{***} (-11.22)
$agg \times gvc$	-0.003^{*} (-1.71)		
$agg \times up$		-0.008^{**} (-2.03)	
$agg \times down$			0.003 (1.62)
控制变量	是	是	是
企业	是	是	是
年份	是	是	是
R^2	0.146	0.145	0.146
N	89 376	89 376	89 376

注:同表 14-1。

(2) 按照企业所有制类型分类。由于正处于转型期的中国具有多样化的企业产权制度特征,不同所有制企业面临的迥异经营背景和商业环境决定了企业参与 GVC 的方式会有较大的差异。表 14 - 6 的分样本估计结果表明,虽然国有企业的 GVC 分工指标及其与产业集聚交叉项的估计系数几乎不显著,但符号仍与预期一致,而且私营企业和外资企业所有核心解释变量均与理论假说相吻合,这说明本章的核心命题并不因企业所有制类型的不同而产生实质性的改变。相比而言,国有企业可能受政策保护,并不过分在意或过多参与基于优胜劣汰机制的 GVC 分工地位以及上下游环节的激烈角逐,从而使得参与 GVC 分工对国有企业的影响并不显著,这与本章第三节的描述性分析前后呼应。叶宁华等(2015)在研究出口市场时也发现受到倾向性政策保护的国有企业并不热衷争夺基于优胜劣汰机制的国际出口市场。同时应注意到,外资企业的 GVC 分工指标及其与产业集聚交叉项的估计系数的绝对值均大于私营企业,表明相对于私营企业,中国外资企业参与 GVC 分工体系后对本地产业集聚所释放的生产率效应具有更强的互动作用①。

表 14 - 6　不同所有制类型企业的计量结果

	国有企业		
	(1)	(2)	(3)
agg	0.004***	0.003***	0.005***
	(7.02)	(3.20)	(6.28)
gvc_pos	0.119*		
	(1.67)		
up		0.180	
		(1.17)	
down			−0.082
			(−1.32)

---

① 本部分还在总样本回归中分别引入贸易方式虚拟变量、所有制类型虚拟变量与企业 GVC 指标和产业集聚交叉项的交叉项做进一步验证,结果与上述分样本回归结果相一致。

续　表

	国有企业		
	(1)	(2)	(3)
agg×gvc	−0.007 (−1.35)		
agg×up		−0.010 (−1.30)	
agg×down			0.007 (1.61)
控制变量	是	是	是
企业	是	是	是
年份	是	是	是
R^2	0.130	0.129	0.130
N	23 716	23 716	23 716

	私营企业		
	(4)	(5)	(6)
agg	0.002*** (5.83)	0.002*** (5.35)	0.002*** (5.89)
gvc_pos	0.111*** (3.48)		
up		0.174*** (3.06)	
down			−0.102*** (−3.63)
agg×gvc	−0.003* (−1.95)		
agg×up		−0.011*** (−3.14)	
agg×down			0.004** (2.49)
控制变量	是	是	是
企业	是	是	是
年份	是	是	是
R^2	0.117	0.117	0.117
N	128 164	128 164	128 164

	外资企业		
	（7）	（8）	（9）
agg	0.002**	0.002***	0.001*
	（2.15）	（2.66）	（1.76）
gvc_pos	0.195***		
	（9.01）		
up		0.248***	
		（4.00）	
down			−0.150***
			（−8.92）
agg×gvc	−0.005**		
	（−2.20）		
agg×up		−0.020***	
		（−3.50）	
agg×down			0.006***
			（3.21）
控制变量	是	是	是
企业	是	是	是
年份	是	是	是
R^2	0.129	0.128	0.129
N	145 889	145 889	145 889

注：同表 14 - 1。

（三）　指标变换

本章还考虑了采用产业集聚和企业生产率不同衡量方法对计量结果的稳健性影响。首先，虽然不包括自身经济变量的指标能够较好地契合本书逻辑，但由于产业集聚通常具有地区和行业的双重维度，单一企业自身对集聚指标架构的影响相对较弱。如果集聚指标的构建方法是合理有效的，那么两者的估计效果不应产生系统性偏差，本章也采用包括自身就业人数的产业集聚指标作进一步分析，具体结果见表 14 - 7 中的第（1）—（3）列。其次，考虑到个别县级三分位行业仅包含一个或少数几个企业等导致集聚指标存在极端值的情况，第

(4)—(6)列采用县级两分位行业层面的集聚指标加以替代[①]。最后,在第(7)—(9)中,选择了已有研究中另一种较为常见的测算企业全要素生产率的方法——OP 法作稳健性检验。由表 14-7 各列的估计结果可知,本章的核心结论并不因产业集聚或企业生产率衡量方法的不同而发生实质性变化。

表 14-7　指标变换的估计结果

	集聚:三分位行业(包括自身)		
	(1)	(2)	(3)
agg	0.002*** (6.53)	0.002*** (6.69)	0.002*** (6.05)
gvc_pos	0.132*** (7.70)		
up		0.136*** (3.36)	
down			−0.109*** (−7.96)
agg×gvc	−0.002** (−2.16)		
agg×up		−0.003* (−1.88)	
agg×down			0.002** (2.26)
控制变量	是	是	是
企业	是	是	是
年份	是	是	是
R^2	0.125	0.124	0.125
N	296 342	296 342	296 342

———————

① 除了用区位熵构造产业集聚指标外,笔者较广泛地借鉴了现有度量产业集聚的其他指标,还采用企业所在地区相同行业就业人数占该地区就业人数的比例、所在地区相同行业的企业数对数值、所在地区相同行业的企业平均规模对数值以及在划分地理单元级别基础上测度某个具体行业集聚程度的空间基尼系数和 EG 指数,结果表明本章的核心假说仍稳健成立。

	集聚:两分位行业(不包括自身)		
	(4)	(5)	(6)
agg	0.003**	0.003*	0.004**
	(2.00)	(1.90)	(2.39)
gvc_pos	0.114***		
	(5.73)		
up		0.151***	
		(3.39)	
down			−0.093***
			(−5.70)
agg×*gvc*	−0.001*		
	(−1.94)		
agg×*up*		−0.011*	
		(−1.87)	
agg×*down*			0.004
			(0.98)
控制变量	是	是	是
企业	是	是	是
年份	是	是	是
R^2	0.124	0.124	0.124
N	296 342	296 342	296 342
	生产率:OP法		
	(7)	(8)	(9)
agg	0.002***	0.002***	0.002***
	(6.78)	(6.12)	(6.44)
gvc_pos	0.124***		
	(7.62)		
up		0.109***	
		(2.80)	
down			−0.102***
			(−7.75)
agg×*gvc*	−0.002*		
	(−1.77)		
agg×*up*		−0.003*	
		(−1.69)	

续 表

	生产率:OP法		
	(7)	(8)	(9)
agg × *down*			0.001*
			(1.75)
控制变量	是	是	是
企业	是	是	是
年份	是	是	是
R^2	0.101	0.100	0.101
N	296 342	296 342	296 342

注:同表14-1。

第六节 扩展分析:"人""物""知识"视角下的集聚外部性

由于产业集聚主要通过"人""物""知识"三个源泉释放空间溢出,进而对企业生产率产生促进作用(Marshall, 1920; Ellison et al., 2010;韩峰和柯善咨,2012),那么,企业融入GVC分工体系后对本地同行业其他企业实施的战略隔绝究竟是隔绝了产业集聚的哪一方面内容,使得产业集聚的生产率效应被弱化? 本部分将进一步从"人""物""知识"三个视角解构集聚外部性,以诠释企业参与GVC分工与产业集聚对企业生产率互动效应的背后力量。

一、产业集聚外部性的渠道和度量指标

随着交通和通信技术的创新和发展,地区通达性不断增强,资本、劳动、知识、人才等生产要素在更大尺度的空间上流动、聚集和发挥作用,因此,本章借鉴德鲁克和费瑟(Drucker and Feser, 2007)、韩峰和柯善咨(2012)的思路,在中国县级(2 609个)三分位行业(136个)层面构造了产业集聚"人""物""知识"三种外部性渠道的空间溢出指标[①]。所谓"人"的渠道,即劳动力蓄水池或劳动力

[①] 具体到某个企业时,与前文计算表示产业集聚的区位熵指标类似,均剔除了企业自身经济变量的影响,当然这对本章构造的空间外部性指标影响非常微弱。

共享;所谓"物"的渠道,即中间投入共享;所谓"知识"的渠道,即知识技术溢出。

(1)专业劳动力可得性($labor\_pool$)。用邻近各区县相同产业的就业比例之和来衡量:

$$labor\_pool_{jkt} = \sum_c \left(\frac{E_{jct}}{E_{ct}} \times d_{ck}^{-a} \right) \qquad (14-4)$$

其中,d_{ck} 表示地区 k 与地区 c 之间的距离;α 表示距离衰减参数,本书依据韩峰和柯善咨(2012)的经验研究将其设置为 1;E_{jct} 表示 t 年 c 地区 j 产业的就业人数,E_{ct} 表示 t 年 c 地区全部就业人数。

(2)中间投入可得性($input\_share$)。用邻近各区县相同产业与之具有中间投入关系产业的完全消耗系数与这些中间投入产业规模的乘积之和来表示:

$$input\_share_{jkt} = \sum_c \left[\left(\sum_m \ln E_{mct} \times r_{mjt} \right) \times d_{ck}^{-a} \right] \qquad (14-5)$$

其中,E_{mct} 为 t 年 c 地区 m 中间投入产业的就业人数,用来表示产业规模(Drucker and Feser,2007;韩峰和柯善咨,2012)。r_{mjt} 为 t 年 j 产业使用 m 中间投入产业的完全消耗系数,用来表示 m 中间投入产业与 j 产业之间的投入产出关联程度[①],其计算过程为:首先,在对 1997 年、2002 年和 2007 年投入产出表中的部分产业合并的基础上利用里昂惕夫逆矩阵计算出三年各产业的完全消耗系数;然后,借鉴杨汝岱(2015)的处理方法并结合年份就近原则[②],将历年工业企业数据库中的三分位行业与相对接的投入产出表进行匹配,最终得到 2000—2007 年各三分位行业的完全消耗系数。

(3)知识技术外溢性($tech$)。具体而言,知识技术溢出不仅强调创新厂商与其他厂商之间的"示范—模仿"机制、不同厂商在科研活动的交流协作,而且

[①] 此时,$\sum_m \ln E_{mct} \times r_{mjt}$ 可以表示为用完全消耗系数所代表的投入产出关联程度进行加权而得到的 j 产业在 c 地区面临的中间投入品规模。

[②] 2000 年数据使用 1997 年的投入产出表,2001—2004 年使用 2002 年的投入产出表,2005—2007 年使用 2007 年的投入产出表。

注重不同厂商专业技术人才正式或非正式的接触沟通,前者主要与科研活动投入有关,后者主要与区域人才结构有关(Ellison et al.,2010;韩峰和柯善咨,2012)。据此,利用新产品产值和研发费用构建了反映研发空间溢出的指标,利用企业工人知识结构数据构建了反映人才沟通外部性的指标,具体公式如下:

$$tech\_np_{jkt} = \sum_c (\ln np_{jct} \times d_{ck}^{-a}) \qquad (14-6)$$

$$tech\_rnd_{jkt} = \sum_c (\ln rnd_{jct} \times d_{ck}^{-a}) \qquad (14-7)$$

$$tech\_runi_{jkt} = \sum_c [(uni_{jct}/E_{jct}) \times d_{ck}^{-a}] \qquad (14-8)$$

其中, $tech\_np$、$tech\_rnd$ 和 $tech\_runi$ 分别表示用新产品产值、研发费用和人才比例衡量的知识技术外溢性,np_{jct} 表示 t 年 c 地区 j 行业的新产品产值,rnd_{jct} 表示 t 年 c 地区 j 行业的研发开发费用,uni_{jct} 表示 t 年 c 地区 j 行业的大学及其以上学历就业人数,E_{jct} 表示 t 年 c 地区 j 行业的总就业人数。

二、计量方程设定

首先,前文研究发现企业 GVC 分工地位的提升会削弱产业集聚对企业生产率的正向溢出,那么,这种效应究竟是集聚外部性的哪方面力量驱动的? 为此,在前文基准模型(14-1)式的基础上,进一步拓展以下回归模型:

$$TFP_{ijkt} = \alpha_0 + \alpha_1 labor\_pool_{jkt} + \alpha_2 input\_share_{jkt} + \alpha_3 tech_{jkt} + \alpha_4 gvc\_pos_{ijkt}$$
$$+ \alpha_5 labor_{jkt} \times gvc_{ijkt} + \alpha_6 input_{jkt} \times gvc_{ijkt} + \alpha_7 tech_{jkt} \times gvc_{ijkt} + \beta \vec{X}$$
$$+ v_i + v_t + \varepsilon_{ijkt} \qquad (14-9)$$

其中,$labor\_pool$ 表示 k 地区 j 产业专业劳动力的可得性,即"人";$input\_share$ 表示 k 地区 j 产业中间投入的可得性,即"物";$tech$ 表示 k 地区 j 产业获得的知识技术外溢性,即"知识";$labor \times gvc$、$input \times gvc$、$tech \times gvc$ 分别表示 GVC 地位指数与产业集聚效应的三种空间外部性渠道的交叉项。

其次,根据前文的结论,企业参与 GVC 与本地产业集群之间的生产率互动效应会因企业不同的 GVC 参与方式呈现出明显的路径分化:企业 GVC 上游环节参与度的提高会削弱本地化聚集经济对企业生产率的正向溢出效应,而企业 GVC 下游环节参与度的提升则会强化这种正向外溢性。为从产业集聚三种空间外部性渠道深入考察其作用机制,与计量模型(14-9)式类似,也拓展了基准模型(14-2)式和(14-3)式。

三、计量结果及分析

(一) 企业 GVC 分工地位、集聚外部性与企业生产率

首先,考察企业 GVC 分工地位的提升是通过何种渠道削弱本地化聚集经济对其生产率的空间溢出,具体估计结果如表 14-8 所示,其中,第(1)—(3)列分别采用新产品产值、研发费用和人才比例衡量知识技术溢出。结果表明,企业 GVC 地位指数的估计系数均显著为正,与本章的核心假说相一致;三种空间溢出变量的估计系数亦显著为正,反映出产业集聚的确可以通过劳动力蓄水池、中间投入共享和知识技术溢出对企业生产率产生促进作用;关注的交互项显示,企业 GVC 地位指数与劳动力蓄水池和知识技术溢出交叉项的估计系数显著为负,与中间投入共享交叉项的估计系数不显著,这说明中国企业 GVC 分工地位的提升主要通过隔绝"人"和"知识"两种空间外部性渠道削弱了产业集聚对企业生产率的正向效应,而"物"的空间外部性渠道并未发挥显著作用。

表 14-8　企业 GVC 分工地位、集聚外部性与企业生产率的计量结果

	(1)	(2)	(3)
labor_pool	0.339***	0.314***	0.602***
	(6.12)	(3.71)	(12.28)
input_share	0.007***	0.011***	0.003**
	(7.31)	(7.41)	(2.27)
tech_np	0.004***		
	(8.58)		

	(1)	(2)	(3)
tech_rnd		0.011***	
		(11.03)	
tech_runi			0.846***
			(11.72)
gvc_pos	0.157***	0.194***	0.446***
	(3.69)	(3.56)	(5.76)
labor×gvc	−0.353***	−0.340**	−0.853***
	(−2.95)	(−2.24)	(−4.32)
input×gvc	−0.002	−0.003	0.000
	(−1.49)	(−1.55)	(0.03)
np×gvc	−0.003*		
	(−1.75)		
rnd×gvc		−0.005*	
		(−1.70)	
runi×gvc			−0.631***
			(−2.84)
控制变量	是	是	是
企业	是	是	否
年份	是	是	否
R^2	0.128	0.156	0.387
N	251 803	179 637	44 539

注:由于工业企业数据库中仅 2004 年存在企业工人知识结构数据,因此涉及企业工人知识结构的模型控制地区和行业固定效应,其他同表 14-1。

　　企业在 GVC 中分工地位越高,越需要打造一支为实现其战略意图的专属人才和技能工人团队,而中国当前劳动力素质较低,较难为其开展国际分工协作和全球战略竞争提供强有力的人才需求匹配和支撑,进而弱化了劳动力蓄水池的溢出效应;同时,GVC 分工地位越高的企业,为阻止学习—模仿能力较强的本地同行业其他企业融入全球生产体系与其展开激烈的价值链争夺,会采取诸多的战略隔绝机制,这既堵塞了其与本地同行业其他企业之间通过示范模仿、交流协作、空间协调的知识技术溢出通道,更会湮灭人才之间主要以实际接触擦出的知识技术溢出火花，由此削弱了"知识"空间外部性的正向作用；与上述两种渠道不同，企业 GVC 分工地位的提升对中间投入品空间溢出的影响并不显著，表明在攀升 GVC 分工地位的进程中，企业仍需要种类繁多、规模庞大的国内中间品市场提供有效支持①。

（二） 企业 GVC 不同参与方式与集聚外部性的进一步考察

深入 GVC 嵌入方式，进一步考察企业参与 GVC 的不同方式与产业集聚对企业生产率异质性互动的空间外部性因素。由表 14 - 9 中的第(1)—(3)列可知，在控制了集聚外部性效应后，企业 GVC 上游环节参与度的估计系数依旧显著为正；三种空间溢出变量的估计系数亦显著为正；而 GVC 上游环节参与度与空间外部性指标交叉项的估计系数显示，主要从上游环节嵌入 GVC 的企业通过隔绝劳动力蓄水池和知识技术溢出两种渠道削弱产业集聚的生产率效应。第(4)—(6)列对企业 GVC 下游环节参与度、集聚外部性与企业生产率的回归结果显示，企业 GVC 下游环节参与度的估计系数仍显著为负，与前文的基准分析相一致；三种空间外部性指标的估计系数也表现出了预期符号，均显著为正。同时，企业 GVC 下游环节参与度与空间溢出变量交叉项的估计结果反映出，主要从下游环节嵌入 GVC 的企业亦通过劳动力蓄水池和知识技术溢出两种空间外部性渠道强化了产业集聚对生产率的正向溢出效应，而中间投入共享未发挥相应作用。

表 14 - 9　企业 GVC 参与方式、集聚外部性与企业生产率的计量结果

	上游参与率			下游参与率		
	(1)	(2)	(3)	(4)	(5)	(6)
labor_pool	0.377***	0.331***	0.743***	0.338***	0.317***	0.576***
	(6.39)	(3.73)	(13.26)	(5.98)	(3.69)	(11.17)
input_share	0.008***	0.013***	0.003**	0.007***	0.011***	0.003**
	(8.66)	(8.54)	(2.11)	(7.33)	(7.44)	(2.14)

---

① 发达国家大量经验已证实完善的国内中间品供应链对提升一国企业国际竞争力具有重要的积极作用，典型国家如日本（刘刚，2004）。

续　表

	上游参与率			下游参与率		
	(1)	(2)	(3)	(4)	(5)	(6)
tech_np	0.004***			0.004***		
	(6.61)			(7.19)		
tech_rnd		0.010***			0.010***	
		(9.86)			(9.64)	
tech_runi			1.026***			0.842***
			(13.78)			(11.34)
up	0.330***	0.474***	0.541**			
	(3.34)	(4.08)	(2.28)			
labor×up	−0.506**	−0.293	−1.293***			
	(−2.26)	(−1.10)	(−3.36)			
input×up	−0.002	−0.002	−0.000			
	(−0.42)	(−0.45)	(−0.05)			
np×up	−0.011***					
	(−3.01)					
rnd×up		−0.008				
		(−1.34)				
runi×up			−2.801***			
			(−3.19)			
down				−0.106***	−0.125***	−0.315***
				(−2.98)	(−2.67)	(−5.05)
labor×down				0.284***	0.227*	0.536***
				(2.74)	(1.75)	(3.09)
input×down				0.000	0.001	−0.001
				(0.22)	(0.71)	(−0.42)
np×down				0.003**		
				(2.09)		
rnd×down					0.005*	
					(1.76)	
runi×down						0.389**
						(2.37)
控制变量	是	是	是	是	是	是
企业	是	是	否	是	是	否
年份	是	是	否	是	是	否
R^2	0.137	0.156	0.384	0.138	0.156	0.387
N	251 803	179 637	44 539	251 803	179 637	44 539

注:同表 14-8。

上述结果表明,当前中国不仅存在加工贸易和一般贸易显著的二元结构,从 GVC 视角进行审视,中国企业参与 GVC 的不同方式在与本地化产业集群(国内生产体系)的互动过程中亦呈现出典型的二元分割结构(具体的形成过程如表 14-10 所示)。从 GVC 上游环节嵌入的企业更多承担产品设计、品牌创新、关键零部件生产等研发密集型生产环节,需要依托于异质性和专业化程度较高的劳动力,并不依赖本地大规模产业集聚所形成的低素质劳动力储备,同时出于对自身核心技术和研发创新诀窍的保护动机,会主动隔绝与本地同行业其他企业进行科研活动合作和人才沟通交流;从 GVC 下游环节嵌入的企业更多依附于 GVC 领导者的全球战略,根据外来订单标准和规格,倚仗廉价和丰裕的劳动力从事利用进口零部件进行生产制造、加工组装等劳动密集型低附加值环节,通过充分吸收劳动力蓄水池红利而被动地嵌入本地化产业集群,同时易受到价值链主导者的控制和挤压而被长期"锁定"或"俘获"于 GVC 低端环节,难以主动实现 GVC 的自我升级,更希望通过与集聚区内其他企业之间频繁的科研活动合作与人才沟通交流获得价值链升级的新动能。

表 14-10　GVC 视角下中国生产体系的二元分割结构

企业参与全球价值链的方式	产业集聚效应	空间外部性渠道			主导力量	国际化生产与本地化生产的选择
		人	物	知识		
上游环节嵌入者	削弱(一)	削弱(一)	不明显	削弱(一)	人、知识	主动的战略隔绝
下游环节嵌入者	增强(十)	增强(十)	不明显	增强(十)	人、知识	被动的本地化嵌入

目前中国仍存在数量庞大从事初级加工的 GVC 下游环节嵌入企业,其在 GVC 主导者制定的生产标准和战略目标下被动地嵌入本地化产业集群,虹吸了大量国内廉价资源和要素,沿着所处的 GVC 链条源源不断地将财富向海外输送,这也警示中国大力推进创新驱动发展、实现产业全面转型的必要性和紧迫性。当然,随着中国经济转型和对外开放的不断深化,会有越来越多的企业开始拥有自主品牌,摆脱"代工企业"称号,甚至成为跨国公司,然而遗憾的是,

这些企业出于对自身特有竞争优势和国际分工地位的保护,在与本地化产业集群(国内生产体系)的互动中对"学习—模仿"能力较强的集聚区企业构筑了强有力的战略隔绝壁垒,阻塞了与集聚区企业进行知识、技术、信息和人才的共享与交流,未能形成国内生产体系不同层面间相互作用、协同演化的良性互动结果。企业的市场最优策略却引致了 GVC 背景下中国生产体系的双重分割困局,进而无法达到将单个企业的 GVC 优势推向整个产业甚至国家整体的 GVC 竞争优势的社会最优。

第七节　本章小结:国际化生产与本地化生产的微观生产率互动效应

在对外开放和产业集聚日益深化的背景下,中国企业表现出本地化集群高度嵌入和全球价值链广泛参与的双重特征。本章首次将国际生产体系下的全球价值链和国内生产体系下的本地化产业集群置于统一的分析框架内,构建了企业全球价值链、产业集聚与企业生产率的互动机制,并在全面测度企业全球价值链指标包括分工地位、上游环节参与度、下游环节参与度的基础上,利用处理更为科学细致的 2000—2007 年工业企业数据库与海关数据库的微观数据进行了实证分析。本章的研究结论主要包括以下三个方面:

第一,企业 GVC 分工地位的提升有利于生产率的改善,但通过阻滞资源互通与能力互仿"双壁垒"而实施的战略隔绝削弱了本地产业集聚对企业生产率的正向效应。

第二,从企业嵌入 GVC 的不同方式看,上游环节嵌入企业的生产率随着嵌入度的提高而改善,并且出于对环节核心技术和研发创新诀窍保护动机而实施的战略隔绝削弱了与国内相关产业的空间关联度,进而弱化了本地产业集聚对企业生产率的正向溢出;而下游环节嵌入企业在 GVC 领导者全球战略的控制下,其依附型生产率变动呈现抑制特征,难以实现利润积累—自主创新的内涵式增长,不仅不具备实施"战略隔绝"的能力,而且更希冀从本地产业集聚中汲取价值链升级的动源,从而强化了本地产业集聚对企业生产率的正向溢出。

第三,深入集聚三种空间外溢渠道后发现,空间外溢主要通过劳动力蓄水池和知识技术溢出,企业不同 GVC 嵌入方式与产业集聚呈现了异质性的生产率互动效应,造就了全球价值链视角下"上游嵌入者—下游嵌入者"与国内生产体系互动的二元分割结构,而中间投入共享在这一过程中并未发挥作用。

第十五章　结论与研究展望

作为一种新型分工模式,价值链的兴起和繁荣深刻改变了全球与区域生产分工模式。本书以价值链双循环为背景,旨在价值链理论的框架下试图全面系统地考察全球价值链、国内价值链及其互动效应对中国增长绩效的影响,得到了较为丰富的研究结论。本章将对全文的主要结论进行总结,提出相应的政策建议,并对未来进一步研究作相应展望。

第一节　主要结论与政策建议

一、主要结论

（一）关于全球价值链增长效应

1. 整体经济增长(人均 GDP)方面

(1)GVC 参与对中国区域经济增长不仅存在地区内溢出效应,而且存在空间溢出效应,传统未考虑空间因素的模型低估了全球价值链参与的真实影响;(2)GVC 经济增长效应呈现出显著的金融危机前后时段特征和 OECD 与非 OECD 国家异质性特征;(3)虽然 GVC 功能嵌入相比产品嵌入对区域经济增长的地区内溢出效应更强,但在空间溢出上,功能嵌入由于服务链条的相对封闭性、知识构成的复杂性和专用性呈现出本地化溢出特征,空间溢出并不明显,产品嵌入则对区域经济增长具有显著的空间溢出。

2. 全要素生产率方面

(1)GVC 对生产率既产生地区内溢出,也产生空间溢出;(2)GVC 与 NVC 的空间互动增强了 GVC 对地区生产率的外溢效应。具体至 GVC 的不同嵌入模式,产品嵌入对地区生产率存在显著的空间溢出,而功能嵌入空间溢出并不明显,但 NVC 的构建却能够促进 GVC 功能嵌入对地区生产率的空间溢出。

3. 资源配置效率方面

(1)GVC 对资源配置效率既产生地区内溢出,也产生空间溢出;(2)GVC 对资源配置效率的空间溢出效应存在明显的距离衰减特征,即随着地理距离的增加,GVC 对资源配置效率的空间溢出效应出现衰减,在 2 000 公里的地理阈值上 GVC 对资源配置效率的空间溢出效应不再显著。

（二） 关于国内价值链增长效应

首先在地区/产业单边维度。

1. 整体经济增长(人均 GDP)方面

(1)中国各地区—产业 NVC 普遍存在"微笑曲线"的分布特征;(2)NVC 对经济增长存在着显著的溢出效应,但市场化转型过程中遗留的"上游环节垄断分割、下游环节竞争开放"的非对称结构使得这种溢出效应主要通过后向溢出效应实现;(3)良好的制度环境能够增强 NVC 三种溢出机制的有效发挥,从而"放大"了 NVC 对经济增长的溢出效应。

2. 全要素生产率方面

(1)中国能够通过 NVC"微笑曲线"链式循环对各地区—产业全要素生产率产生一定程度的溢出效应;(2)但市场化转型过程中遗留的"上游环节垄断分割、下游环节竞争开放"的非对称结构,既导致了"微笑曲线"式生产率溢出过程呈现出前向溢出不足、后向溢出显著的链条割裂特征,还造成了追赶—竞争效应未能得到充分释放;(3)受 2008 年全球金融危机的强有力外部冲击后,中国 NVC 的不断重塑演变在一定程度上改变了生产率链式循环的割裂特征。

3. 资源配置效率方面

(1)NVC 对中国各地区—产业资源配置效率存在着显著的溢出效应,且后向溢出效应相对最大;(2)NVC 尚未形成供给需求有效协同、环节良性动态竞争主要是由前沿技术进步引致的,资源配置效率改进的溢出效应则形成了比较完整的"微笑曲线"循环链条,NVC 呈现了与 GVC 相类似的"技术锁定"俘获特征;(3)贸易自由化有助于打破国内行业垄断和区域市场分割,进而强化了 NVC 对资源配置效率的溢出效应,并在一定程度上改变了技术进步链式循环的割裂特征。

其次在地区间双边维度。

1. 收入差距方面

(1)国内价值链贸易缩小了地区间收入差距,而在控制国内价值链贸易之后,区际双边贸易则扩大了地区间收入差距,表明国内价值链贸易在区际贸易的收入差距缩减效应中起到了主导作用;(2)通过缩小物质资本、人力资本和全要素生产率三种新古典增长因素的差异是国内价值链贸易缩小地区间收入差距的重要机制;(3)国内价值链贸易对全球化参与不平衡造成的地区间收入差距具有纠偏作用,而考虑了国内价值链贸易后的区际双边贸易则具有进一步的强化作用。

2. 技术差距方面

(1)国内价值链贸易缩小了地区间技术差距,而在考虑国内价值链贸易之后,区际双边贸易则扩大了地区间技术差距;(2)国内价值链贸易对全球价值链贸易参与不平衡带来的技术差距具有矫正作用,而传统区际贸易则放大了传统对外贸易依赖差异造成的技术差距。

3. 资源配置效率差距方面

(1)国内价值链贸易显著缩小了地区间资源配置效率差距,而在考虑国内价值链贸易之后,区际双边贸易则扩大了地区间资源配置效率差距;(2)通过促进进入企业资源配置效率差距和退出企业资源配置效率差距的空间收敛是国内价值链贸易缩小资源配置效率差距的重要途径。

(三) 关于全球价值链与国内价值链增长互动效应

1. 宏观层面

(1)全球价值链和国内价值链均显著地促进了中国经济增长,且两者在促进经济增长上存在互补关系；(2)全球价值链和国内价值链对中国经济增长的影响效应在时间和空间上存在异质性，两者的互动效应在 2008 年全球金融危机之前和沿海地区表现得更强；(3)无论以何种方式参与全球价值链和国内价值链，均能够促进经济增长，但在促进经济增长的互动关系上，国内价值链不同参与方式与全球价值链参与呈现非对称互动特征，国内价值链下游参与是衔接全球价值链与国内价值链有效互动的主要方式，而上游参与方式在其中并未发挥明显作用。

2. 微观层面

(1)企业全球价值链分工地位的攀升提高了其生产率，但弱化了表征国内价值链的产业集聚对其生产率的正向溢出；(2)从全球价值链不同嵌入方式来看，全球价值链上游环节参与度越高的企业与本地产业集群的空间关联度越弱，而下游环节参与度越高的企业与本地产业集群的空间关联度越强；(3)主要通过劳动力蓄水池("人")和知识技术溢出("知识")，企业不同全球价值链嵌入方式与产业集聚呈现了异质性的生产率互动效应，造就了全球价值链视角下"上游嵌入者—下游嵌入者"与国内价值链生产体系互动的二元分割结构，而中间投入共享("物")并未发挥作用。

二、政策建议

在本书理论分析与实证研究的基础上，可以得出以下政策建议：

(1) 应坚定反对逆全球化浪潮，继续推动贸易的便利化、自由化，鼓励更多地区、更高水平参与全球价值链。进入 21 世纪以来，全球价值链推动了全球经贸治理结构的嬗变，深刻影响了中国等发展中国家的经济全球化战略。同时，当前孤立主义、保守主义、民粹主义在世界范围内高涨，逆全球化思潮蔓延，尤以美国时任总统特朗普 2018 年签署的对中国制裁的总统备忘录为最。本书研究发现全球价值链参与对中国经济增长不仅存在地区内溢出效应，还存在空间溢出效应，这以中国经验有效反击了目前逆全球化的汹涌浪潮。因此，在坚定反对逆全球化浪潮的同时，中国首先应进一步扩大开放力度，降低货物和服务进出口关税,加快双边和多边贸易合作谈判步伐,推动贸易的便利化、自由化,鼓励更多地区、更高水平地参与全球价值链;其次应拓展全球价值链的国际纵深,成为衔接全球生产网络各层级的中间枢纽,这要求中国更加主动地与发达国家跨国公司开展深度合作,通过"以资金换技术"的方式与跨国公司形成战略联盟,积累创新和升级能力,从而充分发挥全球价值链的增长效应;最后在统筹区域经济发展时,应着眼于培育地区尤其是相对落后和封闭地区对全球价值链空间溢出的吸收能力,通过加强与全球价值链参与地区的空间联系与分工协作,以及相应的"对口帮扶",最大程度地延伸和发挥全球价值链的空间溢出效应。

(2)应继续实施创新驱动发展战略,培养企业自主创新能力,助力企业实现全球价值链升级,破除全球价值链背景下中国生产体系的双重分割局面。本书研究发现企业不同全球价值链嵌入方式与产业集聚呈现出异质性的生产率互动效应,从而造就了全球价值链视角下中国"上游嵌入者—下游嵌入者"与国内生产体系互动的二元分割结构。因此,首先,作为经济规划者的政府,尤其是中央政府需从根本上改变以廉价能源和要素补贴方式维持国内代工企业融入全球价值链分工体系的传统做法,实施创新驱动发展,鼓励和激发企业自主创新与研发活力,突破"俘获型"全球价值链困局;其次,要积极引导,强化普通劳动力人才化的战略投入,构建有效的知识交流、人才协作平台,促成企业间以强带弱、强弱衔接的空间协同格局,达到将单个企业的全球价值链优势推向整个产业甚至国家整体的全球价值链竞争优势的社会最优,形成"单个企业—整个产业—国家整体"内生化全球价值链升级路径,进而打破全球价值链背景下中国生产体系的双重分割困局。

(3)应着力延伸和大力发展国内价值链,推动国内各地理单元和产业主体之间深度融合,塑造支撑中国经济转型升级与持续增长的内生力量。本书研究发现国内价值链不仅能够对中国各地区/产业经济绩效产生溢出效应,而且还能够缩小中国地区间经济差距。因此,首先,政府应继续实施、推进和深化长江经济带、"一带一路"等贯穿南北、承启东西的轴带式发展战略,盘活广阔空间,塑造有利于培育国内价值链的经济地理格局;其次,应加速推进主体功能区建设,在发挥市场机制决定性作用的基础上,充分发挥政策导向作用,引导资源要素按照主体功能区进行优化配置,为国内价值链分工的开展创造良好的政策环境;最后,应扶持和培育国内本土企业做强做大,提高本土企业跨区域运营能力和整合国内广阔空间资源的系统集成能力,为国内价值链分工的开展提供微观主体。同时,本书也发现市场化转型过程中遗留的"上游环节垄断分割、下游环节竞争开放"的非对称结构导致了中国国内价值链"微笑曲线"式经济增长溢出过程呈现前向溢出不足、后向溢出显著的链条割裂特征。为此,首先,政府应着力引导国内上游市场改革和国企改革,提高国内价值链上游环节的开放度和竞争性,确保"市场之手"在上游环节资源配置中的主导作用,激发上游环节的创新潜能,推动国内价值链的链式循环从过多依赖需求驱动向供给与需求协同驱动转变,破解"需求锁定";其次,政府应致力于改变现有国内区域市场尤其在要素市场的分割现状,积极鼓励区域从相互竞争向相互协作转变,破除区域行政性壁垒和地方保护主义,打造一个全国性的统一市场,为国内价值链的更替升级与动态演进提供可依托的巨大国内市场。

(4)在统筹国内外两个关系大局时更应将视角转向价值链分工网络的塑造,通过搭建全球价值链与国内价值链、国际分工与区际分工之间的良性对接关系构筑"内外兼修"的双循环新发展格局。本书研究发现,国内价值链不仅能够增强全球价值链参与对中国地区经济增长绩效的空间溢出效应,还能纠偏全球价值链参与不平衡带来的中国地区间经济发展差距。因此,面对国际分工新形势,中国更应主动因应,而不宜一味地寻求被动式的开放倒逼改革,利用大国内部优势大力发展和延伸国内价值链,制定和完善地区治理规则(如金融、环境、电子商务、知识产权)以使国内价值链与国际贸易投资新规则同向而行甚至引领国际规则,通过国内价值链与全球价值链的良性对接、区际分工和国际分工的有效结合逐步使国际分工着上"中国特色",由内及外,实现新型开放和区域经济紧密发展、均衡发展的有效平衡。

第二节　研究展望

本书从价值链视角为中国的增长绩效提供了一个全新的诠释,在一定上丰富了中国关于价值链理论的经验研究,更为重要的是,本书为事后全面评估和深入认识中国在经济全球化、区域一体化双轮驱动和国际分工、国内分工协同演进新形势下全球价值链和国内价值链及其互动效应对中国增长绩效的影响提供了客观依据。当然,本书的研究仍存在一些不足之处,需要进一步完善,下述几个方面值得未来深入研究:

(1)限于篇幅,本书结合价值链理论中的经典文献和中国的实际,主要从呈现层层递进关系的经济增长三个方面,即人均 GDP、全要素生产率和资源配置效率进行研究,然而价值链的影响还可能体现在其他方面,如研发创新、对外直接投资等等。显然,对这些问题的探讨有助于我们深化认识价值链的影响,同时也能更全面地评估中国参与价值链的真实效应,因此,本书的研究视角有待进一步拓宽。

(2)本书主要在对既有文献进行梳理的基础上采用逻辑演绎的方式进行理论框架构筑与分析,因此本书的理论分析还仅是一个较为粗略的框架,缺乏一定的严谨性。如何细化价值链增长效应的作用机制分析尚需作进一步探究,尤其是需考虑将价值链的增长效应通过数理模型进行表述,从这个角度而言,本书的理论分析还有待进一步深入。

(3)囿于数据的可得性,本书的实证研究中主要以验证最终结论为主,对价值链增长效应的作用机制验证较少,仅验证了"微笑曲线"式溢出机制,对空间溢出机制、贸易类型理论等尚需作进一步检验。如果能直接检验各种作用机制,那么会使本书的研究结论更为丰富与严谨。未来随着数据可得性的增强,这也是值得作进一步研究的问题。

（4）正如本书在第三章企业层面全球价值链分工指标构建部分所指出的，由于缺乏企业层面的间接进口、返回增加值、间接增加值出口等信息，在构建反映企业全球价值链参与全貌的指标体系，包括全球价值链地位指数、上游环节参与度和下游环节参与度时，本书只能以企业所处产业的这些信息进行近似替代，这在一定程度上掩盖了企业的异质性特征。若能够获得各国企业间的投入产出表，那么会使本书构建的企业全球价值链分工指标体系更为科学与准确。

（5）同样由于缺乏国内企业间投入产出数据，在全球价值链与国内价值链增长互动效应专题篇的微观层面分析部分，本书只能以产业集聚作为企业国内价值链参与程度的替代指标。虽然产业集聚与企业国内价值链参与程度存在显著的正相关，可以作为国内价值链较好的代理变量，但是产业集聚与国内价值链毕竟属于不同的概念，各自具有较强的经济学含义。因此，如果能够获得企业间投入产出数据，这将会对本书研究的进一步开展大有裨益，不仅能够对企业层面全球价值链和国内价值链指标进行更加科学、准确的测度，而且能够丰富本书在微观层面的分析。

附　录

附录 A　地区全球价值链参与度的测度：
中间贸易代理商的处理

用 $M_{itn}^{total}|_{BEC}(n=p,o)$ 表示考虑了从中间贸易代理商间接进口后各地区进口的中间产品总额，其计算公式可表示为：

$$M_{itn}^{total}|_{BEC} = M_{itn}^{custom}|_{BEC} + M_{itn}^{inter}|_{BEC} \Rightarrow M_{itn}^{total}|_{BEC}$$

$$= M_{itn}^{custom}|_{BEC}/(1 - M_{itn}^{inter}|_{BEC}/M_{itn}^{total}|_{BEC}) \qquad (A-1)$$

其中，$M_{itn}^{custom}|_{BEC}$、$M_{itn}^{inter}|_{BEC}$ 分别表示海关记录的各地区进口中间产品额和各地区可能从中间贸易代理商处购买的间接进口的中间产品额。为了估计各地区实际进口中间品总额 $M_{itn}^{total}|_{BEC}$，借鉴张杰等（2013）的方法，根据不同贸易方式使用海关微观数据统计得到的中间贸易代理商进口中间产品额占中间产品进口总额的比重替代各地区从中间贸易代理商处进口的中间产品比例 $M_{itn}^{inter}|_{BEC}/M_{itn}^{total}|_{BEC}$。 同时，各地区也可以通过中间贸易代理商进行出口，与计算各地区实际进口中间品总额所使用的方法类似，根据不同贸易方式中间贸易代理商出口额占总出口额的比重替代各地区通过中间贸易代理商出口的比例，继而估计各地区实际出口总额 $E_{itn}^{total}(n=p,o)$。

附录 B 企业全球价值链分工指标测度：
中间贸易代理商与资本品问题的处理

在论述如何处理中间贸易代理商[①]问题之前，首先要识别哪些进口产品属于中间品。对于一般贸易，企业进口的中间产品需借助联合国（UNSD，2013）制定的广义经济分类标准（Classification by Broad Economic Categories，BEC）与 HS 海关编码的对照表进行识别[②]；而对于加工贸易，企业进口的中间产品可直接通过贸易类型进行识别，即加工贸易企业的进口产品均可视为中间品（Upward et al.，2013）。在识别了进口中间产品后，进一步解决中间贸易代理商问题。用 $IMP_{ijtn}^{total}|_{BEC}(n = p, o)$ 表示考虑了从中间贸易代理商处间接进口后企业进口的中间产品总额，其计算公式可表示为：

$$IMP_{ijtn}^{total}|_{BEC} = IMP_{ijtn}^{custom}|_{BEC} + IMP_{ijtn}^{inter}|_{BEC} \Rightarrow IMP_{ijtn}^{total}|_{BEC}$$

$$= IMP_{ijtn}^{custom}|_{BEC}/(1 - IMP_{ijtn}^{inter}|_{BEC}/IMP_{ijtn}^{total}|_{BEC}) \qquad （B - 1）$$

其中，$IMP_{ijtn}^{custom}|_{BEC}$、$IMP_{ijtn}^{inter}|_{BEC}$ 分别表示海关记录的企业进口中间产品额和企业可能从中间贸易代理商处购买的间接进口的中间产品额。为了估计企业实际进口中间品总额 $IMP_{ijtn}^{total}|_{BEC}$，借鉴张杰等（2013）的方法根据不同贸易方式使用海关数据库中统计得到的中间贸易代理商进口中间产品额占进口中间产品总额的比重替代企业从中间贸易代理商处进口的中间产品比例 $IMP_{ijtn}^{inter}|_{BEC}/IMP_{ijtn}^{total}|_{BEC}$。与进口相同，企业也可以通过中间贸易代理商进行出口，但由于工业企业数据库中提供的企业出口交货值包含了企业通过中间贸

[①] 本书将海关数据库中企业名称包含"进出口""经贸""贸易""科贸"或"外经"的企业识别为中间贸易代理商。

[②] 先将 2000 年、2001 年的产品编码 HS96 转换成 HS02，再将统一后的 HS02 与 BEC 进行对照。其中，BEC 与 HS 海关编码转换表详见联合国网站 http://unstats.un.org/unsd/cr/registry/regdnld.asp。

易代理商的出口,从而避免了对企业实际总出口 $EXP_{ijtn}^{total}(n = p, o)$ 的估计(Upward et al., 2013)。同时,与计算企业实际进口中间品总额所使用的方法类似,也估计了企业实际出口中间品总额 $EXP_{ijtn}^{total}\mid_{BEC}(n = p, o)$。

同时,张杰等(2013)认为资本品进口是中国企业获取出口竞争力的重要渠道,在计算中国企业出口附加值时必须考虑进口资本品的折旧所得,否则可能会高估企业出口的国内增加值或低估企业出口的国外增加值。因此,本书参照张杰等(2013)的处理方法,假设存活了 $T(\geqslant 1)$ 期的企业在时期 $t(\leqslant T)$ 进口的资本品需要在余下的每期中减去相应的折旧,那么,可得到企业在 t 期的资本折旧累积额为:

$$D_{ijtn}\mid_{BEC} = \sum_{s=1}^{t}\delta \times IMPK_{ijsn}^{total}\mid_{BEC}; n = p, o \qquad (B-2)$$

其中,$IMPK_{ijsn}^{total}\mid_{BEC}$ 表示 s 期企业进口的资本品,与进口中间品识别方法一致,使用 BEC‐HS 对照表对进口资本品进行甄别;δ 表示折旧率,与后文计算企业生产率所用的资本折旧率相一致,取值为 9%(Brandt et al., 2012)。

值得注意的是,对于计算过程中出现的国外附加值超过总出口即本书定义的 Downstream 大于 1 的情况,借鉴阿普沃德等(Upward et al., 2013)的处理方法,将其取 1。

附录 C　对勃兰特等(Brandt et al., 2012)
工业企业数据库匹配方法的改进说明

在处理中间退出年份间隔至少两年的企业样本组时,我们事先已对匹配信息完全重复的样本组进行了处理,以排除相应的干扰。表 C-1 为勃兰特等(Brandt et al., 2012)匹配方法最终得到的非平衡宽面板形式,据此我们生成一个新的企业代码(new_id),为 1998—2007 年企业原始九位数法人代码的依次链接,生成后再将宽面板形式改为如表 C-2 所示的长面板形式。

表 C-1　根据勃兰特等匹配方法最终得到的非平衡宽面板形式

编码(Brant)	new_id	id1998	id1999	id2000	…	id2007
自然序列编号	string(id1998+…+id2007) string(id1998+…+id2007) …	该值为相应年份的原始企业法人代码,相应年份企业不存在则为空				

注:表格仅列出对说明有用的企业法人代码,其余企业变量省略。

表 C-2　将勃兰特等宽面板变为长面板的形式

编码改进	编码(Brant)	year	new_id	id
目标: 有问题样本组 取该组 new_id 字 符串最长的编号	自然序 列编号	1998 … 2007 …	string(id1998+…+id2007) … string(id1998+…+id2007) …	id1998 … id2007 …

注:id+年份指该企业该年份原始法人代码,同时表中 ycar 只是一种情况说明,并不代表样本企业年份的真实存在状况。

第一步,我们利用表 C-2 形式的数据根据原始企业法人代码分类计数和计算,用分类企业(最大年份-最小年份+1,下表 C-3 分类 1)得到的数字与企业个数(下表 C-3 分类 2)相减,这个差值是从企业原始法人代码出发,判断企业中间退出年份的长短,大于 1 的企业样本则是可能存在中间至少连续两年退出的情况。值得注意的是,如果不将匹配信息完全重复的样本组事先剔除,则上述相减的数字可能小于 0;同时,这里未必所有企业均存在至少连续两年的退出,这是由于企业中间可能变换法人代码,从而可以使用除法人代码之外的信息进行匹配。但这不会影响本书方法的有效性,因为潜在问题样本组统一取的是该企业样本组内 new_id 字符串最长所对应的编码(Brandt),而新生成的 new_id 代表的是按照勃兰特等(Brandt et al.,2012)匹配方法得到的最终结果,其中不仅包含着原始法人代码的匹配信息,更是企业名称、法人姓名等其他信息的综合反馈,new_id 字符串越长证明其背后链接的历年同一家企业样本量越大。如果按照勃兰特等人(Brandt et al.,2012)方法能将历年不同原始法人代码的企业识别为同一家企业,那么这个统一 new_id 在这个企业组群中是完全一致的,长度也必然一致,取 new_id 字符串最长所对应的编码(Brandt)并不会产生偏误,该种情况可以用表 C-3 表示。

表 C-3 　勃兰特等利用除法人代码外信息能够匹配成同一家企业时的情景

编码改进	编码(Brandt)	year	new_id	id	分类 1	分类 2	分类 3
同编码(Brandt)	均相同	1998	100000001100000002 100000003100000001	100000001	4	2	2
		2001	100000001100000002 100000003100000001	100000001	4	2	2
		1999	100000001100000002 100000003100000001	100000002	1	1	—
		2000	100000001100000002 100000003100000001	100000003	1	1	—

注:上述数字仅仅是用于说明而构造的。阴影表示进入甄别的潜在问题样本,分类 1 指的是根据原始 id 分类计算的(最大年份-最小年份+1),分类 2 指的是根据原始 id 分类计算的企业个数,分类 3 则是根据原始法人代码+新企业代码分类计算的企业个数,横线表示该企业样本不会进入此步骤的再识别。

我们将潜在问题所有样本挑出,再根据原始企业法人代码(表 C-3 分类 2)

和原始法人代码+新企业法人代码(表C-3分类3)两种方式分类计数并做差,第一步先保留差值为0且根据原始法人代码计算的退出年份小于等于2年的企业样本,这部分样本可能是按照原始法人代码无法连续匹配,但是可以根据其余信息连续匹配(如表C-3所示情况)或者中间退出并未出现连续两年的情况(比如1998年在,1999年不在,2000年则在,2001年又不在,2002年再次出现,这种情况会被本书识别为潜在问题样本,但按照勃兰特等的方法能够有效识别),或者中间连续退出两年,但企业原始代码一直保持不变(比如1998年在,1999和2000年不在,2001年再次出现,且企业原始代码保持不变,则new_id相同),均视为同一家企业;对于差值为0且根据原始法人代码计算的中间退出年份为3、4、5年,如果企业名称或者法人代表姓名之一全部相同(根据原始法人代码+企业名称或者原始法人代码+法人代表姓名分类计数),视为同一家企业;差值为0且根据原始法人代码计算的中间退出年份大于5年的,如果企业名称和法人代表姓名两者均全部相同,视为同一家企业,也就说退出年份越长、次数越频繁再识别同一家企业的要求越苛刻。再次申明的是,根据原始法人代码计算的退出年份大于2年的企业可能不是中间至少连续两年退出的样本,但由于取的是new_id字符串最长所对应的编码(Brandt),这种做法仍与勃兰特等(Brandt et al.,2012)方法的匹配成果相一致。

第二步,对于根据原始法人代码和原始法人代码+新法人代码两种方式分类计数做差不为0的样本,首先需要确定退出年份,对于小于退出年份的样本企业,截取new_id字符串后九位;对于大于等于退出年份的样本企业,截取new_id字符串前九位。再利用原始法人代码+截取new_id分类计数(表C-4中分类4),并与根据原始企业法人代码分类计算的企业数目相减,即分类4减去分类2,该值为0且根据原始法人代码计算的退出年份小于等于2年的企业样本,视为同一家企业(如表C-4情景);对于该值为0退出为3、4、5年和5年以上与第一步处理一致,进一步根据企业名称以及法人代表姓名进行鉴别。值得注意的是,第二步中取new_id字符串最长所对应的编码(Brandt)时,最短

new_id 所链接的一部分企业(例如表 C - 4 中原始 id 为 100000004 的企业)由于未进入潜在样本,需要我们根据 new_id 加上相应年份(退出年份之前或之后)进行搜寻,将其改为 new_id 字符串最长所对应的编码(Brandt)。

通过这样的两个步骤能够较好地解决勃兰特等(Brandt et al., 2012)方法遗留的中间连续退出过长导致企业识别不足的问题。本章的方法是在勃兰特等(Brandt et al., 2012)基础上进行的细微改进,如果运用勃兰特等(Brandt et al., 2012)方法识别为同一家企业,在本章的进一步识别中也必定是同一家企业,本章只对原本是同一家企业,按照勃兰特等(Brandt et al., 2012)方法却识别为不同企业的样本进行了再识别。

表 C－4　企业频繁更换原始法人代码且按照勃兰特等等匹配中断的情景

编码改进	编码 (Brandt)	year	截取 new_id	new_id	id	分类 1	分类 2	分类 3	分类 4
已是最长对 应编码，不改		1998	100000003	1000000011000000002100000003	1000000001	1	1	—	—
	编码 1	1999	100000003	1000000011000000002100000003	1000000002	1	1	—	—
均取最长字 符串的编码 1		2000	100000003	1000000011000000002100000003	1000000003	4	2	1	2
	编码 2	2003	100000003	1000000003100000004	1000000003	4	2	1	2
改为编码 1		2004	100000003	1000000003100000004	1000000004	1	1	—	—

注：上述数字仅是用于说明而构造的。阴影表示进入甄别的潜在样本。表中原始 id 不同，但 new_id 相同表明企业可以按照其余信息匹配成功。分类 1～3 说明同上，分类 4 指根据原始法人代码＋截取 new_id 分类计算企业个数，横线表示该企业样本不会进入此步骤的再识别。

参考文献

［1］白俊红,蒋伏心.协同创新、空间关联与区域创新绩效[J].经济研究,2015,50
(07):174-187.

［2］曹明福,李树民.全球价值链分工:从国家比较优势到世界比较优势[J].世界
经济研究,2006(11):11-21.

［3］陈刚,李树.官员交流、任期与反腐败[J].世界经济,2012,35(02):120-142.

［4］陈柳,江静.沿海地区外向型经济的溢出效应与区域收入差距[J].经济评论,
2008(05):18-25.

［5］陈强.高级计量经济学及 Stata 应用(第二版)[M].北京:高等教育出版
社,2014.

［6］陈敏,桂琦寒,陆铭,陈钊.中国经济增长如何持续发挥规模效应?——经济开
放与国内商品市场分割的实证研究[J].经济学(季刊),2008,7(01):
125-150.

［7］陈诗一,陈登科.中国资源配置效率动态演化——纳入能源要素的新视角[J].
中国社会科学,2017(04):67-83.

［8］戴觅,余淼杰,Madhura Maitra.中国出口企业生产率之谜:加工贸易的作用
[J].经济学(季刊),2014,13(02):675-698.

［9］戴维·贝赞可.公司战略经济学[M].北京:北京大学出版社,1999.

［10］戴翔.中国制造业出口内涵服务价值演进及因素决定[J].经济研究,2016,51
(09):44-57.

［11］戴翔,金碚.产品内分工、制度质量与出口技术复杂度[J].经济研究,2014,49
(07):4-17.

［12］戴翔,郑岚.制度质量如何影响中国攀升全球价值链[J].国际贸易问题,2015
(12):51-63.

［13］戴晓芳,郑圆圆,戴翔.危机冲击下全球贸易如何"崩溃"[J].国际贸易问题,
2014(12):25-36.

［14］杜若甫,肖春杰.从遗传学探讨中华民族的源与流[J].中国社会科学,1997
(04):138-145.

［15］樊纲,陈瑜.中国地区差异:体制改革、技术进步与全要素生产率的相关性分析
[R].工作论文,2009.

［16］樊纲,王小鲁,马光荣.中国市场化进程对经济增长的贡献[J].经济研究,
2011,46(09):4-16.

［17］樊纲,王小鲁,朱恒鹏.中国市场化指数——各地区市场化相对进程 2011 年报
告[M].北京:经济科学出版社,2011.

[18] 樊茂清,黄薇.基于全球价值链分解的中国贸易产业结构演进研究[J].世界经济,2014,37(02):50-70.

[19] 范剑勇,冯猛,李方文.产业集聚与企业全要素生产率[J].世界经济,2014,37(05):51-73.

[20] 傅晓霞,吴利学.技术效率、资本深化与地区差异——基于随机前沿模型的中国地区收敛分析[J].经济研究,2006(10):52-61.

[21] 盖庆恩,朱喜,程名望,史清华.要素市场扭曲、垄断势力与全要素生产率[J].经济研究,2015,50(05):61-75.

[22] 高波,陈健,邹琳华.区域房价差异、劳动力流动与产业升级[J].经济研究,2012,47(01):66-79.

[23] 高翔,龙小宁.省级行政区划造成的文化分割会影响区域经济吗?[J].经济学(季刊),2016,15(02):647-674.

[24] 龚关,胡关亮.中国制造业资源配置效率与全要素生产率[J].经济研究,2013,48(04):4-15.

[25] 郭峰,胡军,洪占卿.贸易进口和外商直接投资空间溢出效应研究[J].国际贸易问题,2013(11):125-135.

[26] 韩峰,柯善咨.追踪我国制造业集聚的空间来源:基于马歇尔外部性与新经济地理的综合视角[J].管理世界,2012(10):55-70.

[27] 洪占卿,郭峰.国际贸易水平、省际贸易潜力和经济波动[J].世界经济,2012,35(10):44-65.

[28] 胡昭玲.国际垂直专业化对中国工业竞争力的影响分析[J].财经研究,2007a(4):35-42.

[29] 胡昭玲.产品内国际分工对中国工业生产率的影响分析[J].中国工业经济,2007b(9):38-45.

[30] 黄玖立,李坤望.出口开放、地区市场规模和经济增长[J].经济研究,2016(6):27-38.

[31] 黄新飞,舒元,徐裕敏.制度距离与跨国收入差距[J].经济研究,2013,48(09):4-16.

[32] 简泽,张涛,伏玉林.进口自由化、竞争与本土企业的全要素生产率——基于中国加入WTO的一个自然实验[J].经济研究,2014,49(08):120-132.

[33] 金祥荣,茹玉骢,吴宏.制度、企业生产效率与中国地区间出口差异[J].管理世界,2008(11):65-77.

[34] 柯善咨,郭素梅.中国市场一体化与区域经济增长互动:1995—2007年[J].数量经济技术经济研究,2010,27(05):62-72.

[35] 黎峰.增加值视角下的中国国家价值链分工——基于改进的区域投入产出模型[J].中国工业经济,2016(03):52-67.

[36] 黎峰.中国国内价值链是怎样形成的?[J].数量经济技术经济研究,2016,33(09):76-94.

[37] 李斌,陈开军.对外贸易与地区经济差距变动[J].世界经济,2007(05):25-32.

[38] 李跟强,潘文卿.国内价值链如何嵌入全球价值链:增加值的视角[J].管理世界,2016(07):10-22.

[39] 李坤望.2017中国出口将触底反弹吗[J].人民论坛,2017(09):85-87.

[40] 李如龙.汉语方言学[M].北京:高等教育出版社,2001.

[41] 李胜旗,毛其淋.制造业上游垄断与企业出口国内附加值——来自中国的经验证据[J].中国工业经济,2017(03):101-119.

[42] 联合国贸易与发展会议.2001年世界投资报告——促进与关联[M].北京:中国财政经济出版社,2002.

[43] 林光平,龙志和,吴梅.中国地区经济 σ-收敛的空间计量实证分析[J].数量经济技术经济研究,2006(04):14-21.

[44] 林毅夫,刘培林.中国的经济发展战略与地区收入差距[J].经济研究,2003(03):19-25.

[45] 林毅夫,巫和懋,邢亦青."潮涌现象"与产能过剩的形成机制[J].经济研究,2010(10):4-19.

[46] 林毅夫,余淼杰.我国价格剪刀差的政治经济学分析:理论模型与计量实证[J].经济研究,2009(1):42-56.

[47] 刘刚.供应链管理[M].北京:化学工业出版社,2004.

[48] 刘慧龙,吴联生.制度环境、所有权性质与企业实际税率[J].管理世界,2014(04):42-52.

[49] 刘瑞明,石磊.上游垄断、非对称竞争与社会福利——兼论大中型国有企业利润的性质[J].经济研究,2011,46(12):86-96.

[50] 刘维林,李兰冰,刘玉海.全球价值链嵌入对中国出口技术复杂度的影响[J].中国工业经济,2014(06):83-95.

[51] 刘维林.中国式出口的价值创造之谜:基于全球价值链的解析[J].世界经济,2015,38(03):3-28.

[52] 刘夏明,魏英琪,李国平.收敛还是发散?——中国区域经济发展争论的文献综述[J].经济研究,2004(07):70-81.

[53] 刘奕,夏杰长.全球价值链下服务业集聚区的嵌入与升级——创意产业的案例分析[J].中国工业经济,2009(12):56-65.

[54] 刘友金,胡黎明.产品内分工、价值链重组与产业转移——兼论产业转移过程中的大国战略[J].中国软科学,2011(03):149-159.

[55] 刘志彪,张少军.中国地区差距及其纠偏:全球价值链和国内价值链的视角[J].学术月刊,2008(05):49-55.

[56] 刘志彪.我国区域经济协调发展的基本路径与长效机制[J].中国地质大学学报(社会科学版),2013,13(01):4-10.

[57] 卢锋.产品内分工[J].经济学(季刊),2004(1):55-82.

[58] 吕越,罗伟,刘斌.异质性企业与全球价值链嵌入:基于效率和融资的视角[J].世界经济,2015,38(08):29-55.

[59] 吕越,吕云龙.全球价值链嵌入会改善制造业企业的生产效率吗——基于双重稳健一倾向得分加权估计[J].财贸经济,2016(03):109-122.

[60] 马述忠,张洪胜.集群商业信用与企业出口——对中国出口扩张奇迹的一种解释[J].经济研究,2017,52(01):13-27.

[61] 马栓友,于红霞.转移支付与地区经济收敛[J].经济研究,2003(3):26-33.

[62] 毛其淋,盛斌.对外经济开放、区域市场整合与全要素生产率[J].经济学(季刊),2012,11(01):181-210.

[63] 毛其淋,盛斌.中国制造业企业的进入退出与生产率动态演化[J].经济研究, 2013,48(04):16-29.

[64] 毛其淋,许家云.市场化转型、就业动态与中国地区生产率增长[J].管理世界, 2015(10):7-23.

[65] 倪红福.全球价值链中产业"微笑曲线"存在吗? ——基于增加值平均传递步 长方法[J].数量经济技术经济研究,2016,33(11):111-126.

[66] 聂辉华,江艇,杨汝岱.中国工业企业数据库的使用现状和潜在问题[J].世界 经济,2012,35(05):142-158.

[67] 欧阳峣,生延超,易先忠.大国经济发展的典型化特征[J].经济理论与经济管 理,2012(05):27-35.

[68] 欧阳峣.基于"大国综合优势"的中国对外直接投资战略[J].财贸经济,2006 (05):57-60.

[69] 潘文卿.中国区域经济差异与收敛[J].中国社会科学,2010(01):72-84.

[70] 潘文卿,李子奈,刘强.中国产业间的技术溢出效应:基于 35 个工业部门的经 验研究[J].经济研究,2011,46(07):18-29.

[71] 潘文卿,娄莹,李宏彬.价值链贸易与经济周期的联动:国际规律及中国经验 [J].经济研究,2015,50(11):20-33.

[72] 裴长洪,彭磊,郑文.转变外贸发展方式的经验与理论分析——中国应对国际 金融危机冲击的一种总结[J].中国社会科学,2011(01):77-87.

[73] 邵朝对,李坤望,苏丹妮.国内价值链与区域经济周期协同:来自中国的经验证 据[J].经济研究,2018(03):187-201.

[74] 邵朝对,苏丹妮.全球价值链生产率效应的空间溢出[J].中国工业经济,2017 (04):94-114.

[75] 邵朝对,苏丹妮,邓宏图.房价、土地财政与城市集聚特征:中国式城市发展之 路[J].管理世界,2016(02):19-31.

[76] 盛斌,高疆.透视 TPP:理念、特征、影响与中国应对[J].国际经济评论,2016 (01):20-36.

[77] 盛斌,毛其淋.贸易开放、国内市场一体化与中国省际经济增长:1985—2008 年[J].世界经济,2011(11):44-66.

[78] 盛斌,毛其淋.贸易自由化、企业成长和规模分布[J].世界经济,2015,38(02): 3-30.

[79] 盛斌,王璐瑶.全球经济治理中的中国角色与贡献[J].江海学刊,2017(01):83-87.

[80] 苏丹妮,邵朝对.全球价值链参与、区域经济增长与空间溢出效应[J].国际贸 易问题,2017(11):48-59.

[81] 苏庆义.中国省级出口的增加值分解及其应用[J].经济研究,2016,51(01): 84-98.

[82] 孙元元,张建清.中国制造业省际间资源配置效率演化:二元边际的视角[J]. 经济研究,2015,50(10):89-103.

[83] 谭人友.全球价值链的概念性理论框架:一个国际分工的视角[J].现代管理科 学,2017(05):40-42.

[84] 唐东波.市场规模、交易成本与垂直专业化分工——来自中国工业行业的证据 [J].金融研究,2013(05):181-193.

[85] 唐东波.垂直专业分工与劳动生产率:一个全球化视角的研究[J].世界经济,2014,37(11):25-52.

[86] 田巍,余淼杰.中间品贸易自由化和企业研发:基于中国数据的经验分析[J].世界经济,2014,37(06):90-112.

[87] 陶锋,李诗田.全球价值链代工过程中的产品开发知识溢出和学习效应——基于东莞电子信息制造业的实证研究[J].管理世界,2008(01):115-122.

[88] 万广华,陆铭,陈钊.全球化与地区间收入差距:来自中国的证据[J].中国社会科学,2005(03):17-26.

[89] 王恕立,滕泽伟,刘军.中国服务业生产率变动的差异分析——基于区域及行业视角[J].经济研究,2015,50(08):73-84.

[90] 王俊.跨国外包体系中的技术溢出与承接国技术创新[J].中国社会科学,2013(09):108-125.

[91] 王岚.融入全球价值链对中国制造业国际分工地位的影响[J].统计研究,2014,31(05):17-23.

[92] 王贤彬,徐现祥.地方官员来源、去向、任期与经济增长——来自中国省长省委书记的证据[J].管理世界,2008(03):16-26.

[93] 王小鲁,樊纲,余静文.中国分省份市场化指数报告(2016)[M].北京:经济科学文献出版社,2017.

[94] 王益民,宋琰纹.全球生产网络效应、集群封闭性及其"升级悖论"——基于大陆台商笔记本电脑产业集群的分析[J].中国工业经济,2007(04):46-53.

[95] 王玉燕,林汉川,吕臣.全球价值链嵌入的技术进步效应——来自中国工业面板数据的经验研究[J].中国工业经济,2014(09):65-77.

[96] 王直,魏尚进,祝坤福.总贸易核算法:官方贸易统计与全球价值链的度量[J].中国社会科学,2015(09):108-127.

[97] 文嫮,曾刚.全球价值链治理与地方产业网络升级研究——以上海浦东集成电路产业网络为例[J].中国工业经济,2005(07):20-27.

[98] 夏立军,方轶强.政府控制、治理环境与公司价值——来自中国证券市场的经验证据[J].经济研究,2005(05):40-51.

[99] 熊灵,魏伟,杨勇.贸易开放对中国区域增长的空间效应研究:1987—2009[J].经济学(季刊),2012,11(03):1037-1058.

[100] 徐现祥,周吉梅,舒元.中国省区三次产业资本存量估计[J].统计研究,2007(05):6-13.

[101] 杨继军,范从来."中国制造"对全球经济"大稳健"的影响——基于价值链的实证检验[J].中国社会科学,2015(10):92-113.

[102] 杨汝岱.中国制造业企业全要素生产率研究[J].经济研究,2015,50(02):61-74.

[103] 姚鹏,孙久文.贸易开放与区域收入空间效应——来自中国的证据[J].财贸经济,2015(01):132-142.

[104] 叶明确,方莹.出口与我国全要素生产率增长的关系——基于空间杜宾模型[J].国际贸易问题,2013(05):19-31.

[105] 叶宁华,包群,张伯伟.进入、退出与中国企业出口的动态序贯决策[J].世界经济,2015,38(02):86-111.

[106] 余淼杰,崔晓敏.人民币汇率和加工出口的国内附加值:理论及实证研究[J].

经济学(季刊),2018,17(03):1207-1234.

[107] 余泳泽,刘大勇.我国区域创新效率的空间外溢效应与价值链外溢效应——创新价值链视角下的多维空间面板模型研究[J].管理世界,2013(07):6-20.

[108] 余泳泽,刘大勇,宣烨.生产性服务业集聚对制造业生产效率的外溢效应及其衰减边界——基于空间计量模型的实证分析[J].金融研究,2016(02):23-36.

[109] 于蔚,汪淼军,金祥荣.政治关联和融资约束:信息效应与资源效应[J].经济研究,2012,47(09):125-139.

[110] 张杰,陈志远,刘元春.中国出口国内附加值的测算与变化机制[J].经济研究,2013,48(10):124-137.

[111] 张杰,李勇,刘志彪.制度对中国地区间出口差异的影响:来自中国省际层面4分位行业的经验证据[J].世界经济,2010,33(02):83-103.

[112] 张杰,刘志彪.制度约束、全球价值链嵌入与我国地方产业集群升级[J].当代财经,2008(09):84-91.

[113] 张杰,郑文平.全球价值链下中国本土企业的创新效应[J].经济研究,2017(03):151-165.

[114] 张建清,孙元元.进口贸易技术溢出、技术的空间扩散与地区技术差距[J].南方经济,2012(10):146-161.

[115] 张军,吴桂英,张吉鹏.中国省际物质资本存量估算:1952—2000[J].经济研究,2004(10):35-44.

[116] 张少军,刘志彪.国内价值链是否对接了全球价值链——基于联立方程模型的经验分析[J].国际贸易问题,2013(02):14-27.

[117] 张少军,刘志彪.产业升级与区域协调发展:从全球价值链走向国内价值链[J].经济管理,2013,35(08):30-40.

[118] 张勋,乔坤元.中国区域间经济互动的来源:知识溢出还是技术扩散?[J].经济学(季刊),2016,15(04):1629-1652.

[119] 赵奇伟.东道国制度安排、市场分割与FDI溢出效应:来自中国的证据[J].经济学(季刊),2009,8(03):891-924.

[120] 赵文军,于津平.市场化进程与我国经济增长方式——基于省际面板数据的实证研究[J].南开经济研究,2014(03):3-22.

[121] 赵勇,魏后凯.政府干预、城市群空间功能分工与地区差距——兼论中国区域政策的有效性[J].管理世界,2015(08):14-29.

[122] 赵子乐,林建浩.经济发展差距的文化假说:从基因到语言[J].管理世界,2017(01):65-77.

[123] 钟昌标.外商直接投资地区间溢出效应研究[J].经济研究,2010,45(01):80-89.

[124] 中国环境与发展国际合作委员会.中国在全球绿色价值链中的作用[R].中国环境与发展国际合作委员会2016年年会,2016.

[125] 朱廷珺,林薛栋.非对称一体化如何影响区内技术差距?——基于新经济地理学视角[J].国际经贸探索,2014,30(08):41-51.

[126] 祝树金,郭莎莎,黄建欢.我国经济开放、地区分割影响技术差距的实证分析[J].财经理论与实践,2010,31(05):87-92.

[127] ACEMOGLU D, VENTURA J. The world income distribution [J]. The Quarterly Journal of Economics, 2002,117(2):659 - 694.

[128] AHMAN N, WYCKOFF A. Carbon dioxide emissions embodied in international trade of goods [R]. OECD Science, Technology and Industry Working Papers, 2003.

[129] AIGNER D, LOVELL C A K, Schmidt P. Formulation and estimation of stochastic frontier production function models [J]. Journal of Econometrics, 1977,6(1):21 - 37.

[130] ALCALA F, CICCONE A. Trade, extent of the market and economic growth 1960 - 1996 [J]. Social Science Electronic Publishing, 2003,765: 346 - 358.

[131] ALFARO L, CHOR D, ANTRAS P, et al. Internalizing global value chains: a firm-level analysis [R]. NBER Working Paper No.21582,2015.

[132] ALFARO L, CHANDA A, KALEMLI-OZCAN S, et al. FDI spillovers, financial markets, and economic development [R]. W International Monetary Fund Working Paper, WP/03/186,2003.

[133] ALFARO L, CHARLTON A, KANCZUK F. Plant size distribution and cross-country income differences [R]. NBER Working Paper No. 14060,2008.

[134] ALESSANDRIA G, KABOSKI J P, MIDRIGAN V. US trade and inventory dynamics [J]. American Economic Review, 2011, 101 (3): 303 - 307.

[135] ALTOMONTE C, DI MAURO F, OTTAVIANO G, et al. Global value chains during the great trade collapse: a bullwhip effect [R]. ECB Working Paper No.1412,2012.

[136] AMIGHINI A. China in the international fragmentation of production: evidence from the ICT Industry [J]. The European Journal of Comparative Economics, 2005,2(2):203 - 219.

[137] AMITI M, KONINGS J. Trade liberalization, intermediate inputs, and productivity: evidence from Indonesia [J]. American Economic Review, 2007,97(5):1611 - 1638.

[138] AMITI M, WEI S J. Service offshoring and productivity: evidence from the US [J]. World Economy, 2009,32(2):203 - 220.

[139] ANGRIST J D, PISCHKE J S. Mostly harmless econometrics: an empiricist's companion [M]. Princeton: Princeton University Press, 2009.

[140] HIGON D A. The impact of R&D spillovers on UK manufacturing TFP: a dynamic panel approach [J]. Research Policy, 2007,36(7):964 - 979.

[141] ANSELIN L. Spatial econometrics: methods and models [M]. Berlin: Springer Science & Business Media, 1988.

[142] ANSELIN L, LE GALLO J. Interpolation of air quality measures in hedonic house price models: spatial aspects [J]. Spatial Economic Analysis, 2006,1(1):31 - 52.

[143] ANTRAS P, CHOR D. Organizing the global value chain [J]. Econometrica, 2013,81(6):2127 - 2204.

[144] ANTRAS P, CHOR D, FALLY T, et al. Measuring the upstreamness of production and trade flows [J]. American Economic Review, 2012, 102 (3):412 - 416.

[145] ANTRAS P, HELPMAN E. Global sourcing [J]. Journal of Political Economy, 2004,112(3):552 - 580.

[146] ANTRAS P. Contractual frictions and global sourcing [M]//Helpman E, Marin D, Verdier T. The organization of firms in a global economy. Cambridge: Harvard University Press, 2008.

[147] ANTRAS P. Firms, contracts, and trade structure [J]. The Quarterly Journal of Economics, 2003,118(4):1375 - 1418.

[148] AUDRETSCH D B, FELDMAN M P. R&D spillovers and the geography of innovation and production [J]. The American Economic Review, 1996,86 (3):630 - 640.

[149] DE BACKERK, MIROUDOT S. Mapping global value chains [R]. OECD Trade Policy Papers, No. 159,2013.

[150] BACKUS D K, KEHOE P J, KYDLAND F E. International real business cycles [J]. Journal of Political Economy, 1992,100(4):745 - 775.

[151] BAI C E, DU Y, TAO Z, et al. Local protectionism and regional specialization: evidence from China's industries [J]. Journal of International Economics, 2004,63(2):397 - 417.

[152] BAI C E, LU J, TAO Z. The multitask theory of state enterprise reform: empirical evidence from China [J]. American Economic Review, 2006,96 (2):353 - 357.

[153] BAIR J, GEREFFI G. Local clusters in global chains: the causes and consequences of export dynamism in Torreon's blue jeans industry [J]. World Development, 2001,29(11):1885 - 1903.

[154] BALDWIN J R, YAN B. Global value chains and the productivity of Canadian manufacturing firms [M]. Ottawa: Statistique Canada Publishing, 2014.

[155] BALDWIN R, LOPEZ-GONZALES J. Supply-chain trade: a portrait of global patterns and several testable hypotheses [R]. NBER Working Paper No. 18957,2013.

[156] BALDWIN R, ITO T. The smile curve: evolving sources of value added in manufacturing [J]. Canadian Journal of Economics, 2021, 54(4):1842 - 1880.

[157] BALDWIN R E, VENABLES A. Relocating the value chain: offshoring and agglomeration in the global economy [M]. Massachusetts: National Bureau of Economic Research, 2010.

[158] BALTAGI BADI H. A companion to econometric analysis of panel data [M]. Chichester:John Wiley Sons, Ltd. , 2004.

[159] BANERJEE A V, MOLL B. Why does misallocation persist? [J]. American Economic Journal: Macroeconomics, 2010, 2(1):189 - 206.

[160] BARNEY J. Firm resources and sustained competitive advantage [J]. Journal of management, 1991, 17(1):99 - 120.

[161] BARTELSMAN E, HALTIWANGER J, SCARPETTA S. Cross-country differences in productivity: the role of allocation and selection [J]. American Economic Review, 2013, 103(1):305 - 334.

[162] BASCO S, MESTIERI M. The world income distribution: the effects of international unbundling of production [R]. Toulouse School of Economics (TSE) Working Papers, 2014.

[163] LOPEZ-BAZO E, VAYA E, ARTIS M. Regional externalities and growth: evidence from European regions [J]. Journal of Regional Science, 2004, 44(1):43 - 73.

[164] BECCHETTI L, TROVATO G. The determinants of growth for small and medium sized firms: the role of the availability of external finance [J]. Small Business Economics, 2002, 19(4):291 - 306.

[165] BERNARD A B, JENSEN J B. Exceptional exporter performance: cause, effect, or both? [J]. Journal of International Economics, 1999, 47(1): 1 - 25.

[166] BERGIN P R, FEENSTRA R C, HANSON G H. Offshoring and volatility: evidence from Mexico's maquiladora industry [J]. American Economic Review, 2009, 99(4):1664 - 1671.

[167] BEMS R, JOHNSON R C, Yi K M. Demand spillovers and the collapse of trade in the global recession [R]. IMF Working Paper WP/10 /142, 2010.

[168] BEMS R, JOHNSON R C, Yi K M. Vertical linkages and the collapse of global trade [J]. American Economic Review, 2011, 101(3):308 - 312.

[169] BERKOWITZ D, MOENIUS J, PISTOR K. Trade, law, and product complexity [J]. The Review of Economics and Statistics, 2006, 88(2):363 - 373.

[170] BOND E W, CRUCINI M J, POTTER T, et al. Misallocation and productivity effects of the Smoot-Hawley tariff [J]. Review of Economic Dynamics, 2013, 16(1):120 - 134.

[171] BLEANEY M F, FILATOTCHEV I, WAKELIN K. Learning by exporting: evidence from three transition economies [M]. Nottingham: Centre for Research on Globalisation and Labour Markets, School of Economics, University of Nottingham, 2000.

[172] BORRUS M, ERNST D, HAGGARD S. International production networks in Asia: rivalry or riches [M]. London: Routledge, 2000.

[173] BRANDT L, VAN BIESEBROECK J, ZHANG Y. Creative accounting or creative destruction? Firm-level productivity growth in Chinese manufacturing [J]. Journal of Development Economics, 2012, 97(2):339 - 351.

[174] BRANDT L, TOMBE T, ZHU X. Factor market distortions across time,

space and sectors in China [J]. Review of Economic Dynamics, 2013, 16 (1):39 - 58.

[175] DONALD T. BRASH. American investment in Australian industry [M]. Canberra: Australian University Press, 1966.

[176] BRIDGMAN B. The rise of vertical specialization trade [J]. Journal of International Economics, 2012,86(1):133 - 140.

[177] BRÜLHART M. The spatial effects of trade openness: a survey [J]. Review of World Economics, 2011,147(1):59 - 83.

[178] BURSTEIN A, KURZ C, TESAR L. Trade, production sharing, and the international transmission of business cycles [J]. Journal of Monetary Economics, 2008,55(4):775 - 795.

[179] CAI F, WANG D, DU Y. Regional disparity and economic growth in China: the impact of labor market distortions [J]. China Economic Review, 2002,13(2 - 3):197 - 212.

[180] CALOGHIROU Y, KASTELLI I, TSAKANIKAS A. Internal capabilities and external knowledge sources: complements or substitutes for innovative performance? [J]. Technovation, 2004,24(1):29 - 39.

[181] CANIËLS M C J, VERSPAGEN B. Barriers to knowledge spillovers and regional convergence in an evolutionary model [J]. Journal of Evolutionary Economics, 2001,11(3):307 - 329.

[182] CASTELLANI D, CASTELLANI D, ZANFEI A. Multinational firms, innovation and productivity [M]. Chentenham: Edward Elgar Publishing, 2006.

[183] CAVALLI-SFORZA L L, CAVALLI-SFORZA L, MENOZZI P, et al. The history and geography of human genes [M]. Princeton: Princeton University Press, 1994.

[184] CHEN Q. The average propagation length: an extended analysis [C]//22nd International Input-Output Conference, Lisbon, 2014.

[185] COE D T, HELPMAN E. International R&D spillovers [J]. European Economic Review, 1995,39(5):859 - 887.

[186] HELPMAN E, HOFFMAISTER A. North-south R&D spillovers [J]. The Economic Journal, 1997,107(440):134 - 149.

[187] COE D T, HELPMAN E, HOFFMAISTER A W. International R&D spillovers and institutions [J]. European Economic Review, 2009,53(7): 723 - 741.

[188] COMBES P P, DURANTON G, GOBILLON L, et al. The productivity advantages of large cities: distinguishing agglomeration from firm selection [J]. Econometrica, 2012,80(6):2543 - 2594.

[189] CONLEY T G, DUPOR B. A spatial analysis of sectoral complementarity [J]. Journal of Political Economy, 2003,111(2):311 - 352.

[190] COSTINOT A, VOGEL J, WANG S. Global supply chains and wage inequality [J]. American Economic Review, 2012,102(3):396 - 401.

[191] COSTINOT A, VOGEL J, WANG S. An elementary theory of global supply chains [J]. Review of Economic Studies, 2013,80(1):109 - 144.

[192] CRAMER C. Can Africa industrialize by processing primary commodities? The case of Mozambican cashew nuts [J]. World Development, 1999, 27 (7):1247 - 1266.

[193] CRESPO J, MARTIN C, VELAZQUEZ F J. International technology diffusion through imports and its impact on economic growth [R]. European Economy Group Working Papers No. 12,2002.

[194] HU C, XU Z, YASHIRO N. Agglomeration and productivity in China: firm level evidence [J]. China Economic Review, 2015,33: 50 - 66.

[195] DAS S. Externalities, and technology transfer through multinational corporations a theoretical analysis [J]. Journal of International Economics, 1987,22(1):171 - 182.

[196] DAUDIN G, RIFFLART C, SCHWEISGUTH D. Who produces for whom in the world economy? [R]. OFCE Working Paper, Sciences Po Paris, 2010.

[197] DAVERI F, JONA-LASINIO C. Off-shoring and productivity growth in the Italian manufacturing industries [R]. CESifo Working Paper No. 2288, 2008.

[198] DÉMURGER S. Infrastructure development and economic growth: an explanation for regional disparities in China? [J]. Journal of Comparative Economics, 2001,29(1):95 - 117.

[199] DEMURGER S, D SACHS J, WOO W T, et al. The relative contributions of location and preferential policies in China's regional development: being in the right place and having the right incentives [J]. China Economic Review, 2002,13(4):444 - 465.

[200] DEAN J M, FUNG K C, WANG Z. Measuring vertical specialization: the case of China [J]. Review of International Economics, 2011, 19 (4): 609 - 625.

[201] Giovanni J, Levchenko A A. Trade openness and volatility [J]. The Review of Economics and Statistics, 2009,91(3):558 - 585.

[202] DI GIOVANNI J, LEVCHENKO A A. Putting the parts together: trade, vertical linkages, and business cycle comovement [J]. American Economic Journal: Macroeconomics, 2010,2(2):95 - 124.

[203] LIBERTO A D, SYMONS J. Some econometric issues in convergence regressions [J]. The Manchester School, 2003,71(3):293 - 307.

[204] DIERICKX I, COOL K. Asset stock accumulation and sustainability of competitive advantage [J]. Management Science, 1989, 35 (12): 1504 - 1511.

[205] BOSMA N S, ROMERO LUNA I, DIETZENBACHER E. Using average propagation lengths to identify production chains in the Andalusian economy [J]. Estudios de Economía Aplicada, 23 (2), 405 - 422., 2005.

[206] DIETZENBACHER E, ROMERO I. Production chains in an interregional framework: identification by means of average propagation lengths [J]. International Regional Science Review, 2007,30(4):362 - 383.

[207] DISNEY R, HASKEL J, HEDEN Y. Restructuring and productivity growth in UK manufacturing [J]. The Economic Journal, 2003,113(489): 666 - 694.

[208] DIXIT A K, GROSSMAN G M. Trade and protection with multistage production [J]. The Review of Economic Studies, 1982,49(4):583 - 594.

[209] DIXIT A K, STIGLITZ J E. Monopolistic competition and optimum product diversity [J]. The American Economic Review, 1977, 67 (3): 297 - 308.

[210] O'DONOGHUE D, GLEAVE B. A note on methods for measuring industrial agglomeration [J]. Regional studies, 2004,38(4):419 - 427.

[211] DRUCKER J M, FESER E. Regional industrial dominance, agglomeration economies, and manufacturing plant productivity [J]. US Census Bureau Center for Economic Studies Paper No. CES - 07 - 31,2007.

[212] DUPOR B. Aggregate fluctuations and production complementarities [J]. Manuscript. Philadelphia: Univ. Pennsylvania, 1996.

[213] DURANTON G, PUGA D. Micro-foundations of urban agglomeration economies [M]// Handbook of Regional and Urban Economics. Elsevier, 2004,4: 2063 - 2117.

[214] DÜRING A, SCHNABEL H. Imputed interindustry technology flows-a comparative SMFA analysis [J]. Economic Systems Research, 2000,12(3): 363 - 375.

[215] DUVAL R, LI N, SARAF R, et al. Value-added trade and business cycle synchronization [J]. Journal of International Economics, 2016, 99: 251 - 262.

[216] EASTERLY W. LEVINE R. It's not factor accumulation: stylized facts and growth models [J]. The World Bank Economic Review, 2001,15(2): 177 - 219.

[217] EATON J, KORTUM S, NEIMAN B, et al. Trade and the global recession [R]. NBER Working Paper No. 16666,2011.

[218] EGGER H, EGGER P. International outsourcing and the productivity of low-skilled labor in the EU [J]. Economic Inquiry, 2006,44(1):98 - 108.

[219] EGGER P, PFAFFERMAYR M. Spatial convergence [J]. Papers in Regional Science, 2006,85(2):199 - 215.

[220] ELHORST J P. Specification and estimation of spatial panel data models [J]. International Regional Science Review, 2003,26(3):244 - 268.

[221] ELLISON G, GLAESER E L, KERR W R. What causes industry agglomeration? Evidence from co agglomeration patterns [J]. American Economic Review, 2010,100(3):1195 - 1213.

[222] ERNST D. Inter-organizational knowledge outsourcing: what permits small

Taiwanese firms to compete in the computer industry? [J]. Asia Pacific Journal of Management, 2000,17(2):223 - 255.

[223] ESCAITH H, LINDENBERG N, MIROUDOT S. International supply chains and trade elasticity in times of global crisis [R]. WTO Staff Working Paper ERSD-2010 - 08,2010.

[224] ETHIER W J. National and international returns to scale in the modern theory of international trade [J]. The American Economic Review, 1982, 72(3):389 - 405.

[225] TSAI S H T, EVERATT D. The Acer Group's manufacturing decision: to enter China? [J]. The Silicon Dragon, 2006: 177.

[226] FAGERBERG J, SRHOLEC M. Catching up: what are the critical factors for success [R]. Working Papers on Innovation Studies No. 20050401,2005.

[227] FAINI R. Export supply, capacity and relative prices [J]. Journal of Development Economics, 1994,45(1):81 - 100.

[228] FALLY T. On the fragmentation of production in the US [J]. University of Colorado Mimeo, 2011.

[229] FALLY T. Production staging: measurement and facts [J]. Boulder, Colorado, University of Colorado Boulder, May, 2012: 155 - 168.

[230] FÄRE R, GROSSKOPF S, NORRIS M, et al. Productivity growth, technical progress, and efficiency change in industrialized countries [J]. The American Economic Review, 1994: 66 - 83.

[231] FEENSTRA R C, HANSON G H. Foreign investment, outsourcing and relative wages [R]. NBER Working Paper No.5121,1995.

[232] FEENSTRA R C, HANSON G. H. Globalization, outsourcing, and wage inequality [J]. American Economic Review, 1996,86(2):240.

[233] FEDER G. On exports and economic growth [J]. Journal of Development Economics, 1983,12(2):59 - 73.

[234] FISMAN R, SVENSSON J. Are corruption and taxation really harmful to growth? Firm level evidence [J]. Journal of Development Economics, 2007,83(1):63 - 75.

[235] FLEISHER B, LI H, ZHAO M Q. Human capital, economic growth, and regional inequality in China [J]. Journal of Development Economics, 2010, 92(2):215 - 231.

[236] DE VRIES G, FOSTER N, STEHRER R. Value added and factors in trade: a comprehensive approach [R]. WIIW Working Paper No.80,1995.

[237] LEMOINE F, ÜNAL KESENCI D. Assembly trade and technology transfer: the case of China [J]. World development, 2004,32(5):829 - 850.

[238] FRANKEL J, ROMER D. Dose trade cause growth? [J] American Economic Review, 1999,89(3):379 - 399.

[239] FRANKEL J A, ROSE A K. The endogenity of the optimum currency area criteria [J]. The Economic Journal, 1998,108(449):1009 - 1025.

[240] FU X. Limited linkages from growth engines and regional disparities in

China [J]. Journal of Comparative Economics, 2004,32(1):148 - 164.

[241] FUJITA M, HU D. Regional disparity in China 1985 - 1994: the effects of globalization and economic liberalization [J]. The Annals of Regional Science, 2001,35(1):3 - 37.

[242] GANCIA G A. Globalization , divergence and stagnation, University of Pompeu Fabra [R]. Working Paper, 2003.

[243] GAO X, LONG C X. Cultural border, administrative border, and regional economic development: evidence from Chinese cities [J]. China Economic Review, 2014,31: 247 - 264.

[244] GEREFFI G. International trade and industrial upgrading in the apparel commodity chain [J]. Journal of International Economics, 1999, 48(1): 37 - 70.

[245] GEREFFI G. Export-oriented growth and industrial upgrading: lessons from the Mexican apparel case [J]. Available from the author, 2005.

[246] GEREFFI G, FERNANDEZ-STARK K. Global value chain analysis: a primer [M]. Durham, NC: Center on Globalization, Governance, and Competitiveness, Duke University, 2011.

[247] GEREFFI G, HUMPHREY J, STURGEON T. The governance of global value chains [J]. Review of International Political Economy, 2005,12(1): 78 - 104.

[248] GEREFFI G, KORZENIEWICZ M. Commodity chains and global capitalism [M]. Westport, Connecticut: Praeger ,1994.

[249] GEREFFI G, LEE J. Why the world suddenly cares about global supply chains [J]. Journal of Supply Chain Management, 2012,48(3):24 - 32.

[250] GERSCHENKRON A. Economic backwardness in historical perspective: a book of essays [M]. Massachusetts: The Belknap Press of Harvard University Press, 1962.

[251] GIOVANNI J, LEVCHENKO A A. Trade openness and volatility [J]. The Review of Economics and Statistics, 2009,91(3):558 - 585.

[252] GOLLEY J. Regional patterns of industrial development during China's economic transition [J]. Economics of Transition, 2002,10(3):761 - 801.

[253] GÖRG H, HANLEY A. International outsourcing and productivity: evidence from the Irish electronics industry [J]. The North American Journal of Economics and Finance, 2005,16(2):255 - 269.

[254] GRILICHES Z, REGEV H. Firm productivity in Israeli industry 1979—1988 [J]. Journal of Econometrics, 1995,65(1):175 - 203.

[255] GROSSMAN G M, HELPMAN E. Innovation and growth in the global economy [M]. Massachusetts: MIT Press, 1993.

[256] GROSSMAN G M, ROSSI-HANSBERG E. Trading tasks: a simple theory of offshoring [J]. American Economic Review, 2008,98(5):1978 - 1997.

[257] GROSSMAN G M, ROSSI-HANSBERG E. Task trade between similar countries [J]. Econometrica, 2012,80(2):593 - 629.

[258] GROSSMAN S J, HART O D. The costs and benefits of ownership: a theory of vertical and lateral integration [J]. Journal of Political Economy, 1986,94(4):691-719.

[259] GUARIGLIA A, LIU X, SONG L. Internal finance and growth: microeconometric evidence on Chinese firms [J]. Journal of Development Economics, 2011,96(1):79-94.

[260] GUARIGLIA A, PONCET S. Could financial distortions be no impediment to economic growth after all? Evidence from China [J]. Journal of Comparative Economics, 2008,36(4):633-657.

[261] HAMEL G. Competition for competence and interpartner learning within international strategic alliances [J]. Strategic Management Journal, 1991, 12(S1):83-103.

[262] HANSEN M T, BIRKINSHAW J. The innovation value chain [J]. Harvard Business Review, 2007,85(6):121.

[263] HANSON G H, MATALONI JR R J, SLAUGHTER M J. Vertical production networks in multinational firms [J]. Review of Economics and Statistics, 2005,87(4):664-678.

[264] HAO R, WEI Z. Fundamental causes of inland-coastal income inequality in post-reform China [J]. The Annals of Regional Science, 2010,45(1):181-206.

[265] HARABI N. Channels of R&D spillovers: an empirical investigation of Swiss firms [J]. Technovation, 1997,17(11-12):627-635.

[266] HARBERGER A C. Perspectives on capital and technology in less-developed countries [J]. Estudios de Economía (Chile), 1988.

[267] HART O, MOORE J. Property rights and the nature of the firm [J]. Journal of Political Economy, 1990,98(6):1119-1158.

[268] HEAD K, RIES J. Do trade missions increase trade? [J]. Canadian Journal of Economics, 2010,43(3):754-775.

[269] HOLMES T J, STEVENS J J. Geographic concentration and establishment scale [J]. Review of Economics and Statistics, 2002,84(4):682-690.

[270] HOLMES T J. Localization of industry and vertical disintegration [J]. Review of Economics and Statistics, 1999,81(2):314-325.

[271] HSIEH C T, KLENOW P J. Misallocation and manufacturing TFP in China and India [J]. The Quarterly Journal of Economics, 2009,124(4):1403-1448.

[272] HULTEN C R, BENNATHAN E, SRINIVASAN S. Infrastructure, externalities, and economic development: a study of the Indian manufacturing industry [J]. The World Bank Economic Review, 2006,20(2):291-308.

[273] HUMMELS D, ISHII J, YI K M. The nature and growth of vertical specialization in world trade [J]. Journal of International Economics, 2001,54(1):75-96.

[274] HUMPHREY J, SCHMITZ H. Governance and upgrading: linking industrial

cluster and global value chain research [R]. IDS Working Paper No. 120,2000.

[275] HUMPHREY J, SCHMITZ H. Chain governance and upgrading: taking stock, Local Enterprises in the Global Economy [M]//Schmitz H. Issues of governance and upgrading. Massachusetts: Edward Elgar Publishing, 2004.

[276] ISAKSSON O H D, SIMETH M, SEIFERT R W. Knowledge spillovers in the supply chain: evidence from the high tech sectors [J]. Research Policy, 2016,45(3):699 – 706.

[277] ISLAM N. Growth empirics: a panel data approach [J]. The Quarterly Journal of Economics, 1995,110(4):1127 – 1170.

[278] IVARSSON I, ALVSTAM C G. Supplier upgrading in the home-furnishing value chain: an empirical study of IKEA's sourcing in China and South East Asia [J]. World Development, 2010,38(11):1575 – 1587.

[279] JAFFE A B. Technological opportunity and spillovers of R&D: evidence from firms' patents, profits and market value [J]. American Economic Review,1986,76(5):984 – 999.

[280] JAFFE A B, TRAJTENBERG M, HENDERSON R. Geographic localization of knowledge spillovers as evidenced by patent citations [J]. The Quarterly Journal of Economics, 1993,108(3):577 – 598.

[281] MADSEN J B. Technology spillover through trade and TFP convergence: 135 years of evidence for the OECD countries [J]. Journal of International Economics, 2007,72(2):464 – 480.

[282] JIN H, QIAN Y, WEINGAST B R. Regional decentralization and fiscal incentives: federalism, Chinese style [J]. Journal of Public Economics, 2005,89(9):1719 – 1742.

[283] JOHNSON R C, MOXNES A. Technology, trade costs, and the pattern of trade with multi-stage production [R]. Working Paper, Dartmouth College, 2013.

[284] JOHNSON R C, NOGUERA G. Fragmentation and trade in value added over four decades [R]. National Bureau of Economic Research Working Paper No.18186,2012.

[285] JOHNSON R C. Trade in intermediate inputs and business cycle comovement [R]. NBER Working Paper No.18240,2012.

[286] JONES R W, KIERZKOWSKI H. The role of services in production and international trade: a theoretical framework [J]. World Scientific Book Chapters, 2018: 233 – 253.

[287] KAISER U. Measuring knowledge spillovers in manufacturing and services: an empirical assessment of alternative approaches [J]. Research policy, 2002,31(1):125 – 144.

[288] KAPLINSKY R, MORRIS M. A handbook for value chain research [M]. Brighton: University of Sussex, Institute of Development Studies, 2000.

[289] KANBUR R, VENABLES T. Spatial inequality and development [M]. Oxford: Oxford University Press, 2005.

[290] KANBUR R, ZHANG X. Fifty years of regional inequality in China: a journey through central planning, reform, and openness [J]. Review of Development Economics, 2005,9(1):87 - 106.

[291] KEE H L, TANG H. Domestic value added in exports: theory and firm evidence from China [J]. American Economic Review, 2016, 106 (6): 1402 - 1436.

[292] KELEJIAN H H, PRUCHA I R. A generalized spatial two-stage least squares procedure for estimating a spatial autoregressive model with autoregressive disturbances [J]. The Journal of Real Estate Finance and Economics, 1998,17(1):99 - 121.

[293] KELLER W. Absorptive capacity: on the creation and acquisition of technology in development [J]. Journal of Development Economics, 1996, 49(1):199 - 227.

[294] KELLER W. The geography and channels of diffusion at the world's technology frontier [R]. NBER Working Paper No. 8150,2001.

[295] KELLER W. Geographic localization of international technology diffusion [J]. American Economic Review, 2002a, 92(1):120 - 142.

[296] KELLER W. Trade and the transmission of technology [J]. Journal of Economic Growth, 2002b, 7(1):5 - 24.

[297] KELLER W. International technology diffusion [J]. Journal of Economic Literature, 2004,42(3):752 - 782.

[298] KELLER W. International trade, foreign direct investment, and technology spillovers [R]. NBER Working Papers No. 15442,2009.

[299] KLEIN B, CRAWFORD R G, ALCHIAN A A. Vertical integration, appropriable rents, and the competitive contracting process [J]. The Journal of Law and Economics, 1978,21(2):297 - 326.

[300] KOGUT B. Designing global strategies: comparative and competitive value-added chains [J]. Sloan Management Review, 1985,26(4):15 - 28.

[301] KOKKO A. Technology, market characteristics, and spillovers [J]. Journal of Development Economics, 1994,43(2):279 - 293.

[302] KOOPMAN R, POWERS W, WANG Z, et al. Give credit where credit is due: tracing value added in global production chains [R]. National Bureau of Economic Research Working Paper No. 16426,2010.

[303] KOOPMAN R, WANG Z, WEI S J. Estimating domestic content in exports when processing trade is pervasive [J]. Journal of Development Economics, 2012,99(1):178 - 189.

[304] KOOPMAN R, WANG Z, WEI S J. Tracing value-added and double counting in gross exports [J]. American Economic Review, 2014,104(2): 459 - 494.

[305] KOSE M A, YI K M. Can the standard international business cycle model

explain the relation between trade and comovement? [J]. Journal of International Economics, 2006,68(2):267 - 295.

[306] KRUGMAN P. Increasing returns and economic geography [J]. Journal of Political Economy, 1991,99(3):483 - 499.

[307] KUMMRITZ V. Do global value chains cause industrial development? [R]. CTEI Working Papers 01 - 2016, Centre for Trade and Economic Integration, Graduate Institute Geneva.

[308] LEE J, CHEN J. Dynamic synergy creation with multiple business activities: toward a competence-based business model for contract manufacturers [J]. Applied Business Strategy, 2000: 209 - 228.

[309] LEE L. GMM and 2SLS estimation of mixed regressive, spatial autoregressive models [J]. Journal of Econometrics, 2007,137(2):489 - 514.

[310] LESAGE J P, FISCHER M M. Estimates of the impact of static and dynamic knowledge spillovers on regional factor productivity [J]. International Regional Science Review, 2012,35(1):103 - 127.

[311] LESAGE J, PACE R K. Introduction to spatial econometrics [M]. Florida: CRC Press, Taylor and Francis Group, 2009.

[312] LEVIN A, RAUT L K. Complementarities between exports and human capital in economic growth: evidence from the semi-industrialized countries [J]. Economic Development and Cultural Change, 1997,46(1):155 - 174.

[313] LEVINSOHN J, PETRIN A. Estimating production functions using inputs to control for unobservables [J]. The Review of Economic Studies, 2003,70 (2):317 - 341.

[314] LEWIS W A. The evolution of the international economic order [M]. New Jersey: Princeton University Press, 2015.

[315] LI B, LU Y. Geographic concentration and vertical disintegration: evidence from China [J]. Journal of Urban Economics, 2009,65(3):294 - 304.

[316] LI S, XU Z. The trend of regional income disparity in the People's Republic of China [R]. ADBI Discussion Paper, 2008.

[317] LI X, LIU X, WANG Y. A model of China's state capitalism [J]. Available at SSRN 2061521,2015.

[318] LIN S, MA A C. Outsourcing and productivity: evidence from Korean data [J]. Journal of Asian Economics, 2012,23(1):39 - 49.

[319] LIPPMAN S A, Rumelt R P. Uncertain imitability: an analysis of interfirm differences in efficiency under competition [J]. The Bell Journal of Economics, 1982: 418 - 438.

[320] LOW P. The role of services in global value chains [R]. Fung Global Institute Real Sector Working Paper, 2013.

[321] LUCAS Jr R E. On the mechanics of economic development [J]. Journal of Monetary Economics, 1988,22(1):3 - 42.

[322] BAZAN L, NAVAS-ALEMÁN L. Comparing chain governance and

upgrading patterns in the Sinos Valley, Brazil [J]. Local Upgrading in Global Chains, 2001(1):1 - 26.

[323] MA H, WANG Z, ZHU K F. Domestic value-added in China's exports and its distribution by firm ownership [J]. Journal of Comparative Economics, 2015,43(1):178 - 189.

[324] MACGARVIE M. Do firms learn from international trade? [J]. Review of Economics and Statistics, 2006,88(1):46 - 60.

[325] MADARIAGA N, PONCET S. FDI in Chinese cities: spillovers and impact on growth [J]. World Economy, 2007,30(5):837 - 862.

[326] MAKADOK R. Toward a synthesis of the resource-based and dynamic-capability views of rent creation [J]. Strategic Management Journal, 2001, 22(5):387 - 401.

[327] MARSHAL A. Principles of economics [M]. London: Mcmillan, 1920.

[328] MASKELL P, LORENZEN M. The cluster as market organization [R]. DRUID Working Paper No.03 - 14,2004.

[329] MATSUYAMA K. Endogenous ranking and equilibrium Lorenz curve across (ex ante) identical countries [J]. Econometrica, 2013,81(5):2009 - 2031.

[330] MATTOO A, WANG Z, WEI S J. Trade in value added: developing new measures of cross-border trade [M]. London: Centre for Economic Policy Research and the World Bank, 2013.

[331] MELITZ M J, POLANEC S. Dynamic Olley-Pakes productivity decomposition with entry and exit [J]. The Rand Journal of Economics, 2015, 46(2): 362 - 375.

[332] MILLER R E, TEMURSHOEV U. Output upstreamness and input downstreamness of industries/countries in world production [J]. International Regional Science Review, 2017,40(5):443 - 475.

[333] MIROUDOT S, CADESTIN C. Services in global value chains: from inputs to value-creating activities [J]. OECD Trade Policy Papers, No.197,2017.

[334] MUDAMBI R. Offshoring: economic geography and the multinational firm [J]. Journal of International Business Studies, 2007,38(1):206 - 210.

[335] MUDAMBI R. Location, control and innovation in knowledge-intensive industries [J]. Journal of Economic Geography, 2008,8(5):699 - 725.

[336] MYRDAL G. Development and under-development: a note on the mechanism of national and international economic inequality [M]. Cairo: National Bank of Egypt, 1956.

[337] NAKANO S, OKAMURA A, SAKURAI N, et al. The measurement of CO_2 embodiments in international trade: evidence from the harmonised input-output and bilateral trade database [R]. OECD Science, Technology and Industry Working Papers, 2009.

[338] NELSON R R, PHELPS E S. Investment in humans, technological diffusion, and economic growth [J]. The American Economic Review,

1966,56(1):69 - 75.

[339] NEUSSER K. Interdependencies of US manufacturing sectoral TFPs: a spatial VAR approach [J]. Journal of Macroeconomics, 2008, 30 (3): 991 - 1004.

[340] NG E C Y. Production fragmentation and business-cycle comovement [J]. Journal of International Economics, 2010,82(1):1 - 14.

[341] NISHIOKA S, RIPOLL M. Productivity, trade and the R&D content of intermediate inputs [J]. European Economic Review, 2012, 56 (8): 1573 - 1592.

[342] NITSCH V. State visits and international trade [J]. World Economy, 2007,30(12):1797 - 1816.

[343] NURKSE R. Patterns of trade and development [J]. Contrasting Trends in 19th and 20th Century World Trade, 1959.

[344] OECD WTO. Trade in value-added: concepts, methodologies and challenges [Z]. Joint OECD-WTO Note, 2012.

[345] OLLEY S, PAKES A. The dynamics of productivity in the telecommunications equipment industry [J]. Econometric, 1996,64(6):638 - 655.

[346] PARENTE S L, PRESCOTT E C. Barriers to riches [M]. Massachusetts: MIT Press, 2002.

[347] PEREZ-ALEMAN P, SANDILANDS M. Building value at the top and the bottom of the global supply chain: MNC-NGO partnerships [J]. California Management Review, 2008,51(1):24 - 49.

[348] PORTER M E. Competitive advantage: creating and sustaining superior Performance [M]. New York: The Free Press, 2021.

[349] PRADHAN J P, SINGH N. Outward FDI and knowledge flows: a study of the Indian automotive sector [J]. International Journal of Institutions and Economies, 2008,1(1):155 - 186.

[350] PRAHALAD C K, HAMEL G. The core competence of the corporation [J]. Harvard Business Review, 1990,68(3):79 - 91.

[351] REDDING S, VENABLES A J. Economic geography and international inequality [J]. Journal of International Economics, 2004,62(1):53 - 82.

[352] RESTUCCIA D, ROGERSON R. Policy distortions and aggregate productivity with heterogeneous establishments [J]. Review of Economic dynamics, 2008,11(4):707 - 720.

[353] REY S J, MONTOURI B D. US regional income convergence: a spatial econometric perspective [J]. Regional Studies, 1999,33(2):143 - 156.

[354] RODRIGUEZ-CLARE A. Multinationals, linkages, and economic development [J]. The American Economic Review, 1996: 852 - 873.

[355] ROSENTHAL S S, STRANGE W C. Evidence on the nature and sources of agglomeration economies [M]. Handbook of regional and urban economics. Elsevier, 2004,4: 2119 - 2171.

[356] RUMELT R. Toward a strategic theory of the firm [M]//LAMB R.

Competitive strategic management. New Jersey: Prentice Hall, 1984.

[357] SALIOLA F, ZANFEI A. Multinational firms, global value chains and the organization of technology transfer [R]. Working Papers Series in Economics, Mathematics and Statistics, 2007.

[358] SANYAL K K, JONES R W. The theory of trade in middle products [J]. The American Economic Review, 1982,72(1):16 - 31.

[359] SCHMITZ H. Local upgrading in global chains: recent findings [J]. Institute of Development Studies. Sussex, 2004,6: 2 - 7.

[360] SCHMITZ H, KNORRINGA P. Learning from global buyers [J]. Journal of Development Studies, 2000,37(2):177 - 205.

[361] SCHMITZ JR J A. Government production of investment goods and aggregate labor productivity [J]. Journal of Monetary Economics, 2001,47 (1):163 - 187.

[362] SHARMA C, MISHRA R K. International trade and performance of firms: unraveling export, import and productivity puzzle [J]. The Quarterly Review of Economics and Finance, 2015,57: 61 - 74.

[363] SHIH S. Me-too is not my style: challenge difficulties, break through bottlenecks, create values [M]. Taipei: The Acer Foundation, 1996.

[364] SIMONA G L, AXÈLE G. Knowledge transfer from TNCs and upgrading of domestic firms: the polish automotive sector [J]. World Development, 2012,40(4):796 - 807.

[365] SIMONOVSKA I, WAUGH M E. The elasticity of trade: estimates and evidence [R]. NBER Working Paper No.16796,2011.

[366] SMITH A. An inquiry into the nature and causes of the wealth of nations: volume one [M]. London: Printed for W. Strahan, 1776.

[367] SOLOW R M. A contribution to the theory of economic growth [J]. The Quarterly Journal of Economics, 1956,70(1):65 - 94.

[368] SPOLAORE E, WACZIARG R. The diffusion of development [J]. The Quarterly Journal of Economics, 2009,124(2):469 - 529.

[369] SPOLAORE E, WACZIARG R. Long-term barriers to the international diffusion of innovations [C]//NBER International Seminar on Macroeconomics. Chicago, IL: The University of Chicago Press, 2012,8(1):11 - 46.

[370] SWAN T W. Economic growth and capital accumulation [J]. Economic Record, 1956,32(2):334 - 361.

[371] TAGLIONI D, WINKLER D. Making global value chains work for development [M]. Washington, DC: World Bank Publications, 2016.

[372] TANG H, FEI W, WANG Z. The domestic segment of global supply chains in China under state capitalism [R]. The World Bank Policy Research Working Paper No. 6960,2014.

[373] TEECE D J, PISANO G, SHUEN A. Dynamic capabilities and strategic management [J]. Strategic Management Journal, 1997,18(7):509 - 533.

[374] TIMMER M, ERUMBAN A A, GOUMA R, et al. The world input-output

database (WIOD): contents, sources and methods [R]. WIOD Working Paper No. 10, 2012.

[375] TIMMER M P, LOS B. Localized innovation and productivity growth in Asia: an intertemporal DEA approach [J]. Journal of Productivity Analysis, 2005, 23(1): 47 - 64.

[376] TIMMER M P, LOS B, STEHRER R, et al. An anatomy of the global trade slowdown based on the WIOD 2016 release [R]. Groningen Growth and Development Centre, University of Groningen, 2016.

[377] UNCTAD. World investment report 2013 - Global value chains: investment and trade for development [M]. New York and Geneva: UN, 2013.

[378] UPWARD R, WANG Z, ZHENG J. Weighing China's export basket: the domestic content and technology intensity of Chinese exports [J]. Journal of Comparative Economics, 2013, 41(2): 527 - 543.

[379] CHEN V W, WU H X, VAN ARK B. Measuring changes in competitiveness in Chinese manufacturing industries across regions in 1995 - 2004: an unit labor cost approach [R]. Economics Program Working Papers No. 08 - 03, The Conference Board, Economics Program, 2008.

[380] WAN G H. Changes in regional inequality in rural China: decomposing the Gini index by income sources [J]. Australian Journal of Agricultural and Resource Economics, 2001, 45(3): 361 - 381.

[381] WANG C L, AHMED P K. Dynamic capabilities: a review and research agenda [J]. International Journal of Management Reviews, 2007, 9(1): 31 - 51.

[382] WANG P, SINGH K, TONG W, et al. Determinants and outcomes of knowledge transfer: a study of MNCs in China [C]. Best Paper Proceedings, Academy of Management Conference, 2001.

[383] WANG Z, WEI S J, YU X, et al. Characterizing global value chains: production length and upstreamness [R]. NBER Working Paper No. 23261, 2017.

[384] WANG Z, WEI S J, ZHU K. Quantifying international production sharing at the bilateral and sector levels [R]. National Bureau of Economic Research Working Paper No. 19677, 2013.

[385] WATHNE K, ROOS J, VON KROGH G. Towards a theory of knowledge transfer in a cooperative context [J]. Managing Knowledge-Perspectives on Cooperation and Competition, 1996: 55 - 81.

[386] WAUGH M E. International trade and income differences [J]. The American Economic Review, 2010, 100(5): 2093 - 2124.

[387] WEI S J, WU Y. Globalization and inequality: evidence from within China [R]. NBER Working Paper No. 8611, 2001.

[388] WEI Y D. Investment and regional development in post-Mao China [J]. Geo Journal, 2000, 51(3): 169 - 179.

[389] WERNERFELT B. A resource-based view of the firm [J]. Strategic

Management Journal, 1984,5(2):171 - 180.

[390] WILLIAMSON O E. The economic institutions of capitalism [M]. New York: The Free Press. 1985.

[391] WTO. World trade report 2015 [J]. WTO Press, 2015.

[392] WTO. World trade statistical review 2016 [J]. WTO Press, 2016.

[393] YANRUI W. Regional disparities in China: an alternative view [J]. International Journal of Social Economics, 2002,29(7):575 - 589.

[394] WU Y. Has productivity contributed to China's growth? [J]. Pacific Economic Review, 2003,8(1):15 - 30.

[395] XU B. Endogenous technology bias, international trade, and relative wages [J]. Manuscript, University of Florida, 2001.

[396] YE M, Meng B, Wei S. Measuring smile curves in global value chains [M]. Chiba City: Inst. of Developing Economies, Japan External Trade Organization, 2015.

[397] YI K M. Can vertical specialization explain the growth of world trade? [J]. Journal of Political Economy, 2003,111(1):52 - 102.

[398] YI K M. Can multistage production explain the home bias in trade? [J]. The American Economic Review, 2010,100(1):364 - 393.

[399] YOUNG A. Learning by doing and the dynamic effects of international trade [J]. The Quarterly Journal of Economics, 1991,106(2):369 - 405.

[400] YOUNG A. The razor's edge: distortions and incremental reform in the People's Republic of China [J]. The Quarterly Journal of Economics, 2000,115(4):1091 - 1135.

[401] YU J, LEE L. Convergence: a spatial dynamic panel data approach [J]. Global Journal of Economics, 2012,1(1):1 - 37.

[402] YU M. Processing trade, tariff reductions and firm productivity: evidence from Chinese firms [J]. The Economic Journal, 2015,125(585):943 - 988.

[403] ZHANG X, ZHANG K H. How does globalization affect regional inequality within a developing country? Evidence from China [J]. Journal of Development Studies, 2003,39(4):47 - 67.

[404] ZIPF G K. The P1 P2/D hypothesis: on the intercity movement of persons [J]. The American Sociological Review, 1946,11(6):677 - 686.

当代经济学创新丛书

第一辑(已出版)

《中国资源配置效率研究》(陈登科 著)

《中国与全球产业链:理论与实证》(崔晓敏 著)

《气候变化与经济发展:综合评估建模方法及其应用》(米志付 著)

《人民币汇率与中国出口企业行为研究:基于企业异质性视角的理论与实证分析》(许家云 著)

《贸易自由化、融资约束与中国外贸转型升级》(张洪胜 著)

第二辑(已出版)

《家庭资源分配决策与人力资本形成》(李长洪 著)

《资本信息化的影响研究:基于劳动力市场和企业生产组织的视角》(邵文波 著)

《机会平等与空间选择》(孙三百 著)

《规模还是效率:政企联系与我国民营企业发展》(于蔚 著)

《市场设计应用研究:基于资源配置效率与公平视角的分析》(焦振华 著)

第三辑(待出版)

《中国高铁、贸易成本和企业出口研究》(俞峰 著)

《从全球价值链到国内价值链:价值链增长效应的中国故事》(苏丹妮 著)

《市场结构对创新与经济增长的影响:基于最低工资、专利保护和研发补贴的分析》(王熙麟 著)

《中国地方政府的环境治理:政策演进与效果分析》(金刚 著)

《数据要素、数据隐私保护与经济增长》(张龙天 著)

图书在版编目(CIP)数据

从全球价值链到国内价值链:价值链增长效应的中国故事/
苏丹妮著.—上海:上海三联书店,2023.11
(当代经济学创新丛书/夏斌主编)
ISBN 978-7-5426-8172-0

Ⅰ.①从… Ⅱ.①苏… Ⅲ.①中国经济-经济发展-研究
Ⅳ.①F124

中国国家版本馆 CIP 数据核字(2023)第 133288 号

从全球价值链到国内价值链
价值链增长效应的中国故事

著　者／苏丹妮

责任编辑／李　英
装帧设计／徐　徐
监　制／姚　军
责任校对／王凌霄

出版发行／上海三联书店
　　　　　(200030)中国上海市漕溪北路 331 号 A 座 6 楼
邮　箱／sdxsanlian@sina.com
邮购电话／021-22895540
印　刷／苏州市越洋印刷有限公司

版　次／2023 年 11 月第 1 版
印　次／2023 年 11 月第 1 次印刷
开　本／640mm×960mm　1/16
字　数／390 千字
印　张／28.25
书　号／ISBN 978-7-5426-8172-0/F·894
定　价／98.00 元

敬启读者,如发现本书有印装质量问题,请与印刷厂联系 0512-68180628